언더그라운드 교회

언더그라운드 교회

지은이/ 로빈 마이어스
옮긴이/ 김준우
펴낸이/ 김준우
초판 1쇄 펴낸날/ 2013년 7월 6일
초판 2쇄 펴낸날/ 2013년 12월 5일
펴낸곳/ 한국기독교연구소
등록번호/ 제8-195호.(1996년 9월 3일)
경기도 고양시 일산구 장항2동 730, 우인 1322호 (우 410-837)
전화 031-929-5731, 5732(Fax)
E-mail: honestjesus@hanmail.net
Homepage: http://www.historicaljesus.co.kr.
표지 디자인 / 정희수
인쇄처/ 조명문화사 (전화 02-498-3017)
보급처/ 하늘유통 (전화 031-947-7777, Fax 031-947-9753)

The Underground Church: Reclaiming the Subversive Way of Jesus
by Robin R. Meyers
Copyright ⓒ 2012 by Robin R. Meyers.
All rights reserved. Korean Translation copyright ⓒ 2011 by Korean Institute of the Christian Studies. The Korean translation right arranged with the author c/o Jossey-Bass through EYA (Eric Yang Agency). Printed in Seoul, Korea.

이 책의 한국어판 저작권은 EYA를 통한 Jossey-Bass사와의 독점계약으로 한국어 판권을 한국기독교연구소가 소유합니다. 저작권법에 따라 국내에서 보호받는 저작물이므로 무단전재와 무단복제를 금합니다.

ISBN 978-89-97339-10-5 94230
ISBN 978-89-87427-87-4 (세트)

값 14,000원

언더그라운드 교회

예수의 철저한 사랑의 길을 따르는 방법

로빈 마이어스 지음 · 김준우 옮김

한국기독교연구소

The Underground Church

Reclaiming the Subversive Way of Jesus

by

Robin R. Meyers

San Francisco, CA: Jossey-Bass, 2012.

Korean Translation

by

Kim Joon Woo

이 책은 조복례 권사님(1920-1997)의
생애를 감사하여 간행되었습니다.

Korean Institute of the Christian Studies

〈언더그라운드 교회〉에 대한 찬사

"위험한 책이다. 이 책의 내용은 폭발적이며, 세상을 뒤엎을 수 있다. 적시에 나온 책이다."
— 빌 모이어스

"당신이 교회에 가는 것을 위험하다고 생각한 적이 언제였는가? 한때 우리는 기존질서에 도전했다. 지금은 우리 대부분이 기존질서를 옹호한다. 〈언더그라운드 교회〉는 우리가 어디에서 왔는지를 어떻게 망각했으며, 또한 우리가 왜 우리의 체제전복적인 뿌리를 회복해야만 하는지에 관한 이야기를 들려준다. 당신이 용기가 있다면 이 책을 읽고 이 운동에 참여하라."
— 데스몬드 투투 대주교

"기독교의 소위 '보수주의'와 '자유주의' 사이의 뿌리 깊은 분열을 돌파할 길은 없는가? 로빈 마이어스의 책은 그 길이 있다고 주장할 뿐만 아니라 불꽃같은 사례들을 통해 그 길을 입증한다. 읽기에 편하면서도 흥미를 끄는 이 책은 치유과정을 계속하면서 새로운 가능성들을 열어준다."
— 하비 콕스, *The Future of Faith* 저자.

"이 책은 혼자 읽지 말고, 대화할 수 있는 그룹에서 읽는 게 좋다. 서로 대화를 나눌 수 있기에 충분한 것을 공유하고 있으면서도 대화를 필요로 할 정도로 충분히 서로 다른 점을 지닌 그룹에서 읽는 게 좋다. 그리고 만일 모두가 변하지 않는다면, 다시 읽는데, 이번에는 마지막부터 시작해서 거꾸로 읽는 게 좋다."
— 프레드 크래독, 에모리대학교 신학부 명예교수

"이 책을 읽어라. 탁월한 문장가가 쓴 이 책은 교회로 하여금 인습이라는 문화의 포로상태로부터 해방되어 '언더그라운드 교회'가 되라고 도전하는 열정적인 호출이다."

- 마커스 보그, 〈기독교의 심장〉 저자

"〈언더그라운드 교회〉는 기독교인들로 하여금 급진적인 예수를 만나도록 초대하며, 그의 체제전복적인 생활방식을 실천하고, 믿음을 넘어 사랑으로 나아가도록 부른다. 이것은 더 이상 단순히 교회가 아니라, 많은 사람들이 참여하고 싶어서 견디지 못하는 운동이다."

- 다이애나 버틀러 배스, *Christianity After Religion* 저자

"로빈 마이어스의 새 책을 읽으면서, 나는 기독교인의 생활방식이 오늘날의 당파적 이데올로기와 소비주의 행태와 관련하여 얼마나 체제전복적인가를 새롭게 깨닫게 되었다. 그는 그리스도의 추종자들을 위한 전복적이며 변혁적이며 희망적인 정체성을 제시하는데, 나는 이런 정체성이 점차 사람들에게 많이 전염되기를 희망한다."

- 브라이언 맥라렌

"아름답게 표현된 이 선언문은 저자의 깊은 신앙과 신실한 목회에 근거한 것으로서, 교회가 부름받은 소명을 사랑하지만 너무나 자주 사랑, 정의, 자비, 작은이들에 대한 돌봄에 관한 복음을 왜곡하는 교회의 모습 때문에 사랑싸움을 할 수밖에 없는 이들에게는 하늘의 만나이다. 〈언더그라운드 교회〉가 솟아올라서 어디에서나 꽃피우게 되기를 바란다."

- 파커 팔머, 〈비통한 자들을 위한 정치학〉 저자

목 차

프롤로그 텅 빈 설교, 텅 빈 좌석 __ 15

1장 다정한 예수님: 그의 우울한 분노 __ 31

2장 그런 초대교회는 없었다 __ 71

3장 깨어보니 콘스탄티누스 황제의 침대였다 __ 107

4장 그리스도의 군병들아, 전진하라? __ 143

5장 신앙은 철저하게 신뢰를 구현하는 일 __ 183

6장 함께 선교하여 교회를 새롭게 __ 217

7장 제국의 빵 속에 누룩이 되어 __ 253

8장 예수님의 제자들은 "요주의 인물들" __ 287

9장 교회와 전쟁, 섹스, 돈, 가족, 환경의 문제 __ 323

에필로그 믿음을 넘어서: 언더그라운드 교회의 선언문 __ 359

종교의 보수주의적인 형태들과 자유주의적인 형태들이 만나게 될 방법은, 하나님 나라와 예수의 영과 친교하는 것에 대한 열망과 희망이 기본적이며 강력한 힘으로서 그들 모두를 다시 지배함으로써 그들의 세계관들과 종교를 매우 근접하도록 만들어, 그들 사이에 기본적인 전제들에서의 차이점들이 비록 여전히 존재하지만 가라앉게 되어, 마치 강바닥의 둥근 돌들이 홍수로 인해 물속에 묻히지만 마침내는 깊은 물을 통해 겨우 볼 수 있으며 반짝이는 것처럼 될 때다.

- 알베르트 슈바이처

감사의 말씀

이 책을 위한 진정한 영감은 하늘로부터 온 것이 아니라, (내가 담임목사로 섬기는) 오클라호마시티의 메이플라워 회중 그리스도 연합 교회를 자신들의 영적인 집이라고 부르는 훌륭하며 급진적인 사람들로부터 왔다. 25년 동안 그들의 목사로 지낸 것은 말로 표현할 수 없는 축복이다. 우리는 함께 다른 북소리에 맞추어 행진하는 사랑의 공동체를 만들었다. 그들은 내가 포기하려 할 때마다, 혹은 내가 타협하려 할 때마다, 사랑이라는 대의를 위해 전복적인 입장을 취하는 것은 말로 표현할 수 없을 정도로 위력적인 것임을 상기시켜주었다. 메이플라워 교회가 공동체 안에서, 세계 속에서, 심지어 목사를 위해 한 모든 선한 일들로 인해 나는 겸손을 배웠고 영감을 얻었다.

나는 또한 이런 책을 시장에 내놓는 것이 용기를 필요로 하는 것임을 잊지 않는데, 고비를 맞을 때마다, 생각들을 인쇄하고 사람들에게 힘을 불어넣는 일을 직업으로 삼고 살아가는 이들에게서 새로운 힘을 받았다. 아내 손에게 감사한다. 아내는 나에게 한결같은 안정을 주었다. 나의 대리인 캐롤 만에게도 감사한다. 출판 편집인 조앤 클랩 플라가에게도 감사한다. 편집 실무자들인 앨리슨 노울스와 리사 코로나도-모르스에게도 감사한다. 예쁜 표지 도안을 해준 제프 푸다에게 감사한다. 무엇보다도 나의 편집인 셜리 플러톤에게 큰 빚을 졌는데, 그녀는 이 책을 믿고 그녀의 현명한 조언을 통해 나의 음성을 강하지만 날카롭지 않게 되도록 해주었다. 여기에 이름을 다 열거할 수는 없지만, 인쇄를 하고 트럭을 운전하고 서고에 진열하고 서점에서 많은 시간을 보내는 이들 모두에게 깊이 감사한다. 저자가 된다는 것은 얼마나 기쁘며 특전을 누리는 일인가!

독자들에게 미리 드리고 싶은 말씀

나는 이 책에서 기독교를 둘로 분열시키는 '자유주의'와 '보수주의'라는 용어를 사용할 것입니다. 우리들 사이에 존재하는 엄청난 차이점들을 설명하는 데 이런 용어들이 얼마나 서툴며 완전히 부적절한 것인지—특별히 이 책에서는 우리 모두가 그런 꼬리표를 넘어갈 것을 촉구하고 있지만—미리 양해를 구합니다. 그러나 이런 부적절함에도 불구하고 그 용어들을 사용할 이유가 있습니다.

우선, 이 두 용어는 우리 사회를 그릇되게 둘로 나눌 뿐만 아니라 그 용어에 편승하게 만드는 가장 일반적인 용어들입니다. 우리가 '상대편'을 자유주의자 혹은 보수주의자라고, 즉 '극좌'나 '극우'의 한 부분으로 매도하는 소리를 듣지 않은 채 지나는 날은 하루도 없습니다. 사실상 대부분의 사람들은 그 두 범주에 속하지 않지만, 우리는 이처럼 편리하면서도 자주 오해하게 만드는 꼬리표를 사용해서 소통합니다.

그렇다 하더라도, 우리는 신앙 자체의 목적을 이해하는 문제에서 우리들 사이에 근본적인 차이점들이 있다는 것을 알고 있습니다. 특수한 종교적 용어들, 즉 근본주의, 복음주의, 진보주의라는 용어들을 사용하는 대신에, 나는 자유주의와 보수주의라는 가장 일반적이며 투박한 용어를 의도적으로 사용하는 것입니다. 이것은 내가 비판하려는 바로 그 논쟁을 통해 그것을 넘어설 수 있기를 바라기 때문입니다.

종교적인 보수주의자들은 거의 언제나 정치적인 보수주의자들이며, 종교적인 자유주의자들은 거의 언제나 정치적인 입장에서 온건하며 자유주의적입니다. 우리가 기대할 수 있게 된 것은 예측할 수 있는 '꾸러미'입니다. 미국에서 교회들은 여러 주(州)들(states)에서 볼 수 있듯이 빨간색(공화당 - 옮긴이)이거나 파란색(민주당 - 옮긴이)으로 간주되지만, 결코 보라색은 아닙니다.

나의 "이런 말하기에 관한 말하기"를 용서해주십시오. 그러나 만일에 우리가 소통하고자 한다면, 우리는 청중들이 살고 있는 곳에서 시작해야 하며, 그 다음에야 비로소 새로운 용어를 만들어낼 수 있습니다. 우리의 목적을 위해, 종교적인 '보수주의자'는 신앙이 일차적으로 오류가 없는 성경에 의해 전해진 믿음체계라고 믿는 사람들입니다. 옳은 것을 믿는 데 대한 보상은 죄를 용서받고 또한 영생에 대한 어떤 지식을 얻는 것입니다.

이와는 반대로 종교적인 자유주의자는 신앙이 일차적으로 영적인 진리의 지혜를 통해 자기와 사회의 변혁에 관한 것이라고 믿는 사람들입니다. 자유주의자들은 개인구원보다는 사회정의, 포용성, 변혁을 강조하며, 또한 모든 종교적 배타주의의 주장들에 저항합니다.

이런 차이점들은 실재하는 것이지만, 오늘날처럼 매스컴이 어떤 문제에서든 "양쪽 편" 모두를 테이블 앞에 마주 앉혀 놓고 가능한 한 빨리 싸움을 시작하도록 만드는 시대에서는 이런 용어들이 지나치게 단순화시키는 것입니다. 교회 안에서도 다르지 않습니다.

우리는 너무 오랫동안 우리 자신들을 우리가 아닌 것에 의해 정의해왔기 때문에, 우리가 누구이며 무엇인지를 거의 완전히 잊어버렸습니다. 우리가 결코 잊지 말아야 할 사실은 우리가 이상한 사람들이며 독특한 사람들이며, 위험한 사람들이라는 점입니다. 자유주의와 보수주의를 넘어 체제전복적인(subversive) 입장으로 되돌아가는 언더그라운드 교회 운동에 오신 것을 환영합니다.

프롤로그

텅 빈 설교, 텅 빈 좌석

우선 나쁜 소식은 서양에서 예수 그리스도의 교회는 끔찍한 몰골이라는 소식이다. 주류 교단들(mainline churches)은 포도나무 가지에 매달린 채 죽어가고 있다. 유럽의 대성당들은 박물관이 되었다. 한 세대 전체가 교회를 위선적이며 쓸모없다고 내던져버렸다(교회 역사상 이런 일은 처음이다. - 옮긴이). 가톨릭교회는 신부들이 아이들을 성적으로 학대하는 일들이 너무 많아 골수까지 흔들렸을 뿐만 아니라 그 범죄들을 은폐함으로써 교회에 더욱 깊은 상처를 입혔다. 제도종교는 우리 시대에 신뢰성의 부족으로 인해 휘청거리고 있다.

오랜 세월 동안 교회는 사람들이 감히 물어볼 모든 질문들에 대한 모든 대답들을 제공해주었다. 교회는 천국의 열쇠를 갖고 있다고 주장했으며, 또한 어둠의 세력들에 맞서 절대적인 권력을 행사했다. 교회는 인간의 우주적 집을 건설했으며, 또한 대부분의 사람들은 그 집에서 사는 데 만족하거나 아니면 그 집에서 살지 않는 것을 두려워했다. 인간의 수명이 짧았으며 또한 사는 게 참혹했던 암흑시대에는 희망을 독점한 것이 교회였다. 만일에 이 세상에서의 희망이 아니라면, 적어도 다음 세상의 희망은 교회가 소유했다. 교회가 존재한 것은 모든 것에 대해 최종적인 판결을 내리고, 또한 교회의 실수들을 감추고 그 추문들을 은폐할 권력을 행사하기 위해서였다.

르네상스와 과학의 등장은 이 모든 것에 종지부를 찍었다. 갈릴레오를 침묵시키기 위해 교회는 자신에게 엄청난 상처를 입혔다. 만일에 교회가 망원경을 갖고 있는 사람보다 천국에 대해 아는 것이 적다면, 교회가 천국에 관해 실제로 아는 것이 무엇이란 말인가? 교회는 여인들을 두려워하며 또 질색하는 중에, 자신이 소년들의 클럽이라는 것을 증명했으며, 소피아(Sophia, 지혜)로부터 단절되었으며 불신하게 되었다. 교회는 성자들을 박해하고 신비주의자들을 배척하고, 제국과 근친상간의 혼인을 하고 섹스에 대해 위선과 공포를 느끼고, 보통 사람들이 성경을 읽고 해석하는 것을 허락하는 것에 두려움을 느끼는 중에, 교회는 많은 사람들에게 자기보존, 제도적인 위선, 우주적인 미궁을 보여주는 만화가 되어버렸다.

그러나 인간의 영적인 충동은 남아 있다. 영적인 충동은 우리의 두뇌 속에 내장되어 있기 때문에, 우리는 덧없음의 한복판에서 초월을 추구한다. 오늘날 수백만 명의 사람들이 자신들은 '영적'이지만 '종교적'이지는 않다고 부르는 이유는, 그들이 더 이상 교회를 하나의 기관으로서 신뢰하지 않기 때문이다. 실제로, 신앙이라는 말에 대한 정의 자체가 위기에 빠져 있다. '믿음이 있는' 사람들은 이제 더 이상 그다지 믿을 수 없다. 신자들은 프랑스 철학자들이 "너무 명료하게 보는 고통"이라 부르는 것을 겪고 있다.

주일날 아침마다, 수많은 사람들이 눈을 뜨면서, 교회에 가고 싶다는 생각과 또한 교회에 가는 것이 별다른 가치가 없을 것이라는 괴로운 생각 모두를 갖게 된다. 그들은 자신들이 교회에 반드시

가야만 한다는 것을 알고 있지만, 실제로 교회에 간다면, 그것은 주로 습관 때문이거나 아니면 어린 시절에 주입된 죄의식 때문일 것이다. 주일날 아침에 예배당에서 무슨 일이 벌어질 것인가에 대한 진정한 갈망이나 기대감을 느끼면서 잠에서 깨어나는 사람은 별로 없다. 많은 사람들은 지루함을 교회출석을 위해 자신이 짊어져야만 하는 십자가로 받아들인다. 그들은 예배에 참석하면서 사회적인 체면 이상을 별로 기대하지 않는데, 그 체면 역시 종종 익숙함이라는 무미건조한 공기 속에 싸여 있다. 교회에 관해 사람들이 거의 생각하지 않는 것은 교회가 위험한 곳일 수 있다는 점이다.

예를 들어, 북아메리카의 기독교인들은 어느 길로 교회를 갈 것인지를 생각하기 위해 멈춰 서지 않으며, 미행을 당하는지를 살펴보기 위해 어깨 너머로 돌아다보지 않는다. 그들은 갈색 포장지에 설교문을 싸서 서로에게 전해주지도 않으며, 비밀 장소에서 만나지도 않으며, 공공장소에서 현관문을 바라보며 앉지도 않는다. 비밀 암호나 악수도 없다. 그와 반대로, 그들은 자신들의 자동차에 "예수님 없이는 평화 없다. 예수님을 알면 평화를 안다"(No Jesus, No Peace: Know Jesus, Know Peace)는 식의 범퍼 스티커들을 붙여서 자신들의 정체성을 광고한다. 교회에 가는 것은 안전할 뿐, 체제전복적이지는 않다. 이것은 품성을 기를 수는 있겠지만, 기존질서를 위협하지는 않는다.

지구가 파괴되는 것보다는 지나치게 오래 계속되는 예배가 사람들에게 보다 더 많은 열정을 불러일으킨다. 교회들은 성만찬을 어떻게 분급할 것인가 하는 문제를 놓고 서로 갈라져 있다. 익숙하지 않은 찬송가는 주일 아침 예배 전체를 못마땅하게 만들 수 있다. 교회 주방에서는 뒷말들의 공장이 최근의 수다들을 쏟아낸다. A는

B의 C에 대해 화를 내고, 그 말을 들은 D는 E에게 쑥덕거리고 하는 식이다. 소문을 더욱 널리 퍼뜨려라!

사람들은 교회의 싸움과 같은 싸움이 없다고 말한다. 그것은 종종 그 싸움의 강렬함이 그 문제의 중요성에 반비례하기 때문이다. 학생들이 친교실에서 피자를 먹도록 허락해야만 하는가? 왜 '젊은 여성들'은 더 이상 선교부에 참여하지 않는가? 내 좌석에 앉은 저 사람이 누구냐? 그리고 물론 목사의 문제도 있다. 끝없이 불완전하며 우리가 예전에 인정했던 불완전함과는 전혀 달리 불완전한 목사의 문제 말이다.

예수 따르미들(followers)의 또 다른 비밀스런 모임을 표시하기 위해 문기둥에 아무렇게나 그렸던 물고기 상징은 이제 사라지고 없다. 가난한 사람들을 먹이기 위한 목적이었던 공동식사도 이제는 사라졌다. 세례를 받는다는 것은 평화주의자가 되는 것이라는 생각도 사라졌다. 너무나 많은 사람들이 생활필수품조차 없는 세상에서 기독교인은 자기가 필요로 하는 것 이상을 가져서는 안 된다는 생각도 이제는 사라졌다. 처음 기독교인들을 (노숙자들도 모임에 받아들였기 때문에 - 옮긴이) 고약한 냄새가 나며 뒤죽박죽이며 감당할 수 없는 바보들의 집단으로 만들었던 철저한 환대도 이제는 사라졌다. 무엇보다도 사라진 것은 기쁨이다.

그러나 솔직히 말해서, 우리는 우리의 세상이 우리로 하여금 주일날 아침에 교회에 가지 않고 집에 머무르게 만드는 매우 필연적인 이유들을 제공한다는 사실을 인정해야 한다. 초신자들에게는 아침 신문과 한 잔의 커피를 비롯해서, 밀린 잠을 보충해야 하는 일, 골프 약속, 일요일 아침 토크 쇼, 낚시터의 짜릿한 손맛까지, 이 모든 것들은 교회에서 성가대원들이 음조를 맞추느라 애를 먹는 모습을 보고, 시들한 설교를 듣고, 수많은 광고까지 듣느라 시간을 보내는 것보다는 훨씬 더 '살아 있는' 느낌을 주는 것처럼 보인다. 교회에 가는 길은 흔히 침묵 속에서, 아이들은 투덜대고 부모는 오후에 보다 좋은 것들을 약속하여 이루어진다. 이 모든 것은 '얇은 곳'(켈틱 기독교의 용어로서 신비를 경험하기 쉬운 곳 - 옮긴이)으로 가는 현장답사라기보다는 하나의 의무처럼 보인다.

실제로 교회가 그처럼 혼란스럽고, 교회 장식을 새롭게 하거나 목사들을 바꾸거나, 제대로 된 오케스트라를 고용하여 교회 자체를 구원하려는 유혹을 받고 있다면, 이제는 더러운 비밀 하나를 공개해야만 할 때다. 그 비밀을 더 이상 무시하는 것은 마치 예배당에 가득한 나쁜 냄새를 맡으면서, "역겨운 냄새가 난다!"고 고백하기보다는 스프레이를 뿌리는 게 최선책인 것처럼 주장하는 것과 같다. 우리 시대에 교회의 몰락에 대해 지적된 모든 이유들 가운데 가장 첫째가는 이유는 흔히 아무도 지적하지 않고 있는데, 그것은 **실제로 중요한 일이 벌어질 거라고 기대하는 사람이 아무도 없다**는 사실이다.

이 사실이 교회를 대부분 따분하며 부정직하게 만들고 있다. 사람들은 강단에서 선포되어야만 하는 중요한 진리들이 있다고 느낀다. 예배에 참석한 사람들의 가슴으로부터 터져 나와야만 하는 고통스런 고백들이 있다. 뿌리 깊고 파괴적인 환상들 때문에 우리가 지속불가능한 삶을 살아가고 있는 것이 사실이다. 그러나 어쩌랴! 우리는 그런 문제들이 존재하지 않는 것처럼 가장하는 일에 너무 분주하다. 아니면 우리는 교회가 사랑스럽고 친절해야만 한다고 생각하며, 만일에 정말로 예언자적이거나 체제를 고발하는 말을 듣게 된다면, 사람들이 숨이 막히게 될 수도 있다고 생각한다. 마치 야생 짐승 한 마리가 갑자기 예배당 속에 뛰어들어 설교단 위를 휘젓고 다니면서, 날카로운 눈을 부릅뜨고 고약한 냄새를 내뿜으면서 더러운 깃털을 휘날리는 것처럼 말이다. 예언자들의 시대가 지난 후 그들이 보여준 환상을 칭송하는 것과 실제로 이사야, 아모스, 미가, 혹은 호세아를 (교회) 현관에서 마주치는 것은 전혀 다른 문제다. 이들 예언자들은 때와 장소에 적합한 옷을 입지도 않았으며, 그들은 듣는 이의 고막을 찢어놓을 듯 언성을 높였다.

대부분의 교회들은 친절하며 편안하며 모든 것을 잘 갖추고 있다. 그러나 도대체 그곳에 가서 자기가 '해체'되기를 기대할 사람이 누가 있겠는가? 도대체 누가 그곳에서 세상의 현실을 인식하고 흐느껴 울 것을 기대하며, 우리가 위험을 감수하는 일을 시작하기 전에는 세상이 그런 식으로 계속될 거라는 점을 깨닫고 몸서리 칠 것을 기대하는가? 광란을 허락하는 문화의 마취시키는 껍질을 벗겨내는 예배여야만 한다고 요구하는 사람이 도대체 교회 안에 어디에 있는가? 예수님이 성전을 공격했던 결기를 갖고 우리는 쇼핑몰을 공격할 계획을 세워야 한다고 주장하는 사람이 도대체 교회 안에 어디에 있는가? 도대체 오늘날 축구시합 이외에 다른 것에 대해 감히 열광하는 사람이 누가 있는가?

이것을 시험해보기 바란다. 사람들에게 어느 특정한 설교 주제를(심지어 방금 들은 설교에 대해서도) 당신에게 말해보라고 하면, 사람들은 멍한 눈길을 보여줄 것이다. 그런 다음에 사람들은 "글쎄요. 설교를 원고 없이 하는 것에 인상을 받았습니다."라거나, "설교자가 너무 진지했다."라거나, "유머 감각이 넘쳤다"라고 말할 것이다. 설교자가 무슨 말을 했나요? "글쎄요, 일반적으로 말해서, 그는 하나님에 대해서 그리고 죄에 반대해서 말했지요. 아멘입니다."

일반적으로 말한다고? 이것이 바로 문제 자체일 것이다. 우리들 가운데 어느 누구에 관해서도 "일반적으로 잘못된 것"이 없듯이 말이다. 우리는 우리의 삶을 일반적으로 살지 않으며, 일반적으로 사랑하지 않으며, 우리에게 가장 가까운 사람들을 일반적인 방식으로 배반하지 않는다. 우리는 그것에 관해 매우 **구체적**이다. 그러나 대부분의 설교들은 회중 위에서 영원히 원을 그리면서 돌고 있는 비행기들과 같다. 그 비행기들은 이륙하지도 않고 또한 우리가 아는 길거리나 우리가 살고 있는 동네에 착륙하지도 않는다. 그러다가 비록 아무도 단 한 순간조차 난기류를 경험하지 않았지만, 당신이 알아차리기도 전에, 마지막 찬송을 부르기 위해 안전벨트를 매라는 신호가 들어온다.

나는 설교학회(설교학을 가르치는 학자들 집단)의 회원으로서 한 번은 "예언자적 설교"라는 주제의 전국 모임에 참석했던 적이 있었다. 워크숍들이 계속되는 동안에, 우리는 유명한 설교자들과 학자들이 예언자적 설교를 구성하는 것은 무엇인지, 성경의 뒷받침을 받아 어떻게 그런 설교를 할 수 있는지, 그리고 어떤 수사학적인 전략들이 가장 효과적인지에 대해 늘었다. 다시 말해서, 우리는 예언자적 설교라는 관념에 대해서는 처음부터 끝까지 훑었다. 그러나 어느 누구도 예언자적인 것을 실제로 **말하지도** 않았고 **행하지도** 않았다.

그 모임이 시작되기 직전에, 아부 그라이브 포로수용소에서 악랄한 고문의 사진들이 폭로되어, 미국의 통제 아래 이라크 포로들에 대한 육체적, 심리적 및 성적인 학대행위가 전 세계에 알려지게 되었다. 소위 악행을 자행하는 사람들에 관한 고통스러운 진실은 이런 능력이 우리의 적들에게만 국한된 것이 아니라는 점이다. 그 사진들은 모두가 볼 수 있도록 완전히 전시되었지만, 그 전국 모임에 참석한 설교자들은 자신들의 주제 위에 매달린 채 살고 있는 것처럼 보였다. 이런 모순을 느낀 한 참석자가 잠시 모임을 중단하고 신문을 읽어보고 사진들을 검토하고 난 다음에 다시 도시 중앙광장에서 모여서 시위를 벌이자고 제안을 했다. 우리는 호교론자들이 아니다. 우리는 설교자들이다.

때때로 나는 정말로 이 세상이 얼마나 성직자들이 복음을 위한 독립적인 청부업자들이 되기를 간절히 원하는지를 그들 자신이 알고 있는지 의문이 들곤 한다. 우리가 이 세상에서 제국을 위해 일하지 않는, 유일하게 남은 자들이라는 것을 고려한다면, 권력에 대해 진실을 말하는 문제에서 우리가 어떤 특권을 갖고 있다고 사람들은 기대할 것이다. 그러나 슬프게도, 목사들이 지니고 있는 많은 좋은 특질들(목사들은 흔히 '착한' 사람들이라고 불려진다) 가운데, 진정한 용기는 목사들의 가장 확고한 속성이 아니다.

대부분의 목사들은 자신들이 신학교에서 배운 것 대부분을 비밀에 붙여두는데, 그것은 헌금을 많이 하는 사람들의 마음을 상하게 할까봐 두려워서 그러는 것이다. 목사들은 논쟁을 피한다. 특히 경제정의의 문제에 관한 논쟁을 피한다. 왜냐하면 목사들은 자신들에게 봉급을 주는 회중들의 눈치를 보기 때문이다. 게다가 대부분의 교인들은 예수님이 민주주의와 자유시장 자본주의를 위한 변증론자라고 생각하며, 일종의 재정경제부 예루살렘 지사를 위한 지도목사(chaplain)라고 생각한다. 경제공황 이래로 돈줄이 막히게 되자, 설교자들은 더욱 꽉 막히게 되었다. 성직자들은 자신들의 업무가 수단방법을 가리지 않고 재산을 보호하는 것이라고 생각하기 시작했다.

따라서 대부분의 주일날 아침마다 사람들의 기대는 낮고 또한 보상은 더욱 낮다. 우리는 모두 최선의 행동을 하지만, 넋이 빠진 상태다. 훌륭한 목사는 고통 가운데 있는 이들을 위로하지만, 편안한 사람들에게 고통을 주는 경우는 거의 없다. 실제로 교회가 드러내지 않는 메시지는 흔히 "황제의 새 옷"이라는 환상에 꼭 닮은 모습이다. 벌거벗었다는 것이 완전히 명백하지만 완강하게 부정한다. 위대한 설교자 프레드 크래독 교수가 교회의 가장 큰 죄는 **멍청함**(silliness)이라고 말했을 때, 그는 정곡을 찌른 것이다.

이제는 기쁜 소식을 말할 차례다. 서양에서 예수 그리스도의 교회는 끔찍한 몰골이 되었다는 것이 기쁜 소식이다. 그렇다. 좋은 소식은 나쁜 소식이다. 왜냐고? 탁월한 종교학자 필리스 티클(Phyllis Tickle)에 따르면, 거의 500년마다 교회는 일종의 거대한 잡동사니 세일을 한다. 교회는 무엇을 내다 팔 것이며 무엇을 간직할 것인지, 어떤 것이 없어도 좋은 것이며 어떤 것은 대체할 수 없는 것인지를 결정해야만 한다. 개신교 종교개혁 이후 500년이 지난 지금 우리는 정확히 그런 시점을 통과하고 있다. 이것을 일종의 봄철 대청소라고 생각하자. 우리는 신학적 내용들을 분류해서, 그것이 어디에서 왔으며, 무슨 가치가 있으며, 또한 한때 신조들과 교리들을 팔아 수지가 맞았던 시장이 도대체 왜 불경기였으며 여전히 불경기인 것처럼 보이는가에 관한 고통스럽고도 곤혹스런 질문들을 묻고 있다.

맙소사. 우리는 잡동사니 세일에서 매긴 가격표에 대해 죄의식을 느낀다. 이신칭의(以信稱義, 믿음으로 의롭게 된다) 교리를 사기 위해 5센트 이상을 지불할 사람이 분명히 있을까? 당신은 동정녀 마리아를 공짜로 줄 수는 없다. 삼위일체는 어떤가? 우리는 최소한 삼위의 각자마다 경매에 붙여야만 하지 않겠는가? ('삼위'의 가격을 하나로 매길 것인가, 아니면 '일체'의 가격을 매기고 세 배를 받을 것인가?)

어찌 되었든, 그 세트를 나누지는 마라.

그러는 동안에 우리 아이들은 이미 우리들을 앞섰다. 그들이 원하는 것은 행동들(deeds)이지 교리들(creeds)이 아니다. 그들은 선교(mission)를 원하지, 묵상(musings)을 원하는 것이 아니다. 그들은 우리가 너무 말을 많이 한다고 생각한다. 그들은 우리의 모든 음악이 온통 스님들이 애도하는 것처럼 들릴 필요는 없다고 생각한다. 그들은 중세시대에 대해 전혀 반대하지 않지만, 그들은 중세시대에 살고 있지 않다. 우리가 '본문'을 말하면, 그들은 자기들이 운전하는 동안에 해서는 안 되는 것에 관해 생각한다. 우리가 '타락한'(lowdown)이라고 말하면, 그들은 '내려받기'(download)로 알아듣는다. 그들이 텔레비전에서 범죄수사와 병원 드라마를 엄청 많이 보는 것은 그런 것들이 아마도 삶과 죽음에 관해 심각한 대화를 들을 수 있는 유일한 곳이기 때문일 것이다. 그러나 그들은 얼간이들이 아니다. 그들은 굉장하며, 단지 우리를 지켜보고 있을 따름이다.

그래서 내가 독자들에게 약속하는 것은 이것이다. 만일 당신이 여기까지 읽었다면(그리고 계속 읽을 계획이라면), 나는 편견이 없는 것처럼 가장하지는 않겠다. 내가 교회에 내 인생을 건 이유는 정확히 지금과 같은 순간이 오리라는 희망 때문이었다. 제도종교에 관해 따분해 하는 사람들이 수없이 많으며, 저 바깥의 매우 깡마른 무신론자들(하나님, 저들에게 복을 내려주소서)은 우리 모두를 바보천치들이라고 생각한다. 글쎄, 우리가 그런가?

지금은 우리가 그처럼 떠들기 좋아하는 신앙을 아주 조금이라도 실천할 때가 온 것인가? 예수 따르미들은 낙태와 동성애자 결혼에 관해 논쟁하는 것 이외에, 이 깨어진 세상 속에서 무엇인가 할 일을 생각할 수는 없는가? 만일에 종교가 우리로 하여금 더욱 야비하고 더욱 남을 심판하는 사람들로 만들고 있다는 것을 우리가 인정할 수 있다면, 우리는 불도저로 종교를 깔아뭉개야만 한다. 그보다 더 나은 것은 모든 교회들을 값싼 공동주택이나 무료진료소로 바꾸는 일이다. 아마도 하나님께서는 우리가 부자가 되는 것을 원하지 않으시는가? 미국이 갈색으로 바뀌는 것(남아메리카와 동양인 출신들이 늘어나는 것 - 옮긴이)이 위기가 아니라 축복인가? 사람들이 서로에게 고함을 지르는 짓들을 너무 오랫동안 충분히 해 왔기 때문에 이제는 그런 짓을 중단하고, "우리는 길을 잃었다"고 말할 때가 온 것이 아닌가? 공동선(common good)에는 무슨 일이 벌어졌는가?

텅 빈 설교는 텅 빈 좌석을 향한다. 만일에 우리가 사랑하는 공동체라면, 도대체 왜 우리는 계속해서 마치 우리의 진정한 복음이 "모든 남녀는 각자 알아서 처신할 궁리를 한다"인 것처럼 행동하는가? 인간은 상품이 아닌데, 도대체 왜 우리는 계속해서 시장이 인생의 모든 문제를 해결할 수 있다는 신화에 따라 살아가고 있는가? 너무나 많은 이들이 절박한 도움을 필요로 하며, 버려진 아이들과 폭력이 생활방식이 된 세상에서, 도대체 왜 우리는 여전히 신학사상을 논쟁하는 데 그 많은 시간과 에너지를 쏟고 있는가? 산상설교의 팔복 가운데 어느 것이 "신학적으로 건강한 자들은 복이 있나니, 그들이 거드름을 피울 것이다"라고 말하는가? 우리는 부활절 백성인가 아니면 성 금요일의 군중들의 최신판인가? 시인 예이츠가 표현한 것처럼,

점점 더 넓어지는 원을 그리면서 돌고 있는
송골매는 매사냥꾼을 듣지 못하네.
사물들은 떨어져나가고, 중심은 유지하지 못한다.

그저 무정부 상태가 세상에 내려앉을 뿐.
어스름한 핏빛 조수가 밀려든다. 그리고 어디에서나
순진함의 예식은 익사했다네.
최선은 모든 확신이 없는 반면에
최악은 열정적인 맹렬함으로 가득하다네.1)

가슴에서 떠나지 않는 이 마지막 부분은 우리 시대의 정치와 종교 모두를 묘사해준다. 슬프다. 미국 교회는 몰락하는 제국의 엉덩이에 매달려 있다. 고백은 영혼을 위해 좋은 것이기 때문에, 정직함은 우리로 하여금 우리가 이 세상의 대부분의 문제들과 얼마나 상관이 없으며, 매우 기이하지만 단서가 없다는 것을 솔직히 인정할 것을 요구한다. 결국 오늘날 도대체 누가 사회적 변화를 위해 교회를 바라보겠는가? 제국의 빵 속에서 누룩이 될 집단적인 힘을 교회가 갖고 있다는 것에 대해 두려워할 사람이 도대체 누구인가? 예수 따르미들은 비행기 탑승 금지자 명단에 올려야 한다고 주장할 사람이 어디 있는가? 우리가 폭력적이기 때문이 아니라, 우리가 결코 폭력적이지 않기 때문에 함께 비행기에 탑승할 수 없다고 주장할 사람이 누구인가?

언젠가 위기에 처한 한 환자가 자신의 심리치료사에게 찾아와서 "선생님, 나는 비참합니다"라고 말했다. 그 심리치료사는 "알겠습니다. 당신은 그런 심정으로 버틸 수 있습니까?" 하고 물었다. 위기는 정말로 낭비하기에는 너무 끔찍한 것이다.

---

1) William Butler Yeats, "The Second Coming." 1920년 11월에 처음으로 *The Dial*에 실렸으며, 나중에는 여러 책에 수록되었는데, *The Classic Hundred Poems*, ed William Harmon (New York: Columbia University Press, 1998)도 그 중 하나다.

"엄청난 고통 다음에는, 형식적인 느낌이 온다"고 에밀리 디킨슨은 말했다. 몰락하는 교회의 고통은 많은 부분에서 우리가 전에는 논의하리라고 결코 생각하지 않았던 것들에 대해 기꺼이 말하려는 '형식적인' 의도에 자리를 내주었다. 우리가 함께 이야기하리라고는 결코 생각하지 못했던 사람들과 더불어 논의하리라고는 결코 생각하지 못했던 것들에 관해서 말이다. 지금은 모든 사람들이 한 방에 모일 때다. 지금은 서로의 강의를 청강할 때다.

당신은 감리교 신자라고? 좋다. 당신은 웨슬리 목사가 당신이 죽기 전에 당신의 모든 돈을 구제비로 사용하라고 말했다는 것을 알고 있는가? 당신은 오순절 교단의 신자라고? 성령께서 당신을 이끄시도록 하라. 그러나 성령이 얼마나 자주 눈물샘과 혼동되었는지를 잊지 말라. 당신은 유니테리언 신자라고? 좋다. 우리는 교회 안에서 약간의 비판적 사고를 할 수 있다. 그러나 지식만으로는 구원할 수 없다는 것을 잊지 마라. 수많은 윤똑똑이들은 차마 눈뜨고 볼 수가 없다.

문제는 여기에 있다. 즉 **사람들이 교회 안에서 주장하는 것들의 대부분은 중요하지 않다**는 사실이다. 이것은 우리가 자기파멸을 향해 치닫고 있는 세상 속에서 살고 있다는 사실을 빼고는 가장 슬픈 일이다. 우리가 여전히 "폭력이 구원한다!"(redemptive violence)라는 신화에 중독되어 있다는 것은 이상하게 보이지만, 그 종착역은 핵폭발의 시대다. 우리는 하나님께서 우리에게 더욱 많은 것들을 주심으로써 우리를 사랑하신다고 생각하면, 우리의 죄의식을 다루는 데 약간 도움을 받을 수 있을 것이지만, 분명한 사실은 그런 생각은 성경에 없다는 점이다. 우리는 우리 부족을 가장 사랑하며 하나님께서도 당연히 그러실 거라고 믿지만, 초대교회에서 그런 것을 믿었던 사람은 아무도 없었다. 초대교회 교인들은 그 따위 것을 믿지 않았기 때문에 순교했다.

내가 생각하는 것은 만일에 교회가 참으로 체제전복적인 반제국주의 메시지와 선교를 통해서, 그 급진적인 뿌리로 되돌아 갈 수 없다면. 교회는 죽어 마땅하다. 교회는 고통을 무디게 만드는 것, 끼리끼리 모이는 것(특히 개신교는 가톨릭처럼 교구 체제가 아니기 때문에 패거리의식과 주인의식이 강하다. - 옮긴이), 혹은 구명보트의 숫자에 대해 거짓말을 하는 것 이외에는 세상에게 줄 것이 아무것도 없기 때문이다. 수백만 개의 교회들이 이미 죽은 것은 그 자체의 지적인, 영적인, 그리고 윤리적인 부정직함의 희생자가 된 때문이다.

"하나님, 우리는 참담합니다." 좋다[라고 스스로 계신 이가 대답하신다]. 당신은 그런 심정으로 버틸 수 있습니까?

중풍병자의 친구들이 자신들의 친구를 고치기 위해 이를 악물고 예수님에게 데려왔던 것처럼, 교회는 우리의 교리들의 지붕을 뚫고 구멍을 낼 정도로 과감한 일을 할 필요가 있다. 아니면, 신자들은 그 정의상 은유적으로 생각하는 사람들이라는 점을 인정할 때, 리처드 도킨스의 손에 창을 쥐어주고 교회의 옆구리를 찔러 우리 모두를 그 비참함에서 벗어나게 하도록 허락한다고 상상해 보라. 그는 동의할 것이다. 바보천치들을 위한 모임 장소들에 세금을 면제해주는 것이 없다면, 세상은 훨씬 더 나아질 거라고 믿기 때문이다. 그는 시험관 속에서 은혜를 창조할 연구계획을 발표한다. 그는 조만간 낮이나 밤이나 내려 받을 수 있는 소프트웨어 패치를 만든다고 선포함으로써 악이 필요 없는 신문을 발간할 것인데, 그 소프트웨어를 자동으로 작동시키는 검색어는 (역설적으로) '진부함'이다. 옥스퍼드대학교의 한 위원회는 교회의 마지막 전례를 행하기로 자원한다.

　그러면 사흘 뒤에 〈뉴욕타임즈〉는 "교회는 죽었다"고 선언할 것이며, 우리들 중에 남은 미치광이들은 모여서 엠마오로 갈 수 있다. 우리는 우리의 "눈이 가려 볼 수 없었던" 것, 즉 "이 며칠 동안에 일어난 일들" 모두에 대해 토론할 수 있을 것이다. 결국, 세상에 외롭고 불안한 사람들이 차고 넘친다는 것을 알기 위해 신학자가 필요한 것은 아니다. 우리 모두가 굶주려 있으며 빵을 필요로 한다는 것을 알기 위해 신비주의자가 필요한 것은 아니다. 우리가 명성과 재산이란 공동체에 비하면 전혀 아무것도 아니라는 것을 다시 되새기기 위해 유명한 연예인이 필요한 것은 아니다. 우리는 서로를 필요로 한다. 우리가 직시해야만 하는 것은 자수성가한 사람들, 억센 개인, 구르는 돌(rolling stone)의 시대는 우리에게 이 세상에서 가장 불행하며, 가장 중독되었으며, 가장 많이 깨어지고, 가장 두려움이 많은 사회를 가져다주었다는 사실이다.

　바로 이런 이유 때문에, 복음이 또 하나의 마케팅 전략으로 둔갑되기 전에는 복음이 시대의 질병에 대해 선언했던 가장 강력한 두 단어, 즉 **"두려워 말라"**(fear not)는 말씀을 포함하고 있다는 사실을 기억할 필요가 있다.

　좋다. 당신이 당신 자신을 '종교적' 인간이라고 생각하지 않는다는 것은 당신이 한밤중에 깨어나 종교적 인간이 도대체 무엇인지에 대해 의아하게 생각하지 않는다는 것을 뜻하지는 않는다. 당신이 도대체 어떻게 두 사람이 평생 동안 혼인생활을 유지하며 행복할 수 있는지에 대해 의아하게 생각했던 적이 없다는 것을 뜻하지도 않는다. 물 위를 걷는다는 것은 이것과 견주어 무슨 뜻인가? 그것은 당신의 영혼이 참된 사랑이 무엇인지를 알기 위해 고뇌의 시간을 보낸 적이 없으며, 그 사랑을 찾기 위해 헤맸던 적이 없으며, 사기꾼들과 위선자들이 우글거리는 정글 속에서 그 사랑을 목마르게 찾았던 적이 없었다는 것을 뜻하지는 않는다. 인생의 목표는 사랑하고 또 사랑을 받는 것이기 때문이다.

우리에게 없는 것은 신뢰다. 신뢰가 없으면 인간의 모든 일들이 붕괴하고 만다. 신뢰가 없으면 계약이 없으며, 계약이 없으면 관계가 없다. 관계가 없으면 행복이 없다.

오늘날 너무나 많은 사람들이 더 이상 교회를 신뢰하지 않는 것에 대해 도대체 누구를 비난할 수 있단 말인가! 그러나 우리가 더 이상 신뢰하지 않는 것은 사랑하는 공동체라는 생각이 아니라, 자신들이 도대체 어디에서 왔으며, 어디로 가고 있으며, 누구에게 속해 있는가를 완전히 망각해버린 좀스럽고 겁에 질린 사람들이 서로 다투는 집단의 현실을 더 이상 신뢰하지 않는 것이다. 무엇보다도, 우리는 예수님이 미쳤던 것처럼, 우리들도 미치기로 서약했다는 것을 잊어버렸다.

예수님을 기억하라고? 세상에서 가장 잘 알려진 이름이 세상에서 가장 잘 숨겨진 비밀을 감추고 계시는가? 사람들은 그가 정신이 나갔다고 말한다고? 그렇다. 그는 머리가 돌았고 마약에 취해 이상야릇한 행동들을 하는 사람들의 도시에서처럼, 지랄발광을 하며, 아주 미쳤으며, 얼간이처럼 굴었고, 끈을 단단하게 매지 않았다. 이상하게 들릴지 모르지만, 교회 갱신은 반드시 여기에서 시작해야만 한다. 모두가 존경하지만 아무도 정말로 따르려고 하지 않는 그 갈릴리의 현자에 관한 정직한 토론에서부터 시작해야만 한다.

예수님이 미쳤다는 생각을 결코 한 적이 없다고? 다음 페이지를 넘기고, 다시 생각해보라.

1장

다정한 예수님

그의 우울한 분노

예수의 가족들이, 예수가 미쳤다는 소문을 듣고서, 그를 붙잡으러 나섰다. - 마가 3:21

우리가 예수님과 연관시키는 모든 말들 중에, '**미쳤다**'(insane)는 말은 결코 포함되지 않는다. 하나님의 아들, 존귀한 구원자, 착한 목자, 왕 중의 왕, 하나님의 어린양, 주님들의 주님, 메시아, 평화의 왕, 구원자 등은 모두 예수님을 경배하는 신자들의 입술에서 나오는 말들이다. 누군가 **예수님** 이름이 들어간 문장에서 **정신분열증적인**, **망상에 사로잡힌**, 혹은 광신적인이라는 단어를 감히 사용한 것이 언제가 마지막이었는가?

바울이 빌립보 교인들에게 보낸 편지에서 우리는 하나님께서 주신 이름을 찬양하는 옛날의 찬송가를 볼 수 있는데, 거기에서 "모든 이름 위에 뛰어난 이름을 그에게 주셨습니다. 그리하여 하늘과 땅 위와 땅 아래 있는 모든 것들이 예수의 이름 앞에 무릎을 꿇고, 모두가 예수 그리스도를" 정신이 나갔다고 고백했는가? 그 본문은 그런 식으로 이어지지 않는다. 그러나 복음서들 가운데 가장 먼저 기록된 마가복음서의 저자는 심지어 예수님의 가족들조차도 예수님의 정신건강 상태에 대해 걱정했다는 것을 명백하게 언급한다. 그럼에도 불구하고, 교회의 예전들 어디에서도 기독교인은 "예수님이 미쳤던 것처럼 우리도 미칠 것"을 약속하지 않는다.

바로 이런 이유 때문에 우리는 메리 올리버(Mary Oliver)와 같은 시인들에게 많은 것을 빚지고 있다. 그녀가 아니었다면, 나는 하나님의 거룩한 바보(the holy fool of God)를 묘사하는 "우울한 분노"(melancholy madness)라는 말을 결코 듣지 못했을 것이다. 그녀와 또한 그녀와 같은 사람들이 없었다면, 세상은 예수님을 실제로 따라가며 또한 예수님과 마찬가지로 미친 사람처럼 보이는 것을 감수하려고 노력하기보다는 단지 예수님을 찬양하는 것만으로 빠져나갈 수 있었을 것이다. 예수님은 노숙자에다가 싱글이었다. 예수님은 떠돌이 선생, 치유자, 그리고 하나님의 통치에 관한 이상하고도 체제전복적인 비유들을 가르친 사람이었다. 만일에 예수님의 동시대인들이 그가 귀신에 사로잡혔다고 생각했다면, 도대체 오늘날 우리는 그에 대해 무슨 생각을 할 것인가? 오직 시인들만이 우리에게 말해 줄 수 있다. 시인들을 주신 하나님께 감사를 드리자.

시인들이 없다면, 우리는 예수님이 스테인드글라스 속에 얼어붙은 상태로 머물러 있거나, 아니면 개인적인 경건이라는 끈적끈적한 시럽 속에 빠져 있다는 식의 감상적인 모래 속으로 너무 깊이 빠져 들어갈 것이다. 예수님은 중세 미술 작품들 속에서 땅 위에 떠 있는 무게 없는 사람의 모습인데, 이런 모습은 마치 샤갈의 그림

속에 나오는 푸른색의 남자, 그 빛이 나며, 냉담하며, 머리털이 없고, 향내를 풍기는 모습과 같다. 시인들이 없다면, 우리는 몽유병자처럼 신앙생활을 온통 헤집고 다닐 것이다. 우리는 예언자로 산다는 것이 그 고통과 결코 떨어질 수 없다는 것을 잊어버렸다. 그것이 **대부분의** 저항의 길이다. 예언자들은 우리가 듣고 싶어 하는 것을 말하지 않는다. 우리가 들을 필요가 있는 것을 말한다. 예언자들이 덥수룩한 모습으로 노여움에 이글거리는 눈으로 우리들 사이를 돌아다닐 때 우리는 그들을 불쌍하게 여긴다. 예언자들은 불의한 기존질서를 끝장내라고 그토록 무례하게 요청하기 때문에, 우리는 그들을 경멸하며 조롱한다. 선량하며 교양이 있는 사람들은 길거리에서 그 예언자들을 피해간다. 부모들은 자녀들에게 그들을 쳐다보지 말고 다른 곳을 보라고 말한다. 우리가 저녁식사에 예언자들을 초대할 마음을 먹는 일은 거의 없다.

실제로 예언자들과 시인들은 많은 것을 공유하고 있다. 그들은 은유라는 피를 통해 서로 연결되어 있다. 어떤 이유에서인지, 그들은 모두 한 사물의 **이름을** 그냥 부르는 대신에, 그 사물을 마치 다른 사물인 것처럼 묘사하지 않는 것은 불가능하다고 생각한다. 이처럼 **무엇을 다른 무엇으로 보는**(seeing as) 습관은 그들의 DNA 속에 깊이 박혀 있다. 그들은 모두 가슴의 눈으로 보는데, 이것은 우리의 영혼이 말라버리는 것으로부터 구원하기 위해서다. 그들은 모두 "성경을 문자적으로 이해하는 것"에 관한 우리의 모든 주장들이 문자적으로 어리석은 것임을 알고 있는데, 그 이유는 실제로 마리아에게는 작은 양 한 마리도 없었는데, 우리는 예수님을 흔히 '하나님의 어린양'이라고 부르고 있기 때문이다.

불행하게도, 오늘날처럼 논쟁이 끝나지 않는 시대에는, 보수주의자들과 자유주의자들 모두가 은유의 위력을 놓치고 있다. 보수주의자들은 비문자적인 의미에 관해 신경질적으로 반응하면서, 성경은 성경이 말하는 것을 말하고 또한 성경이 뜻하는 것을 뜻한다고 주장한다. 반면에 자유주의자들은 은유들이 증명할 수 없거나 미신적인 것이라고 양해를 구하는 데 너무 바빠서 은유들은 광택을 내지 않은 '사실들'에 액세서리를 붙이기 위한 해롭지 않은 부속물들이 되어버렸다.

탁월한 성경학자 존 도미닉 크로산이 지적한 것처럼, 계몽주의 시대 이래로, "우리는 고대인들이 자신들의 종교적 이야기들을 문자적으로 받아들였지만, 우리는 이제 그들의 착각을 인식할 만큼 성숙했다고 판단한다. 그러나 만일에 그 고대인들은 자신들의 이야기들을 은유나 비유로 의도했으며 받아들였지만, 우리는 잘못 생각하고 있다면 어쩔 것인가? ... 은유는 필연적 운명이며 문자주의는 우리의 은유적인 상상력을 메마르게 만든다는 것을 아는 사람들은 오직 시인들뿐이다."[1]

이런 이유 때문에 나는 시인들을 주신 하나님께 감사를 드린다. 그들이 없다면, 세상은 우리가 처리만 할 뿐 성찰하지는 않는 사건들과 무의미하며 서로 연결되지 않은 물체들의 친절한 퍼레이드가 될 것이다. 우리는 계산만 할 뿐이지 영혼을 쏟아 붓지는 않는다. 우리는 **방법**을 알지만, **이유**는 모른다. 시인들이 없다면, 언어는 찰칵하고 채워지는 걸쇠 도구들의 자루가 될 것이다. 모든 것이 반찬 만드는 방법이거나 사용 매뉴얼처럼 될 것이다. 인생은 완전히 산문이 되어 결국 따분해질 것이다.

---

[1] 존 도미닉 크로산, 김준우 역, 『가장 위대한 기도』 (한국기독교연구소, 2011), p. 55-56.

다음의 이상한 은유를 통해 시인들이 우리에게 연결시켜주는 것을 생각해보라. 멕시코 아이의 생일파티에 참석한 아이들은 '삐냐따'(piñata, '파인애플'이라는 뜻의 용기 - 옮긴이)를 막대기로 때려서 열어 바닥에 쏟아지는 사탕을 줍는 놀이를 즐긴다. 이 놀이는 익숙하고 해롭지 않은 놀이로서, 수건으로 눈을 가린 아이들이 천정에 줄로 매달아놓은 빠삐에 마쉐(papier-mâché, '잘게 찢은 종이조각들'이라는 뜻으로 두꺼운 종이로 만든 용기 - 옮긴이) 모양을 막대기로 때려 쪼개는 놀이다. 표면적으로는 사탕을 얻는 또 다른 방식에 불과하다.

그러나 시인은 삐냐따의 역사와 상징을 알고 있다. 한때 이 놀이는 그 지역에서 크리스마스에 앞서서 원주민들에게 복음을 전하기 위한 상징적 방법으로 사용되었다. 원래의 삐냐따는 별 모양으로서 일곱 각이 있었는데, 그 각각은 일곱 가지의 치명적인 죄를 상징했다. 밝은 색깔들은 유혹들을 상징하며, 눈가리개는 신앙을 뜻하고, 막대기는 죄를 극복하기 위한 무기를 뜻했다. 쏟아지는 사탕은 유혹과의 싸움에서 승리한 사람이 받게 될 천국의 풍요함을 나타냈다.

시인은 무엇이든 그 맥락을 잃어버리면 그 의미도 잃게 된다는 것을 알고 있다. 따라서 시인은 아이들이 빠져나간 빈방에 다시 들어가 여전히 천정에 매달려 있는 빠삐에 마쉐의 시체를 말없이 응시한다. 한 때는 영적인 상징이었던 것이 지금은 아이들이 탐내는 것을 담는 이상한 용기가 되었다. 한 때 영적인 싸움을 비유했던 것이 이제는 단지 파티의 놀이가 되었다. 한 때는 1막의 드라마로 된 단순한 장면이었던 것이 이제는 정신없는 이기적인 놀이에 불과하게 되었다.

오직 시인만이 그 텅 빈 금박지 속의 슬픔을 볼 수 있다. 오직

시인만이 그처럼 들뜬 아이들과 뻬냐따와 교회 사이를 연결 지을
수 있다. 다시 말해서 오직 시인들만이 예수님에 관해 우리에게 말
해줄 수 있다.

    다정한 예수는
      배 위에 서서
        자신의 우울한 분노를 말하자
          바다가 잠잠해졌네.
    미안하지만 비단처럼 부드럽게 되라.
      그래서 모두가 구원 받았다네
        그날 밤에.
          그러나 당신은 어떻게 된 일인지 알지요.
    다른 무엇인가가
      문지방을 넘을 때
        아저씨들은
          함께 투덜거리네.
    여인들은 멀어져가고
      동생은 자신의 칼을
        날카롭게 갈기 시작한다네.
          영혼이 무엇인지를 아는 사람은 아무도 없다네.

메리 올리버의 시 "아마도"(Maybe)는 이렇게 시작된다. 어느 날
아침 나의 아내가 커피를 마시면서 이 시를 나에게 읽어주었는데,
나는 "우울한 분노"라는 말을 이해할 수가 없었다. 우리는 이 시의
나머지 부분을 곧 읽게 될 것이다. 그러나 우선 이 책을 고백으로

시작할 필요가 있는데, 고백은 영혼을 위해 좋은 것이기 때문이다. 친애하는 독자들도 고백을 할 필요가 있다. 그래서 이 책의 저자인 내가 먼저 고백하겠다. 우리는 무릎을 꿇고 고백해야만, 그 겸손한 자세로 인해 거짓말에 대해 다시 생각하게 될 것이다. 복음의 진리는 이것이다. 즉 우리는 예수님에 관해 실제로는 아무것도 모른다는 것이다.

옳은 말이다. 우리의 특별한 공동체가 아무리 거룩하다고 해도, 성경의 증거 본문들과 교리들의 순수성에 아무리 근거한다고 해도, 예수 퍼즐(Jesus puzzle)의 잃어버린 모든 조각들을 찾아내는 데 우리가 아무리 민첩하다 해도, 우리는 모두 같은 배에 올라탄 채, 찾을 수 없는 것에 대해서는 죽은 듯이 고요한 채, 영원히 표류하고 있다. 비록 우리가 어떤 자기-의로움에 대한 생각 때문에, 천 개의 서로 다른 교회 진영들로 분열되어 있지만(좌파와 우파, 순복음과 뉴에이지, 반지성주의와 초지성주의, 예배 시간에 손을 들어 찬양하는 사람들과 손을 깔고 앉는 사람들), 우리 모두는 이처럼 엄청나게 무지하다는 점에서는 똑같다. 인류 역사에서 중심인물이라는 남자의 생애에 관한 문제에서, 우리는 입증할 수 있는 것을 아는 것이 거의 없으며, 역사와 비슷한 것을 아는 것이 거의 없으며, 재판정에서 증거로 채택될 수 있는 것에 대해서는 아는 것이 거의 없기 때문에, 우리가 할 수 있는 최선은 시인들에게 귀를 기울이는 것이다. 시인들은 은유라는 트럼프 카드를 들고 있다.

계관시인 머윈(W. S. Merwin)은 우리가 인생에서 정말로 중요한 것들을 이해하는 데 도대체 왜 시를 필요로 하는가를 다음과 같이 설명한다.

1장. 다정한 예수님: 그의 우울한 분노　　37

산문은 무엇에 관한 것이지만, 시는 말로 할 수 없는 것에 관한 것이다. 뉴욕의 쌍둥이 빌딩이 갑자기 무너져 내렸을 때, 혹은 사람들의 결혼이 파경에 이르렀을 때, 혹은 세상에서 가장 사랑하는 사람이 똑같은 방에서 죽었을 때, 왜 사람들은 시를 필요로 하는가? 사람들이 그것을 말할 수 없기 때문이다. 사람들은 전혀 그것을 말할 수 없으며, 사람들은 말로 할 수 없는 것을 표현할 무엇을 원하게 된다.[2]

말로 할 수 없는 것을 말하는 것에 대해, 네 명의 복음서 시인들, 즉 자신들이 표현할 것을 다른 사람들이 훨씬 진지하게 생각하도록 만들기 위해 자신들보다 훨씬 더 유명한 필명들(pen names)을 사용하여, 마가, 마태, 누가, 요한(복음서 작성의 연대 순서를 따라)이라는 이름으로 글을 썼던 네 명의 시인들이 직면했던 과제를 생각해보라. 이들은 그 이름이 알려지지 않았던 시인들, 서기관 엘리트들로서, 사도들의 이름을 취하여, 나사렛 예수의 생애, 죽음, 부활 이후 수십 년이 지나서 글을 썼다. 그들이 복음을 기록한 것은 그 남자의 신적인 광기(the divine insanity)를 우리가 잊지 않도록 하기 위해서였다. 그들은 신앙의 행동으로서 글을 썼다. 그들의 복음서는 전기를 쓰려는 시도가 아니라, 신앙심의 행동이다.

그러나 이들 복음서 시인들은 예수님의 우울한 분노에 관해 보통 저널리스트들이 우리에게 들려줄 수 있었던 것보다 많은 것을 들려준다. 이 네 가지 초상화들, 이 '스케치들'은 신자들이 동료 신자들을 격려하고 또한 비신자들로 하여금 개종하도록 격려하기 위

---

[2] "W. S. Merwin Interview," *Academy of Achievement*, July 3, 2008, http://www.achievement.org/autodoc/page/mer0int-1.

해서 쓰여진 것들이다. 이것들은 사랑의 노래들(love songs)이다. 성경에 한 마디라도 기록한 사람들은 당시에 자신들이 성경에 한 마디를 쓰고 있다는 생각을 전혀 하지 못했다는 것을 기억하는 것이 항상 도움이 된다. 왜냐하면 그 당시까지만 해도 성경은 존재하지 않았기 때문이다.

마침내 그 모든 기록들이 선택되어 오늘날 우리가 거룩한 문서라 부르는 것의 일부분이 되었다. 그 이후에 그것을 읽고 해석한 사람들은 우울한 사람들, 심각한 사람들로서, 균형잡힌 영혼을 지닌 사람들이었다. 복음서 시인들은 예수님이 길거리의 거지에게 말하기 위해 멈춰 섰던 때를 기억하는데, 그 무의식적인 순간이 지금은 수많은 주석들과 책들의 주제가 되었다. 예수님은 간음하다가 붙잡혀온 여인을 어찌할 것인지를 생각하는 동안에 모래 위에 무엇인가를 끄적거렸다. 그 이후, 우리는 그가 무엇을 썼을 것인가에 관해 논쟁을 벌여왔는데, 그가 글을 몰랐기 때문에 아무렇게나 낙서를 했는지, 아니면 자신이 무엇이라고 말할 것인지를 생각하느라 단지 시간을 끌었던 것인지에 관해 논쟁을 벌여왔다. 그러는 동안에, 우리는 그 이야기를 잃어버렸는데, 특별히 현장에 있던 사람들이 손에 들고 있었던 돌멩이들을 땅바닥에 내려놓는 소리를 잃어버렸다. 우리는 그 이야기가 더 이상 맥박이 뛰지 않을 때까지 그 본문에서 성경 주석의 피를 짜냈던 것이다.

이와 비슷한 일이 우리가 "역사적 예수"를 찾는 데서도 벌어졌다. 우리는 '진짜' 예수님, 인간 예수님을 찾아왔다. 이것은 중요하며 가치 있는 작업이다. 그러나 그 복음서 시인들이 우리에게 말하는 것은 역사에 대한 우리의 관심은 그들 자신의 관심이 아니었다는 것이다. 부활절 이전의 예수(pre-Easter Jesus)와 부활절 이후의 예수(post-Easter Jesus) 사이의 차이점은 도움이 된다. 그러나 우리가 갖고 있는 것은 모두 부활절 이후 공동체가 부활한 예수님에 대해 반응한 것이다. 우리는 고등비평의 도구들을 사용해서 인간 예수님을 잠깐 볼 수는 있지만, 모든 것은 (여기서 보통 부정적인 의미로 사용하는 용어를 양해해주기 바란다) 선전문(propaganda)을 쓰고 있었던 신자들의 공동체의 프리즘을 통해 본 것이다. 그들은 신앙을 '선전하기' 위해 글을 쓰고 있었다.

또한 네 복음서들이 선택되고 정경 속에 포함되어 신성하게 되었다는 사실은 다른 복음서들이 가짜이거나 열등하다는 뜻이 아니다. 그러나 마침내 인쇄되는 다른 모든 책들과 마찬가지로, 정경은 마감되어야만 했다. 예술세계의 언어로 말하자면, 누군가는 반드시 작품들을 심사해야만 하며, 그 후에야 전시가 시작된다. 그것이 개막식 전날 밤이든, 아니면 시대의 끝 날이든, 마감일은 반드시 있게 마련이다.

그렇다고 해서 물론 우리가 역사적 예수에 관한 끝없는 논쟁을 하지 말아야 한다는 것은 아니다. 자유주의자들은 진실성을 추구하며, 또한 급진적인 선생으로서의 보다 명확한 예수상을 찾고 있다. 보수주의자들은 학자들이 그리스도의 신성을 반박하기 위해 가면무도회를 열고 있다고 판단한 것에 대해 등을 돌리고 있다. 이런 일은 지난 200년 동안 계속되어 왔으며, 또한 학자들은 알베르트 슈바이처가 무익한 것이라고 결론내린 (역사적 예수에 대한) 탐구에 엄청난 지적인 에너지를 쏟아 부었다. 슈바이처는 이렇게 말했다. "그는 그 옛날 호숫가에서 그를 모르는 사람들에게 찾아왔던 것처럼, 우리에게도 모르는 사람으로, 이름도 없이 찾아오신다."[3)]

아마도 우리는 역사적 예수 탐구에서 휴전을 요청하고, 대신에 적어도 중요하지만 흔히 무시되는 것, 즉 역사적 **공동체**에 대한 탐구에 우리의 주의를 돌려야 할 것이다. 예수님이라면 어떻게 할 것인가?(WWJD)라고 묻는 것이 오늘날에는 매우 일반적인 것이 되었다. (비록 그 질문은 매우 수사학적인 것처럼 보이지만, 그 대답은 정말로 무서운 것처럼 보이기도 한다.) 그러나 우리가 물어야 할 필요가 있는 또 다른 질문이 있는데, 그 질문은 역사적 예수에 관한 질문들만큼 중요한 질문으로서, 이 역사적 **공동체**는 이제까지 도대체 무엇을 했는가 하는 질문이다.

결국, 역사가들이 한 선생의 **진정한** 메시지(훗날 다른 사람들이 덧칠을 하기 이전의 메시지 - 옮긴이)를 밝혀내는 방법들 가운데 하나는 그의 학생들의 행동을 연구하는 방법이다. 물론 그들의 질문은 우리의 질문들과는 달랐다. 왜냐하면 그들은 자신들의 진정한 정체성을 찾는 데 열심이었던 것이 아니라, 진정한 제자직의 정치에 열심이었기 때문이다. 그들의 **행동들**이 그들의 대답이었다. 우리가 잊어버린 것, 그래서 교회에 많은 손해를 끼치게 된 것은 그들이 정말로 얼마나 이상한 사람들이었으며 또한 얼마나 참으로 체제전복적인 제자들이었는가 하는 점이다.

새로운 교회를 위한 새로운 탐색

슈바이처는 자신의 철저한 비판적 연구를 통해 예수님의 중요성을 감소시키려 했던 것이 아니다. 반대로, 그는 자신이 찾은 본질

---

3) Albert Schweitzer, *The Quest of the Historical Jesus*, trans. W. Montgomery (New York: Macmillan, 1968), 403.

1장. 다정한 예수님: 그의 우울한 분노 *41*

적인 것을 우리에게 상기시키려 했던 것인데, 그것은 우리가 예수님이 누구인지를 알 수 있는 것은 오직 그를 **따름으로써**만 가능하다는 점이다. 우리가 길에서 그를 만나면 그를 결코 알아볼 수 없을 것이다. 무대 위에서 외로운 인물을 드러내기 위해 커튼은 결코 올라가지 않을 것이며, 또한 그의 얼굴에 조명이 집중되지도 않을 것이다. 사실상, 그는 결코 역사의 인물이 되지 않을 것인데, 그는 결코 전기(傳記)의 주인공이었던 적이 없었기 때문이다. 그의 얼굴은 그를 따른 신자들이 손으로 스케치한 합성화인 셈이다. 그의 음성은 녹음된 것이 아니라 기억된 음성이다.

복음서들은 일부는 기억한 것들이며, 일부는 증언한 것들이다. 복음서들은 그의 생애에 관한 단편적인 이야기들을 베끼고 한데 엮어서 만든 숨 막히는 이야기들을 상황이 변함에 따라 새로 만들고 또 다시 만든 이야기들이다. 각각의 예수 공동체가 새로운 도전들에 직면하게 되자(단순히 사람들이 기대했던 것처럼 빨리 예수님이 재림하지 않았던 것은 그 이유가 되지도 못했다), 사람들은 이 네 복음서 초상화들을 보존하고 그의 메시지를 전파할 필요가 생겼다. 유대교와 이혼하는 고통의 한복판에서, 그리고 재림에 관해 회의가 점차 밀려들자, 예수 따르미들은 자신들만의 본문, 자신들만의 토라(Torah)를 필요로 하게 되었다.

물론 이것은 기독교를 훨씬 더 복잡하게 만들었다. 왜냐하면, 그분의 음성이 각각의 복음서들마다 **변하**기 때문이다. 첫 번째 초상화인 마가의 예수님을 보면, 예수님이 "어찌하여 너는 나를 선하다고 하느냐? 하나님 한 분 밖에는 선한 분이 없다"(10:18)라고 자신을 드러내지 않는 겸손한 모습이다. 그러나 마지막 초상화인 요한의 예수님을 보면, 자신만이 메시아라고 선포하며, 아무도 그가 어둠 속에서 빛을 발하고 있는 것을 알아차리지 못한 것처럼 보이는 세상에서 스스로 빛을 발하는 인물처럼 보인다. 여기서는 사람들이 너무 찬미하는 것에 대해 신경을 쓰는 겸손한 사람 대신에, 자신을 메시아라 밝히면서, "나는 길이요, 진리요, 생명이다. 나를 거치지 않고서는, 아무도 아버지께로 갈 사람이 없다."(14:6)라고 선언한다. 똑같은 사람이 도대체 어떻게 이런 두 가지 전혀 다른 말을 할 수 있었단 말인가?

심지어 신앙의 성격도 완전히 바뀐다. 1세기의 급진적 윤리인 산상설교에는 무엇을 믿을 것인가에 관해서는 단 한마디도 없고 무엇을 할 것인가에 관한 말들뿐인데, 4세기의 니케아 신조에서는 무엇을 할 것인가에 관한 말은 단 한마디도 없고, 오직 무엇을 믿을 것인가에 관한 말들뿐이다.

그렇다면, 오늘의 기독교인들은 무엇을 생각해야 하는가? 우리는 예수님을 본받아 "행하는 사람들"인가, 아니면 기독교세계가 해석하고 꾸러미로 만든 것처럼 예수님의 사명을 "믿는 사람들"인가? 예수님의 음성이 바뀔 뿐만 아니라, 예수님을 '믿는다'는 것이 뜻하는 본질 자체도 바뀐다면, 우리는 우리가 선호하는 성경구절을 선택하거나, 아니면 우리가 선호하는 신조를 열렬하게 암송하도록 내팽개쳐진 게 아닌가?

자유주의자들은 물론 인간 예수, 그 지혜의 선생의 음성을 선호한다. 그들은 예수님의 비유들에는 마음이 끌리지만, "나는 누구다"라고 선언하는 요한의 예수님에 대해서는 얼굴을 돌린다. 그들은 보수주의자들이 어떻게 요한의 그 설교를 이용해서, 예수님을 통하지 않고는 아무도 구원받을 수 없다는 주장을 뒷받침하는가를 잘 알고 있다. 내가 복음주의자들과 근본주의자들의 설교를 들어본 경험에 의하면, 그들은 설교 본문을 공관복음서들(마태, 마가, 누가)보다는 요한복음에서 훨씬 더 많이 뽑아서 사용한다. 요한복음에는 '진짜' 메시아, 훨씬 더 강력하며 참을성이 없는 구세주가 있는데, 그는 사람들을 당황하게 만드는 비유를 말하는 것보다는 자신이 인정받고 이해받는 것에 더 관심을 갖고 있다. 이런 구세주는 세상에 희망이 없으며 또한 세상에서 도망쳐야만 한다는 근본주의자들의 입장에 딱 들어맞는다. 요한의 신학은 기독교가 하늘로부터 내려진 일종의 밧줄이며, 대부분의 사람들은 그 출구 표시를 본다 해도 알아차리지 못한다는 생각을 확인해준다.

짐 월리스(Jim Wallis)는 그의 『대각성』(*The Great Awakening*)에서, 어떻게 복음주의적인 교회에서 성장하면서 자신이 산상설교에 대한 설교를 한 번도 들어본 적이 없었는지를 술회한다. 설교자가 말한 것들은 전부 요한복음과 바울의 편지들에 나오는 구원에 관한 성경 구절들뿐이었다. 마리아의 찬가(Magnificat)를 들으면서, 복음이 얼마나 다른가를 생각해보라. 그리스도의 몸이 천 개로 조각나 있다는 것은 놀랄 일이 아니다. 수건으로 눈을 가린 어린이들과 삐냐따 놀이처럼, 누구나 예수님의 서로 다른 조각을 주장하며, 그 다음에는 각각의 방 속에서 사람들은 그것을 실컷 먹어댄다.

그 이유를 이해하고, 또한 이제까지와는 다른 미래를 상상하기 시작하려면, 우리는 메리 올리버의 시 나머지 부분을 읽을 필요가 있다.

호수 위의 바람처럼
그것은 왔다가 가지만
때로는 며칠씩

당신은 그것에 관해 생각하지도 않지요.

아마도 설교가 끝나고

그 무리들이 배불리 먹은 다음에

그들 중 한두 사람은

영혼이 솟아오르는 걸 느꼈을지 모르지요.

작열하는 한낮의 햇살이

기울기 전에

모든 걸 삼켜버리고

그들의 뼈를 움켜쥐었다가 떠나는 것처럼

그가 일어나서 광풍을 꾸짖기 전에

광풍이 돛을 어찌나 찢어버릴 듯 했는지를 잊어버린 채

그들은 이제

가련하고 졸음이 쏟아진다네.

언제나처럼 그는

따뜻하고 빛나며 명령했는데

사람들을 삼켜버리는 풍랑보다

천 배는 더 기겁하도록 만들었다네.[4]

우리 모두 솔직해지자. 예수님에 관해서 말할 때 "따뜻하며 빛나며"라는 말은 우리가 좋아한다. 그러나 "명령한다고?" 별로다. 그러나 우리들 대부분은 이 시의 마지막 행, 즉 **"사람들을 삼켜버리는 풍랑보다 천 배는 더 기겁하도록 만들었다네"**라는 표현에서는 도망치기 바쁘다. 기겁하도록 만들었다고? 예수님을 이렇게 생각할 사람

---

[4] Mary Oliver, "Maybe," *New and Selected Poems* (Boston: Beacon Press, 1993), 1:97-98.

이 누가 있겠는가? 우리가 예수님을 찾는 것은 위로받기 위해서가 아닌가? 그는 한 마리 잃은 양을 찾기 위해 이곳저곳 헤매고 다니는 선한 목자가 아닌가? 그는 지친 사람들에게 쉼을 약속하고, 굶주린 이들에게 음식을 약속하지 않았는가? 우리가 신앙에 접근하는 방식은 온통 단순한 거래, 즉 우리가 없어서 필요로 하는 것들을 그분은 풍성하게 갖고 계시며 우리에게 주실 수 있다는 거래에 기초한 것이 아닌가?

이 시는 한 차원에서는 복음서들에서 잘 알려진 이야기, 즉 예수님과 그의 제자들이 갈릴리 바다를 건널 때 갑자기 폭풍이 불어 닥친 이야기에 관한 시다. 그 풍랑은 그들이 타고 있었던 작은 배를 삼켜버리고 모두를 수장시킬 기세였다. 그러나 예수님이 금방 잠이 든 동안에 그의 제자들은 겁에 질리게 되었는데, 예수님은 때맞춰 깨어나 폭풍에게 잠잠하라고 말했다. 교회에서는 예수님이 한 일을 '잔잔하게 하셨다'고 말한다. 그러나 시인 올리버는 "바다가 잠잠해졌네. 미안하지만 비단처럼 부드럽게 되라."고 표현함으로써 바다가 마치 꾸중을 들었던 것처럼 말한다.

설교자들은 이 이야기가 정확히 무엇을 의미하는가에 관해 의견의 일치를 보였던 적이 없었다. 우리는 너무 자주 성경을 마치 주장들을 모은 것처럼 읽기 때문에, 그 이야기를 단순하게 듣지 못할 때가 많다. 결국, 우리는 설교를 통해 이 본문에 대해 어떤 주장을 하게 되고, 결론에서 이 본문에 몇 가지 양념을 뿌림으로써 우리가 성서적인 설교자라는 것을 배심원들(회중들)에게 설득시키려 한다. 그러나 성경에는 '증거'가 없다. 우리와 같이 평범한 사람들이 자신들이 보고 놀랐으며 또한 무서워했던 것을 보고한 것일 따름이다.

자유주의자들은 기적들에 대해 매우 불편해 하기 때문에, 이런 갑작스런 폭풍이 어떻게 불어 닥쳤다가 갑자기 사라짐으로써, 예수님을 찬미했던 과학 이전 시대의 제자들의 마음속에 기적이라는 환상을 만들어냈는가를 치밀하게 설명한다. 일단 우리의 계몽된 정신들이 자연법을 옹호했으며, 이성에 무릎을 꿇었으며, 어리석은 미신들에 대해 해명을 했기 때문에, 자유주의자들은 이 본문이 실제로는 일반적인 방식으로 공포의 심리학과 그에 뒤따르는 일반적인 방식으로서의 신앙적 응답에 관한 것이라고 결론짓는다. 질문이 있는가?

이와는 반대로, 보수주의자들은 자신들이 찾고 있던 기적의 정확한 증거를 여기서 찾아낸다. 결국, 예수님은 무슨 일이든 할 수 있다는 것이다. 이 본문에서 예수님은 "날씨를 통제한다." 예수님은 무관심했기 때문에 배 안에서 잠들었던 것이 아니라, 아무것도 하나님을 염려하게 만들 수는 없었기 때문에 잠들었던 것이다. 제자들이 겁에 질렸던 것은 단지 이것을 이해하지 못했기 때문이었다. 예수님은 아마도 제자들을 시험하기 위해 폭풍이 시작되도록 명령했을 것이다. 그래서 설교자는 안심하라고 말한다. 인생의 폭풍들은 갑자기 불어 닥치게 마련이지만, 당신이 "예수님과 함께 있으면," 당신은 궁극적인 구명정을 갖고 있는 것이라고 말한다. 다시 말해서, 이 점에서 교회는 양분되어 있다. 즉 보수주의자들은 확실성을 신앙과 혼동하고 있는 반면에, 자유주의자들은 지식만으로도 구원받을 수 있다고 주장한다.

교회 설교자들 가운데 시인들이 좀 더 많다면 얼마나 좋으랴! 시인들은 본문의 행간(行間)을 읽는데, 의미의 정수(精髓)는 바로 그 행간에 있다. 예를 들어, 이 이야기에서 예수님은 제자들에게 "바다 저쪽으로 건너가자"고 초대하는데, '바다 저쪽'은 이방인들이 사는 곳을 가리키는 성경의 표현방식이다. 그 배는 원수들의 지역으로 향하고 있었던 것이다. 더군다나 마가복음 저자에 따르면, 그들은 "예수를 배에 계신 그대로 모시고 갔다"(4:36)고 한다. 이 말은 아마도 (4장 1절이 시사하는 것처럼) 예수님이 그날 아침에 가르치기 시작했던 바로 그 배에 여전히 타고 있었다는 뜻일 것이다. 무리는 엄청나게 많았고, 예수님은 계속해서 비유들을 이야기했다. 날이 저물 때가 되자, 예수님은 완전히 녹초가 되었을 것이 분명하다.

이 이야기에서 흔히 간과되는 또 다른 문장이 있는데, 그것은 "다른 배들도 함께 따라갔다."(4:36)는 본문이다. 이 본문으로 설교하는 이들은 흔히 바다 가운데 제자들만 있어서 그들을 구해줄 사람들이 아무도 없었던 것처럼 말한다. 또한 예수님이 "베개를 베고(on the cushion) 주무시고 계셨다"는 것은 얼마나 이상한가! 이 번역은 오해하기 쉽다. 그것은 결코 부드러운 베개가 아니다. 거위 털로 만든 베개가 아니다. 배 뒤편의 조타수가 앉는 딱딱한 낮은 의자였을 것이다. 여기서 복음서를 쓴 시인들은 예수님이 얼마나 "세상모르고" 잠에 빠졌는가에 관해 들려주려고 했을 것이다. 등대가 꺼지듯이 말이다.

내가 한번은 설교 중에 교인들에게 "여러분은 예수님이 코를 골고 주무셨다고 생각하십니까?" 하고 물어보았다. 모두가 잠잠했다. 나는 어색하게 말을 이었다. "여러분도 아시다시피, 남자들은 코를 골지요. 특히 곧바로 잠에 빠져들었을 때 코를 곱니다. 우리도 코를 곤다는 걸 여러분도 잘 알지 않습니까?" 나는 청중들에게 애원을 했다. "이 장면을 상상해보십시오. 정말로 길었던 하루가 끝나 어둠이 내려앉는데, 제자들은 배가 너무 작고 물이 샐 것 같아서

항해할 수 없을 것만 같은 배에 타고 있습니다. 예수님이 목이 쉴 때까지 가르치시는 동안 제자들은 무리들을 통제하느라 분주했었 겠지요. 그런데 이제 이교도들의 불결한 땅으로 가고 있는 것입니다. 제자들은 분명히 자기들끼리 도대체 누가 이번 여행을 덧붙였는가 하고 물었을 것입니다. 폭풍이 닥쳐왔지만, 선생님은 불 꺼진 등대처럼 코를 골고 계십니다. 아마도 그분은 입을 반쯤 벌린 채 턱에까지 침을 흘리고 계셨는지도 모릅니다. 수평선에는 검은 구름이 몰려들고 있었지요. 그러자 누가 예수님을 깨울 것인지를 이야기하기 시작했습니다. 하늘은 더욱 어두워지고, 이제는 돌아갈 지점을 이미 지나버렸지요. '네가 깨워라.' '아니, 네가 깨워라.' 그러는 동안에도 예수님은 계속 코를 골고 계셨습니다. 바로 그 때 첫 번째 번개가 '바다 저쪽'으로 내리쳤습니다."

예배가 끝난 후에 한 여성이 나에게 와서, 예수님이 코를 골았는지를 생각해보라는 말을 하지 않았으면 더 좋았을 거라고 말했다. 나는 그 말을 이해했다. 메리 올리버도 그랬다. 그녀는 "다른 무엇인가가 문지방을 넘을 때 아저씨들은 힘께 투덜거리네. 여인들은 멀어져가고 동생은 자신의 칼을 날카롭게 갈기 시작한다네. 영혼이 무엇인지를 아는 사람은 아무도 없다네."라고 표현할 만큼 잘 알고 있었다.

여기에 배워야 할 것이 있다. 여기에 교회의 미래를 위한 희망이 있다. 시인들은 우리로 하여금 예수님이 누구인지를 지목하는 것을 도우려는 것이 아니다. 시인들은 예수님을 결코 만나지 못했던 우리들을, 예수님을 만났던 사람들 곁에 자리잡도록 만들어, 우리들도 그들처럼 놀라고 기겁하게 되는지를 보기 위해서다. 성경은 우리가 하나님에 관한 대답들을 찾아볼 수 있는 사전이 아니다. 성경은 두 번 전해진 이야기이며, 우리들의 설교들도 마찬가지다. 우리는 예수님의 참된 얼굴을 찾기 위해 또 다른 오솔길에 우리의 조명등을 비추는 대신에, 우리는 다른 종류의 탐색을 고려하려고 생각할지도 모른다. 역사적 예수를 찾기 위한 끝없는 탐색의 다음 순서를 준비하는 대신에, 왜 우리는 역사적 따르미들에 대한 탐구를 고려하지 않는가?

도대체 왜 처음 예수 따르미들은 그들 사이의 모든 차이점들에도 불구하고, 그토록 이상하며 특이한 사람들이었는가? 도대체 왜 그들은 기존질서에 대해 위협적이었으면서 또한 당황스럽게 만들었는가? 도대체 왜 우리들은 그들이 주님의 신성한 본질을 정의하기 위해 온갖 노력을 기울였던 것처럼, 처음으로 "작은 그리스도들"(그리스도-인들)이라는 모욕적인 이름으로 불렸던 사람들을 밝히기 위해 온갖 노력을 기울이지 않았는가? 역사의 예수(Jesus of history)를 신앙의 그리스도(Christ of faith)로부터 구별하려는 귀한 노력은 많은 도움을 주었지만, 지금 우리에게 필요한 것은 역사의 따르미들(followers of history)을 신앙을 믿는 사람들(believers of faith)로부터 구별하기 위한 탐구이다.

올리버의 시에 나오는 그 "아저씨들이 함께 투덜거리는" 것이 이 '특이한' 말썽꾼들이 아니면 무엇이란 말인가? 도대체 그 "여인들이 멀어져 가는" 것이 평화를 유지하기 위한 것이 아니라면 무엇 때문이란 말인가? 여인들은 흔히 자신들은 평화를 유지하기 위해 부름받았다고 생각하지 않는가? "동생이 그의 칼을 날카롭게 가는" 것은 그가 이 모든 사랑 타령이 너무 오래 계속되고 있다는 것을 분명히 알기 때문이다. 그렇다면 진짜 사나이는 진짜 사나이들이 해야 할 일을 해야만 한다. 우리가 그런 일에 몰두하는 동안에, 도대체 영혼이란 무엇이란 말인가?

시인들은 대부분의 사람들이 자신들의 인생을 지친 가운데, 겁에 질린 채, 아무런 실마리도 없이 허비한다는 것을 잘 알고 있다. 그들은 피로감이 신앙의 원수라는 것을 잘 안다. "호수 위의 바람처럼 그것은 왔다가 가지만, 때로는 며칠씩. 당신은 그것에 관해 생각하지도 않지요." 무엇에 관해 생각하지 않는다는 말인가? 만일에 우리가 완전히 깨어 있다면, 아마도 우리의 인생이 철저하게 달라질 것이라는 점에 대해서 생각하지 않는다는 말이다. 단지 황홀경의 순간만이 아니라, "설교가 끝나고, 그 무리들이 배불리 먹은 다음"의 황홀경의 순간만이 아니라, "우리가 작열하는 한낮의 햇살처럼 영혼이 솟아오르는 것을 느끼는" 순간들 사이에도 우리가 완전히 깨어 있다면, 우리의 인생이 어떻게 달라질 것인지에 대해서 생각조차 하지 않는다는 말이다.

오늘날 너무나 많은 기독교인들이 자신들은 예수님에 관해 '올바르게' 알고 있다는 생각에 도취되어 있기 때문에, 예수님을 따르는 문제가 닥치면, 우리는 훨씬 더 중요한 어떤 일을 해야 한다는 것을 잊어버렸다. 우리는 사람들에게 경고하는 것을 잊어버렸다. 우리는 사람들에게 애당초 그 배에 올라탄 다음에는 결코 순조로운 항해를 기대할 수 없다는 것을 말하지 않는다. 우리는 사람들에게 솔직히 신조들과 교리들이란 아무것도 아니며, 특히 그들 자신의 인생을 주관하신다는 분과 같은 배를 타고 동행하는 그분이 실제로는 "사람들을 삼켜버리는 풍랑보다 천 배는 더 기겁하도록 만든다"는 사실에 견주어볼 때, 신조들과 교리들이란 아무것도 아니라는 사실을 솔직히 말해주지 않는다.

미친 사람과 미친 행동

　독자들은 내가 나사렛 예수를 묘사하기 위해 '미친'(crazy)이라는 말을 사용하는 것에 대해 마음이 상하지 않기를 바란다. 이 말을 사용하는 것은 예수님에 대해 불손하거나 경멸하기 위한 것이 아니며, 충격적인 단어를 사용해서 책 판매량을 늘릴 생각 때문이 아니다. 예수님은 진짜로 미쳤다는 뜻이다. 마가복음에서 처음으로 예수님의 초상화를 묘사한 저자는 복음이라는 문학적 장르를 고안했던 사람으로 간주된다. 더군다나 그는 기원후 70년에 예루살렘과 그 성전이 파괴된 직후에 자신의 복음서를 썼을 것이다. 이것은 약 40년 동안 교회는 기독교인들만의 특유한 문서를 갖지 못했다는 뜻이다.

　물론 당시에 바울이 쓴 **진정한** 편지들(진짜로 바울이 쓴 편지들 - 옮긴이)은 신자들 사이에 돌려가며 읽었다. 예수 따르미들이 그 이야기들을 기억하고 전하는 수십 년 동안, 구전된 이야기들은 쌓여 갔다. 그들은 또한 최초의 '말씀' 자료들의 단편들을 갖고 있었을 것인데, 이런 자료들은 나중에 도마복음과 Q 복음이 되었다.5) 그러나 누가 과연 예수님의 이야기를 보전할 것인가? 누가 과연 그리스인들도 이해할 수 있으며 또한 의심이 많은 유대인들에게도 설득력이 있어서 믿지 않을 수 없는 예수님의 이야기로 만들어낼 것인가?

　복음서들은 이 빈 자리를 채우기 위해 로고스(logos)와 파토스

---

5) 도마복음은 1949년에 나그 함마디 근처 동굴에서 발견된 문서들 가운데 가장 잘 알려진 것으로서 예수의 118개 '말씀들'을 수록하고 있는데, 여기에는 (예수의 탄생과 십자가 처형과 부활과 같은) 이야기들은 하나도 없다. 한편 Q 복음은 마태와 누가의 공통 재료들로서 그 두 복음서의 일차 자료인 마가에는 없는 재료들을 제공했던 것으로 믿어지는 가상적 말씀 자료다.

(pathos), 이성과 열정을 융합시켰다. 에토스(ethos)는 사도들의 이름을 빌려 사용하고 또한 예수님은 예언자들이 예언했던 분이라고 주장함으로써 마련했다. 그리고 모든 의미는 상황에 좌우되는 것이기 때문에, 복음서를 작성한 시인들은 묵시종말론적인 열정이 표출되던 시대에 자신들의 초상화들을 그렸다는 점을 기억하는 것이 필요하다. 그 기쁜 소식은 만일에 누군가가 어떻게 해서든지, 언젠가는 자신들의 등에 올라타고 있는 로마를 벗겨낼 수 있을 경우에만 비로소 '기쁜' 소식으로 들릴 수 있었다.

이제 예루살렘 성전이 폐허가 되었는데, 이것은 그 성전을 공격했던 분이 옳았다는 것이 입증된 표징인가? 마가의 복음을 쓴 저자는 이 충격적인 사건이 시대의 종말을 가리키는 것이라고 생각했는가, 아니면 단지 새로운 시대가 시작된 것이라고 생각했는가? 우리는 결코 알 수 없지만, 이것만큼은 분명하다. 예수님의 생애를 설득력 있는 일관된 이야기로 만들려 했던 첫 번째 시도에는 마가 3장 21절의 '지뢰'와 같은 본문이 포함되어 있는데, 그것은 예수님이 '미쳤다'고 사람들이 말하고 있었기 때문에 예수님의 가족들이 그를 '붙잡으러' 갔다는 본문이다. '미친'으로 번역된 그리스어(existemi)는 실제로 '정신 이상'과 '분별력이 없다'는 뜻이다.

학자들은 복음서들 안에 예수님에 관한 본문들이 칭찬하는 것이 아닐 경우(혹은 직관에 반대되는 경우)에는, 그 본문들이 진정한 것일 가능성이 크다고 추측하는데, 이런 추측은 옳은 것이다. 예를 들어, 예수님의 제자들이 죽음보다 더욱 강해야 마땅한 친교의 잔을 나눈 직후에 겁에 질려 모두 도망침으로써 예수님을 적들의 손에 내어맡기고 도망친 이야기를 보자. 아니면 무화과 열매를 수확할 시기가 아니었지만, 예수님이 그 열매 맺지 못한 나무를 저주한 이야기를 보자. 모든 이야기들 가운데 가장 기억에 남을 이야기는 소위 성전 청결이라 불리는 사건인데, 그 사건은 실제로는 성전을 공격했던 사건이다. 이 사건만으로도 예수님을 십자가에 처형시키기에는 충분한 이유가 되었을 것이다.

이런 이야기들이 부분적으로 살아남게 된 이유는 이 이야기들이 생생하며 기이하며 혹은 폭력적이라서, 예수님이 미쳤다는 소문처럼, 예수님에 관해 우리가 미리 갖고 있는 선입견에 들어맞지 않기 때문이다. 더군다나 예수님이 미쳤다는 이런 비난은 단지 첫 번째 복음서에만 나오는 것이 아니라, 마지막 복음서에도 나온다. 다시 말해서, 이런 비난은 여러 공동체들 속에 남아 있을 만큼 강한 비난이라는 말이다. 즉 요한복음에서 예수님이 무리에게 왜 사람들이 자신을 죽이려 하는지를 물어보았을 때, 그들은 "당신은 귀신이 들렸소. 누가 당신을 죽이려고 한다는 말이오?"(7:20) 하며 반문했다. 나중에, 반(反)셈족주의의 씨앗을 드러낸 열띤 논쟁에서, '유대인들'은 상처에 모욕까지 덧붙이겠다는 듯이 "우리가 당신을 사마리아 사람이라고도 하고, 귀신이 들렸다고도 하는데, 그 말이 옳지 않소?"(8:48)라며 달려들었다.

그렇다면 도대체 예수님이 무슨 일을 하셨기에, 사람들이 예수님에 대해 미쳤다거나 귀신이 들린 것이 아닌가 의심하도록 만들었는가? 19세기 후반과 20세기 초반에, 예수님의 정신건강에 대해 검증할 수 있는 연구의 돌파구가 열렸다. 정신의학이라는 새로운 학문분야는 가능성이 큰 것으로 간주되었다. 인간 행동의 모든 신비들을 설명하겠다는 이 분야는 현대적 열심이 넘쳐났다. 단지 두뇌를 보다 치밀하게 연구하면 된다고 했다. 환자의 어린 시절을 보다 담대하게 탐구하면 정신병의 원인을 진단할 수 있다는 것이었다.

아마도 예수님을 비판한 사람들 가운데 가장 잘 알려진 학자는 데이비드 프리드리히 스트라우스(David Friedrich Strauss)였을 것이다. 그가 예수님의 생애에 관해 쓴 첫 번째 책은 1864년에 출판되었는데, 그 책에서 그는 예수님이 단순히 종교적 "광신자"였다고 말했다. 그는 두 번째 책인 『비판적으로 검토한 예수의 생애』(*The Life of Jesus Critically Examined*)에서, 그 진단을 "광기에 가까운 상태"라고 수정했다. 이런 주장은 사람들을 곤혹스럽게 만들어 알베르트 슈바이처도 주목하게 되었는데, 슈바이처는 그런 불손한 분석을 반박하기 위해, 신약성경의 많은 부분, 특히 요한복음은 신화적이기 때문에, 예수님의 정신건강에 관한 확정적인 결론들을 내릴 수 없다는 사실을 독자들이 기억할 필요가 있다고 주장했다.6)

그러나 이런 주장으로 인해, 그런 추측에 대한 저술가들의 시끄러운 논쟁이 끝난 것은 아니다. 저술가들이 예수님에 대해 진단했던 것들 가운데 몇 가지만 지적하자면, "무아지경 상태"(현실과 동떨어졌다는 뜻), "고착된 망상체계"로 인한 "도착(倒錯) 상태," "발작," "종교적 편집증," "과대망상증," 그리고 물론 "정신분열증"도 포함되어 있었다. 어느 네덜란드 저술가는 예수님이 간질병 환자로서 겟세마네에서 가벼운 발작을 일으켰으며, 성전을 청소할 때는 큰 발작을 일으켰다고까지 주장했다.7)

예수님이 정신분열증 환자였기 때문에 (하늘의) 음성을 들었던 것인가? 이것이 메시아 콤플렉스로서 우리가 이런 진단을 최근에야

---

6) Albert Schweitzer, *The Psychiatric Study of Jesus* (Boston: Beacon Press, 1913), 35.
7) Emil Rasmussen, *Jesus: A Comparative Study in Psychopathology*, Don Havis, "An Inquiry into the Mental Health of Jesus: Was He Crazy?" San Francisco Atheists [blog] (July 1, 2003) http://sfatheists.blogspot.com/2003/07/inquiry-into-mental-health-of-jesus.html에서 재인용.

붙일 수 있게 된 것인가? 주님께서는 이미 교회 안에서 충분한 갑론을박이 있었다는 것을 알고 계신다. 오히려, 예수님의 정신건강에 대한 그런 조사들은, 비록 우리의 조사 목적이 예수님의 정체성에 대한 **대답들**을 찾기 위한 것이지만, 우리는 예수님의 **행동**이 얼마나 이상했으며, 얼마나 대항문화적(countercultural)이었으며, 심지어 얼마나 위협적이었는가를 너무 쉽게 잊어버릴 수 있다는 사실을 상기시켜준다.

지난 2천 년 동안, 우리는 누가 '진짜' 예수님을 알아볼 수 있으며, 또한 누가 그분의 '진짜' 선교를 지키는 사람인가에 관한 논쟁들만 했다. 그러나 우리가 누구의 진단이 정확한가에 대한 논쟁을 중단하고, 훨씬 더 현실적인 문제를 충분히 오랫동안 고려하여, "**사람들을 삼켜버리는 풍랑보다 천 배는 더 기겁하도록 만들**" 문제, 즉 오늘날 우리가 예수님을 따르는 방식이 처음 제자들의 실천과 일치하는 방식이라서 우리들도 (예수님처럼) "미쳤다"는 똑같은 비난을 받기 십상이라면, 우리의 교회 공동체들은 어떻게 될 것인가?

물론, 예수님의 정신건강에 의문을 제기했던 많은 사람들은 그분에 관한 주장들을 의심하도록 만들고 따라서 복음을 허튼소리로 무시하려는 의도에서 그랬던 것이 사실이다. 그러나 이런 지적은 가장 두렵게 만드는 결론과는 동떨어진 지적일 수 있다. 제시된 증거들은 정확히 당신이 예상할 증거들이기 때문이다. 즉 그는 환상들을 보았으며 음성들을 들었다. 그가 성전을 청소한 행동은 분노 조절에 문제가 있는 불안정한 사람의 행동이었다. 무화과나무가 열매를 맺을 때가 아니었는데도 열매 없다고 저주한 것은 비합리적이며 잔인한 행동이다. 바리새인들에 대해 불같이 화를 낸 것은 실제로는 그들에 대한 폭력을 요청한 것이다. 그가 자신의 가족들과 분명히 소원한 관계를 가진 것은 그의 가족들이 그를 메시아로 인정하지 않았다는 결과다. 그는 높이 찬양하는 메시아 자의식을 보여주었기 때문에 자신이 메시아라는 것을 비밀로 하라고 주장했다. 또한 (선택적인 문자주의자들을 위해서), 그는 "하늘 나라를 위해서" 죄를 범하게 만드는 신체의 한 부분을 절단하도록 요구까지 했다(마태 19:12; 5:29-30).

이런 사실들은 훨씬 더 우리를 곤혹스럽게 만드는 것들이다. 물론 우리가 과장법과 은유의 위력을 망각할 경우에 그렇다. 예수님과 관련된 성경 본문들을 이해할 때, 시인들이 없다면 신학이 내놓는 것들이란 이처럼 사람들을 곤혹스럽게 만드는 것들이다. 우리가 스스로를 자유주의자라고 부르든 아니면 보수주의자라고 부르든 간에, 인간이라는 종자에게는 치명적인 결함이 아직도 남아 있는데, 그것은 우리가 당파적인 부족(部族)의 산물로서, 우리에게 달라붙어 있는 치료할 수 없는 병처럼 보이는 죄인데, 우리는 *사랑하기보다는 차라리 자신이 옳다고 느끼기를 원한*다는 죄다. 우리는 함께 아파하기보다는 자신이 틀림이 없다는 것을 확인하고 싶어한다. 우리는 정의를 추구하기보다는 구원받기를 원한다. 바로 이런 이유 때문에 제자가 되기보다는 (특히 타인들에 대해 - 옮긴이) 판결을 내리는 것이 훨씬 더 쉽다. 바로 이런 이유 때문에 교회는 급속하게 죽어가고 있다.

만일 당신이 오늘날 기독교인에게 그의 신앙에 관해 질문을 하면, 그의 대답은 자신이 *믿는 것*을 말할 것이다. 만일 당신이 오늘날 기독교인에게 그의 증언에 관해 물어보면, 그는 자신이 *이미* 믿고 있는 것을 다른 사람들도 믿도록 설득하기 위한 노력들을 설명할 것이다. 마치 복음이 머릿수 게임인 것처럼 말이다. 신학적인 명제들에 대해 지적으로 동의하는 것은 쉬우면서도 사람들을 중독자로 만드는 것이다. 지적인 동의는 아무것도 변화시키지 않는다. 이와는 반대로, 눈에 드러나는 제자가 되는 것은 위험할 수 있다. 이것을 학자들의 언어로 표현하면, 당신이 논문의 논제들을 잘 방어하면 당신은 종신교수가 될 수 있지만, 당신이 제자가 되면 당신은 해고될 수 있다. 앞의 것은 동료들이 윙크를 하고 머리를 끄덕이는 것으로 되지만, 뒤의 것은 당신이 동의안을 내고, 누군가 재청을 하여, 결국 누군가는 급히 경비원을 불러들이는 것으로 당신의 해고가 확정된다.

광기를 변호하여

토머스 머튼은 트라피스트 수도승이며 저술가이며 시인으로서 철저한 로마 가톨릭 성직자 전통에 서 있었던 분인데, 한번은 군산복합체의 핵무기 전략계획과 관련하여 "멀쩡한 정신"(sanity)을 비판하는 글을 썼던 적이 있다. 그는 자신의 글 제목을 "아돌프 아이히만을 기억하는 경건한 묵상"이라 붙였다. 홀로코스트에 직접적으로 책임이 있었던 나치 장교 아이히만이 체포되어 재판을 받은 것이 머튼이 쓴 글의 첫 부분의 배경이었는데, 이것은 또한 예수님의 "멀쩡한 정신"에 관한 우리의 이야기와도 상관이 있다.

"아이히만의 재판에서 나온 가장 곤혹스런 사실들 가운데 하나는 심리분석가들이 그를 검사하여 그가 완전히 멀쩡한 정신이라고 선언했다는 사실이다. 나는 그 사실에 대해 조금도 의심하지 않는데, 바로 그 사실이 나를 곤혹스럽게 만든다." 이어서 그는 이렇게 말한다.

만일에 모든 나치들이 정신병 환자들이었다면—아마도 그 지도자들 가운데 일부는 정신병 환자들이었을 것이다—그들의 끔찍한 잔인성은 어떤 점에서 좀 더 이해하기 쉬웠을 것이다. 이처럼 침착하고 "균형을 잘 유지하여" 마음의 동요를 일으키지 않는 장교가 대량학살을 감독하는 행정업무를 책상에 앉아서 양심적으로 수행했다는 것을 생각하는 것은 훨씬 더 끔찍하다. 그는 기민하며 질서정연했지만 상상력은 없었다. 그는 체제와 법과 질서에 대해 마음 깊이 존중했다. 그는 거대한 국가의 순종적이며 충성스럽고 신실한 장교였다. 그는 자신의 정부를 위해 매우 훌륭하게 복무했다.[8]

머튼은 계속해서, 분명히 아이히만은 잠도 잘 잤으며, 식욕도 왕성했고, 단지 그가 실제로 아우슈비츠를 방문할 때만 "마음이 불편했던" 것처럼 보였는데, 심지어 홀로코스트의 실무 책임자였던 하인리히 힘러(Heinrich Himmler, SS 친위대와 게슈타포 사령관으로서 강제수용소와 학살특수부대를 창설했다 - 옮긴이)조차도 아우슈비츠에서는 자기의 업무로 인한 결과들을 볼 때 "무릎에서 힘이 빠지는" 것을 느꼈다고 했다. 그러나 명백했던 사실은 나치 가운데 단 한 사람도 자신들이 미쳤다고는 믿지 않았다는 사실이다. 그들은 자신들의 업무를 자랑스럽게 여겼으며 또한 매우 애국적인 업무라고 믿었다. 머튼은 계속해서 "우리는 멀쩡한 정신을 정의감, 인간미, 사려 깊음, 타인을 사랑하며 이해하는 능력과 같은 것으로 본다."고 말한다. "우리는 세상의 멀쩡한 정신을 가진 사람들에 의존해서 세상을 야

---

[8] Thomas Merton, "A Devout Meditation in Memory of Adolf Eichmann," from *Raids on the Unspeakable* (1966), in *Approaches to Peace: A Reader in Peace Studies*, 2nd ed., ed. David P. Barash (New York: Oxford University Press, 2010), 240-241에서 재인용.

만성, 광란, 파괴로부터 지킨다. 그러나 이제는 가장 위험한 사람들이란 정확히 **멀쩡한 정신을 가진 사람들**이라는 생각이 들기 시작한다."9)

멀쩡한 정신을 가진 사람들이 가장 위험한 사람들이라고? 거기에는 당신과 나를 비롯해서 교인들 대부분이 포함될 것이며, 인류를 멸종의 벼랑 끝으로 몰고 가는 일을 도왔던 기독교인들의 윤리를 수호하던 사람들이다. 우리는 세상에서 가장 큰 종교이지만, 우리가 직면한 위기들의 문제에서는 아무런 대책 없이 그냥 끌려갈 따름이다. 우리는 대규모적인 빈부격차 문제에 대해 신경을 쓰고 있는가? 우리는 탐욕과 자기과시적인 소비문화 속에서 "돈이 떨어질 때까지 쇼핑하는 것"에 만족하지 않는가? 우리가 유일한 행성을 마음껏 파괴하는 것에 대해 무시하거나, 아니면 우리 자신을 속이는 것은 예수님이 어느 때건 재림하실 것을 기대하기 때문이 아닌가?

죄인들이 기독교로 개종할 때 우리가 기뻐하는 것은 그들이 "제정신이 들었으며," 혹은 "빛을 찾았기" 때문이다. 우리는 "종교를 갖는 것"을 비인습적이거나 의심스러운 행동을 버리고 점잖은 생활, 예측할 수 있는 순응, 그리고 "엄마가 자랑스럽게 생각할" 생활로 옮겨가는 것이라고 생각한다. 그것이 보수주의자들의 말처럼 "예수님을 당신의 개인적인 주님과 구원자로 받아들이는 것"이든, 아니면 자유주의자들이 생각하는 것처럼, 충분히 깨달음을 얻어 예수님이라면 민주당에 투표하실 것이며 또한 샤르도네 와인에 생선 안주를 좋아하실 것이라는 점을 아는 것이든 간에, 아무도 교회에 가는

---

9) Ibid.

것이 반사회적인 행동으로 이어지는 위험한 선택이라고는 생각하지 않는다. 그와는 반대로, 우리는 사회 속의 다른 여느 집단처럼, 우리의 행동을 누구든 예측할 수 있는 (그리고 흔히 따분한) 집단이 되었다. 교인을 가리키는 말로 '아방가르드'(현실 참여)라는 말은 거의 사용하지 않는다.

젊은이들의 계속적인 판단은 말할 필요조차 없으며, 문학과 영화에서도 기독교인들은 흔히 겁에 질린 사람들로서 남들에 대해 심판하기를 좋아하며, 흔히 반지성적인 순응주의자들로 나온다. 우리는 신조들을 가진 공동체에 속해 있다는 위로를 얻기 위해 독창적인 사고를 이제까지 내동댕이친 것처럼 보이며, 또한 교리들이란 우리의 참된 자아와 참된 세계 모두로부터 우리를 보호하기 위해 의도된 것처럼 보인다. 예수님이 미쳤던 것처럼 우리도 미치기 위해서 우리가 정신을 잃었다고 다음 세대가 생각한다는 말이 아니다. 오히려, 기독교인들이 정신을 잃은 것은 망상적인 사고와 관련된다. 즉 우리가 실제로는 얻을 수 없는 상을 받기 위해, 실제로는 참된 것이 아닌 것들을 믿는 것은 망상이며, 우리가 정신을 잃은 근본 원인이라는 말이다.

매주일 마다 우리는 교회 좌석에 앉아서 "우울한 분노"의 사람이 흔히 적극적 사고와 재산운영에 관한 설교와 결합된 말을 듣는다. 우리는 흔히 우리가 "예수님을 필요로 한다"는 말을 듣지만, 우리는 "예수님을 피하라"는 경고를 받았던 적은 한 번도 없었다. 우리가 "죄 짐 맡은 우리 구주 어찌 좋은 친군지"라는 찬송가를 부를 때, 이런 친구들이 있는데 도대체 원수를 필요로 할 사람이 누가 있겠느냐 하는 생각은 아무에게도 떠오르지 않는다.

우리의 경배와 찬양이 비판적인 사고를 양보하도록 만들거나,

아니면 초이성적인 변증론을 신앙으로 오해하거나 간에, 보수주의자들과 자유주의자들 모두는 십자가를 지라는 실제적인 명령을 놓치고 있다. 현상유지를 위협하는 것은 무엇이든지 간에 순하게 길들이거나 아니면 살해되어야만 한다. 길들일 수 없는 것은 제거해야 하며, 특히 재산과 권력을 위협할 때는 가차 없이 없애야만 한다. 보다 많은 기독교인들이 복음을 위로하는 것이라기보다는 위험한 것이라고 받아들인다면, 교회는 그 진짜 업무에 복귀할 수 있을 것인데, 그 진짜 업무란 사랑의 섬김 안에서 거룩한 바보가 되는 것이다.

대신에, 우리는 지금 "정신이 멀쩡한" 사람들로 보이며, 그분의 가르침을 진지하게 받아들일 만큼 충분히 바보인 사람들을 주변으로 쫓아냄으로써 그분을 "억제하고 있다." 머튼이 표현한 것처럼, "우리는 더 이상 '정신이 멀쩡한'(sane) 사람이라고 해서 그가 '옳은 정신'(right mind)을 가진 사람이라고 간주할 수 없다. 영적인 가치들이 그 의미를 잃어버린 사회에서는 멀쩡한 정신(sanity)이라는 개념 자체가 무의미하다."10)

분명히 머튼과 같은 기독교 신비주의자가 인식할 수 있었던 사실은, 만일에 세상 자체가 미쳐버렸다면, 우리에게 전혀 필요하지 않은 것은 우리가 멀쩡한 정신과 같은 것으로 보는 기독교라는 사실이다. 만일에 그런 멀쩡한 정신이 뜻하는 것이 "다른 인간들을 사랑할 능력, 그들의 필요와 그들의 고통에 반응할 능력, 그들도 사람으로 인정하고, 그들의 고통을 우리 자신의 고통으로 감지하는 능력"을 우리가 잃어버린 것을 뜻한다면, 미친 사람들은 우리들이

---

10) Ibid.

다.11) 고문을 정당화하고, 세상을 열 번이나 완전히 박살내기에 충분한 핵무기를 쌓아놓음으로써, 우리는 현실감을 잃어버렸다. 우리는 원수들의 얼굴 속에서 우리 자신의 얼굴을 인식하지 못할 뿐만 아니라, 그 원수들을 예수님의 이름으로 "악당들"이라고 선언하는 사람들이다.

그러면서도 우리 기독교인들은 신학적인 신조들을 신주단지 모시듯 하는데, 하나님의 피조세계에 무슨 일이 벌어지건 간에 상관없이 우리들은 개인적인 보상을 받을 거라고 확신한다. 머튼이 지적한 것처럼, 사람들은 "핵전쟁으로 희생될 사람들의 숫자를 침착하게 산정한다." 그렇다면 도대체 왜 우리들은 세상의 마지막 날을 계획하는 사람들을 '정상적'이라고 간주하는 반면에, 평화주의자들과 반전운동가들은 현실감을 상실한 자들이라고 주장하는가?

아마도 우리는 시인의 가르침, 즉 모든 것이 그 의미를 얻는 것은 그 맥락에서부터라는 것을 잊어버린 거 같다. 예를 들어, 예수님이 한때 정신병자로 간주된 이유들의 목록을 보자. 우리가 그런 식으로만 본 것은 아마도 우리가 정신을 잃은 사람들이었기 때문일 것이다. 그는 환상들을 보았으며 음성들을 들었다. 우리가 진정한 영성의 표징으로 높게 평가하는 "내적 생활"을 우리가 '듣고' 또 '보는' 것 이외에 달리 어떻게 표현할 수 있다는 말인가? 마틴 루터 킹 목사가 "나는 약속의 땅을 보았습니다"라고 말했을 때, 우리는 그의 시력이나 그의 정신 건강을 의심하지는 않았다. 잠언서의 저자가 "환상이 없으면 백성이 멸망한다"고 주장했을 때, 우리는 그것을 지혜라고 부른다. 그러나 그들이 모든 사람에게는 명백하지 않은 것

---

11) Ibid.

을 볼 때, 그것은 정의상, 환상이 아닌가?

그가 성전을 청소한 행동은 분노조절에 문제가 있는 불안정한 사람의 행동이었다. 아니면 그것은 아마도 종교가 그 중심에서 타락한 것에 반대하여 마지막으로 격분한 행동이었을 것이다. 오늘날 그분은 아마도 번영의 복음을 공격하거나, 당신이 많이 바칠수록 하나님께서 당신을 더욱 많이 사랑하신다는(그리고 당신은 설교자로부터 더욱 관심을 받게 될 것이라는) 따위의 약장수들을 공격할 것이다. 오늘날 그분의 공격 목표는 아마도 그 땡전 한 푼 없었던 랍비를 찬양하기 위해 우리가 건축한 엄청난 건물일 것이다. 문명이 발달한 세계에서 운동경기장들은 최고 수준인 반면에 학교들은 최악의 수준인 나라에서, 그분은 우리를 보며 울컥하실 것이다. 도대체 왜 우리는 모든 것의 가격은 알면서도 가치에 대해서는 완전히 무지한가에 대해 의아해 하실 것이다. 아마도 그분은 주일 아침에 교회의 현관으로 "빠져 나가" 잡동사니를 파는 사람들, 기도할 때 사용하는 천을 파는 허풍쟁이들, 천박하며 나르시시스트적인 책들을 파는 행상인들의 상을 뒤집어엎기 시작할 것이다. 그분을 진정시키려면 아마도 정신병자들이나 포악한 죄수들에게 입히는 구속복(straightjacket)이 필요할 것이다.

무화과나무가 열매를 맺을 때가 아니었는데도 열매 없다고 저주한 것은 비합리적이며 잔인한 행동이다. 아니면 아마도 무화과 열매를 수확할 시기였는지도 모른다. 그리고 아마도 복음서를 기록한 시인들이 예수님이 예루살렘에 승리의 입성을 하신 것을 가을에서부터 초봄으로 옮김으로써 그 입성 시기가 유월절과 일치하도록 만들었을 수도 있는데, 일부 학자들은 그랬을 것으로 믿는다. 만일에 이 무화과나무가 실제로 열매를 맺지 못하는 나무였으며, 또한 "우울한 분노"의 그분은 자신이 처형당하는 길을 가고 있었다면, 열매 맺지 못하는 종교에 관해 또 하나의 은유를 사용한 것에 대해 그분을 비난할 수 있는 사람이 누구이겠는가? 만일에 그 나무가 하나님께 나아가는 데 개인의 직위, 특권, 정결에 따르는 "브로커"를 거쳐야 하는 타락한 체제를 상징한다면, 그 나무를 저주한 것은 곧 그 체제를 저주한 것이다. 이것이 활동하는 예언자의 모습이며, 또한 그분은 남은 시간이 거의 없었다.

바리새인들에 대해 불같이 화를 낸 것은 실제로는 그들에 대한 폭력을 요청한 것이다. 아니면 아마도 그분은 특정한 바리새인을 염두에 두고 그러셨을 수도 있다. 오늘날 우리가 특정한 목사들을 마음에 두고 욕을 하듯이 말이다. 예수님과 폭력의 문제에서는 논쟁이 끝났다. 그분은 언제 어디서나 폭력을 거부하신다. 흔히 인용되는 본문, 즉 땅에 평화를 가져오려는 것이 아니라 칼과 분열을 가져오려고 하신다는 그분의 말씀은 분명히 보다 높은 충성에 관한 문제로서, 심지어 당신 자신의 가족 안에서조차, 선택에 관한 말씀이다. 즉 당신이 멀쩡한 정신으로 하늘의 권세들과 정사들의 졸개가 될 것인지, 아니면 미친 제자가 될 것인지를 선택하는 것에 관한 말씀이다.

그가 자신의 가족들과 분명히 소원한 관계를 가진 것은 그의 가족들이 그를 메시아로 인정하지 않았다는 결과다. 아니면 아마도 오늘날 진실인 것이 당시에도 진실이었던 것으로서, 모든 가족들은 그 기능을 제대로 수행하지 못하는 것일 수도 있다. 게다가 어머니로서 아들을 잃는 대신에 손자들을 얻는다면 그것이 무슨 종류의 거래이겠는가? 또한 아들이 정직한 직업을 갖는 대신에 방랑하는 랍비로서 비유들을 가르치고 죄인들과 함께 식사하는 아들에 대해 나뻔 소문이 들릴 적에 그런 소문을 묵묵히 참아낼 아버지는 어떤 사람이라는 말인가? "들리는 소문에 당신의 아들은 이방인들을 사랑하는 사람이라지요." 하는 식의 소문 말이다.

그는 높이 찬양하는 메시아 자의식을 보여주었기 때문에 자신이 메시아라는 것을 비밀로 하라고 주장했다. 아니면 아마도 후대의 복음서 저자들이 그런 메시아 자의식을 덧붙이지만 않았다면, 그분은 겸손한 사람으로서, 그분에 대한 최초의 전승층 속에서, 자신의 제자들에게 표적을 구하지 말라고 경고했던 분, 즉 자신이 드러낸 하나님을 예배할 것이지, 그것을 드러낸 자신을 예배하지 말라고 경고했던 분이었을 것이다. 그리고 무엇보다도, 그분은 예수 행정부에서 누가 가장 위대할 것인지에 대해 서로 다투지 말라고 경고하셨다. 특히 마가복음에서 자신이 메시아라는 것을 비밀로 하라고 말씀하신 것은 아마도 복음서 저자가 예수님을 실제로 만났던 그 많은 사람들이 도대체 왜 그분이 메시아였다는 것을 믿지 않았는지를 설명하기 위한 노력이었을 것이다. 아니면 아마도 그분은 단지 자신을 항상 감시하는 세상에서 조심하신 것(뱀처럼 현명하고 비둘기처럼 온순하게)이며, 새로 바뀐 주소를 남겨두지 않으신 것일 수 있다.

그는 죄를 범하게 만드는 신체의 한 부분을 절단하도록 요구까지 했다. 아니면 아마도 그분은 과장법의 위력을 알고 계셨을 것이다. 분명히 자신이 '아빠'라고 부른 하나님, 즉 우리의 머리털까지 세시며 또한 참새 한 마리까지 떨어지는 것을 보실 만큼 모든 생명을 무조건적으로 사랑하시는 하나님께 우리를 소개하신 바로 그 선생님은 사람들이 손이 잘려 뭉뚝한 채, 그리고 눈알이 빠진 불구자들로 돌아다니는 것을 원하지 않으셨을 것이다. 종교는 언제나 예측

가능하며 따분한 비즈니스였으며, 사람들은 언제나 못 대가리 위에서 얼마나 많은 천사들이 춤을 출 수 있는지 따위를 놓고 논쟁을 벌여왔다. 예수님이 가르친 사람들은 자신들이 그 따위 것들은 모두 다 들었다고 생각하는 사람들이었다. 그들의 주목을 끈다는 것은 묘비에 바늘을 꽂는 것과 같았을 것임에 틀림없다.

목사들이 가득 모인 자리에서 오늘날 이런 것이 교회의 모습들이 아닌가 물어보라. 우리는 멸망해가는 세상 속에서 여전히 우리가 신주단지 모시듯 하는 교리들을 놓고 끝없는 논쟁을 벌인다. 우리는 예배에서 사용하는 찬송가와 꽃꽂이 문제로 다투며, 목사가 빨간색 자가용을 몰아도 괜찮은지를 놓고 싸운다. 로마는 불타고 있는데 우리가 (한가롭게) 바이올린을 켜는 방식은 이런 식이다. 즉 믿음으로 의롭게 되는가 아니면 행위로 되는가? 세례 방식은 물속에 담글 것이냐, 뿌릴 것이냐, 아니면 드라이클리닝을 할 것인가? 성만찬에서 잔을 하나만 사용할 것인가 아니면 많이 사용할 것인가? 방언을 해야 하는가 아니면 전혀 하지 말아야 하는가? 성만찬에 진짜 포도주를 사용해야 하는가 아니면 포도 쥬스를 사용해야 하는가? 모든 사람들의 기도하는 집인 교회당 안에 국기를 걸어놓을 수 있는가? 여자들은 치마를 입어야 하는가 아니면 헐거운 바지를 입어야 하는가? 화장을 허락할 것인가 말 것인가?

그런 문제들은 해결했다 치고, 교회 리더십에서 여성들의 역할에 관해서는 어쩔 것인가? 동성애자들에 관해서는? 강단에서 정치에 관해 설교하는 것에 관해서는? 걱정하지 마시라. 우리는 그 대답들을 알고 있다. 만일 모른다면, 다음 화요일에 임원회를 소집해서 모든 것을 의논하고 투표에 부치면 된다. 우리가 한 문제를 놓고 끝장토론을 벌이는 동안에, 천 명의 어린이들은 실제로 굶어서 죽게 될 것이다.

그러는 동안에(시인 오든이 우리에게 상기시켜 주었듯이 가장 중요한 시절에), 우리에게 남은 시간은 점점 줄어든다. 교회가 성금요일을 지내고 있는 지금의 순간에 물어야만 하는 고통스럽지만 긴박한 질문은 이것이다. 어떤 종류의 공동체가 우리를 죽은 자들로부터 다시 살려낼 것인가? 무엇이 "기도하는 전국경제인연합회"와 전혀 다를 바 없는 오늘날의 교회를 확실하게 변혁시켜, 누가 보든 정신 나간 사람들의 사랑하는 공동체로 바꿀 것인가? 더욱 많은 사람들이 "멀쩡한 정신" 자체가 미친 것임을 확인하게 되는 세상 속에서, 도대체 무엇이 우리로 하여금 억누를 수 없게 미치도록 만들 것인가?

무엇이 우리로 하여금 우리가 이 나라에 고분고분 순종하는 복사들(미사에서 신부를 돕는 소년들)로 부름받은 것이 결코 아니라는 사실을 깨닫게 할 것인가? 무엇이 사람들로 하여금 마치 '사회복음'이 아닌 다른 종류의 복음이 있기라도 한 듯이, '사회복음'이라는 용어를 사용하는 것을 중단시킬 것인가? 무엇이 기독교인들을 만화들 속에 나오는 위선자들로부터 아무도 막을 수 없는 정의의 세력으로 바꿀 것인가? 서로 다투는 진영들, 즉 가장 독실한 침례교도들부터 가장 박식한 성공회 신자들까지, 가장 전통적인 로마 가톨릭 신자들로부터 가장 비전통적인 새로 등장하는 공동체의 구성원들까지, 모두 함께 모이도록 할 것은 무엇인가? 우리의 현실적합성과 힘이 석양처럼 저물어가는 때, 무엇이 우리를 설득시켜서 낙태와 동성애자 결혼 문제를 놓고 벌이는 싸움을 이제는 중단하고, 함께 하는 선교를 통해 우리는 자신을 구원할 것인가?

그 대답은 뜻밖의 장소에 있다. 그 대답은 우리가 교회학교에서 우리의 선조들에 관해 배웠던 가장 기본적인 신화들 몇 가지를 탐구할 것을 요구한다. 그 대답은 일종의 고고학적 발굴을 요구하지만, 지층의 퇴적물을 파내는 작업은 아니다. 오히려 우리는 교회의 **퇴적물**의 층들 아래 묻혀 있는 우리 자신의 진정한 정체성을 발굴해야만 한다.

앞으로 나아가기 위한 우리의 여정은 예수운동의 원래 성격에 대해 두려움 없이 **되돌아볼** 것을 요구한다. 오순절의 바람 속에 태어난 지하운동으로서의 시작에서부터, 니케아에서 하나의 믿음 체계로 타락하기까지의 역사를 말이다. 우리에게 제자도의 위험성과 보상에 대해 가장 분명한 그림을 보여주는 것은 처음 제자들의 모습에 대해 두려움 없이 살펴보는 것이다. 그러나 경고를 잊지 말아야 한다. 즉 그들은 우리에게 낯선 사람들처럼 보일 것이다. 그들은 이상한 사람들 이상으로 보일 것이다. 그들은 심지어 약간 정신이 나간 사람들처럼 보일 것이다. 만일에 "우울한 분노"가 그 나사렛 사람을 가장 잘 묘사하는 것이라면, 그 길을 처음 따랐던 사람들처럼 대항뮤화적이며 반제국적인 오늘의 세사들은 어떻게 묘사할 것인가? 내가 살고 있는 오클라호마에서는 그런 사람들을 가리키는 말이 있다. 우리는 그들을 "별난 사람"이라 부른다.

심장이 약한 사람들은 여기서 하차하는 게 좋겠다. 그럼 가보자.

2장

그런 초대교회는 없었다

만일 그리스도께서 이곳에 계신다면, 그가 하지 않을 것은 기독교인이 되는 것이다. - 마크 트웨인

"거의 성서"처럼 여겨지는 것들이 있다. 오클라호마의 시골 현자의 표현으로는 "우리가 알고 있다고 생각하는 것들이 전혀 아는 것들이 아니네요."라는 것들이다. 다음과 같은 것들이다. 이브가 동산에서 따먹은 것은 사과다. 뱀은 사탄이었다. 모든 동물들이 두 마리씩 방주 속에 들어갔다. 계명은 열 개다. 무흠수태는 예수를 가리킨다. 동방박사는 세 사람이었다. 탕자는 집을 나갔다가 돌아온 사람이다. 막달라 마리아는 창녀였다. 콘스탄티누스 황제는 신약성경 정경을 만들었다. 성경 속 어딘가에는 "하나님께서는 스스로 돕는 자를 도우신다"는 말이 있다는 것들이 그런 것들이다.

보수주의자이건 자유주의자이건 건에, 대니얼 패트릭 모니한의 유명한 말처럼, "누구나 자신만의 견해를 가질 자격이 있지만, 자신만의 사실들을 가질 자격은 없다." 성경에 기록된 사실만을 보자면,

71

이브는 사과를 먹은 게 아니라 "선과 악을 알게 하는 나무"의 열매를 먹었다. 뱀을 사탄이라고 말한 적은 없다. 방주로 들어간 정결한 (대다수) 동물들은 일곱 마리씩이었다. 십계명은 열네 개 혹은 열다섯 개의 명령들을 여러 방식으로 묶어 십계명으로 만든 것이다. 무흠수태는 마리아를 가리킨다. 성경 어디에도 동방박사가 세 사람이었다는 말은 없다. (단지 선물이 세 개였다). 탕자는 "사치스럽게 쓸 수 있는 혹은 낭비할 수 있도록 충분한 비용"을 받은 자다. 성경 어디에도 막달라 마리아가 창녀였다는 말은 없다(단지 예수처럼, 귀신들에 사로잡혔었다는 말은 나온다). 콘스탄티누스 황제는 주교들의 회의를 소집했고 그 회의의 결과가 니케아 신조다. "하나님은 스스로 돕는 자를 도우신다"고 말한 사람은 벤저민 프랭클린이었는데, 그는 이 말을 올거논 시드니의 1698년의 논문 "정부에 관한 담론"에서 따왔을 것이다.

이런 것이 별로 중요한 것이 아니라면, 단지 성경과 관련된 사소한 오해들로 간주할 수 있을 것이다. 성경을 공적인 담론에서 항상 인용하는 사람들은 성경을 공부한 적도 없으며 그 내용에 대해 끔찍할 정도로 잘못 알고 있는 사람들이다. 우리가 어렸을 때 성경에 관해 배운 것들이나 일상적 대화를 통해 무비판적으로 받아들인 것들은 우리가 어른이 된 후에도 계속해서 오랫동안 기독교에 관한 우리의 기본적인 이해에 영향을 끼친다. 미국인들은 자신들이 매우 종교적인 사람들이라고 고백하지만, 우리는 우리 자신의 종교적 유산이나 원리들에 관해 아는 것이 별로 없다.

최근에 〈종교와 공적인 생활에 관한 포럼〉이 여론조사를 통해, 사람들에게 성경, 기독교와 세계 종교들, 유명한 종교적 인물들, 공공생활에서 종교에 관한 헌법적 원리들에 관해 32개 문항으로 질문을 했다. 평균적으로 사람들은 절반 정도의 질문들에만 올바르게 대답했으며, 가장 점수가 높은 사람들은 무신론자들과 불가지론자들이었다. 이 조사에서 가장 충격적인 결과들은, 개신교 신자들의 53%는 마틴 루터가 종교개혁을 시작한 사람이라는 것을 알지 못했으며, 가톨릭 신자들 가운데 45%는 자신들의 교회가 성만찬에서 사용하는 성별된 빵과 포도주가 단순히 상징들이 아니라 실제로 그리스도의 몸과 피가 된다고 가르친다는 것을 알지 못했다. 유대인들 가운데 43%는 가장 탁월한 랍비교의 권위자며 철학자들 중 한 사람인 마이모니데스가 유대인이었다는 사실을 모르고 있었다.[1] 문제를 더욱 복잡하게 만드는 것은 이처럼 우리가 믿고 있는 많은 것들이 틀렸다고 지적하는 것에 대해 우리가 고깝게 여긴다는 점이다. 그런 지적은 우리들 자신이 "틀린" 사람들로 생각하게 만들어 약간 어리석은 사람들처럼 느끼게 만든다. 진지한 성경공부는 약간 의견이 갈리는 것 이상을 초래할 수 있다. 특히 성경공부에 참가한 어떤 사람이 성경에는 문학비평의 정상적인 도구를 적용해서는 안 된다고 주장할 경우에 그렇다. 대학에서 "문학으로서의 성경" 과목을 가르친 경험이 있는 용감한 사람에게 물어보라. 학생들은 교수가 자신들의 발밑에 있던 양탄자를 잡아 빼는 것처럼 느낀다. 그래서 "도대체 왜 이제까지 아무도 이런 걸 말해준 사람이 없었나요?" "그것은 우리가 믿어야만 하는 게 아닌가요?" "도대체 왜 교수님은 나의 신앙을 파괴하려고 하나요?"라는 식으로 대든다. 우리가 자라면서 믿었던 것을 내려놓는(혹은 내려놓지 않으려는) 일에는 매우 강한 어떤 것이 작용한다. 그것은 마치 우리 영혼의 한 부분이 부서

---

1) Laurie Goodstein, "Basic Religion Test Stumps Many Americans," *New York Times*, September 28, 2010, http://www.nytimes.com/2010/09/28/us/28religion.html.

지고 무너지는 것처럼 느껴질 수 있다.

예를 들어, "초대교회"에 대한 우리의 강박관념을 생각해보자. 중세시대의 수도승들이 "대죄"(mortal sins)의 목록을 만들 때, 그들은 오늘날 우리가 알고 있는 일곱 가지 치명적인 죄들(이것들도 성경에는 없다)을 정했다. 이 악명 높은 목록은 흔히 영화와 시트콤의 주제가 되고 있는데, 인간 행동의 가장 어두운 강박적 충동들을 열거한 것이다. 그 대죄들은 우리의 가장 파괴적인 악행들을 열거한 것이다. 그러나 나는 30년 동안 목회를 한 후에, 그 수도승들은 7이라는 거룩한 숫자에 맞추려는 열심 때문에, 교회에서 매우 중요하며 또한 치명적인 죄를 빼놓았는데, 그것은 향수(nostalgia)라는 죄다.

누군가 말한 것처럼, 과거는 잊혀지지 않는다, 과거는 심지어 지나가지도 않는다. 그러나 우리가 기억하는 것은 "좋았던 옛날"을 미덕으로 간주하려는 인간의 욕망에 의해 형성된다. 현재의 악덕은, 지금 모든 것이 엉망진창이라는 사실을 증명할 뿐만 아니라 지금의 이 "끔찍한" 시대는 과거의 황금시대보다 본질적으로 열등하다는 것을 증명한다. 분명히 만일 나의 할아버지와 할머니의 말을 믿는다면, 그분들은 강한 눈보라가 몰아칠 때 이외에는 결코 학교에 가지 않았다. 과거에는 남녀 사이의 결혼서약이 신성하고 깨뜨릴 수 없는 것이었다. 여인들은 한때 집에서 자녀들을 양육하는 것으로 더없이 행복했다. 그리고 옛날에는 예수 그리스도의 교회가 순수하며 정통적이며 기쁨으로 단합되어 있었다. 누구나 자신의 신학적인 위치를 알고, 그 속에 머물렀다.

더 이상 나가기 전에, 잠시 쉬면서, 과거를 공부하는 것은 미래의 서막으로서 매우 중요하다는 점을 다시 강조하고 싶다. 우리가 기원을 공부하는 것은 매우 중요한 이유 때문이다. 과거와 미래는 연결되어 있으며, 또한 모든 교회갱신의 출발은 우리가 교회를 엉망진창으로 만들기 이전의 예수운동이 원래 어떤 모습이었는지를 다시 확인하는 작업에서 시작되었다. 내가 어려서 자란 '그리스도의 교회'에서는 그것을 회복(restoration)운동이라 불렀으며, 그것을 따르는 사람들을 "회복자들"이라고 불렀다. 우리는 루터의 "오직 성경으로만"(sola scriptura)이라는 개념을 문자적으로 받아들여, "성경이 말하는 곳에서 말하고, 성경이 침묵하는 곳에서 침묵한다"고 서약을 했다. 이것은 물론 매우 중요한 많은 문제들에 부닥쳤을 때, 우리는 침묵하겠다는 뜻이었다. 또한 매우 사소한 많은 문제들에 부닥쳤을 때, 우리는 굉장한 논쟁을 벌이겠다는 뜻이었다.

더군다나, 1세기의 단순한 기독교 형태로 되돌아간다는 생각은 말하기는 쉽지만 행동으로 옮기기에는 어렵다. 예수님의 메시지를 순화시키는 것이 매주 초기부터 시작되었다는 증거는 바울의 이름으로 기록된 가짜 바울 편지들 속에 나타나 있다. 예수 전승의 최초의 줄기들은 후대의 것들보다 훨씬 더 급진적이며 반제국적이다. 특히 바울이 여자들에 관해 말한 것으로 되어 있는 가장 공격적인 말들은 아마도 바울이 쓴 것이 아닐 것이다. 그렇다면 우리가 "초대기독교"라고 말하는 것이 움직이는 목표물이 아니라면 도대체 어느 순간의 기독교를 말하는 것인가?

보수주의자들과 자유주의자들은 모두 성경 안에서 자신들이 찾고 싶은 것들만 발견하는 경향이 있다. 오순절교단의 신자들은 사도행전에 묘사된 교회의 황홀하며 기적적인 경험을 되살리고 있다고 믿는다. "뉴 에이지" 집단들은 자신들이 비밀스럽거나 억압되던 비법과 같은 전승을 찾아냈다고 확신한다. 가톨릭 신자들은 "사도들의 계승"에 호소하면서, 예수님으로부터 베드로를 거쳐 지금의 교황에 이르는 직선적인 권위를 추적한다. 하비 콕스 교수가 지적한 것처럼, "침례교 신자들, 회중교회 신자들, 장로교 신자들은 자신들의 교회 행정 형태가 신약성경의 형태와 똑같다고 주장한다. 그러나 일부 개신교 신자들이 바라는 것처럼 원시교회로 되돌아가는 길은 없으며, 많은 가톨릭 신자들이 꿈꾸는 것처럼 찬란한 중세시대의 종합으로 되돌아가는 길도 없고, 미국의 부흥사들이 노래하는 것처럼 '옛 시대의 종교'로 되돌아가는 길도 없다. 이처럼 '과거의 방식'으로 되돌아가려는 시도의 상당수는 이전 시대에 대한 공상적인 재구성에 근거한 것이다."[2] 초대교회에 관해, 당시에는 그랬었다고 우리가 알고 있는 것의 상당부분은 사실이 아니다.

비록 우리는 초대교회에 관해 일정부분 올바르게 알고 있는 것처럼 생각하지만, 우리가 그 대부분을 잘못 알고 있다는 증거는 많다. 교회가 어려움에 처한 것처럼 보일 때마다, 우리는 항상 우리의 제도적인 향수(鄕愁)를 위해 처음 따르미들을 돌아보면서 우리가 당면한 어려움을 바로잡아줄 것을 찾으려 한다. 기독교인들이 항상 주장하는 것은 우리가 오늘 해야만 하는 것은 처음 따르미들이 했던 것을 본받아야 한다는 주장이었다. 왜? (예수님의 교회와 - 옮긴이) 가까운 것은 진정한 것이기 때문이다. 예수님께 가까이 다가갈수록, 그 신앙 공동체는 덜 부패했으며 단합되어 있었다는 식의 주장이다. 그럼으로써 우리는 어디에서 트랙을 벗어났는지를 알게 되며, 또한 우리가 신앙과 실천을 위해 필요한 올바른 방향을 찾을 수 있다는 식의 주장이다. 기독교의 모든 개혁운동은 본질적으로 이런 주장을 받아들였으며, 교회를 갱신하려는 그런 노력들을 모두 우리

---

[2] Harvey Cox, *The Future of Faith* (San Francisco: HarperOne, 2009), 56.

시대에 초대교회를 '회복'하려는 노력으로 만들었다.

이런 주장의 문제는 그 논리가 아니라 그 가정, 즉 우리가 머리 속에 넣고 다니는 초대교회에 관한 얇고 감상적인 비전이 정확한 것이라는 가정에 있다. 오랜 세월 동안 목사들은 초대교회에 관한 신화들을 배웠지만, 최근의 학문은 그런 신화들을 점차 논박했다는 사실은 매우 중요하다. 과거를 지나치게 단순화시키고 낭만적인 것으로 만들려는 우리의 경향은 그런 회복을 꾀하는 고귀한 노력을 믿을 수 없게 만든다. 이유는 단순하다. 과거의 모습으로 되돌아가려는 노력이 도움이 되는 것은 오직 우리가 과거의 모습에 대해 정확히 알고 있을 때만 가능하기 때문이다.

과거의 길은 그렇지 않았다

하비 콕스 교수는 매우 현명하고 도움을 주는 책 『신앙의 미래』에서, 초대교회에 관한 엄청난 학문적 연구들을 쉽게 읽을 수 있는 몇 개의 장들 속에 요약하고 있다. 이제부디 내가 말하는 것의 상당부분은 그의 분명한 관찰들에 도움을 받은 것인데, 그는 기독교의 처음 300년의 역사에 관해 크리스터 스텐달(Krister Stendahl), 일레인 페이절스(Elaine Pagels), 카렌 킹(Karen King), 알렌 캘러한(Allen Callahan), 헬무트 쾨스터(Helmut Koester) 등의 학자들로부터 많은 것을 배웠다. 간단히 말해서, 하비 콕스 교수는 기독교의 기원에 관해 대부분의 신학생들은 예수님의 처음 따르미들에 관해 정확한 지식을 배우지 못하고 있다는 사실을 깨닫게 된 것이다. 특별히 그는 초대교회에 대한 우리의 이해가 다음 세 가지 중요한 측면에서 얼마나 결함이 있는가를 설명한다.

첫째로, 대부분의 목사들은 기독교가 "예전에 좋았던 시절"에는 하나의 실체였으며, 후대에 가서야 많은 '이단들'과 교회 분열들로 인해 이 통일된 몸이 공격을 받았다고 배웠다는 점이다. 둘째로, 우리는 "사도적인 권위"(오직 원래의 사도들이나 그들의 직접 계승한 사람들만이 진정한 권위를 갖고 있었다는 주장)는 곧바로 생겨났는데, 이것은 '정통'을 보전하기 위해 필요했던 신조들과 교회의 위계질서가 곧바로 생겨났던 것과 마찬가지라고 배웠다는 점이다. 셋째로, 로마제국은 예수님과 그의 처음 따르미들의 목회를 위한 배경이었을 뿐이지, 그 목회의 동기는 아니었다고 배웠다는 점이다. 예수님은 순전히 '영적인' 선생으로서 세상의 정치라는 아수라장에는 관심이 없었다는 식이다. "종교와 정치를 절대로 뒤섞지 말라"는 익숙한 권고는 야심찬 기독교인들 시대에도 착실하게 먹혀들어가서, 우리의 종교적 관념들과 우리의 정치경제적 이익들 사이에 칸막이를 쳐서 갈라놓았다.

이제는 초대교회에 관한 우리의 신화들이 여리고 성벽처럼 무너져 내리고 있다. 교회의 처음 300년 동안에 관한 탁월한 학제간 연구(interdisciplinary study)가 폭발적으로 많아진 덕분에, 우리는 이제, 이전의 어느 누구보다도 이 시기에 관해 더욱 많은 것을 알게 되었다. 그뿐 아니라, 하비 콕스 교수가 "신앙의 시대"라고 부르는 시기에 관한 이런 새로운 발견들로 인해, 자유주의자들과 보수주의자들 모두 심각한 도전들을 받게 되었다.

첫째로, '순수하다'거나 '통일된' 초대교회는 결코 없었다. "안티오쿠스로부터 가울 지방에 이르기까지 로마제국 전역에 걸쳐 흩어져 있었던 다양한 회중들 사이에는, 표준적인 신학도 없었으며, 하나의 통치 패턴도 없었고, 일정한 예전도 없었으며, 공통적으로 받아들여진 성경도 없었다. 신앙 안에서 모든 것은 예수님에게 초점이 맞추어져 있었지만, 해석에서는 결정적인 차이점들이 있었다."3)
오늘날 우리들은 분열된 교회는 최근의 현상이라고 생각하는 경향이 있다. 우리는 교회 분열이 시간이 지나면서 거짓 교사들이 생겨나고, 신조와 교리들이 신앙의 시금석이 되어 그리스도의 몸을 분할했으며, 사람들이 원래의 참되며 더럽혀지지 않은 정체성을 망각한 때문이라고 가정한다. 그러나 실제로는 예수운동이 첫날부터 분열되고 다투는 운동이었다. 특히 예수님의 신성이 문제가 되자 더욱 다투었다.

둘째로, 사도적 권위라는 개념은 새로운 교회에서 지도자들이 되고 싶어 했던 야심 많은 사람들이 만들어낸 편리한 픽션이며, 이런 개념을 만들어냄으로써 자신들의 포부를 복음서의 기록에 근거하여 신성한 것으로 만들려 했지만, 복음서의 기록은 사실상 그런 개념과 정반대. 특히 바울은 사도적 권위가 직선적인 것이라고 주장한 적이 없으며, 사도적 권위는 오직 그리스도와의 개인적인 만남의 결과라고 주장했다. 그는 심지어 사도로서의 자신의 권위가 다른 어느 사도로부터 온 것이 아니라고 주장했으며, 성령이 각각의 회중을 위해 필요한 다양한 은사들을 주신다고 가르쳤고, 또한 그 은사들 가운데 가장 위대한 것은 사랑이라고 가르쳤다.

셋째로, 교회의 미래를 위해 가장 중요한 것은, 로마제국이 결코 예수님과 그 따르미들의 목회를 위한 단순한 '배경'이 아니었다는 사실이다. 예수님의 처음 따르미들은 두 눈 부릅뜨고 치열하게 반제국적인 운동을 조직했다. 결국, 자신들의 주님을 처형했으며

---

3) Ibi,, 59.

(유대인들이 아니었다) 또한 다음 세대를 원형경기장 속으로 밀어 넣어 죽게 만든 것은 로마였다. 따라서 예수 따르미들이, 반로마적이라고 간주될 수 있는 대안적이며 평행하는 사회질서 안에서 살아감으로써 대체하려 했던 것은 바로 이 제국이었다. 이상하게도 우리가 이런 사실을 가장 명확하게 볼 수 있는 것은 매우 기괴하며 오해받고 있으며 엄청나게 남용되고 있는 계시록을 통해서다.

말세에 관한 모든 예언들이 성경의 마지막 책에 의한 것이라고 주장하지만(엄청나게 많이 팔렸지만 전혀 공상적인 '휴거' 이후에 "남은 자들" 시리즈를 포함해서), 계시록에 나오는 매우 오래되었으며 흔히 혼란스럽게 만드는 상징들은 말세의 비전을 가리키는 것이 아니라, 로마제국의 종말에 관한 비전을 가리키는 것이다. 계시록의 저자는 바위가 많은 밧모 섬에 살고 있었던 정치적 유배자로서, 하나님께서 지구를 파괴하실 것이라는 메시지를 보낸 것이 아니라, 오히려 그는 하나님께서 "바빌론의 큰 창녀"를 파멸시키실 것이라고 예언하는데, 바빌론의 큰 창녀는 로마라는 도시를 가리키는 암호로서, 로마의 황제들의 외출복은 보라색과 주홍색이었다. 이런 이미지에 대해서는 나중에 8장에서 자세하게 다룰 것이다.

그 처음 예수 따르미들이 로마가 조만간 멸망할 것으로 기대했기 때문에, 반제국적 행동을 정당화하기 쉬웠으며 또한 이상하게 실용적이었던 셈이다. 결국 만일에 그 큰 창녀가 파멸될 것이며 또한 하나님께서는 그 창녀 대신에 어린양의 따르미들로 대체하실 것이라면, 지하에서 대안적인 공동체로서 살아가는 것은 결국 자신들이 옳았다는 것을 최종적으로 인정받게 될 것을 약속하는 것이기도 했다. 우리는 지금 고난을 당할 수 있지만, 나중에는 우리가 옳았다는 것이 입증되어 영광 중에 해원될 것이다. 그렇다 하더라도, 요한

이 계시록에서 보여주는 지금 오고 있는 시대에 대한 황홀한 비전이 너무 강렬하며 기괴한 것이라서 많은 사람들은 이것이 참으로 종교적인 꿈인지, 아니면 마약에 취한 악몽인지 의아하게 생각했을 정도였다.

일곱 교회들 중에 어떤 교회들에게는 "잘 버티라"고 말하고, 또 다른 교회들에게는 "정신을 차려라" 하고 말하지만, 대부분의 상징들은 암호로 기록된 것이며, 지금 우리는 그 암호를 풀 수 있는 열쇠들을 대체로 잃어버렸다. 요한이 일곱 봉인이 찍힌 두루마리, 일곱 개의 나팔, 하늘에 나타난 표징으로서 "해를 둘러 걸치고, 달을 그 발 밑에 밟고, 열두 별이 박힌 면류관을 머리에 쓰고" 있으며, 임신하여 해산의 진통을 겪고 있는 여자(계 12:1-2), "머리 일곱 개와 뿔 열 개가 달린 커다란 붉은 용 한 마리가 있는데, 그 머리에는 왕관을 일곱 개 쓰고 있었습니다... 그 용은 막 해산하려고 하는 그 여자 앞에 서서, 그 여자가 아기를 낳기만 하면 삼켜 버리려고 노리고 있었습니다"(계 12:3-4)라고 말할 때, 그는 묵시종말론적 장사치들에게 끝없는 재료를 대주는 것 이상을 말하는 것이다. 그는 빛과 사랑의 세력이 마침내 증오와 폭력의 세력을 패퇴시킬 날을 꿈꾸고 있는 것이다. 그는 결국 시인이며, 아무리 이상하게 보일지라도 틀림없이 시인이다.

그는 일찌감치 자신의 비밀을 털어놓아, 자신이 예수님의 박해를 공유하고 있는 동생이라고 스스로를 밝힌다. 그는 감옥 안에 있는가? 그러면서도 그는 "인내심을 갖고 견디라"고 권면하면서 그 때가 가까웠다고 말한다. 세월이 수십 년 지났지만 예수님이 재림하시지 않자, 그 따르미들이 확신을 잃어버리기 시작했는지에 대해 우리는 의문을 가질 수 있다. 그들의 인내심이 점차 바닥이 나고,

또한 더러운 물이 지하실에 스며들 듯이 의심이 그리스도의 몸속에 스며들기 시작했을 때, 아마도 그처럼 사람을 지치게 만드는 운명을 지탱할 수 있었던 유일한 비전은 보다 필사적이며 폭력적이어야만 했을 것이다. 그 선택된 14만4천 명 중에 포함되지 않은 사람들이 "어린양의 진노"로부터 자신들이 숨어야만 한다는 악몽을 (그런 폭력적인 비전 이외에) 우리가 달리 어떻게 이해할 수 있겠는가? 아니 도대체, 이 어린양은 '평화의 왕'이 아닌가?

　어떤 점에서는 요한이 희망했던 것이 바로 우리 모두가 희망하는 것, 즉 불의한 창녀가 끝장나는 것이다. 하나님의 평화, 즉 모두가 넉넉하게 살며, 아이들은 살아남고, 억압당하는 자들이 해방되고 악의 족쇄가 마침내 풀려지고 난 다음에 파괴되어 하나님의 평화가 새롭게 통치하는 날은 우리 모두가 바라는 것이다. 요한의 은유로 표현하자면, 사탄이 무저갱 속에 던져지고, 또한 천사가 그 열쇠를 멀리 던져버릴 날은 우리 모두의 희망이다. 심지어 예수님을 향한 자신들의 충성 때문에 참수를 당했던 사람들이 다시 (아마도 그들의 머리가 온전히 붙은 채) 나타나고, 시간과 세계가 올바르게 바로잡힐 날에 대한 희망이 그것이다.

　그러나 천지개벽과 같은 반전, 존 도미닉 크로산이 "하나님의 세계 대청소"라 부른 격변이 일어나기까지는, 도대체 세상에서 정의를 찾아볼 수 있겠는가 하며 의심한 것에 대해 과연 누가 요한을 탓할 수 있겠는가? 그의 꿈은 겁나게 만드는 것일 수 있지만 그의 다음과 같은 질문들은 영원하다. 즉 도대체 풍요한 사회 속에서 가난하며 궁핍한 사람들이 넉넉함을 느낄 때는 언제가 될 것인가? 가부장적인 사회 속에서 과부들과 고아들이 존엄성과 존경하는 마음으로 돌봄을 받게 될 날은 언제인가? 부족적인 사회 속에서 외국인 거류자들(resident aliens)이 환영받게 될 날은 과연 언제인가?

그렇다 하더라도, 계시록의 폭력적인 이미지들은 이제까지 온갖 종류의 묵시종말론적인 전쟁광들에게 용기를 북돋아주었다. 그들은 선과 악 사이의 마지막 전쟁에 대한 결정적이며 끔찍한 이미지들에 빨려 들어간다. 그러나 우리가 예수님의 "첫 번째 오심"을 생각한다면, 이런 광적인 호전성이란 얼마나 터무니없는 것인가! 예수님께서 예루살렘에 들어가실 때, (전쟁용 말이 아니라 - 옮긴이) 나귀를 타셨다는 것은 완전한 코미디처럼 비폭력적이다. 그러나 계시록에서는 크로산이 지적한 것처럼, 예수님의 "재림에서는 전쟁용 말을 타시고 폭력적인 공격을 감행한다. 우리 기독교인들은 여전히 (첫 번째 오신 예수님과 두 번째 재림하실 예수님 사이에서 - 옮긴이) 선택해야만 한다."4)

그런 선택은 우리가 자유주의자이든 보수주의자이든 피할 수 없다. 우리 모두는 계시록의 전쟁들에 대해 충분히 오랫동안 휴전을 요구하고, 묵시종말론적인 수작을 벌이는 자들이 제기했던 질문들보다 훨씬 더 큰 질문들을 물어보아야 할 필요가 있다. 보다 큰 문제는 하나님의 성격이며, 또한 우리가 폭력을 거부하기를 정말로 원하는가 하는 문제다. 우리가 예배하는 하나님께서 첫 번째 오셨던 비폭력의 하나님이신지, 아니면 요한을 비롯한 사람들이 재림이라고 묘사했던 신적인 보복을 계획하신 끔찍한 분이신가? 지상에서 목회하시면서 아무도 "뒤에 남겨질"(left behind) 일은 없다고 주장하신 예수님께서 도대체 어떻게 다시 오셔서는 이런 묵시종말론적인 대학살에 참여하실 수가 있단 말인가? 예수님께서 처음 오셨을 때

---

4) John Dominic Crossan, *God and Empire* (San Francisco: HarperSanFrancisco, 2007), 218.

틀리게 말씀하신 것인가, 아니면 우리가 아직도 그분의 말씀을 제대로 깨닫지 못하고 있는 것인가?

사실상, 온갖 종류의 불편하지만 필요한 선택들이 이제 우리 앞에 놓여 있다. 우리가 속한 종교, 배경, 믿음들과는 상관이 없이 우리는 선택해야만 한다. 우리들 가운데 어느 누구도 순수하며 더럽혀지지 않은 초대교회라는 환상 가운데 더 이상 느긋할 수 없다. 그렇다고 해서 예수님의 처음 따르미들의 이상한 행동을 단순히 무지나 미신이라고 치부해버릴 수도 없다. 그들 중 많은 사람들은 생각들이 깊었으며, 출세했던 사람들이었고, 부자들이었다. 실제로, 기독교로 처음 개종했던 사람들에 관한 또 하나의 신화는 그들이 모두 가난뱅이들이었다는 신화다. 사회학자 로드니 스타크 교수는 초대교회의 계급구성을 다시 검토하여, 초대교회가 전적으로 가난한 사람들만으로 이루어진 것이 아니었다는 사실을 밝혀냈다. 기독교는 도시지역에서 가장 빠르게 성장했을 뿐만 아니라, 부자들과 귀족들, 특히 사회적으로 신분이 높은 여인들도 포함되어 있었다.[5]

300년 동안에 기독교가 괄목할 정도로 성장하도록 이끌었던 것은 (다른 철학들과) 경쟁하는 교리들에 대한 매력이 아니라, 뚜렷하게 대안적인 생활방식 때문이었다. 공동체적인 원리들을 실천하여, 전염병이 돌 때 병자들을 간호하고, 낙태와 영아살해(특히 딸들에 대한)를 금지하고, 여자 개종자들로 하여금 이방인 남자들과 결혼하도록 허락함으로써, 그 여자들이 흔히 남편들을 개종시켜, 강력하게 기독교 인구를 변화시켰는데, 이것은 교회에 대해 호의를 갖도록 만들었다. 그들 처음 따르미들은 의도적인 선택을 하였으며,

---

[5] Rodney Stark, *The Rise of Christianity* (San Francisco: HarperSanFrancisco, 1997). 특히 "초기 기독교의 계급 기반"과 "기독교 성장에서 여인들의 역할"을 보라.

또한 자신들이 살아갈 대안적인 세상을 만들어냈다. 그들은 로마제국으로부터 지하로 들어갔으며, 그 죽임의 방식에 맞서는 의식적인 대안의 삶을 살았다.

사실상, 그 길(the Way)을 따라서 살았던 그 특이한 첫 공동체들(colonies)은 19세기 초엽에 미국에서 일어났던 "지하 철도 운동"과 많은 것을 공유했다. 기존의 철도 용어들을 빌려서, 사람들은 '역'(stations)과 '차고'라는 일반 용어들을 사용해서 자유를 위해 탈출한 노예들이 쉴 곳과 먹을 곳을 찾도록 도와주었다. 그런 피난처들을 운영한 사람들을 '역장'이라 불렀으며, 돈을 기부한 사람들은 '주주'라 불렸다. 탈출 노예들을 한 역에서 다음 역까지 이송하는 책임을 맡은 사람들은 '차장'이라 불렀다.

이 방대한 네트워크는 도망친 노예들을 돕는 일에서 보다 높은 법, 즉 하나님의 법을 따르기 위해 국법을 어기기로 선택했다. 초대교회 역시 마찬가지로 지하운동으로서, 주로 은밀하게 모이며 점차 더욱 커갔던 '역들'에서, 부자들과 가난한 사람들이 함께 급진적 형태의 환대, 관대하지만 남들로부터 욕먹기 좋은 공동체주의를 실천하며, 비폭력적인 저항과 또한 낯선 이들과 외국인들을 보호하기 위해 개인적인 위험을 감수하기로 작정했다. 그들을 지탱한 것은 개인구원의 확신으로서 천당행 티켓이 아니었다. 그들을 하나 되게 만들었던 것은 일치된 믿음도 아니었으며, 위계질서나 신조들은 더욱 아니었다. 오히려 나사렛 출신 예수님의 생애와 죽음과 부활 속에서, 하나님께서 모든 것을 변화시키셨다는 강한 확신이었다. 따라서 진정한 제자가 되는 유일한 길은 진정으로 변화된 인간으로서 **살아내는** 것이었다.

예수님의 처음 따르미들은, 오늘날 수많은 교회들과는 달리, 순응하는 공동체들이 아니었다. 오히려 그들은 공통의 영(spirit)에 의해 생기를 얻는 공동체들로서, 자신들의 주님말고는 어느 것도 따르지 않는 사명에 몰두한 공동체들이었다. 신들이 득실거리는 제국 안에서, 로마는 사람들이 제국의 충성스런 백성들로서 카이사르도 예배하는 한, 온갖 종류의 지방적 종교들의 믿음들과 관례들이 번성하도록 허락했다. 황소들을 제의를 통해 죽이는 페르시아의 미트라교든, 아니면 이집트의 이시스 신과 오시리스 신을 숭배하는 것이든 간에, 초기 크리스천들을 둘러싸고 있었던 것은 이처럼 서로 경쟁하는 종교들이었다. 이런 상황은 오늘날도 마찬가지다.

그러나 정말로 중요하게 기억할 사실은 이들 처음 따르미들이 그런 경쟁적인 신앙들과 마주쳤을 때, 그들은 이상하며 뜻밖의 방법으로 대응했다는 사실이다. 그들은 신조들을 만들지 않았으며, 또한 그런 신조들을 서약할 것을 요구하지도 않았다. 오히려 그들은 단순히 카이사르를 예배하기를 거부했으며, 동물 희생제사를 중단했고, 자신들을 찾아올 모든 사람들에게 자신들의 지하 모임들의 문을 활짝 열어놓았고, 재물을 재분배했으며, 또 "예수 그리스도가 주님이시다"라는 위험한 주장을 했다.

그들은 황제를 위해서는 기도했지만, 황제에게 기도하지는 않았다. 하비 콕스 교수가 지적한 것처럼, "이처럼 제국의 정치적 종교에 도전한 것 때문에, 그들의 비판자들은 그들에게 체제전복적인 사람들이라고 낙인을 찍었으며, 그들 중에 많은 사람들이 투기장에서 사자들의 밥이 되었다. 우리 시대에는 십자가와 국기를 함께 걸어놓는 일이 너무 일반적인 일이 되었으며, 또한 종교적으로 충만한 민족주의가 세계 전역에서 등장하는 시대인데, 초기 크리스천들이 그 둘을 함께 뒤섞기를 거부했다는 사실은 우리에게 경계할 것을 요청하는 이야기다."6)

이것은 너무 약하게 말하는 것일 수 있다. 왜냐하면 만일에 우리가 우리들 자신의 이야기를 망각한다면, 우리는 길을 잃을 것이기 때문이다. 만일에 우리의 제국의 관점에서 볼 때, 우리가 다른 사람들과 전혀 구분할 수 없는 사람들이 되었다면, 우리는 우리의 영혼을 잃어버린 사람들이다. 보수주의자들은 흔히 이상적인 과거에 관한 향수에 사로잡혀 있다고 비난을 받아왔다. 자유주의자들은 그 과거를 "현대 이전 시대"(premodern)로 간주하여 완전히 회피해 왔기 때문에, 그들은 교회 역사에 대한 기억을 잃어버렸다. 그러나 이 두 가지 힘, 즉 기억과 희망은 삶에서 가장 강한 힘들이다. 기억과 희망은 모든 공동체를 지탱시키며, 또한 앞으로 나아가게 한다. 우리가 어디에서 왔는가를 안다는 것은 우리가 누구인가를 알게 된다는 점에서 매우 중요하다. 마찬가지로 온갖 곤란이 닥친다 해도, 우리가 원하는 미래를 상상하고 또한 그 미래를 건설한다는 것은 신성한 의무다.

그러나 슬프게도, 많은 사람들은 계속해서 '현대석' 인간들이 처음으로 깨우침의 영성(enlightened spirituality)이라는 시장을 독점했다고 생각한다. 오늘날 많은 진보적 기독교인들은 사회정의와 영적 수행이 마치 최근에 창안된 것처럼 요청한다. 그 둘 모두는 기독교 전통에서 오랜 역사를 갖고 있지만, 우리가 망각하고 있었을 뿐이다. 그러나 이런 것에 대한 집단적인 기억이 없기 때문에, 우리의 공동체들은 자신들의 희망을 동일시의 정치학(자유주의자들의 잘못 - 옮긴이)이나 신학적 순결이라는 교만(보수주의자들의 잘못 - 옮긴이)에 투

---

6) Cox, *Future of Faith*, 82.

자하고 있다. 우리는 한때 우리를 하나 되게 만들었던 것을 망각했기 때문에, 구원받은 세상에 대한 우리의 비전이라는 것이 고작해야 세상이 우리의 사고방식으로 개종하게 되는 것에 불과할 따름이 되었다. 다시 말해서, 오늘날의 로마는 지금 불타고 있는데, 우리는 한가롭게 우리의 신학적인 바이올린들이나 연주하고 있는 꼴이다.

아마도, 간음하다가 붙잡힌 여인에 관한 성경 이야기를 되새기면서, 지금은 위선의 돌들을 내려놓고, 초대교회를 "민중의 운동"으로서 그 스크랩북을 빨리 넘기면서 훑어볼 시간이 왔다. 초대교회 역사를 '승리자들'과 신학적 귀족들이 기록한 역사로 보는 대신에, 아마도 우리는 보통 사람들이 이 세상 안에서 하나님을 사랑하고 이웃을 사랑하라는 명령을 수행했던 방식들로 기억할 필요가 있을 것이다. 아마도 대안적인 윤리에 뿌리내리고 있었던 공동체를 온통 남자들만의 교회적인 제국으로 둔갑시킨 교리논쟁들이 미래교회에서는 또다시 원시교회에서처럼 중요하지 않은 것이 될 필요가 있을 것이다. 아마도 다이애나 버틀러 배스 교수가 『민중의 기독교 역사』에서 표현한 것처럼, 우리도 하워드 진 교수(민중의 관점에서 미국사를 쓴 역사학자 - 옮긴이)에게서 배워서, 정통주의에 관한 문제들을 옆으로 밀어놓고, "기독교인 민중들이 정말로 기독교인들처럼 행동했던 순간들, 그들이 하나님을 사랑하고 이웃을 자신들처럼 사랑하라는 예수님의 요청을 심각하게 받아들였던 순간들에 초점을 맞추어야 할"[7] 것이다.

그러나 여기서 진도를 더 나가기 전에, 우리가 이처럼 "미래로 나아가기 위해 과거를 돌아보는 것"(back to the future)이 다른 모든

---

[7] Diana Butler Bass, *A People's History of Christianity: The Other Side of the Story* (San Francisco: HarperOne, 2009), 15.

"회복운동들"과 다른 것이 무엇인지를 알 필요가 있다. 언젠가 내가 콜로라도 스프링스에서 강연을 준비하고 있었을 때, 어느 신문사 기자가 "언더그라운드 교회"에 관한 나의 기본 주장들이 무엇인지에 대해 인터뷰를 요청했다. 그는 초대교회를 '회복'하려는 노력이 실질적인 변화를 이끌어낼 것이라는 생각에 코웃음을 쳤다. 그는 이렇게 말했다. "그런 노력은 이제까지 수없이 많이 해왔지만 언제나 실패했지요. 만일 당신이 초대교회의 실천들로 '돌아가자'는 것이 급진적이라고 생각한다면, 내가 당신에게 전해줄 소식은 그것이 언제나 똑같은 노래들과 성경 구절을 아무리 많이 갖다 댄다 하더라도 항상 그 나물에 그 밥이라는 겁니다. 아무도 그런 것에 대해서는 관심을 갖지 않는다는 소식입니다."

이런 주장은 물론 우리가 초대교회에서 실제로 벌어진 일들에 관해 알고 있다는 추정하는 주장이다. 만일 우리가 실제가 아니었던 것을 회복한다면, 그것은 아무런 의미가 없다. 그러나 지난 50년 동안에 걸쳐 (성서신학 분야에서 - 옮긴이) 일어난 변화들은 초대교회에 관해 새로운 창문을 열어주어, 보수주의자들이든 자유주의자들이든 간에 우리 모두로 하여금, 그 원시교회의 문을 통해 특이한 성도들의 잃어버렸던 세계를 자세히 들여다볼 수 있게 해주었다. 하비 콕스 교수가 지적한 것처럼, 특히 네 가지의 발전이 그 길(The Way)에 대한 우리의 이해를 철저하게 바꾸어놓았다. 그 각각의 발전 속에는 우리 시대의 교회를 새롭게 만들 씨앗들이 들어 있다.

당신은 "다시 집에 갈 수 있다"

첫 번째 발견은 초대교회에 대한 우리의 시야를 가렸던 부스러기들의 층을 쓸어냈을 때 이루어졌는데, 그 일을 한 사람은 전혀 예상치 못했던 사람이었다. 하비 콕스 교수가 정리해서 들려준 바에 의하면, 1946년에 "이집트의 나그함마디 근처에서 잃은 양을 찾던 소년이 우연히, 어느 동굴 속에 감추어두었던 고대 문서들의 서고 전부를 발견했다... 그 문서들 중 가장 잘 알려진 것이 도마복음서(Gospel of Thomas)로서, 1959년에 처음 출판되었다. 학자들은 도마복음서가 신약성경의 다른 복음서들만큼이나 오래된 것이거나 어쩌면 더 오래된 것일 수 있다는 데 동의하여 상당한 합의를 보게 되자, 이 문서는 초기 기독교 연구에서 깜짝 놀라는 사건이 되었다."8)

도마복음서는 예수님의 '말씀들'을 수집해놓은 복음서(아마도 처음으로 그리스어로 기록된 것을 콥트어로 번역해놓은 것)이며, (예수님의 생애에 관한) 이야기들은 전혀 없다. 대부분의 항목들은 단순히 "예수님께서 ... 말씀하셨다"라고 되어 있는데, 114개의 말씀들은 우리가 나중에 갖게 된 예수님의 수난, 십자가 처형, 부활을 비롯해서, 예수님의 생애를 해석한 구절들은 전혀 없다. 이런 어록집(語錄集)들은 고대세계에서 흔했던 것으로서, 유명한 철학자들의 제자들이 그들의 스승들의 말씀들을 "지혜의 말씀들"(*gnomologia*)로 엮어 만들었고, 나중에 고대세계의 시장들이나 길거리에서 그 말씀들을 암송하곤 했다.9) 오늘날 학자들은 흔히 도마복음서가 "영지주의"(Gnosticism)라고 알려진, 서툴게 정의되고 있지만 열등한 장르에 속한다고 간주하여 이 복음서를 무시하고 있는데, 이 복음서는 아

---

8) Cox, *Future of Faith*, 64.
9) Robert J. Miller, ed., *The Complete Gospels: Annotated Scholars Version* (Sonoma, CA: Polebridge Press, 1992), 301.

직도 제대로 대답하기보다는 훨씬 많은 질문들을 불러일으키는 복음서다.

예를 들어, 마치 예수님이 일차적으로 지혜의 선생이었던 것처럼, 초기 제자들의 공동체가 한때 '말씀' 복음서만으로 살아가는 것에 만족했다는 것은 무엇을 뜻하는가? 우리가 '정통'과 '영지주의' 사이를 구분하는 것은 훨씬 후대에 이르기 전까지는 존재하지 않았으며, 그런 (영지주의적) 이단사상을 지닌 것으로 판단 된 사람들이 동굴들 속에 자신들의 복음서들을 숨길 수밖에 없게 되어서야, 그런 구분이 생겨났다는 것은 분명하지 않은가? 또한 초기의 예수운동이 어떻게, 일정한 믿음을 강요할 수 있는 정확한 신조들과 위계질서 없이, 지역에 따라 그처럼 서로 다르게 발전하게 되었는가?

이런 질문에 대한 대답이 우리 시대에 특별히 중요한 이유는 오늘날의 교회가 우리가 생각하는 것보다 훨씬 더 초대교회와 많은 것을 공유하고 있기 때문이다. 점차 세속화되고 다원화되는 세상에서, 기독교는 더 이상 인생을 이해하고 구성하는 주도적인 방식이 아니다. 기독교는 하나의 기관으로서 서양에서는 쇠되하고 있지만 다른 지역, 특히 개발도상국들에서는 성장하고 있다. 미국사회에서는 더 이상 모든 예배 장소들이 교회라고 볼 수는 없다. 무슬림 사원이거나 불교 사찰일 수도 있다. 일부 보수주의자들은 이것을 위협으로 간주하며 "기독교 국가"가 약화되는 것으로 본다. 그러나 일부 자유주의자들은 이것을 모든 종교들이 핵심에서는 "똑같지만," 특수한 방식, 언어, 문화에서만 다르게 나타나는 증거로 간주한다. 두 입장 모두는 사태를 너무 쉽게 간주하는 것이며 과녁에서 벗어난 입장들이다.

신약성경에 마침내 자리잡게 된 네 복음서들 이외에도 다른 많은 복음서들이 존재했다는 것을 보여주는 고대 필사본들이 최근에 발견되자, 어떤 신자들은 이 사실에 기겁을 하고, 또 다른 신자들은 흥분을 하고, 대부분의 사람들은 단지 곤혹스러워 한다. 우리는 지금도 계속해서 '영지주의'라는 말의 의미에 대해 누구나 동의하는 것처럼 그 말을 사용한다. 그러나 이 용어는 너무 부정확하며 또한 모순적이기 때문에 이 용어는 그 본래의 뜻을 드러내기보다는 애매하게 만든다. 많은 진영들에서는 이 용어가 초대교회에 엄청난 영향을 끼친 세계관을 묘사하는 방식으로 받아들여지는 대신에, 단순히 무시해도 좋은 이름표가 되어버렸다.

두 번째 발전은 교회의 핵심 교리들 가운데 하나인 사도적 권위(apostolic authority)에 대해 도전했다. 이것은 자유주의적인 학자들이 일을 꾸민 결과가 아니었다. 오히려, 이것은 다양한 집단의 연구자들이 오래된 경계선들을 넘어 함께 공동작업을 한 결과였다. 오늘날처럼 학제간 연구를 진행하는 새로운 시대에는, 고대 종교를 연구하는 학자들이 똑같은 결론에 도달하게 될 때가 많은데, 특히 사도적 권위라는 막강한 개념은 초대교회의 '역사가들'이 객관적인 방식으로 사용했던 개념이라기보다는 오히려 훨씬 후대에 가서 교회 위에 덧씌웠던 개념이라는 결론에 도달했다.

사도적 권위라는 개념을 만들어냈던 사람들은 야심이 많던 사람들로서 다음 세대 기독교인들의 지도자들이 되려고 했던 사람들이었다. 하비 콕스 교수는 단적으로 이렇게 표현한다. "그들은 자신들의 권위를 확립할 유력한 방법을 찾고 있었는데, 마침내 매우 저항하기 어려운 개념을 붙잡았다. 그들은 자신들의 통치권을 처음 제자들로부터 물려받았다고 주장했으며, 또한 자신들이 '사도적 계승'이라고 부르기 시작한 지위를 차지했기 때문에 자신들은 '사도적 권위'를 지녔다고 주장했다. 이것은 스스로를 정당화하는 창작(fiction)이었다."10)

그러나 수많은 신학생들은 이런 창작을 배웠으며, 그들은 또한 이것을 수많은 교인들에게 가르쳤다. 이것은 지금도 로마 가톨릭 교회에서 통치의 핵심적인 교리다. 곱게 간직해왔던 모든 신화들과 마찬가지로, 사도적 권위라는 신화가 무너져 내린 것은 교회 바깥의 적들 때문이 아니라, 교회 안에서 고대 기독교를 연구하는 학자들이 자신들의 연구결과를 일반 신자들과 나누기로 작정했기 때문이다. 그들은 정경 본문들만이 아니라 정경 이외의 본문들도 연구했으며, 또한 고고학자, 예술사가, 인류학자, 사회학자들의 연구도 자신들의 연구에 통합시켰던 학자들이다. 그러나 그 신화에 대한 증거가 사라진 지 상당히 오래 되었지만, 아직도 교회는 계속해서 요즘의 교황들도 마치 베드로의 무덤 위에서 직접 천국 열쇠를 넘겨받은 것처럼, 굳은 땅 위를 활보하고 있다.

다행스럽게도, 새로운 신학생 세대는 지금 초대교회의 역사에 관해 매우 다른 내용들을 배우고 있다. 초대교회의 역사는 복잡한 농시에 감탄하지 않을 수 없는데, 그 이유는 이들 초기 회중들이 하나의 정통주의라는 북소리에 맞추어 행진했던 때문이 아니라, 이 거룩한 바보들이 타고 가는 배 위에서 하나로 만드는 영(unifying spirit)이 감싸고 있었기 때문이다. 권위의 원천은 그 영이었지, 교회의 위계질서가 아니었다. 그 영은 관대함, 자비, 치유, 희망, 그리고 철저한 환대의 영이었다.

이런 지하교회들에 몰려왔던 사람들은, 전에는 결코 자신들을

---

10) Cox, *Future of Faith*, 66.

믿지 못했던 사람들이었다. 그들은 자신들이 가치 있는 존재가 될 가능성을 생각해본 적이 없던 사람들이었다. 혹은 아프리칸-아메리칸 기독교인들이 즐겨 말하는 것처럼, 자신들이 '귀중한' 존재라고는 생각하지 못했던 사람들이었다. 매우 혼란스럽고 폭력적인 세상에서, 이런 급진적인 지하교회 운동은 그들의 인생을 변화시켰다. 지하교회가 지상의 고통에 대한 천국의 보상을 약속했기 때문이 아니라, 그 모든 따르미들에게 계급이나 인종에 관계없이 사랑받는 공동체에 속하는 기쁨 속에 들어가는 **생활방식**을 약속했기 때문이다. 그들은 결국 "참된 신자들"이라고 불린 것이 아니라 "그 길(The Way)의 사람들"이라고 불렸다.

이 새로운 종파는 로마를 격노하게 만들었고, 또한 이 종파는 충성과 가족이라는 로마인들의 전통적인 가치를 훼손하는 부도덕한 종파라고 비난하도록 만들었다. 이런 범죄행위는 결코 교리적인 용어로 표현되지는 않았지만, 기독교인들의 헌신적인 관행들로 표현된 이런 범죄행위는 체제전복적이었으며 또한 위험한 행위들이었다. 순교한 유대인 농부의 영향을 받은 이 운동은 소아시아 지역에서 급속하게 확장되었고, 기존질서에 도전하는 이들의 대안적인 생활방식은 그 자체의 법들과 행동 양식들까지 갖추고 있었다.[11] 제국들은, 그 백성들의 충성심에 실제적인 영향을 끼치지 않는 종교적 믿음들에 대해서는 별로 염려하지 않는다. 그러나 그 충성심이 다른 것으로 대체될 경우에는, 그런 믿음들은 반드시 조사해서 그 신자들을 박살내야만 한다.

초대교회는 자유주의적이었다거나 혹은 보수주의적이었다고

---

11) 참조, Robert L. Wilken, *The Christians as the Romans Saw Them* (New Haven, CT: Yale University Press, 1984).

말할 수조차 없는데, 단지 그런 이름표들을 붙일 수 없기 때문이다. 그런 이름들로는 초대교회를 진정으로 하나되게 만드는 힘을 포착하지 못하는데, 만일 그 힘이 없었다면 서로 각자 움직였을 다양한 요소들을, 그 힘이 하나로 만들어 기존질서의 정곡을 찌르고 또한 그 기존질서를 위협했다. 2세기의 철학자이며 변증가였던 순교자 유스티누스(Justin Martyr)는 초기 기독교인들의 급진적 성격을 다음과 같이 매우 분명하게 표현했다.

> 우리는 예전에는 다른 무엇보다도 재물과 소유를 취득하는 것을 가치 있게 생각했던 사람들이지만, 지금은 우리가 지닌 것들을 공동 소유로 가져다 놓고, 필요한 사람이면 누구에게든지 나누어주는 사람들이 되었다. 전에는 서로 증오하며 파멸시켰고 또한 사람들의 다른 태도들 때문에, 다른 부족들과는 어울려 살지 않던 사람들이었지만, 그리스도께서 오신 이후로는 지금 그들과 더불어 가족처럼 지내며, 우리의 원수들을 위해서 기도하는 사람들이 되었다.[12]

세 번째 발전은 또 다른 층을 벗겨내는 원인이 되었는데, 이것은 마치 우리의 눈에서 비늘이 벗겨진 것과 같았다. 그것은 우리가 역사와 '실제'를 이해하는 것과 관련되어 있다. 하비 콕스 교수가 지적한 것처럼, 우리는 엘리트들의 기록으로서의 역사와 민중들에 대한 기록으로서의 역사 사이를 구분하는 것을 잊고 있다. 대부분의 학자들은 논문들을 쓴 신학자들과 교회 안의 권위 문제에 관해 주장했던 주교들에 초점을 맞추고 있지만, 교회 역사에서 가장 중

---

12) Justin Martyr, 1 Apol. 14, Butler Bass, *People's History of Christianity*, 27-28에서 재인용.

2장. 그런 초대교회는 없었다　*95*

요한 구성원들은 빠져 있다. 즉 예수운동을 통해 자신들의 삶이 극적으로 변화된 대다수 보통 사람들은 교회사에서 빠져 있다. 여기에는 여인들, 농민들, 노예들이 포함되었다.

그들 대부분은 문맹이었기 때문에, 그들이 뒤에 남긴 것은 최근까지 연구된 적이 없었다. 그들이 남긴 물건들은 이야기를 들려준다. 학자들은 단지 고대의 문서들만 살핀 것이 아니라, 하비 콕스 교수가 지적한 것처럼, "놀이, 낙서, 관에 새긴 명각, 접시, 가구, 식기, 심지어 고대 쓰레기 구덩이에서 나온 조각들도 살펴, 고고학자들은 흥미로운 증거들을 발굴했다. 이런 증거들과 우리가 당시의 세금제도, 매춘(예수님은 세금과 매춘에 관해 말씀하셨다), 그리고 로마군대의 조직에 대한 연구를 통해 기독교 초기 역사에 관해 배운 것들과 결합시켜 당시의 모습에 대해 훨씬 온전한 스케치를 그릴 수 있게 되었다."13)

우리는 항상 교회가 제국에 대해 저항했다가 나중에는 제국을 포용했으며, 일반 신자들은 유순한 양떼처럼 그 지도자들을 따랐다고 생각해왔다. 그러나 이제 좀 더 현실적이며 또한 의견을 달리하는 모습이 드러나고 있다. 주교들과 로마제국이 서로 유착관계로 접어들고 있었을 당시에, 사람들은 살아남는 것이 너무 힘들어서 로마제국 전역에서 반란들이 일어나기 시작했다. 로마의 군산복합체는 너무 비용이 많이 들었기에 그것을 유지하기 위해서는 세금을 더욱 많이 부과할 필요가 있었기 때문이다. 사람들은 (당시나 지금이나) 세금을 내지 않을 갖가지 방법을 찾아냈고, 명령만으로는 징수하기가 어려웠다. 야만족들이 그 지역을 통치하게 되었고, 황제

---

13) Cox, *Future of Faith*, 68.

들은 폐위되었고 대체되었다.

하비 콕스 교수가 지적한 것처럼, "국가라는 배가 결국, 허먼 멜빌의 '페쿼드' 호(소설 〈백경〉에 나오는 포경선 - 옮긴이)처럼 파도 밑으로 가라앉았을 때, 교회는 마치 퀴퀘그(그 포경선의 작살잡이 - 옮긴이)의 관처럼 표면으로 떠올랐다. 교황제도는 결국 철학자 토머스 홉스가 표현한 것처럼, '사망한 로마제국의 무덤 위에 빽빽이 앉아 있는 그 제국의 유령에 불과한 것'이 되고 말았다."14)

하비 콕스 교수의 이런 지적보다, 미국교회를 위해 더욱 시의적절한 경고는 듣기 어려울 것이다. 미국교회 역시 지금은 쇠퇴하고 있는 아메리카 제국의 머리 꼭대기에 앉아 있는 유령에 불과하기 때문이다. 더군다나 신학과 실천이라는 폭넓은 범위에 걸쳐서 최근에 들을 수 있었던 가장 강력한 음성은 교회가 제국의 유혹에 맞서서 그 **자율성**을 유지해야만 한다는 주장이다. 보수주의자들과 자유주의자들 모두 이런 위험성을 인식하고 있다. 물론 그들은 서로 다른 위협을 강조하지만 말이다.

보수주의자들은 사회적 가치와 도덕이 붕괴해서 초래되는 개인적인 죄들에 더욱 초점을 맞추는 경향이 있는 반면에, 자유주의자들은 구조적인 불의와 폭력에 더 초점을 맞춘다. "주님과의 개인적 관계"가 보수주의자들의 사고의 중심이지만, 이것은 우리가 자신이 어떤 종류의 인간으로서 관계를 맺을 줄 알고 있다고 가정하는 것이다. "예수님을 영접했는가?"라는 질문은 우리 시대에 익숙한 질문이다. 그 질문에 대해 내가 항상 대답하고 싶은 것은 "네, 영접했습니다. 그리고 지금 나에게는 문제가 생겼습니다."라는 대답이다.

---

14) Ibid.

자유주의자들이 똑같은 잘못을 저지르는 것은 그들이 우리에게 너무 추상적이며 이해할 수 없는 것과 관계를 맺으라고 요구하기 때문에 어떤 관계도 실제로는 불가능하게 만들 때다. 기독교는 개념이 아니라, 한 인격에 근거한다. 성육신은 기독교의 독특하며 가슴이 고동치는 중심이지, 생각의 틀을 만들기에 적합한 현명한 말들이 아니다. 예수님과 인격적 관계를 맺고 또한 하나님의 평화를 살아내라는 그분의 부르심을 진지하게 받아들이는 일은 우리 모두를 한 자리에 모이게 할 수 있는 것이다. 서로 다른 진영의 성서신학자들이 얼마나 많은 것을 함께 공유하고 있는가를 깨닫게 된 것처럼, 나머지 우리들도 최소한 이제는 한 방에 모여 서로 이야기를 나눌 기회를 마련할 것을 원할 것이다. 더 나은 것은 우리가 상대방 진영의 수업을 청강하는 일이다.

네 번째 발전은 우리가 기독교인이면서 정치를 회피할 수 있다는 신화와 관련된 것이다. 모든 목회자들은 이런 말을 수시로 들어왔다. 특히 설교에서 예의 바르게 하늘의 정의에 관해 추상적인 설교를 하다가 구체적으로 지상의 불의에 적용하는 설교를 하고 난 다음에는 으레 "종교와 정치를 뒤섞지 마시오!"라는 소리를 들어왔다. 물론 그 말은 "내가 찬성하지 않는 방식으로, 혹은 내가 개인적으로 고발당한다는 생각이 드는 방식으로 종교와 정치를 섞지 마시오!"라는 뜻이다.

자유주의자이든 보수주의자이든 이런 항의를 할 때(거의 전적으로 그 공동체에서 어느 특정 정당이나 정책을 지지하는가에 달려 있다), 보다 더 큰 문제이며 덜 당파적인 문제는 완전히 망각하고 있는데, 그것은 **복음의 정치학**(a politics of the gospel)이 분명히 있다는 사실이다. 예수님은 정치적이셨다. 예수님이 위험하게 체제전복적이셨던 이유는, 개인들로 하여금 이 망해가는 세상에서 도피하여 하늘 '위로' 올라가도록 도와주셨기 때문이 아니라, 하늘의 정의를 땅으로 가지고 '내려오기를' 원하셨으며, 특히 불의와 억압을 당하는 사람들을 해방시키기를 원하셨기 때문이다.

수많은 신학생들이 오랫동안 초대교회 교인들은 "세상의 정치"에 전혀 관심이 없었으며, 예수님의 재림 때까지 자신들이 단지 어떻게 기도하며 행동할 것인가에 관해서만 배웠다고도 교육을 받아 왔다. 물론 바깥에는 악하며 막강한 제국이 있지만, 기독교인들의 박해는 주로 종교적인 경쟁자들, 이방인 통치자들, 그리고 유대인 엘리트들과 관련된 것이었다고 배웠다. 예수님이 처형된 것은 오해받았기 때문이지, 권력자들에게 진정한 위협이 되었기 때문은 아니었다고 배웠던 것이다.

그러나 진실은 예수님의 대적자들이 그분을 오해한 것이 아니라 너무나 잘 이해하고 있었다는 사실이다. 우리가 종교와 정치를 분리시키는 것은 하비 콕스 교수의 지적처럼, "현대인의 기만"이다. 예수님께서 제자들에게 "하나님의 통치가 '하늘에서 이루어진 것 같이 땅에서도' 이루어지기를 위해서 기도하라고 가르치신 것은 세상의 통치자들에게는 너무나 분명한 것이었는데, 그것은 만일에 그런 일이 실제로 벌어진다면, 자신들이 쫓겨날 것이라는 말이었다."[15]

따라서 십자가형에 의한 처형은 정치적 문제에 대한 정치적 해결책이었다. 문제는 그 처형으로 위협이 끝나지 않았다는 점이다. 실제로, 로마의 특공대가 "예수 파일"을 끝장내려고 파견되었지만, 예수운동은 죽기를 거부했다. 예수운동은 부활하신 주님의 영에 의

---

15) Ibid., 69.

해 이제는 시공간을 넘어 생기를 불어넣는 공동체 운동이 되었다. 예수운동은 세상 곳곳으로 급속도로 확산되어, 제국의 위계질서와 후견인 체제에 대한 의식적인 대안을 만들어냈다.

기독교인들은 황제숭배에 참여하기를 거부함으로써, 로마가 속국들을 통제하는 체제 전체에 위협을 주게 되었다. 이처럼 예수님의 처음 따르미들은 제국에 대항했다. 이로써 카이사르의 눈에는 그들이 반제국적인 무리들로 보이게 만들었다. 결국 우리가 종교와 정치를 구분하는 것은 계몽주의의 산물이며, 또한 정교분리라는 현대 국가의 산물이다. 고대 로마제국에서는 우리가 카이사르에게 궁극적인 충성을 맹세하고 그 마땅한 세금을 내거나, 아니면 그에 대한 대가를 지불해야만 했다.

오늘날 우리 모두는 어려운 종류의 환상의 위협 아래 살고 있는데, 우리가 자유주의자이든 보수주의자이든 간에, 아메리카 제국은 우리의 자유를 보호하지만 우리의 행동을 통제하지 않으며, 제국의 가치들과 우선순위들을 우리에게 부과하지 않는다는 환상이다. 우리의 역사는 매우 독특하게 개인의 자유와 기회에 관한 역사였기 때문에, 우리 모두는 얼마나 우리의 자기이해가 지배문화에 의해 영향을 받고 있는가를 깨닫기가 매우 힘들다. 우리는 삶의 모든 측면을 상업화해버린 자들로 하여금 우리에게 무엇을 욕망할 것인지, 서로 어떻게 관계를 맺을 것인지, 그리고 무엇이 인간의 행복을 만들며 지탱시키는가에 관해 지시하도록 허락하고 있다.

그러는 동안에 우리는 교회 안에서 당파 싸움에 너무 분주했기 때문에, 복음의 정치학에서 가장 독특하며 체제전복적인 것을 잊어버렸다. 복음의 정치학은 좌파나 우파에 근거한 것이 아니라 "기쁜 소식"에 근거한 것이다. 예수님의 처음 따르미들은 자신들을 권력과 동일시했던 것이 아니라, 대항문화적 가치들과 원리들에 충성하는 것과 동일시했다. 그들은 당시 사람들과 전혀 다르게 함께 아파하는 자비의 삶을 살기로 작정했는데, 당시에 특히 고전 철학자들은 자비를 동정과 같은 것으로 간주하여 병적인 감정 혹은 성격의 결함으로 치부하던 때였다(자비는 자신의 노력 없이 남의 도움을 받거나 구제를 받는 것이므로 정의롭지 못하다고 간주했다). 그러나 그 길을 따르던 사람들은 함께 아파하시는 자비의 하나님께서 사람들로 하여금 자비롭기를 원하신다고 믿었기 때문에, 로마의 저술가이며 철학자였던 대 플리니가 말한 "어떻게도 할 수 없는 고집"이 있었다.

대역전

우리 시대에 교회의 미래를 위해 다음과 같은 메시지보다 더욱 중요한 것은 상상하기 힘들다. 즉 기독교는 영적인 운동으로 태어났으며, 예수님 안에서 이미 일어난 것(학자들이 "실현된 종말론"이라 부르는 것)과 그리스도의 몸 안에서 지금 일어나고 있는 것(사람들이 "새로운 피조물"이 되는 것), 그리고 미래에 일어날 것(하나님의 평화의 통치가 궁극적으로 승리할 것이며 또한 유대인들과 이방인들 모두를 포함할 것)에 대한 신앙으로 생명력을 얻는 운동이었다는 메시지다. 기독교는 지하의 민중운동으로서 당시의 처참한 잔인성과는 너무나 구별되는 운동이었기 때문에, 예수운동은 열두 명의 따르미들로부터 고작 3백년 만에 6백만 명의 따르미들의 운동으로 성장했다.

그러다가 기독교를 영원히 변화시킨 일이 벌어졌다. 물론 갑자기 단번에 일어난 일이 아니라, 시간이 흐르면서 점차 재앙을 초래하게 되었다. 물속에 개구리를 넣고 점차 열을 가하면, 자기도 모르는 사이에 익어서 죽게 되는 것처럼, 교회도 점차 인사불성 상태가 되었다. 어떤 사태가 지금 우리에게 벌어지고 있는 동안에는 무슨 일이 벌어지고 있는지 우리가 알지 못하지만, 뒤늦게 가서야 겨우 깨닫게 되는 것이 보통이다.

처음에는 철저한 포용성, 재물의 자발적인 재분배, 폭력을 불의한 도구로 간주하여 배척하는 신념, "별 볼 일 없는 자들"을 환영하여 "유명한 인물"과 서로 팔꿈치를 맞대고 예배를 드리면서 기쁨의 평등주의로 시작했던 공동체들이 어느새 하비 콕스 교수가 지적한 것처럼, "꼭대기가 무거워, 위계질서가 강요하는 의무적인 믿음들로 정의된 조직"16)이 되어버렸다. 우리는 지난 1700년 동안, 도대체 왜 이런 일이 벌어졌는가에 대해 논쟁을 벌여왔다. 루터는 교황제도를 비난했고, 재세례파들은 기독교인들이 군인들이 되어버린 것을 비난했으며, 퀘이커 교도들은 기록된 경전을 비난했으며, 그리스 정교회와 러시아 정교회는 삼위일체에서 성령의 지위에 관한 치명적인 말다툼을 비난했고, 가톨릭 신자들은 종교개혁을 일으킨 "이단들"을 비난했다. 그러나 이런 일이 벌어졌다는 증거는 우리 시대에 넘쳐나며 또한 명백하다. 기독교인들은 일차적으로 어떤 것을 믿는 사람들로 간주되지, 어떤 일들을 행하는 사람들로는 간주되지 않고 있다.

오늘날 누구에게든 기독교를 정의해보라고 요청하면, 그의 입에서 나오는 첫마디는 십중팔구 신조나 교리에 대한 주장일 것이

---

16) Ibid., 73.

다. 즉 예수님의 존재에 대한 형이상학적 주장과 그분의 사명과 성경의 권위에 관한 여러 명제들에 대해 지적으로 동의하는 것을 흔히 기독교에 대한 정의로 간주한다는 말이다. 이 말은 그 강조점이 당신이 교회가 당신에게 그리스도의 의미와 목적과 생애에 관해 믿으라고 요구했던 것을 당신이 **믿는지**, 안 **믿는지**에 있을 뿐이지, 예수님께서 당신에게 계시하신 하나님이 당신을 비폭력적인 분배적 정의의 제자로서 **살도록 만드는지**, 안 **만드는지**에 있지는 않다는 말이다. 물론 이런 구분에 대한 대부분의 즉각적인 반응은 믿음과 행동은 그처럼 쉽게 나눌 수 있는 것이 아니라고 주장하는 것이다.

보수주의자들은 하나님의 아들로서의 그리스도의 신성에 대한 믿음만이 그분의 제자들이 실천했던 생활방식을 살아내도록 만든다고 주장할 것이다. 그 '믿음'이 없으면, 그분을 본받아 살도록 영감을 불어넣어주는 참된 권위가 없다는 주장이다. 자유주의자들은 지혜는 지혜이며, 하나님은 하나님이라고 주장할 것이며, 또한 참된 종교의 적은 배타성이라고 주장할 것이다. 따라서 예수님을 하나님의 '결정적인' 계시라고 말하는 것은 좋지만, 다른 신앙 공동체들을 위해서도 똑같이 타당한 계시들도 있다는 주장이다. 그러므로 우리 모두는 서로 친하게 지낼 수 없겠는가?

교회 안의 이런 간격, 즉 예수님을 보편적 선생(universal teacher)으로 보는 입장과 예수님을 배타적인 구원자(exclusive savior)로 보는 입장 사이의 간격은 매우 넓어서 서로 간에 조화를 찾기 어려운 것처럼 보이는 것이 사실이다. 그러나 이런 분열은 교회 초창기부터 존재했으며, 또한 여러 세기에 걸쳐서 교회는 이 문제를 해결하기 위해 신조들을 작성함으로써 이 논쟁을 끝내려고 했지만, 결국에는 모래 위에 선을 그어 교회 가족을 더욱 갈라놓았을 따름이다. 예수님의 처음 따르미들은 그분에 관한 특정한 것들을 믿었던 것이 사실이며, 그런 믿음이 없었다면 애당초 그분의 이름으로 모임을 갖지도 않았을 것이며, 또한 그분의 영에 의해서 지탱되지도 않았을 것이다. 그러나 "예수 그리스도는 주님이시다"(카이사르가 주님이 아니다)라는 단순한 충성의 고백과, 오늘날 "참된 신자"를 정의하는 신조들과 교리들의 미로 사이의 차이점은 너무 깊고 또한 너무나 분열시키는 것이기에, 우리는 그런 차이점은 비기독교적인 것이라고 감히 말할 수 있다.

나의 친구들 중에 보수적인 친구들은 희생과 봉사의 삶을 살고 있지만, 또한 예수님에 관해 내가 믿지 않는 것들을 믿는다. 그러나 그들의 믿음보다는 삶이 내게는 훨씬 중요하다. 게다가, 그들이 옳고 내가 틀릴 수도 있다. 내가 희망할 수 있는 것은 그들도 나에 관해 똑같은 방식으로 느끼는 것이다. 그렇지 않다면 우리 모두는 곤란에 빠진다. 가족 안에서건, 교회 안에서건 간에, 믿음의 통일성은 결코 이루어졌던 때도 없었으며, 앞으로도 결코 없을 것이다. 그러나 영의 통일성은 가능할 뿐만 아니라 세상에서 가장 성공적이며 진정한 기독교 공동체들의 특징이다. 이것이 언더그라운드 교회의 희망이다.

만일에 "믿음들"은 협상이 불가능한 반면에, '영'은 선택이 가능한 상태라면, 교회들은 서로 싸우는 파벌들로 영원히 분열될 것이다. 그러나 만일에 영의 선물들(은사들)은 협상이 불가능하다면(바울 사도가 "사랑이 없으면" 다른 모든 성취들은 실패한 것에 불과하다고 말한 것처럼), 믿음들의 차이는 존재하면서도 공동체는 붕괴되지 않을 수 있다. 우리들은 이웃을 사랑함으로써 하나님을 사랑하는 "상을 받기를 간절히 원한다." 초기 기독교의 교육지침서 '디다

케'(Didache)의 표현으로 말하자면, "두 길이 있는데 하나는 생명의 길이며, 다른 하나는 죽음의 길이다. 그 두 길 사이에는 큰 차이가 있다. 생명의 길은 첫째로, 너희는 너희를 만드신 하나님을 사랑해야 한다. 둘째로, 너희의 이웃을 너희 자신처럼 사랑하며, 또한 남이 너희에게 행하기를 원하지 않는 것을 남에게 행하지 말아라."17)

아마도 우리가 신조들에 대해 할 수 있는 최선의 일은 그 신조들을 예수운동의 진화과정에서 논쟁을 해결하고 그 몸이 공중 분해되는 것을 막기 위한 이정표들로 간주하는 일일 것이다. 어떤 이들은 신조들이 불가피했던 이유가 만일에 신조들이 없었다면 혼란과 무질서뿐이었을 것이기 때문이라고 주장한다. 다른 이들은 우리가 신조들에 대해 할 수 있는 최선의 일이 신조들을 진군명령들로 암송하기보다는 시(詩)로 노래하는 일이라고 주장한다. 그러나 우리가 결코 해서는 안 되는 일은 우리의 세계가 그런 신조들이 만들어졌던 세계와는 전혀 다른 세계라는 것을 잊어버리는 일이다. 이상하게도 우리는 지금 믿음의 시대보다는, 신조가 만들어지기 이전의 기독교와 더 많은 것을 공유하고 있다. 만일에 우리가 우리 시대에 "그 길을 따르는 사람들"이 되기를 원한다면, 우리는 더 이상 "신조들의 사람들"일 수 없다.

300년 동안, 예수운동의 상징들은 물고기와 선한 목자였다. 십자가 처형의 피흘리는 모습은 10세기가 되어 예수님의 수난과 죽음을 속죄하는 제물로 강조하기 이전까지는 나타나지 않았다. 이런 사실 때문에 리타 브록과 레베카 파커 교수는 그들의 책 『낙원을 구원하기』를 다음과 같은 놀라운 말로 시작한다. 즉 "예수는 죽는

---

17) "Didache," Roberts-Donaldson, translation, Early Christian Writings, http://www.earlychristianwritings.com/text/didache-roberts.html.

데 천 년이 걸렸다."18)

분명히 미술사가들은 모두 틀렸다고 그들은 주장했다. 분명히 첫 번째 천년기 동안 교회들을 장식했던 이미지들은 무엇인가를 빼먹었다. 예수님은 언제나 젊은이, 선생, 치유자, 관을 쓴 하나님, 그리고 턱수염이 더부룩한 노인의 모습으로 그려졌다. 그러나 그분은 결코 죽지 않았다. 그분이 무덤 앞에 서 계시거나, 아니면 십자가에 매달려계실 때, 그분은 그 앞에 침착하며 부활한 모습으로 서 계신다. 그분 주변의 세상은 아름다움으로 넘치는 정원이다. 이런 이미지들은 사랑으로 속량 받은 세상에 대한 비전이지, 고문을 통해 구원 받은 세상이 아니다. 그렇다면 도대체 무엇이 변했는가?

비록 내가 대역전이라고 부른 것은 원인들도 많고 얼굴들도 많지만, 우리가 더 앞으로 나아가기 전에 특별히 주목할 한 인물이 있다. 예수님과 바울 다음으로, 그는 기독교 역사에서 가장 중요한 인물일 것이다. 그는 교회가 그 길(The Way)에서부터 교회적인 제국(Ecclesiastical Imperium)으로 타락한 것의 상징이다. 우리가 그를 사랑할 수도 있고 미워할 수도 있지만, 그가 모든 주교들을 니케아에 있던 그의 호숫가 공관으로 불러들여 그 주교들 사이의 신학적인 차이점들을 해결하도록 만들었던 그 운명적인 사건을 무시할 수는 없다. 만일에 우리가 기원후 325년에 무슨 일이 벌어졌는가를 이해하지 못한다면, 교회갱신을 위한 희망은 거의 없다. 왜냐하면 바로 그곳에서 플라비우스 발레리우스 콘스탄티누스가 이단을 만들어냈기 때문이다.

---

18) Rita Nakashima Brock and Rebecca Ann Parker, *Saving Paradise: How Christianity Traded Love of This World for Crucifixion and Empire* (Boston: Beacon Press, 2008), ix.

3장

깨어보니 콘스탄티누스 황제의 침대였다

콘스탄티누스가 친절하게
거룩한 교회에 토지들을 하사하고, 또 임대도 해주고,
지주의 권한과 하인들까지 주었을 때,
로마인들은 하늘 높은 곳에서
천사가 우는 소리를 들었다네.
오늘도 교회는 독을 마셨고
베드로의 권력을 가진 모든 자들은
영원히 독에서 벗어나지 못하네.
  - 윌리엄 랭랜드, 『빙파세 농부』

 우리가 콘스탄티누스 황제를 사랑하든 미워하든, 그에 관한 논쟁은 끝나지 않을 것이다. 그는 당시 사람들이 칭송하듯이 "열세 번째 사도"였는가? 그는 베드로와 바울이 성취하지 못한 것, 즉 로마 자체를 거룩한 도시로 개종시키는 데 성공한 사람이 아니었는가? 그는 거대한 교회들을 건설하고, 국가기금으로 성직자들에게 상당한 봉급을 지불하고, 성직자들은 세금을 내지 않도록 만들지 않았는가? 그는 기독교 대학교들을 만들고, 예루살렘을 순례지로 만들고, 또한 피비린내 나던 순교의 시대를 끝장내지 않았는가? 퀘이커 교회 역사가 롤란드 베인튼이 말한 것처럼 "사람들을 처형하기 위해 뽑아들었던 칼들을 이제는 경의를 표하기 위해 들어 올리게 되었다."1)

영에 의해 움직이던 지하의 반(反)제국적 운동으로서의 교회를 콘스탄티누스 대제가 그 발전을 막아버리고, 기독교가 로마제국의 공식 종교가 되도록 조치를 취했을 때, 그는 기독교 신앙을 영원히 변질시켰다. 그가 주교들을 소집하여 니케아에서 큰 회의를 열어, 기독교 세계의 가장 중요한 문서(우리가 니케아 신조라고 부르는 간략한 형태의 충성 서약)를 만들도록 했을 때, 그는 '믿는다'는 말의 의미를 영원히 바꾸어버렸다. 기독교인들은 더 이상 "외국인 거류자들"이거나 "정착한 이주민들"이 아니게 되었다. 이제 그들은 지상의 왕국의 시민들이 되었다. 그들의 새로운 헌법은 윤리적인 명령이 아니라 교리적인 신조였다. 한때 영적으로 자율적이었던 기독교인들의 모임들은 전혀 신조들을 갖고 있지 않았지만, 단지 카이사르 대신에 예수님을 주님으로 섬기는 맹렬한 헌신만 갖고 있었다. 이제 그들은 점차 신학적인 순응을 주장한 주교들의 지도를 받게 되었다. 예수 따르미들(Jesus followers)은 점차 그리스도를 예배하는 사람들(Christ worshipers)이 되었으며, 또한 기독교는 영원히 변질되었다.

콘스탄티누스 황제가 313년에 기독교를 합법적인 종교로 만든 후에는 돈이 쏟아져 들어오기 시작했다. 간단히 말해서, 교회와 그

---

1) Roland Bainton, *The Church of Our Fathers* (Philadelphia: Westminster, 1950), 43.

사제들과 주교들은 매우 부자가 되었다. 그뿐 아니라, 국가는 이방 종교 신전들에 대한 기금을 없애버려, 그 몰락을 재촉했다. 이처럼 새로운 재정적 지원에는 물론 붙어 있는 것이 있었다. 그 재원은 정치적 및 군사적 권력의 중심으로부터 나온 것이었지, 교회의 개인들의 기쁜 가슴으로부터 나온 것이 아니었다. 주교들이 정치가들의 호의를 얻기 위해 줄을 서기 시작할 때마다, 그 결과는 예상할 수 있는 것이다. 국가가 교회를 유혹하기 시작했던 것이다.

콘스탄티누스 황제는 옛 도시 비잔티움을 새로운 수도 콘스탄티노플로 만들었다. "그는 이 사업에 돈을 쏟아 부어, 금으로 입힌 교회들을 짓고, 멋진 대학교와 새로운 공공장소들을 만들었다. 그는 토지를 중간계급 농부들에게 나누어주었으며, 가난한 사람들에게 무료로 빵을 나누어주었다. 사람들은 이 도시로 몰려들어, 빠르게 이 도시를 제국 안에서 가장 부유하며 가장 아름답고 가장 세계적인 장소로 만들었다."2) 그러나 미국 성공회의 교육자이며 저술가인 버나 도지어는 이런 주장과는 의견을 달리하여 "나는 항상 정반대로 생각해왔다. (기독교가 제국을 정복한 것이 아니라) 교회를 정복한 것이 국가였다."3)라고 지적했다.

돈은 타락의 원흉인데 단지 정치만 타락시키는 것이 아니다. 돈은 비록 가난한 사람들을 돕고 그밖에 다른 자선행동들에 사용되었지만, 성직매매라는 범죄의 시대가 도달했다. 즉 사제들과 주교들은 자신들의 사치스런 생활방식을 뒷받침하기 위해서 자선금과 헌금을 훔치기 시작했던 것이다. 평화의 왕을 따르던 사람들은 200년

---

2) Diana Butler Bass, *A People's History of Christianity: The Other Side of the Story* (San Francisco: HarperOne, 2009), 67.
3) Verna Dozier, *The Dream of God: A Call to Return* (Cambridge, MA: Cowley, 1991), 55.

동안 어떤 군대의 군복도 입기를 거절했지만, 이제는 정부와 군대 모두로부터 환영받게 되었다. 사실상, 콘스탄티누스 황제는 기독교 신자를 군복무를 위한 자격조건으로 만들어버렸다. 예수님의 처음 따르미들은 천국이 현재적이며 동시에 아직 오지 않았다고 믿었지만, 이제 기독교인들은 티베르 강 동편의 일곱 개 언덕을 가리킬 수 있게 되었으며 또한 기독교인 황제와 주교들의 궁정을 바라볼 수 있게 되었다. 이것이 천상의 도시였는가? 하나님의 나라는 이제 지상의 거처를 갖고 있으며, 그 주소는 로마였는가?

오늘날 보수주의자들과 자유주의자들은 콘스탄티누스 황제에 대해 매우 다르게 보고 있다. 보수주의자들은 기독교의 성장과 최종적인 승리 속에 개입하신 하나님의 손길을 보려는 경향이 있다. 그들은 황제의 기독교 공인을, 로마제국이 마침내 교회 앞에 무릎을 꿇은 표징으로 본다. 기독교의 이런 성장과 또한 마침내 "하늘의 권세들과 정사들"이 기독교를 위해 대관식을 거행한 것이 첫 번째 기독교인 황제를 낳게 만들었다고 주장한다. 이런 진리는 이제 제도화되었고 또한 매우 강력하게 지켜지고 있다. 하나님의 기독교인 군병들이 실제로 진격해나갔다는 것이다. 교회는 결코 작고 또한 체제전복적인 상태로 남아 있도록 만들어진 것이 아니었다는 주장이다.

교회운동이 확대되면서, 더욱 큰 권위와 신학적인 일관성, 그리고 "외국과 국내의 모든 원수들"로부터 스스로를 방어할 힘이 필요했다는 주장이다. 세상에서 최강의 군대가 이제 하나님의 독생자를 보호할 것이다. 이런 주장은 얼마나 웃기는 아이러니인가. 바로 이 군대가 1세기 유대인 반란을 진압했으며, 예수님의 옆구리를 찔렀던 창이 바로 로마의 창이었으니 말이다. 정치적 혁명가 한 사람을 죽이기 위해 파견되었던 자들이 이제는 그분의 따르미들을 보호하게 되었다니 말이다!

어떤 사람들은 선과 악 사이의 우주적 전쟁에서 선이 승리했다고 주장할 것이다. 처음 예수 따르미들은 평화주의자들이었으며 또한 평등주의적인 경향을 보였다 하더라도, 마침내 그 기운이 빠진 소년시절을 벗어났다는 주장이다. 처음에는 그들이 독특하며 조직화되지 못했지만, 4세기에 이르러서는 그 십대였던 소년이 이제 어른이 되었다는 주장이다. 만일에 우리가 이처럼 신조 이전의 기독교로부터 신조 이후의 기독교로, 신앙의 시대로부터 믿음의 시대로 변화된 것 속에서 하나님의 손길을 볼 수 있다면, 이것은 항복이 아니라 졸업이라는 주장이다.

자유주의자들과 일부 보수주의자들(그리고 스탠리 하우어워스처럼 어떤 이름표를 붙이는 것에 대해 도전하는 사람들도)은 콘스탄티누스 황제가 교회와 국가를 혼합시킨 것이 기독교 역사 전체에서 아마도 가장 치명적인 사건이었을 것이라고 평가한다. 바바라 투치만이 『멀리 있는 거울』에서 표현한 것처럼, "콘스탄티누스의 선물을 통해 기독교는 공식적으로 확립되었으며 동시에 치명적으로 훼손되었다."4) 아니면, 모든 목사들에게 익숙한 말로 표현하자면, "그것은 '영적인' 사람들이 '종교적인' 사람들이 된 끔찍한 순간이며, 아름답고 평화를 사랑하며 함께 아파하던 예수 따르미들이 몇몇 개화된 영혼들의 칙령에 의해, 칼을 들이대면서 세상에게 세례를 베푸는 열광적인 선교사들로 둔갑한 끔찍한 순간이었다." 정행(orthopraxy)이 정교(orthodoxy)로 대체된 그 순간은 기독교인이라

---

4) Barbara Tuchman, *A Distant Mirror* (New York: Knopf, 1984), 6.

는 제품을 '표준화'하려는 욕망이 그 길(The Way)을 믿음체계(Belief System)로 근본적으로 둔갑시킨 순간이었다.

교회 안에는 B.C.와 A.C.가 있다고 말하는 이들이 있다. 콘스탄티누스 이전 시대와 콘스탄티누스 이후 시대가 있다는 말이다. 콘스탄티누스 이전 시대에는 교회가 제국의 감시망 아래서 빛의 자녀들로서 그 깃발을 휘날리며, 철저하며 규제 없이 '순수한' 영성을 자유롭게 실천할 수 있었다. 그러자 한 정치가가 그 깃발로 십자가를 포장할 경우 얻게 될 이익을 깨달았다. 그 순간은 그 길(The Way)이 제국의 육신에 박힌 가시로부터 제국에 고분고분하게 굽신거리는 조수로 둔갑한 순간이었다.

이처럼 복잡한 일이 어쩌면 이처럼 간단하게 처리될 수 있었다니 그저 놀라울 따름이다! 사실상 기독교와 제국의 결혼은 중매쟁이가 주선한 것도 아니며, 양쪽 당사자들 모두가 "그 생각에 미쳤다"고 말할 수도 없었다. 그러나 이 결혼은 속임수, 조작, 권력남용이 없었던 순수한 연애결혼도 아니었다. 사회학자이며 역사가인 로드니 스타크(Rodney Stark) 교수는 콘스탄티누스 황제의 밀라노 칙령(313년의 기독교 공인 - 옮긴이)이 기독교의 승리를 초래한 것으로 간주하지 않고, 오히려 교회의 급격한 성장으로 인해 기독교인들이 이미 중요한 정치세력이 된 현실에 대해서, 한 사람의 노회한 정치가가 내놓은 처방이라고 본다. 보수주의자들이 이것을 가정교회로부터 대성당으로 불가피하게 발전하게 된 것의 한 부분으로 보는 것은 옳은 판단이다. 그러나 그들 보수주의자들은 그 결혼 속에 담긴 본래적인 위험성, 즉 도지어(Dozier) 교수가 "세 번째 타락"이라고 부른 것을 분명하게 깨닫지 못하는 경우들이 허다한데, 세 번째 타락이란 다이애나 버틀러 배스 교수가 "원래의 타락과 이스라엘이 왕을 고집한 타락만큼이나 신앙에 해로운"5) 타락이었다. 자유주의자들은 이 결혼이 교회를 영원히 변질시킨 치명적인 사건이라고 보는 것은 옳다. 그러나 그들 자유주의자들은 콘스탄티누스 황제가 파티를 열기 훨씬 오래 전에 교회가 이미 계급적인 구조와 직제(order)로 나아가고 있었다는 사실을 분명히 깨닫지 못하는 경우가 허다하다. 주교들은 수십 년 동안 제국을 부러운 눈으로 바라다보았으며, 또한 점차 온통 남자들만으로 이루어진 성직계급은 이미 3세기 초부터 "초창기에는 없었던" 이단자들이 생겨났다고 쓰기 시작했다. 이런 표현을 통해 초기의 교부 터툴리아누스(약 160-225년)는 사도적인 권위를 사용해서, 그 자신이 '혁신자'(innovators)라고 부른 자들은 '원래의'(original) 것이 아닌 것을 가르친다는 판단에 입각해서 유죄판결을 내려야 한다고 주장했다. 결국, 유죄판결을 받은 것은 이미 초창기부터 있었던 것들이었다. 하비 콕스 교수가 지적하듯이, "연대순으로 볼 때, 도마복음서는 마가복음만큼이나 '원래의' 것이며 또한 요한복음보다 훨씬 더 '원래의' 것일 것이다."6)

초대교회에 대해 진지하게 연구를 해보면, 동등한 기회를 박탈한 역사를 알 수 있다. 원래의 복음서들이 네 개가 아니라 다섯 개였을 수도 있다는 생각은 적어도 보수주의자들을 곤혹스럽게 만든다. 그러나 도마복음서에 나오는 여성들에 대한 참담한 견해는 자유주의자들의 마음을 상하게 만드는데, 초대교회의 탁월한 여성들이 존경받던 지도자들로부터 주변의 하인들로 전락한 역사만큼이나 참담하게 만든다. 따라서 보수주의자들이 초대교회가 4세기에 제국의 수도를 '정복'한 것을 찬양할 때, 그들은 자신들의 오랜 신

---

5) Butler Bass, *A People's History of Christianity*, 78.
6) Harvey Cox, *The Future of Faith*, 87.

념, 즉 교회와 국가는 한 이불 속에 동침해서는 안 된다는 신념을 배반하는 것이다. 그러나 자유주의자들이 니케아에서 당시까지 영적인 탐구자들의 더럽혀지지 않았던 운동이 황제의 칼끝에서 겁탈당했다고 생각할 때, 그들 자유주의자들은 재림이 이루어지지 않는 중에 수천수만 명의 새로운 개종자들이 늘어날 당시에, 교회는 이미 수십 년 동안 은유적으로 표현해서 접는 의자들로부터 장의자들로 바뀌어가고 있었다는 증거를 무시하는 것이다. 만일에 로마가 니케아에서 실제로 교회를 유혹했다면, 주교들은 그 때를 위한 옷을 입고 갔던 것이다.

삼위일체의 가장 위험한 다리

우리가 325년에 니케아에서 무슨 일이 벌어졌는지를 이해하기 위해서는 삼위일체 교리, 특히 그 세 번째 '다리'(leg)를 회피할 수 없는데, 삼위일체 교리는 초창기부터 교부들을 신경과민 상태가 되도록 만들었던 문제다. 초대교회는 예수님의 신성과 성령의 신성 모두를 확증하는 것은 유일신 사상에 위배된다는 비난에 대해 대답할 필요가 있었다. 따라서 삼위일체 하나님은 수학적인 논리를 중지시킬 필요가 있는 방식으로(즉 하나가 셋이며, 셋이 하나) 설정했다. 성경 이후의 모든 교리들과 마찬가지로, 어떤 이들은 삼위일체 교리가 본질적이라고 주장했으며, 다른 이들은 그것이 요점을 벗어난 것이라고 주장했다. 삼위일체에 관해 내가 좋아하는 명언은 나의 설교학 교수였던 프레드 크래독 교수의 말이다. 그는 언젠가 "나는 삼위일체에 대해 그리 큰 관심이 없습니다. 나 자신은 보다 더 성경의 사람이고 싶습니다."라고 말했다.

우리가 삼위일체에 관해 어떤 생각을 갖고 있든지 상관없이 교회의 미래를 위해 중요한 것은 도대체 왜 삼위일체 문제가 항상 교회에서 골칫거리였는지를 기억하는 일이다. 나는 물론 성령에 대해, 즉 삼위일체의 아낌없이 주는 탕자(prodigal child)에 관해 말하는 것인데, 성령은 알 수 없는 이유로 떠나기도 하며 또한 아무 경고도 없이 다시 나타나기도 한다. 바로 이 성령이 오순절에 돌풍처럼 눈부시며 언어를 초월하는 기적 가운데 교회를 낳았다. 그러나 바로 이 똑같은 성령은 곧이어 사람들이 취하게 된 원인이었다고 한다. 성령은 가장 신비하며, 가장 중요하며, 또한 그리스도의 몸에서 가장 어리둥절하게 만드는 힘이다.

현실적 문제는 어느 신학자도 글을 통해 성령을 통제할 수 없다는 점이다. 은유를 사용해서 표현하자면, 우리가 하나님과 예수님에 관해 글을 쓸 수 있는 것은 오직 '공인된' 왼쪽 여백과 오른쪽 여백만 사용해서만이다. 그러나 우리가 불을 끈 다음에 우리가 쓴 문장들이 밤새 그대로 보존될 것이라고 확신했지만, 성령은 나타나서 그 문장들 바깥에서 춤을 추거나 아니면 그 문장들을 뒤섞어버린다. 성령은 스스로 그 여백에다가, E. E. 커밍스의 시처럼 난삽하고 비대칭적인 시를 쓸 것이다.

성령은 꿈이나 환상의 형태로 나타나 흔히 우리가 중요하다고 생각하는 것들을 조롱한다. 잠든 아가를 가만히 흔들고 있을 때나 아니면 다마스쿠스로 가던 길에서 극적으로 역전을 경험하는 단순한 빛의 순간들이든 간에, 성령은 독자적인 계약자와 같다. 우리는 성령을 필요로 하며 동시에 두려워한다. 성령이 '행동할' 때 우리는 우리의 권리를 요구한다. 성령이 난폭할 때, 우리는 결코 성령을 만난 적이 없다고 말한다. 사실은 교회가 성령과 관계를 맺는 방식이 흔히 남자들이 여자들과 관계를 맺는 방식과 똑같이 마음 졸이며 당황하는 경우들이 허다하다. 이것이 당신의 일시적인 '마음 상태'의 하나인가, 아니면 소피아의 음성인가? 이것이 감정적으로 아는 것의 선물인가, 아니면 감정주의의 저주인가?

여기에 문제가 있다. 만일에 아무나 성령을 받을 수 있다면, 우리는 도대체 누가 참된 예언자이며, 누가 참된 교사이며, 누가 그리스도의 참된 따르미인가를 어떻게 확신할 수 있는가? 교회의 권위 계승자들을 성령이 어느 때든 간에 지워버릴 수 있다면, 교회는 무슨 수로 그 권위 계승권을 유지할 수 있는가? 우리는 어떤 이들의 '진정한' 환상과 다른 이들의 황홀경의 체험들 사이를 어떻게 구별하는가? 바울은 자신에게 직접적으로 말하는 음성을 들었다고 주장한다. 그런 주장을 처음 한 사람이 바울은 아니었으며, 또한 바울이 마지막으로 그런 주장을 한 것도 아니었다. 우리는 오늘날 그런 사람들을 '은사파'(charismatic, '은총의 선물'을 뜻하는 그리스어에서 온 말)라고 부르는데, 오늘날 전 세계에 오순절 교회들에는 그런 사람들이 수백만 명이나 된다.

바울이 이런 문제에 사로잡혀 있어서, '수퍼 사도들'(당시의 텔레비전 부흥사들)에 대해 경고했으며, 또한 그를 비판하는 사람들에게 자신도 하늘의 환상을 보았고 '방언'도 할 수 있다는 사실을 상기시킨 것이 분명하다. 그러나 바울은 그들에게 그 문을 보여주지는 않았다. 그는 그들 모두가 하나의 표준에 순응해야 한다고 주장하지는 않았지만, 단 하나의 예외가 있었다. 그 예외란 **성령의 모든 은사와 모든 예언들은 사랑의 법을 따라야만 한다**는 것이다.

교회의 미래를 위해서 다른 어느 것보다 중요한 점은 **획일성**이란 교회 역사에서 성취되었던 적도 없었으며 또한 앞으로도 없을 것이라는 점이다. 교회는 은사들과 방식들의 다양성, 예배와 예전의 다양성, 심지어 궁극적 신비인 하나님을 표현하는 다양한 방식들에도 불구하고 살아남을 것이지만, 여기에는 하나의 조건이 있다. 즉 오직 사랑이 지배할 경우에만 교회는 살아남을 수 있다. 다시 말해서, 의견들이 서로 아무리 달라도 교회는 살아남을 수 있지만, 사랑이 없으면 교회는 살아남을 수 없다.

결국 바울은 그 문제를 풀지 못했으며, 그 이후 교회의 교부들의 세대들 역시 풀지 못했다. 하비 콕스 교수가 지적한 것처럼, "무아지경과 질서 사이의 긴장, 영적인 자유와 집단의 단결 사이의 긴장, 신비주의자들과 행정가들 사이의 긴장은 기독교 2천 년 역사를 완전히 채웠다. 그 긴장은 줄어들 기미가 보이지 않는다."7)

실제로 오순절교회들은 그리스도의 몸에서 가장 빠르게 성장하는 부분이 되었으며, 또한 그 성장은 유럽과 서양으로부터 아프리카, 아시아 등 개발도상국가들로 바뀌었다. 그들의 예배 스타일은 여전히 보다 침착한 교파들을 어지럽히고 있지만, 그들은 흔히 가난한 사람들과 소외된 사람들에 대해, 보다 진보적인 많은 교단들보다 더 깊은 관심을 보이고 있다. 신앙의 부르심에서 우리가 머리와 가슴 사이에 균형을 유지해야만 한다는 것에 대해, 우리는 종교적인 신경증 운운할 필요도 없으며 또한 초지성적인 초연함 운운할 필요도 없다. 그러나 흔히 자유주의자들과 보수주의자들은 반쪽만 바라보고 있다.

매우 현실적인 의미에서, 교회사는 신비주의자들과 고위 성직자들 사이의 긴장으로 점철되었다. 로마 가톨릭 교회가 정통주의에

---

7) Ibid., 94.

관한 책을 썼음에도 불구하고, 빙엔의 힐데가르드와 노르비치의 줄리안처럼 비정통적인 여인들을 포함해서 매우 놀랍고 교회를 흔들어놓는 신비주의자들을 낳았다. 오늘날의 가톨릭교회는 수많은 성령은사운동을 낳았는데, 그런 은사운동들은 1970년대와 1980년대의 해방신학처럼, 주교들과 교황들을 단순히 염려하게 만든 것 이상이었다.

그들로 하여금 염려하도록 만든 것은 항상 신조들이나 교리들에 대한 충성만은 아니다. 오히려 적절한 명령계통에 관한 것이다. 누가 실제로 책임을 지고 있는가? 위계질서라는 단어는 "거룩하신 분에 의한 통치"를 뜻한다. 이것이 바로 성령이 삼위일체의 가장 위험한 부분인 이유이며, 또한 직제를 수호하는 자들이 규칙들을 제정하고 책을 쓰는 이유다. 그것은 이미 2세기와 3세기에 이그나티우스와 이레니우스로부터 시작되었으며, 또한 예수 따르미들이 신조, 교회법, 혹은 표준적인 제의 없이 다양한 교제 네트워크를 느슨하게 맺고 있었다가 점차 불가피하게 우리가 '품질 관리'라 부르는 것을 부과하는 방향으로 나아가도록 만들었다.

사실상, 우리가 '교회 직제'(church order)라고 부르는 것에 대한 관심은 일찍이 기원후 96년에 클레멘트의 첫 번째 편지에서부터 시작되었다. 이 편지는 신약성경 안에 포함되지는 않았지만, 고린도교회가 일종의 젊은 세대의 반란을 통해 장악되었을 때, 그 교회에서 쫓겨났던 장로들을 다시 세울 것을 그 회중들에게 촉구하고 있다. 신조들은 문제가 아니었다. 신조들은 아직 존재하지 않았으며, 또한 이단, 부도덕, 혹은 거짓 가르침들에 대한 언급도 없었다. 대신에, 교회 직제는 효율성의 모델로 간주되었던 로마 군대를 본보기로 삼아 만든 것이었다. 클레멘트의 첫 번째 편지는 군대의 위계질서와 같은 지혜를 사용함으로써 장로들을 고린도교회의 올바른 '명령체계'에 복귀시키라고 주장한다. 이런 권면은 바로 그 로마의 군대가 예수님을 처형하기 위해 병력을 파견했던 사건 후 고작 70년이 지나서였다.

3세기에 시리아에서는 『사도계율』(Didascalia Apostolorum)이라는 문서가 생겨났는데, 원래의 사도들이 만든 것이라고 주장되고 있었다. 이 문서는 "주교들을 평신도들 위에 거의 절대적인 권력으로까지 높이며 또한 주교들에게 거의 신적인 지위에 근접한 권한을 주었다. 이 문서는 평신도들에게 주교는 '당신들의 대제사장, 교사, 중개자로서 하나님, 당신의 아버지, 왕과 총독 다음이라고 가르쳤다. 주교는 당신의 강력한 왕이며... [그는] 하나님으로부터 생사를 관할하는 권력을 받았다'고 가르쳤다."8) 그만큼 "사람들에 속한 권력"은 줄어들었으며, 그만큼 "모든 신자들의 사제직"은 줄어들었으며, 또한 서로의 발을 씻겨주며 서로를 '친구들'이라고 부르는 헌신 역시 줄어들었다.

사태는 더욱 악화되었다. 일렉산드리아의 오리게네스(185-254년)는 사람들에게 심지어 불의한 주교들에게도 복종해야 한다고 가르쳤다. 키프리아누스(258년 사망)는 기독교인들의 통일성이라는 개념을 끌어다가 그것은 주교들에게만 적용된다고 선언했는데, 이런 생각은 매우 오랫동안 지속되었다. "제2차 바티칸 공의회(1962-65)까지 로마 가톨릭교회는 전체 교회를 '하나님의 백성'이라고 부르지 않았다."9)

---

8) Hans von Campenhausen, *Ecclesiastical Authority and Spiritual Power in the Church of the First Three Centuries* (Stanford, CA: Stanford University Press, 1969), 242에서 재인용.

9) Cox, *Future of Faith*, 97.

이제 최종적 유혹의 무대가 마련되었다. 기독교는 이제 그 자체의 패러디가 될 참이다. 신앙이라는 단어는 예수님의 가르침들과 그가 시작하신 운동의 본질을 영원히 뒤집어엎을 철저한 변화를 겪을 것이다. "가서 이처럼 행하라(do)"(하나님과 이웃을 사랑하라)는 명령은 이제 "가서 너희의 감독들이 너희에게 믿으라고 명령하는 대로 믿어라(believe)"는 명령으로 바뀔 것이다. 하나님을 신뢰하는 것(trust in God)은 이제 하나님에 관한(about God) 명제들에 대한 (지적인) 동의로 대체될 것이며, 또한 교회는 영원히 훼손될 것이다.

예수 주식회사

기독교 역사에서 나사렛 출신의 갈릴리 현자 다음으로 가장 중요한 인물은 플라비우스 발레리우스 콘스탄티누스 황제라고 주장할 수 있을 것이다. 그러나 그의 생애 이야기는 나사렛 출신의 치유자이며 비유들을 가르친 분의 생애 이야기와는 하늘과 땅 만큼의 차이가 있다. 한 사람은 마케도니아에서 부와 특권을 타고 났으며 궁정에서 자란 반면에, 또 한 사람은 소작농 집안에서, 그것도 스캔들의 그림자 속에 태어났다. 한 사람의 아버지는 카이사르였던 반면에, 또 한 사람의 아버지는 수수께끼로 남아 있다.

한 사람은 젊었을 때 기독교인들이 잔인하게 처형당하는 것을 지켜보았으며, 또 한 사람은 '기독교인'이라는 말을 들어본 적도 없었지만 신성모독죄로 고발당해 죽으면서도 그 처형자들을 용서해 줄 분이었다. 한 사람은 야심에 가득찬 젊은 군인으로서 사령관이 되었지만, 다른 한 사람은 비폭력을 너무 철저하게 가르쳤고 실천했기 때문에 사람들은 그가 제정신인지에 대해 의아하게 생각했다.

한 사람은 그의 적수에 맞서서 결정적 전투를 벌였으며 몇 년 뒤에는 자신의 승리가 하늘에 나타난 십자가를 통해 예고된 승리였다고 주장한 반면에, 다른 한 사람은 바로 그 십자가 형틀에서 마지막 숨을 헐떡였다.

콘스탄티누스 황제는 당시에 종교적 적수(기독교)를 순치시키고 제국에 합병시키는 것이 가져다줄 정치적 이득을 완전히 파악했던 첫 번째 황제였을 것이다. 그는 기독교인들의 자선이 로마처럼 가난이 팽배했던 도시들에서 절실했던 사회적 안전망을 제공할 수 있다는 것을 알고 있었을 만큼 교활했다. 평생 동안 다신교를 신봉했던 그는 많은 신들을 믿는 것에 행복해했지만, 전쟁터에서는 로마의 다른 장군들처럼, 어떻게 가장 강력한 신에게 내기를 걸어야 하는지를 알고 있었다. 기독교인들의 도덕성에 대한 그의 감탄은 그 자신의 도덕적 선택에는 아무런 영향을 끼치지 못했던 것으로 보이는데, 그가 자신의 아들과 어머니 모두를 살해한 것에 대해 책임이 있었다는 것이 거의 틀림없기 때문이다. 그러나 그가 기독교로 '개종'한 것은 하나님의 구원하는 능력의 증거로서 제시되곤 한다.

그는 제국을 위해 일종의 중생체험을 거쳐 이방인 국가를 신앙심이 깊은 왕국으로 개조했는가, 아니면 제국의 빵 속에 섞인 누룩처럼, 폭력적이며 가부장적인 제국을 조용히 '부패시키는' 지하운동의 길(The Way)로서의 기독교를 관 속에 집어넣고 마지막 못을 박은 사람인가?

그것에 대한 진실은 좌파든 우파든 당파적인 사람들이 우리로 하여금 믿게 만드는 것보다 훨씬 복잡하며, 덜 고상하며, 보다 실용적이다. 한 가지 사실은 로마인들이 자신들의 분열된 제국을 하나로 만드는 데 종교가 큰 도움을 줄 수 있다는 점을 알고 있었다는 사실이다. 기독교는 무대 위에 새롭게 등장한 세력이었다. 기독교는 성장하고 있었으며, 콘스탄티누스 황제는 낡고 쇠퇴하는 신앙들을 대신할 무엇인가가 필요했다. 그는 기독교에 관해 아는 것이 별로 없었으며, 또한 예수님의 추종자가 되기 위해 다른 사람들에게 요구되는 긴 가르침(세례교육)을 받지 않았다. 그는 또한 죽을 때가 되어서야 세례를 받았다. 그러나 그는 기독교가 자신의 통치에 도움을 줄 수 있으리라는 것을 알고 있었다. 그렇다면, 그는 진정으로 (존 웨슬리 목사처럼 "이상하게 뜨거워지는") 가슴의 변화를 경험했는가, 아니면 단지 하나님이라는 카드를 사용한 교활한 정치가였는가?

우리는 결코 알 수 없을 것이지만, 그러나 우리는 그가 기독교 신앙과 제국을 융합하여 박해의 시대를 끝내기로 결정했을 때, 대중들 사이에서 편의상 '개종'하는 물결이 휩쓸게 되었다는 것을 알고 있다. 십자가가 한때는 로마인들이 예수를 고문하기 위해 사용했던 도구였지만, 이제는 그 처형자들의 후손들인 군인들의 방패를 장식하게 되었다. 콘스탄티누스 황제의 독실한 어머니가 성지 여행을 마치고 돌아오면서 "참된 십자가"의 한 조각이라고 믿었던 것을 갖고 왔을 때, 이 상징은 그 신앙의 중심적인 성상(icon)이 되었으며 지금도 여전히 그렇다. 십자가는 또한 상류계급 사이에서 크게 유행하던 품목이 되었다.

주교들로서는 황제가 자신들을 사자의 밥이 되게 만드는 대신에 자신들의 비위를 맞추는 황제를 갖게 된 것에 대해 매우 감사했을 것임에 틀림없었다. 그러나 주교들이 미처 깨닫지 못했던 것은 콘스탄티누스 황제가 스스로를 전체 교회의 지배자라고 선언하게 될 것이라는 점이었다. 그가 금고를 열어 자선사업과 대성당 건축과 성직자들을 뒷받침하기 위해 황궁의 돈을 풀기 시작했을 때, 그 결과는 예측할 수 있는 것이었다. 성직자들은 자신들의 몫을 받기 위해(혹은 자신들의 몫보다 조금 더 많이 받기 위해) 서슴없이 그 창살에 다가섰으며, 또한 그 지불금과 더불어 온갖 더러운 수법들이 동원되었다. 교인들 가운데 사랑하던 이의 시신이 심지어 땅에 묻히기도 전에 유산을 놓고 싸우는 가족들을 지켜본 목사들은 이런 사실을 잘 알고 있다. 비탄은 탐욕의 상대가 되지 못한다.

분명한 사실은 정부가 교회에 기금을 대기 시작하면, 고통을 겪게 되는 것은 사람들이라는 점이다. 미국 교회사에서 정부가 종교에 간섭하는 것에 대해 반대하기 위해 우리가 보수주의자들을 **필요로 한** 바로 그 순간에, 우리는 정확히 정반대되는 문제를 안고 있다. 신앙에 입각한 운동들이 종교적 자선사업에 정부가 직접 기금을 대는 것을 용인하자, 그에 맞서 싸웠던 것은 역설적으로 정교분리에 입각한 종교적 자유주의자들이었다.

이것은 우리 모두가 역사학도로서 성찰해야만 하는 문제다. 유럽에서 정부가 교회에 기금을 댄 것이 기독교에 무슨 결과를 가져왔는지를 보라. 국가가 교회들에 보조금을 지불하지 않았다면 죽고 말았을 교회들을 지탱시켰을 뿐 아니라, 교회들은 공적인 기금에 의존한 덕에 허약하게 되었다. 그런 판국에 교회들이 자신들을 먹여 살리는 자들의 손을 도대체 무슨 수로 물어뜯을 수 있겠는가? 수표에 서명하는 자를 누가 감히 비판할 엄두를 내겠는가?

초기의 예수운동에서는 오직 회원들만이 지역 교회에 헌금을 했으며, 또한 부유한 후견인들도 헌금을 했다. 우리가 바울의 편지를 통해 알 수 있는 것처럼, 때로는 한 회중이 다른 회중을 위해 기금을 모았다. 그러나 일단 로마가 황제의 금고를 열자, 주교들은 서로 등을 돌리기 시작했다. 돈줄을 쥔 사람들로 하여금 가장 좋아하는 주교들을 거느리도록 하는 방법보다 더욱 수입을 많이 올리는 방법이 무엇이겠는가?

그것을 교회의 돼지고기라고 생각해보라. 당신의 약점을 보완하기 위해 당신의 라이벌인 주교의 성격이나 그의 신학에 대해 소문을 퍼뜨리는 것보다 더 나은 방법이 무엇이 있겠는가? 사태는 곧바로 추악해졌으며, 콘스탄티누스 황제가 꿈꾸었던 일치단결은 물거품이 되었다. 심지어 대다수 비기독교인들조차 황제의 편애에 대해 신랄하게 불평하게 되었고 원성은 높아갔다.

주교들 사이에 사소한 논쟁거리였던 것들이 갑자기 전면전으로 발전하게 되었다. 예를 들어, 아리우스 논쟁을 생각해보라. 그들은 정확히 무엇에 대해 주장을 했던 것인가? 본질적으로, 그것은 예수님과 하나님 사이의 **정확한** 관계는 무엇인가 하는 질문에 대한 대답이었다. 예수님은 단지 하나님의 아들이며 신적인 로고스였는가, 아니면 하나님과 **더불어 영원한**(coeternal) 존재였는가? 아리우스는 알렉산드리아의 총명한 사제로서, 전자를 믿었으며, "그리스도가 존재하지 않았던" 때가 있었다고 주장했다. 이런 대답은 그의 친구들에게는 현명한 것처럼 들렸지만, 그의 야심찬 원수들에게는 예수님을 격하시킨 것처럼 들렸다. 세상에서 교회의 싸움처럼 추악한 것은 없기 때문에, 지옥의 모든 문들이 열리게 되었다.

콘스탄티누스 황제는 아마도 그런 신학적 논쟁을 이해조차 하지 못했을 것이지만, 그 논쟁은 제국의 통일성을 위협했다. 그는 열기를 식히고 진정하라고 요구했으며 또한 "매우 사소한" 것처럼 보이는 문제에 대해 균형감각을 유지하라고 요구했지만, 먹혀들지 않왔다. 그는 심지어 주교들이 아마도 너무 한가한 것은 아닌지, 혹은 너무 쩨쩨하며 비기독교적인 방식으로 행동하는 것이 아니냐고 따졌다. 이것 역시 통하지 않았다.

따라서 콘스탄티누스 황제는 여느 훌륭한 최고경영자처럼 행동하기로 작정하고, 모두를 한 방에 집어넣고 자신의 입장에 동의할 때까지는 아무도 나오지 못하도록 만들었다! 우리는 이것을 니케아 공의회(Council of Nicaea)라고 부르는데, 이것은 전 세계의 모든 주교들의 첫 번째 회의였다. 그러나 이처럼 획기적인 모임을 소집한 것은 성직자들이 아니었다. 로마의 주교가 소집한 것도 아니었다. 회의 장소 역시 교회가 아니라, 니케아 호숫가에 있는 황제 자신의 별 다섯 개짜리 공관이었다. 주인이 모든 패를 쥐고 있었다는 것은 말할 필요조차 없다. 결국 그처럼 호화판 파티에서, 감히 주인의 마음을 상하게 할 마음을 먹는 자가 누가 있겠는가? 교회는 황제에게 영혼을 파는 것이 정확히 무엇을 뜻하는 것인지를 배우게 될 참이었다.

생각해보라. 여기에 있던 사람은 세례를 받은 적도 없었고, 신학에는 아무런 관심도 없었지만, 처음부터 마지막까지 그 진행을 지켜보고 있었다. 콘스탄티누스 황제가 마련했던 성대한 행렬과, 어떻게 포도주가 넘쳐흘렀으며 또한 진수성찬이 어떻게 제공되었는지에 대한 묘사를 읽어보면, 모두가 '합의할' 때까지 아무도 떠나지 못하는 일종의 신학적 파티를 상상하게 된다. 합의를 하지 못한다면 너무나 무례한 것이 되지 않겠는가?

콘스탄티누스 황제 자신의 신학적 조언자는, 아리우스 논쟁을 해결하기 위해 교회는 그리스어 '호모우시오스'(*homo-ousios*) 즉 '동일 본질'이라는 용어를 사용해서 하나님과 예수님의 관계를 표현해야 한다고 주장했다. 이런 주장에 감명을 받은 주교들은 몇 사람에 불과했다. 그런 용어는 성경에 나오지 않기 때문이었다. 다른 주교들은 성육신의 신비를 땅에 쑤셔 박으려는 시도, 은유적으로 말해서, 그 팔을 꺾어버리려는 시도에 대해 마음이 불편했다. 그러나 결국에는 전체 장면이 반대자들을 압도했으며, 콘스탄티누스 황제는 대다수의 주교들의 합의를 이끌어냈다. 오직 아리우스 자신과 세 명의 다른 주교들만이 합의하지 않았다. 이처럼 스스로 성찰한 것에 대한 보상이 무엇이라 짐작하는가? 황제는 즉시 아리우스를 멀리 일리리쿰 지방(오늘날의 알바니아 인근 지역 옮긴이)으로 유배를 보냄으로써, 이처럼 "매우 사소한" 문제에 대해 균형감각을 유지하라는 자신의 지시를 배반했다. 다른 두 명의 주교들은 처형당했다.

그런 다음에 그는 만일에 아리우스의 글이 발견되면 즉각 불태워야 하며, 그렇게 하지 않는 '범죄자'는 즉시 사형에 처한다고 선포했다.10) 이처럼 한때는 아리우스 논쟁에 대해 "어떤 확실성을 갖고 해결하기에는 너무 장엄하며 난해한" 문제라고 말했던 콘스탄티누스 황제는 이제 그 문제를 생사가 걸린 문제로 둔갑시켰다. 기독교인들은 한때 황제에게 머리를 숙이지 않았기 때문에 처형당했지만, 이제는 기독교인이 무엇을 믿어야만 하는가에 대한 황제의 결정을 수용하지 않는 것 때문에 처형당하게 생겼다! 이런 사태는 성경에서 가장 짧은 구절을 상기시켜준다. "예수님께서 우셨다"는 구절이 그것이다.

콘스탄티누스 황제 이후의 시대는 어둡고 피투성이였으며 점차 더욱 부패한 시대였다. 주교들은 자기들끼리 논쟁을 계속했지만,

---

10) Paul Johnson, *A History of Christianity* (New York: Athenaeum, 1976), 88.

이제는 자신들의 신학적 원수들에 대해 국가의 권력을 이용할 수 있게 되었다. 필립 젠킨스 교수에 따르면, 심지어 폭력적인 수도승들조차 자신들이 이단자들이라고 믿는 자들을 공격했다. 이런 "예수 전쟁들"(Jesus Wars)은 기독교인들로 하여금 그리스도의 신성의 본질에 대한 입장에 근거해서 다른 기독교인들과 싸우도록 만들었다. 에베소에서 열린 제2차 공의회(491년)에서는 신학적인 논쟁 중에 "수도승들과 군인들이 회합 장소를 장악하고 주교들로 하여금 백지에 서명하도록 만들어, 이긴 편이 나중에 자신들에게 유리한 선언문을 채워넣을 수 있도록 만들었다. 이 문서는 기독교세계의 가장 큰 서너 개의 교구들 가운데 하나였던 콘스탄티노플의 총대주교 플라비아누스를 겨냥한 것이었다. 한 무리의 수도승들이 '그를 죽여라!' 하고 외치면서 그를 공격했는데, 너무 심하게 때렸기 때문에 그는 며칠 뒤에 죽었다."[11] 이처럼 유혈이 낭자한 공의회의 폭력 사태는 나중에 그 결정이 무효가 되었으며, 깡패들의 회의(Latrocinium)라고 불렸다.

그 다음으로 예수 전쟁들은 아리우스 논쟁을 넘어 마리아와 하나님과 그리스도와의 관계의 성격에 관한 논쟁으로 옮아갔다. 더욱 많은 신조들, 더욱 많은 분열들, 더욱 많은 출교, 더욱 많은 폭력이 뒤따랐다. 신조들은 기독교세계의 새로운 정결법이 되었다. 그러는 동안에, 예수님의 음성은 잊혀졌으며, 특히 율법주의에 대한 그분의 경고와 또한 우리가 사랑하는 삶을 사는 대신에 옳음에 대한 우리의 집착에 대한 경고는 잊혀졌다. "지금 너희 바리새파 사람들은

---

11) Philip Jenkins, *Jesus Wars: How Four Patriarchs, Three Queens, and Two Emperors Decided What Christians Would Believe for the Next 1,500 Years* (San Francisco: HarperOne, 2010), 1.

잔과 접시의 겉은 깨끗하게 하지만, 너희 속에는 탐욕과 악독이 가득하다... 너희는 박하와 운향과 온갖 채소의 십일조는 바치면서, 정의와 하나님께 대한 사랑은 소홀히 한다! 그런 것들도 반드시 행해야 하지만, 이런 것들도 소홀히 하지 않았어야 하였다."(누가 11:39, 42)는 경고를 잊어버린 것이다.

흉내내기의 시대

만일에 콘스탄티누스 황제에서 시작된 시대가 믿음 조항의 시대(Age of Belief)라고 불리는 것이 옳다면, 지난 50년 동안 무슨 일이 벌어졌기에 신학자들은 우리가 성령의 시대에 진입했다고 믿는가? 만일에 신앙(faith)이라는 말이 올바른 믿음 조항(belief)이라는 말과 동의어라서 이 두 용어를 지난 1500년 동안 서로 바꿔서 사용할 수 있게 되었다면, 지금은 신앙에 대한 새로운 정의를 어떻게 내리고 있는가? 아직도 교회 안에서 누군가가 자신이 확실하게 '믿는' 것(대개 예수의 본질과 사명에 관한 신조들 혹은 명제들의 형태로)을 암송할 때, 우리는 그가 "강한 신앙"을 가졌다고 칭찬한다.

그러나 신앙은 명제들이 아니다. 신앙은 실존적인 것이다. 따라서 확실성과 신앙은 똑같은 것이 아닐 뿐만 아니라, 확실성은 신앙을 불필요하게 만드는 경향이 있다. 레안더 켁(Leander Keck) 교수는 "의심의 가능성이 사라질 때, 신앙의 가능성이 사라진다."고 말한 적이 있다. 무엇인가에 대해 확신하는 사람은 어떤 것이든 간에 신앙을 필요로 하지 않는 사람이다. 그와는 대조적으로, 어떤 믿음 조항들은 의견들과 같다. 우리는 그런 믿음 조항들에 대해 절대적으로 확신하지는 않을 수 있지만, 우리는 그런 것을 참된 것으로 '믿는다'고 말한다. 이런 경우에 그 '믿음 조항'은 불확실성과 확실성 사이의 다리가 된다. 신앙에 대한 이런 접근방법들은 최초의 예수 따르미들이 고백했던 신앙과는 아무런 상관이 없다.

신앙은 신약성경에서 동사(*pistos*)로 사용되고 있다. 신앙은 그 확실성이 가능함에도 불구하고 작용한다. 신앙과 사랑은 믿음 조항보다 훨씬 더 우선한다. 실제로 우리는 무엇인가가 참되다고 '믿으면서' 그 무엇이 이 세상에서 살아가는 우리의 생활이나 우리의 존재방식, 혹은 우리들 자신에게 실질적인 변화를 가져오지 않게 할 수도 있다. 그와는 대조적으로 우리의 신앙은 우리가 주장하는 무엇에 관한 것이 아니다. 신앙은 우리가 살아가는 방식을 통해 우리가 분명히 드러내는 무엇이다. 언더그라운드 교회에서는, 하나님에 대한 우리의 사랑에 대한 응답으로서 우리가 이웃들을 섬기는 것이 교리들에 대한 우리의 신학적인 입장보다 훨씬 더 가치 있는 것으로 간주된다.

하나님의 존재에 관한 논쟁들이 어떻게 진행되었는지를 생각해 보라. 양쪽 모두는 이성으로 포착할 수 없는 것을 승명하기 위해 이성을 사용해서 다투었다. 호전적인 무신론자들로 이루어진 새로운 세대는 자신들이 만들어낸 종교적 밀짚인형을 때려눕히는 것이 쉽고도 돈벌이가 되는 것임을 발견했다. 우리들 가운데 많은 사람들은 리처드 도킨스, 크리스토퍼 히친스와 같은 사람들이 만들어냈다가는 낄낄거리며 파괴시킨 하나님에 대한 만화를 믿지 않는다(또한 결코 믿었던 적이 없다). 이것이 '믿음 조항들'(beliefs)이 안고 있는 문제다. 믿음 조항은 쉽고 값싸다. 믿음 조항은 우리로 하여금 우상숭배를 하도록 유혹한다. 믿음 조항은 우리의 부족적인 성향을 갖고 논다. 믿음 조항은 우리의 가슴을 감동시키지 않은 채 자아를

3장. 깨어보니 콘스탄티누스 황제의 침대였다

만족시킨다. 그러나 신앙은 철저한 신뢰의 한 형태다. 신앙은 지적인 순응(intellectus conformetur)의 문제가 아니라 하나님을 본받는 (imitation dei) 일이다.

만일에 신앙이 '믿음 조항'에 불과한 것이며, 또한 믿음이란 신학적인 명제들에 대해 지적으로 동의하는 것에 불과하다면, 우리는 그런 (무신론자들의) 공격을 당해 마땅하다. 교회 바깥의 사람들이 신앙을 믿음 조항과 혼동하는 한, 우리는 계속해서, 진정한 영적인 경험을 추구하며 서로 돌보는 공동체를 찾는 지적이며 이상주의적인 사람들에게 줄 것이 아무것도 없는 사람들로 간주될 것이다.

실제로 믿음 조항들은 교회 안에서 문제인데, 이것은 보수주의적 교회이든 자유주의적인 교회이든 마찬가지다. 우리는 구역을 지키고 마차들을 둘러싸기 위해 믿음 조항이라는 칼을 뽑아든다. 예수님의(of) 종교는 나중에 예수님에 관해(about) 만들어진 종교체계와 똑같은 것이 아니다. 그러나 오늘날 대다수의 사람들은 "신앙을 잃어버리는 것"은 자신들이 "믿어야만 한다"고 배웠던 것들에 대해 의문을 제기하는 것이라고 믿고 있다.

그러나 사랑하는 공동체를 이루는 본질적인 요소들, 예를 들어 경이감과 놀라움, 공감과 상상력을 키우는 일, 혹은 마음을 열고, 우아하며 넉넉한 삶을 향한 길찾기와 같은 요소들은 우리가 주장하는 정체성보다 이차적인 것으로 간주되는데, 그 정체성이라는 것이 일차적으로 신조와 교리들을 받아들이는가 아니면 거부하는가에 좌우된다. 이런 태도는 특정한 믿음 조항들의 신성한 성격을 매우 강조하는 보수주의자들만이 아니라, 흔히 그들이 믿는 것보다는 믿지 않는 것에 의해 규정되는 자유주의자들의 경우에도 마찬가지다.

역사를 통해 중요한 교훈을 배우려는 사람들에게 문제가 되는 것은 4세기에 이르러 기독교는 무엇인가를 잃어버렸고 이것이 기독교의 성격을 영원히 변질시켰다는 점이다. 만일에 우리가 니케아 신조에 경례하는 것과 반대되는 산상설교의 윤리에 충성하는 정신을 회복시키지 못한다면, 교회의 몰락은 계속될 것이다. 만일에 우리가 멸망해가는 세상 속에서 우리의 신학적 분열과 논쟁을 고집한다면, 교회는 그 운명을 맞이하는 것이 마땅하다. 만일에 우리가 실천으로부터 돌아서서 콘스탄티누스 황제가 확정한 교리로 나아갔던 길을 되돌릴 수 없다면, 교회는 과거 시대의 유물이 될 것이며, 그렇게 되는 것이 마땅하다.

교회를 위한 영원한 교훈은 교회가 결코 제국의 방식들과 뒤얽혀서는 안 된다는 것이다. 교회는 사업을 하기 위해 **결코** 정부의 기금을 받아서는 안 된다. 일단 당신이 선물을 받는 쪽이 되면, 당신과 선물을 주는 쪽과의 관계는 변하게 마련이기 때문이다. 콘스탄티누스 황제는 자신의 개인적인 야심을 위해서 기독교를 멋대로 부렸던 사람들 가운데 하나에 불과한데, 그 이후로 지도자들과 정치인들이 계속 그런 짓을 했던 것이다.

유대교 안에서 대안적 공동체로 태어났던 예수님의 종파는 나중에 불법이 되었고 마침내는 박해를 받게 되었는데, 처음에는 성가신 무리들이었다가 나중에는 문제가 되었고 결국에는 체제에 위협이 되었다. 제국을 통일시키려는 조치로서 예수님 종파에게 권력의 한 자리를 내주었던 것이다. 한때는 철저하게 비폭력에 헌신했던 언더그라운드 운동이 이제는 끝없이 계속되는 전쟁에 대해 정당화하는 세력이 되어, '기독교인' 군인들을 조달했을 뿐만 아니라 그런 전쟁들을 승인하여 '기독교인들의 전쟁들'이 되었다. 예수님의 "우울한 분노"는 새롭게 주교들의 억세고 당당한 종교로 둔갑했으며, 대성당들은 가난한 사람들의 등골 위에 건설되었으며, 엄격한 신학적 위계질서가 확립되었고, 또한 천국의 열쇠를 갖고 있으며 실제로 지옥에서 벗어날 유일한 승강기를 작동하는 권한을 갖고 있다는 주장과 더불어 온갖 만행이 저질러졌다.

콘스탄티누스 황제 이후 시대의 신학자들은 원죄(유전되는 질병에 대해 교회는 그 유일한 해결책을 갖고 있다고 주장하는) 교리와 피의 속죄 교리, 그리고 예수님은 오로지 우리의 죄를 위해 죽기 위한 목적으로 이 세상에 왔다는 믿음을 주었는데, 이 교리는 10세기가 되기까지는 교회 안에서 충분히 발전되지 않았던 교리였다.

이런 교리들은 지금까지 보수주의자들과 자유주의자들을 갈라놓아 교착상태에 빠지게 만들어놓았다. 보수주의자들이 주장하는 것처럼 우리는 '악하게' 태어나 반드시 '구원'을 받아야만 하는가, 아니면 자유주의자들이 주장하는 것처럼 우리는 '선하게' 태어나지만 우리가 어디에서 왔으며 어디로 가고 있으며 또한 우리가 누구에게 속해 있는가를 망각한 것인가? 십자가 위에서 죽으신 예수님의 죽음은 세상의 구원을 위해 필요했던 것인가, 아니면 아동학대의 궁극적인 형태인가?

만일에 우리가 이런 문제들에 대한 '올바른' 대답을 어떻게든 알 수 있다면, 우리는 신앙의 사람들이 되는가, 아니면 좌측이든 우측이든 단지 '참된 신자들'이 되는가? 결국, 이런 것이 예수님의 참된 메시지와 무슨 상관이 있는가? 보수주의자들은 성경으로부터 구원을 위한 신조를 뽑아내려 하는 반면에, 자유주의자들은 영원한 지혜를 찾으려 하지만, 그것 중 어느 하나가 '기쁜 소식'인가? 하버드 대학교의 설교자였던 작고한 피터 곰즈(Peter Gomes) 목사는 다음과 같은 말로 정곡을 찔렀다.

예수님 이야기의 급진적 성격은 그의 죽음의 길 비아 돌로로사(via dolorosa)에 있는 것이 아니며, 또한 그의 영광스러운 부활, 즉 부활절에 낯선 사람들이 교회를 가득 채울 때 우리가 본능적으로 반응하게 되는 부활에 있는 것도 아니다. 예수님 이야기의 급진적 차원은 그분의 설교 내용과 관련되어 있으며, 그분이 곧 올 것으로 선포하신 기쁜 소식의 성격과 관련되어 있다. 그것은 기적과 같으며 멜 깁슨의 천재성과 담대함을 통해, 토마스 D. 행크스가 체제전복적인 복음이라고 부른 성경 기자에 관한 영화를 만들게 한 것이다. 그 기쁜 소식은 예수님 당시에 많은 사람들에게 나쁜 소식이었는데, 너무나 나쁜 소식이었기 때문에 예수님이 처음 설교를 시작했을 때, 그들은 예수님을 거의 죽이려 했으며, 결국 예수님의 목회 마지막 때에는 그들이 예수님을 죽이는 데 성공했다.12)

그리스도의 형이상학에 관한 성서 이후 시대의 교리에 관한 주장들보다는 오히려 예수님의 설교 내용이 또 다시 교회 목회의 초점이 되기 전까지는, 세상이 불타는 동안에도 교회는 계속해서 바이올린 연주를 계속할 것이다. 콘스탄티누스 황제가 우리에게 남겨 준 교훈은 교회가 결코 누구의 소유가 되어서는 안 되며, 다른 어느 것의 소유가 되어서도 안 된다는 것이다. 그는 지배권을 포기한 것처럼 보이는 낡은 신들을 갈아치우고 대신에 기독교로 대체함으로써 자신의 무너져 내리던 통치권을 떠받칠 수 있을 것이라고 믿었다. 그의 실험은 제국을 구하는 데 실패했을 뿐만 아니라 기독교를 더 이상 수리할 수 없을 정도로 타락시켰다. 하비 콕스 교수가 지적

---

12) Peter Gomes, *The Scandalous Gospel of Jesus: What's So Good About the Good News?* (San Framcisco: Harper One, 2007), 18.

한 것처럼, "기독교는 신앙의 활기 넘치는 운동으로부터 이제는 요구되는 믿음조항들로 굳어짐으로써, 장차 계속될 기독교 근본주의를 위한 기초를 놓았다."13)

보다 깊은 차원에서는, 아마도 믿음의 시대는 가식의 시대라고 부르는 것이 나을 것이다. 콘스탄티누스 황제가 기독교를 향해 나아간 것은 개인적인 변화를 위한 것이 아니었다. 그가 원했던 것은 기독교와 관련하여 그 자신의 계획에 따른 이익을 얻기 위해서였다. 도지어 교수는 "그가 교회를 짓고 또한 기독교에 유리한 법들을 제정했을 때, 그가 원했던 것은 기독교인들의 선한 뜻이 아니라, 오히려 그들 기독교인들의 하나님의 선한 뜻이었다."14)라고 말한다. 그 결과, 교회는 점점 더 자체의 생존과 부요함에 사로잡히게 되었다. 주교들은 사회에서 점차 부유한 계급이 되었고, 화려한 옷을 입었다. 황제에게 존경을 표시하던 향불이 교회 예배에서도 사용되기 시작했다. 교회는 제국의 위계적 구조를 반영하다가 마침내는 교회 자체가 제국이 되었다.

만일에 오늘날 기독교인들이 여전히 제국 속에 살지 않는다면, 그런 과거의 사실은 모두 교회사의 각주에 표기할 것에 불과할 것이다. 더욱 문제가 되는 것은 제국이 우리들 속에 살고 있다는 사실이다. 우리의 이해관계를 위해 봉사하는 조치들은 특히 우리가 세금면제를 받는다는 사실, 우리가 호전적 매파들을 기꺼이 영웅으로 포옹한다는 사실, 혹은 우리가 자유시장 자본주의를 무조건 옹호하며 성경을 끌어다가 방어한다는 사실에서 찾아볼 수 있다. 그러나 우리는 절대로 중요한 것을 잃어버려서, 우리는 이제 지배문화와

---

13) Cox, *Future of Faith*, 6.
14) Dozier, *Dream of God*, 57.

거의 구별할 수 없게 되었다. 예수님의 처음 따르미들은 저항문화적인 입장을 견지하여, 심지어 기존체제에 대한 위험한 대안이었다. 그러나 이제는 교회가 기존체제의 일차적인 방어자가 되었다.

더욱 이상스러운 것은 기독교 안에 더 이상 기분을 상하게 만드는 어떤 것(offense)도 남아 있지 않다는 사실이다. 비록 교회는 한때 크게 기분 상하게 만드는 것(Great Offense)이라고 불렸지만 말이다. 오늘날 교인이 되는 것은 쉽다. 모든 가르침과 설교는 개인구원이나 개인적 영성에 초점을 맞춘다는 것을 확실하게 밝히면 모든 논쟁으로부터 벗어나기가 더욱 쉽다. 불의와 폭력이 넘치는 세상에서, 우리는 우리의 설교자들에게 우리가 그런 세상에서 공범이 되는 것에 대해 결코 언급하지 말라고 요구한다. 우리로 하여금 희생하라고는 절대로 요구하지 말고, 교회에게 축복을 구걸하는 죽임의 세력을 우리가 뒷받침하는 것을 철회하라고는 결코 촉구하지 말라. 도지어 교수가 표현한 것처럼, "우리는 세상의 왕국 속에 살고 있으며, 우리가 일을 하는 것은 오직 하나님의 나라를 위한 것이라고 우리 자신을 확신시킨다."15)

콘스탄티누스 황제가 남긴 유산과 교회의 영혼을 내어주는 데 도왔던 고분고분한 주교들은 진실로 세 번째 타락을 이루었다. 이런 말은 단지 영리한 수사학적 표현처럼 들릴 수 있지만, 이 말 속에는 영리함보다는 지혜가 들어 있다. 이 세 번째 타락은 순서를 따라, 우리가 하나님을 신뢰하는 것에서부터 하나님 행세를 하는 것으로 바뀌고, 땅 위의 생명들을 구원하기 위해 일하던 것에서부터 우리의 유일한 관심이 천당의 회원권을 얻는 것으로 바뀌고, 우

---

15) Ibid., 59.

리가 기쁘게 특별한 생각조차 없이 평등과 자비를 품어 안는 것에서부터 우리의 당파적이며 자기의 이익을 위해 움직이는 교회의 계략들을 묵인하는 것으로 바뀐 과정을 거쳐 왔다. 실제로 세 번의 '타락'이 있었다.

첫째로 우리 인간들은 하나님처럼 되려는 유혹에 굴복했는데, 이것은 절대로 선과 악을 알기 위해서였다. [둘째로] 우리는 세상의 왕국이 하나님의 왕국보다 줄 것이 더 많다고 판단했다. [셋째로] 거기에서부터, 이 세상의 왕국이 하나님의 왕국이라고 선포하기까지의 거리는 매우 짧다. 콘스탄티누스 황제와 그 계승자들에게는, 하나님의 계획이 성취되었다. 현재의 정치적 질서 너머에서, 기독교인들이 희망을 가져야 하는 모든 것은 그들 자신이 개인적으로 하늘의 왕국으로 이송되는 것뿐이다.[16]

믿음의 시대에 잃어버린 모든 것들 가운데 가장 큰 것은 기독교가 민중들의 목소리를 잃어버렸다는 것이다. 민중들은 예배와 신학 작업에서 점차 수동적인 사람들이 되어버렸다. 대성당의 건축물들은 고위 성직자들을 민중들로부터 분리시킴으로써, 예수님이 죽으실 때 상징적으로 성전의 휘장이 둘로 찢어짐으로써 다시 성직자들과 민중들이 하나가 되도록 만드셨던 것을 뒤집어놓았다. 모든 권력과 사치스러운 펜을 지닌 신학자들은 규정들을 정하고 또한 덜 배운 사람들이나 수준 미달의 민중들을 협박했다. 권력은 부패하며 절대 권력은 절대적으로 부패한다는 생각이 암처럼 그리스도의 몸

---

16) Ibid., 60.

을 감염시켰다.

용감한 저항운동들이 예수님이 하셨던 것처럼 기존질서에 감히 도전했을 때, 이들 비(非)순응주의자들은 박해를 받았으며 살해되었다. 사벨리우스파(Sabellians), 소시니우스파(Socinians), 에비온파(Ebionates), 에라스투스파(Erastians), 재침례파(Anabaptists), 율법폐지론파(Antinomians)를 비롯해서 수많은 사람들이 예수님을 따르려 했지만, 그들의 신학은 이단으로 간주되었다. 그들이 '정통'이 아니라는 이유 때문에 그들이 사랑의 섬김을 통해 거룩하게 된 것보다는 위험한 사람들로 간주되었다.

랄프 왈도 에머슨은 "우리가 거짓된 종교라고 부르는 종교들도 한때는 참된 종교였다"고 말했다. 그러나 이런 진술의 아이러니는 이 진술의 역(逆)도 성립할 수 있으며, 지금도 여전히 진실하다는 점이다. 1431년에 교회는 잔 다크(Joan of Arc)를 이단자로 화형에 처했다. 20세기가 되어 그녀는 성녀가 되었다. 무엇이 이런 변화를 가져왔는가? 시간은 모든 상처들을 치유할 뿐만 아니라, 우리가 사랑하겠다는 약속을 이행하는 것보다 우리 자신의 옳음에 집착하는 것이 여전히 기독교의 중죄(重罪)라는 사실을 우리로 하여금 망각하게 만든다.

솔직하도록 하자. 교회는 더 이상 천민들의 무리가 아니다. 교회는 고상함과 질서의 축소판이다. 오늘날 대부분의 교인들은 자신들이 악에 연루되어 있다는 생각에 대해서는 뒷걸음질 치며, 또한 예언자를 닮은 사람 앞에서도 뒷걸음질 치기에 바쁘다. 예수님의 뜨겁고 신성모독적인 숨결이 그 옛날 의로운 자들의 목덜미에 닿았던 것처럼, 오늘날 우리의 목덜미에 닿을 때, 대부분의 주류(mainline) 기독교인들이 어떻게 반응할 것인지를 상상해보라. 만일에 줄의 꼴찌에 선 사람부터 하나님께서 대접하기 시작하신다면, 맨 앞에 선 사람에게는 무슨 유익이 있겠는가? 첫째가 꼴찌가 되고 또한 꼴찌가 첫째가 될 것이라는 말씀이 얼마나 우리 기독교인들을 곤혹스럽게 만드는 말씀인지를 누군가 분명하게 밝혀준 적이 있는가?

만일에 고백이 영혼을 위해 좋은 일이라면, 보수주의자들과 자유주의자들 모두는 우리가 그처럼 갈라진 것이 운명적인 것이라기보다는 우리 스스로 만든 것이라는 사실을 인정해야 할 것이다. 우리는 은총에 의해 구원받은 것보다는 자만심으로 인해 더욱 오염되어 있다. 우리는 철저한 환대를 위해 헌신하기보다는 부족주의(tribalism)에 더욱 취해 있다. 오늘날 우리는 우리가 하나님을 위해 무슨 일을 할 수 있는지를 묻는 대신에, 하나님께서 우리를 위해 무슨 일을 하실 수 있는지를 묻는 것에 대해서는 아무런 생각도 하지 않는다.

우리가 신앙을 확실성과 혼동하는 보수주의자들이건, 아니면 지식만으로도 구원이 가능하다고 믿는 자유주의자들이건 간에, 우리 시대를 위한 나팔소리는 흔히 "흑인들의 애국가"라고 불리는 "모두 소리 높여 노래하라"는 찬송가 속에 묻혀 있다. 제임스 웰던 존슨은 그 감동적인 마지막 연(stanza)을 쓸 때, 어느 시대에나 나타나는 질병을 생각하며 몸을 떨었다.

　　우리가 기도하는 길을 영원히 가도록 지켜주소서.
　　우리의 하나님, 우리가 당신을 만난 장소들로부터
　　우리의 발걸음이 벗어나지 않도록,
　　우리의 가슴이 세상의 포도주에 취해서 당신을 잊지 않도록.

이렇게 우리가 집으로 가는 길을 찾는 일이 시작된다. 이렇게 애당초 무엇이 우리를 다른 사람들이며 위험한 사람들로 만드는지를 보여주는 그런 단호한 모습이 시작된다. 현실과는 아무런 연관성이 없는 신앙적 위기로부터 우리가 물러서는 발걸음은 이렇게 시작된다. 그리스도의 몸 안에서 제정신을 차리게 만들고 맥박이 뛰도록 만들기 위해 필요할 충격요법은 이렇게 시작된다. 구약성경의 예언자들은 오래 전에, 성전이 지속되기를 기대한다면 이 땅의 정의를 헛된 예배로 대체하는 짓을 중단하라고 우리에게 경고했었다. 기독교인들은 주일날 아침에 **무엇인가를** 하느라 매우 분주한 것이 사실이다. 그러나 우리가 하나님과 이웃을 사랑하려는 열심에도 불구하고, 우리가 실제로 가난, 이혼, 중독, 소외, 탐욕, 불성실, 교만, 방종, 공포심, 인색함, 잔인함, 혹은 환경파괴에 대해 무슨 영향을 끼쳤는가?

많은 사람들은 아직도 로마의 비결(무력을 통한 평화)이라는 신화를 살고 있으며, 또한 교회가 제자도의 모델이 되기보다는 신조들에 순종할 것을 요구함으로써 교회를 '정결하게' 만들려 하고 있다. 그 결과는 우리가 지금 젊은 세대 전체에 의해 버림받고 있다는 사실이다. 최근의 여론조사에 따르면, 교회에 다니는 젊은이들의 3/4이 기독교를 심판하는 사람들, 위선적이며, 감동이 없으며, 남들에 대해 둔감하며, 지루하며 배타적인 집단, 즉 사랑과는 정반대되는 집단이라고 지적했다. 또한 교회 바깥에 있는 사람들 가운데 오직 16%만이 기독교를 "타인들에 대해 항상 사랑을 보여주는"[17] 집

---

17) David Kinnaman, with Gabe Lyons, *UnChristian: What a New Generation Really Thinks About Christianity... and Why It Matters* (Grand Rapids, MI: Baker Books, 2007), 21-40, Butler Bass, *People's History of Christianity*, 31에서 재인용.

단으로 믿고 있다.

이런 불만을 가장 흔히 표현한 것은 우리가 "계속 말로 떠들기만 할 뿐, 그 길을 걷지는 않는다!"는 탄식이다. 나와 대화를 나누었던 많은 젊은이들은 기본적으로 교회가 모든 형태의 폭력을 받아들이는 것 때문에 마음에 상처를 받고 있었다. 세상은 무고한 사람들의 피로 물들었으며, 교회는 그런 유혈사태를 중지시킬 제안도 내놓지 못하고 있다. 매스컴은 우리의 원수들이 누구인지를 알려주지만, 교회는 우리가 그들을 죽일 것이 아니라 그들을 위해 기도해야 한다는 사실을 상기시키지 못하고 있다.

교회가 오늘날 기독교인들의 행동에서 가장 분명하고 가장 위선적이며 또한 가장 반(反)복음적인 행동에 대해 말하지 않는다면 교회의 회복은 시작될 수 없다. 우리는 비폭력적 분배정의의 하나님을 따르는 사람들이지만, 우리는 폭력적이며 당파적(partisan)이며 편애하는 하나님을 실천하는 사람들이다. 우리는 타인들의 폭력을 단죄하면서도, 우리들 자신의 폭력행동은 "보다 더 큰 선을 위해 필요하다"고 변명한다. 우리는 "폭력이 구원한다"(redemptive violence)라는 근본적 신화를 실천하지만, 그런 폭력이 오직 우리의 '원수들'을 향한 폭력일 경우에만 구원하는 폭력이라고 둘러댄다.

만일에 적국의 무인 폭격기가 뉴욕 시 상공을 선회하면서 타임스퀘어의 행인들에게 미사일을 발사한다면 우리가 어떻게 반응할 것인지를 상상해보면 도움이 될 것이다. 혹은 만일에 외국인 용병들이 디트로이트 시내를 활보하면서, 실제적이든 가상적이든 위협적인 인물로 의심받는 사람들을 마음대로 죽인다면, 우리는 어떻게 반응할 것인가? 혹은 이스라엘의 '비공식적인' 핵무기에 위협을 느껴서 이란이 미국의 서해안을 침략한다면, 우리는 어떻게 반응할 것인가? 만일에 한밤중에 샌프란시스코 시내에서 폭탄들이 폭발하는 모습을 우리 모두가 CNN을 통해 지켜본다면, 우리는 어떻게 반응할 것인가?

이중적 잣대는 미국을 포함한 모든 제국들의 특성일 것이다. 그러나 만일에 우리가 그런 위선을 평화의 왕의 이름으로 뒷받침한다면, 우리는 우리의 손에 피를 묻히고 있는 것이다. 당신이 당신 자신을 자유주의자라고 부르든 아니면 보수주의자라고 부르든 (아니면 그 중간의 무엇이라고 부르든 간에), 진짜 물음은 아직 묻지 않은 것이다. 당신은 기독교인인가? 당신이 기꺼이 목숨을 바칠 각오가 되어 있는 것 가운데 천연자원(특히 석유와 같은 - 옮긴이)이나 순수한 유전자 풀과 관계되지 않은 것이 있는가?

진짜 문제를 보도록 하자.

4장

그리스도의 군병들아, 전진하라?

당신들은 변호사들을 통해서 하나로 뭉쳐지길 원했는가?
아니면 서류상의 합의를 통해서였는가?
아니면 무기를 통해서였는가?
아니다. 세상도, 어떤 생물도, 그렇게 뭉치지는 않을 것이다.
오직 서로 사랑하는 사람들만이 서로 나뉠 수 없게 된다.

- 월트 휘트먼

2003년 봄에 미국이 이라크를 침공할 준비를 서두르는 동안, 미국의 대다수 교회들이 완전히 침묵했다는 사실은 놀라운 일이다. 당시에는 전 세계적으로 인류 역사상 가장 큰 반전(反戰)시위가 벌어졌는데, 그 시위를 조직하고 참가했던 사람들은 대부분 자신들을 '종교인'이라고 생각하지 않는 사람들이었으며, 심지어 자신들은 '제도 종교'를 아예 포기했다고 고백하기를 주저하지 않는 사람들이었다. 그러나 그런 사람들이 수천 명씩, 수만 명씩 길거리로 쏟아져 나와 반전 시위를 벌였다. 그와는 대조적으로 대부분의 주류 기독교인들은 조용히 염려하거나 아니면 공개적으로 전쟁을 지지했다. 유명한 텔레비전 부흥사는 반전 시위자들은 기독교인일 수가 없다고 분명히 선포했는데, 그 이유는 그의 표현대로, "하나님은 전쟁을 찬성하는 분(pro-war)이시기 때문이다."[1] 이런 주장은 신학자들에게 충격일 수밖에 없다.

온화하게 표현하자면, 무엇인가 한참 잘못되어 버렸다. 매주일마다 종교적이며 정치적인 보수주의자들이 수많은 설교단에서 외쳐댄 주장들은 대략 이런 종류였다. 비록 우리는 평화적인 백성으로 부름받았지만, 무고한 사람들을 보호하기 위해 우리는 때때로 죽여야 하며, 하나님께서 허락하신 전쟁들을 통해 우리의 자유를 수호해야만 한다. 성경에는 하나님께서 전쟁을 승인하시고 심지어 군인들을 강하게 해주신 사례들이 가득하다. 계시록에 따르면, 예수님은 '날카로운 칼'을 차고 이 땅에 재림하셔서 민족들을 쳐죽일 것이며 '쇠몽둥이'로 그들을 다스리실 것이다. 비록 우리는 평화를 사랑하고 평화를 실천하라고 부르심을 받았지만, 이것은 그리스도께서 재림하셔서 모든 전쟁이 그칠 때까지는 우리가 때때로 전쟁에 나가야 한다는 뜻이다.

이런 논리를 따르자면, 만일에 예수님이 재림(the Second Coming)하실 때까지 전쟁이 그치지 않는다면(예수님의 재림 자체도 매우 폭력적 사건이 된다고 한다), 도대체 예수님의 초림(the first coming)은 무슨 목적을 위한 것이었는가? 만일에 오늘날의 제자들이 전쟁을 하나님께서 승인하신 것으로 정당화할 수 있다면, 도대체 왜 처음 제자들 중에는 평화주의자들이 그토록 많았는가? 그 처음 따르미들이 잘못되었던 것인가? 그렇지 않다면, 애당초 어느 군대의 군복도 입기를 거부했던 반제국주의적인 변절자들의 무리가 만든 종교가 도대체 어떻게 하나님께서 선택하신 백성을 위해 하나

---

1) Rev. Jerry Falwell, "God Is Pro-War," WorldNetDaily, January 31, 2004, http://www.wnd.com/news/article.asp?ARTICLE_ID=36859.

님께서 선택하신 전쟁들을 하나님께서 축복하신다고 주장하는 종교로 둔갑할 수 있었는가? 이 질문은 아마도 신앙생활에서 가장 어렵고 가장 복잡하며 가장 곤혹스런 질문일 것이다. 기독교인이면서 동시에 군인일 수가 있는가? 폭력을 사용해서 평화를 이루었던 적이 단 한번이라도 있었는가? 우리가 반드시 싸워야만 하는 '선한' 전쟁들이 있는가? 우리가 비폭력을 실천하는 것이 실제로는 타인들에게 폭력을 **부추기는**가?

사태를 더욱 복잡하게 만드는 것은 서양문화 속에서 전쟁을 대외정책의 한 수단으로 간주하는 태도로서, 이런 태도는 '반전운동가들'이라고 경멸당하는 사람들의 삶을 극히 어렵게 만들고 있다. 우리나라와 같은 제국의 문화 속에서는, 오직 비폭력만이 궁극적으로 지속되는 평화를 가져온다고 주장하는 사람들은 흔히 너무 순진하고 수동적이며 심지어 '사내답지 못한' 인간들로 간주된다. 사실상 성적인 고정관념과 군인답게 되는 것 사이에는 서로 밀접하게 뒤엉켜 있다. 남자다움에 대한 우리의 정의는 전쟁을 벌이는 일을 직업으로 삼고 있는 자들이 신병들을 모집하기 위한 마케팅 전략이 되어버렸다. 진짜 남자는 제국의 가족 가치를 실천하며, 조국에 대한 위협들(실제이든 상상하는 것이든)을 막아내기 위해 십자군에 가담하며, 총기들에 대해 애착심을 갖고 총기 소유권을 종교적 명령에 버금가는 것으로 믿는다.

심지어 **비폭력**이라는 용어 자체도 수동성이라는 부정적 의미를 뜻하는 것으로 간주된다. 우리가 빛(light)을 '어둠이 아닌 것'으로 번역하고, 선(good)을 '악이 아닌 것'으로 번역한다고 상상해보라. 이런 번역에서는 중요한 무엇인가가 빠져 있는 것처럼 느껴지는데, 예를 들자면, 인간은 본래적으로 폭력적이기 때문에(혹은 보수주의자들의 말투를 이용하자면, 사탄의 권세 아래에서 행동하기 때문에), '비폭력적인' 인간은 일종의 일탈자처럼 보이기 마련이라고 냉정하게 인식할 수 있는 능력이 빠져 있다. 우리가 귀에 못이 박히도록 듣는 말은 인생이란 그저 전쟁터에서 한 걸음 더 진격하는 것이라는 말이다. 산다는 것은 죽이거나 아니면 죽임을 당하는 것이다. 모든 거래는 제로섬 게임의 일부로서, 누군가는 돈을 따고 누군가는 잃고, 그것으로 끝이 난다는 것이다. 그러나 '그것'이 결코 끝이 아닌 경우들도 많이 있다.

모든 전쟁들은 모든 전쟁들을 끝내기 위해서 싸우지만, 전쟁은 결코 끝나지 않는다. 승리자들은 자신들의 승리가 시간적으로 한정되어 있다는 것을 알고 있으며, 패배자들(혹은 그들의 자손들)은 복수를 꿈꾸기 때문이다. 이런 충동이 지속되는 것은 그런 전쟁의 이야기들이 다음 세대들에게 전해지며 증오심이 증폭되기 때문이다. 바로 이런 이유 때문에 마틴 루터 킹 목사는 폭력을 "아래로 향해 내려가는 소용돌이"(downward spiral)라고 불렀으며, 또한 비폭력은 비현실적인 것도 아니며 결과에 무관심한 것도 아니라, "폭력에 대한 대응 폭력은 폭력을 더욱 배가시키며, 이미 별들을 찾아볼 수 없게 된 밤하늘에 어둠을 더욱 깊게 만들 따름이다. 증오심은 우리의 증오심을 쫓아낼 수 없다. 오직 사랑만이 그 일을 할 수 있다"[2]고 말했다.

이런 교훈을 미국인들에게 가장 분명히 가르쳐준 사건은 9/11 공격이었다.[3] 전 세계로부터 밀려온 엄청난 공감과 그 청명한 9월

---

2) Martin Luther King Jr., David P. Barash, *Approaches to Peace: A Reader in Peace Studies*, ed. David P. Barash (Oxford University Press, 2010), 190에서 재인용.
3) 미국 클레어몬트 신학교에서 30년이 넘게 과정신학을 가르쳐왔던 데이비드 R. 그리핀 교수는 2003년 봄부터 9/11 사건에 관한 미국 정부와 조사위원회의 발표

아침에 자행된 만행에 대해 책임이 있는 자들을 색출하고 기소하는 일을 돕겠다는 국제사회의 약속은 미국을 사로잡은 복수의 진홍색 열광과는 비교가 되지 않았다. 교회로부터 거의 아무런 탄원도 발표되지 않은 상태에서 전쟁이 시작되었고, 두 번째 전쟁이 이미 준비 중에 있었다. 미국 전체가 여전히 충격 상태에 빠져 있었던 동안에, 행정부에게는 국가안보, 즉 오랜 역사를 통해 존중되었던 시민의 자유와 법적인 절차들보다 앞서서 국가안보를 우선시할 폭넓은 권한들이 주어졌다. 모든 것이 변했지만, 대부분의 사람들이 당시에 충분히 이해할 수 있을 정도로 그렇게 모든 것이 변했던 것은 아니었다. 찰머스 존슨(2004)은 이렇게 말했다.

> 미국인들은 2001년 9월 11일, 테러리스트들이 세계무역센터(WTC)와 펜타곤을 공격한 결과로 인해 세계가 변했다고 말하기를 좋아한다. 그러나 보다 정확한 사실은 그 공격으로 인해 우리의 지도자들 가운데 일부의 사고방식에 위험한 변화가 일어났다는 사실인데, 그들은 우리의 공화정을 진정한 제국으로 보기 시작했으며, 새로운 로마로, 역사상 가장 거대한 제국으로 보아, 더 이상 국제법의 제약이나 동맹국들의 관심, 혹은 군사력의 사용에 대한 제한에 매어 있

를 조목조목 반박하면서, 그것은 미국이 "적국의 깃발을 달고 수행한 작전"(false-flag operation)으로서 무슬림과 아랍인들에 대한 "테러와의 전쟁"을 꾸미기 위한 사건이었다는 것을 증거로 제시하는 책들을 9권 발표했다. 그 중 대표적인 책들은 *The New Pearl Harbor: Disturbing Questions About The Bush Administration and the 9/11* (Northhampton, MA: Olive Branch Press, 2004); *Christian Faith and the Truth Behind 9/11: A Call to Reflection and Action* (Louisville, KY: Westminster John Know Press, 2006); *The New Pearl Harbor: 9/11 Revisited, the Cover-up, and the Expose* (2008); *The Mysterious Collapse of World Trade Center 7* (2010); *9/11 Ten Years Later: When State Crimes Against Democracy Succeeded* (2011) 등이다. - 옮긴이.

지 않는 나라로 보기 시작했다는 사실이다.[4]

폭력이 때로는 폭군을 타도하거나 종족학살을 종식시키는 등 더욱 큰 선(善)을 위해 복무한다고 주장하는 사람들이 매우 설득력 있는 주장을 펼친다는 점을 인정한다. 그 때문에 가톨릭교회는 '정당한 전쟁'(Just War) 이론이나 '기독교 현실주의'(Christian realism)라는 이론을 발전시키려고 애를 써왔다. 그 전제는 전쟁을 가능한 한 피해야 하지만, 때로는 전쟁이 더욱 큰 폐해를 막을 수 있다는 것이다. 그러나 그 결과는 항상 미끄러운 비탈길로서, 모든 전쟁들은 그 진정한 동기나 전략과 상관없이 정당하고 불가피한 것이라고 주장되어졌다는 사실이다. 이런 사실은 교회 안에서 일종의 도덕적인 정신분열증을 초래했다.

애당초 한 식탁에서 어떻게 군인과 양심적 병역거부자 모두를 위한 자리를 만들 수 있는가? 교회는 모두를 포함해야만 한다는 생각은 모든 사상과 행동에 똑같은 가치를 부여해야 한다는 뜻인가? 이것은 정확히 보수주의자들이 흔히 불평하는 '도덕적 상대주의'가 아닌가? 이런 불평은 흔히 동성애 문제에 관해 제기되는 주장으로서, 동성애에 관해서는 단 하나 '기독교적인 판결'만이 있다고 주장하는 것이 아닌가? 그러나 전쟁에 대해서는 단 하나 '기독교적인 판결'만이 있다고 주장하는 사람들은 아무도 없는 것처럼 보인다.

그 대답은 교회 현관에서 교회에 들어오는 사람들의 종교적 신분증 혹은 정치적 신분증을 검사할 것을 주장하는 교회들에 있지 않다. 교회의 갱신을 위한 우리의 유일한 희망은, 그리스도의 몸이

---

4) Chalmers Johnson, *The Sorrows of Empire: Militarism, Secrecy, and the End of the Republic* (New York: Metropolitan Books, 2004), 3.

란 **예배드리는 제국**(Empire at worship)이 아니라는 진실을 깨닫는 것이다. 교회는 예배드리는 공화당이나 민주당이 아니다. 교회는 모두 비슷하게 보이는 사람들의 집합체가 아니며, 똑같은 종류의 자동차를 타거나, 똑같은 범퍼스티커를 붙이거나, 올바른 학교들을 졸업한 사람들과 그렇지 않고 "천한 곳에 친구들"을 가진 사람들로 나누는 사람들의 모임이 아니다. 우리가 교회를 제국과 혼동하여, 성스러운 공간과 속된 공간 사이의 모든 구분을 없애버리면, 우리는 복음의 독립적인 목소리를 침묵시키게 된다.

교회와 국가가 공모하고 있음을 보여주는 가장 명백한 상징들 가운데 하나는 대부분의 교회 예배실 정면에 뚜렷하게 전시되고 있는 미국 국기의 모습이다. 누군가(특히 목사)가 모든 사람들을 위한 기도의 집에 특정한 민족국가의 상징을 전시해서는 안 된다고 주장하면, 대부분의 교회에서 무슨 일이 벌어질 것인지를 목사들에게 물어보라. 미국의 예외주의는 애당초 종교적 이념이다. 만일에 국기를 교회 안의 다른 곳, 즉 친교실이나 회의실로 옮길 경우에는, "(목사가) 애국심이 없다!"는 불평을 듣기 십상이다. 그러나 국기를 예배실에 그대로 남겨두면, 교회는 단지 (하나님의 - 옮긴이) 편애를 과시하는 것일 뿐만 아니라, 우상숭배가 아니라면 일종의 시민종교(a civil religion)를 드러내는 것이다.

대부분의 사람들이 인식하지 못하는 것은 교회가 제국의 의붓자식이 되었다는 점이다. 교회는 도덕적 판단을 내리기 위해 필요한 독립적인 목소리를 상실해버렸다. 분명히 다음 전쟁의 발동이 걸릴 때, 교회의 목소리는 또다시 더욱 큰 사회의 목소리처럼 압도될 것이다. 우리는 독특하게 기독교적인 것을 말할 것이 아무것도 없을 것이다. 한쪽이 모든 패를 잡고 있는데, 어떻게 다른 쪽이 권력에 대해 진실을 말할 수 있는가? 폭력을 제도화하고 전쟁을 영광스러운 것으로 만드는 사회 속에서 도대체 어떻게 교회를 낳은 급진적 비폭력을 실천할 수 있는가?

몇몇 예외적인 목사님들의 경우를 제외하고는, 목사들이 (전쟁을 반대하는 것처럼 - 옮긴이) 교인들에게 인기 없는 입장을 취하기를 두려워하는 것은 자신들의 직업을 잃는 것이 두렵기 때문이다. 또한 예수님에게 '평화주의자'라는 말을 적용하면, 회중들은 흔히 분노를 터뜨리기도 한다. 최근에 우리는 우리의 모든 군사적 모험들이 어떤 식으로든 성스러운 작전이라고 믿게 되었는데, 그 이유는 우리는 기독교 국가로서 우리의 지도자들은 하나님의 사람들이기 때문에, '우리의' 하나님께서는 결코 우리가 나쁜 길로 접어들도록 인도하시지 않을 것이라고 믿기 때문이다. 보수주의자들과 자유주의자들 모두는 우리가 우리의 아군과 적들을 쉽게 구분할 수 있다는 환상에 빠져 있다. 역사를 통해 이런 교훈을 배우기가 너무 어렵기 때문이다.

좌파는 기록상 자신들이 항상 이겼던 것은 아니었다는 것을 안다. 프랭클린 루스벨트 대통령은 2차 세계대전 당시 한때 서부해안의 모든 일본 출신 미국인들을 수용소에 수용하라고 명령했다. 클린턴 대통령은 관직에서 물러난 후 선의의 대사가 되었는데, 한때 수치스러운 성적인 실수를 은폐하기 위해 우스꽝스러운 논리를 들이대기도 했다. 레닌은 "우리가 목표를 달성하기 위해서는 심지어 악마와도 손을 잡아야만 한다"고 선언했었다.

우파는 세상을 착한 사람들(good guys)과 '악인들'(evildoers)로 나누어왔으면서도, 실제로는 독재자들, 예를 들어 아나스타시오 소모사, 페르디난드 마르코스, 아우구스토 피노체, 장 끌로드 두발리에,

수하르토, 호스니 무바락과 같은 독재자들을 열렬히 지원했는데, 단 그들을 통해 더욱 큰 이득을 달성할 수 있는 한에서 그랬다. 더욱 큰 이득이란 예를 들어 공산주의와의 투쟁, 자유시장의 보호, (가장 중요한 것은) 원유수송선의 입출항 보호 등이다. 우리가 역사를 통해 결코 배우지 못한 교훈은 오늘의 아군 독재자가 내일에는 사악한 폭군이 된다는 점이다. 우리는 계속해서 "우리의 적의 적은 우리의 아군이다"고 추정해왔지만, 결국 우리가 발견한 것은 흔히 그 둘을 쉽게 구분할 수 없다는 점이다.

교회는 그 목소리를 잃어버렸다. 교회는 더 이상 복음에 입각한 명확하며 강한 메시지를 갖고 있지 않다. 성직자들에게 면세 혜택을 주며, 주택비 지원금을 보호해주며, 소위 신앙에 입각한 사회구제비를 보호해주는 국가에 대해 교회가 무슨 수로 비판을 하겠는가? 만일에 설교가 교회와 국가의 분리 원칙을 위배했다고 정부가 결정하면, 면세 혜택을 철회할 권한을 갖고 있는 정부를 당신이 무슨 수로 비판하겠는가? 이것은 도덕적 다수가 등장하여 유권자들인 교인들로 하여금 "하나님의 후보자"를 찍도록 장려하기 시작한 이후 보수주의자들만이 문제가 아니다. 최근에 국세청은 캘리포니아주 파사데나의 올 세인츠 성공회 교회를 수사했는데, 이유는 전임 목사 조지 레가스가 2004년 선거 이틀 전에 반전 설교를 했기 때문이다. 그 목사는 비록 누구를 찍으라고 말은 안 했지만, 그는 부시 행정부의 정책들, 특히 이라크 전쟁을 신랄하게 비판하는 설교를 했다. 그러나 그런 설교는 미국 수정헌법 1조가 보호하는 표현의 자유가 아닌가? 헌법의 구절은 단지 교회로부터 제국을 보호하는 것만이 아니다. 그것은 제국으로부터 교회를 보호함으로써 교회가 제국의 애완견이 되지 않도록 한 것이다.

전직 대통령 로널드 레이건은 우리 시대의 군사전략을 수립하고 그것을 "힘을 통한 평화"라고 불렀다. 그러나 그는 또한 전 세계에서 모든 핵무기를 제거할 꿈도 꾸었다. 그것은 보수주의자의 생각인가, 아니면 자유주의자의 생각인가? 20세기는 인류 역사에서 가장 폭력적인 세기였지만, 20세기에 가장 성공했던 운동들 가운데 일부는 전혀 폭력적인 운동들이 아니었다. 민권운동 시절에는 비폭력이 승리하여, 민권운동에 대한 반대가 도덕적으로 파산된 것임을 폭로했다. 1968년 시카고에서 개최된 민주당 전당대회에서 경찰이 폭동을 일으켰고, 또한 켄트 스테이트 대학에서 비무장한 네 명의 대학생들을 경찰이 살해한 사건은 정치적 변화로 이어졌으며, 베트남 전쟁에 대한 반전운동을 불러일으켰다. 이스라엘 경찰이 웨스트뱅크를 점령한 것에 반대한 팔레스타인 시위자들을 구타함으로써 결국 협상타결의 필요성을 촉구했다. 베이징의 천안문 광장에서, 한 청년이 탱크 앞에서 외롭게 맞선 것은 학생들을 살육한 잔학한 정권에 대한 불굴의 저항정신을 상징하게 되었다.

소위 말하는 벨벳 혁명들이 옛 소련의 동부유럽 국가들을 재편성하도록 만들었으며, 2011년 이집트에서 발생한 민주주의를 위한 놀라운 폭동은 독재자들을 내쫓았으며 또한 아랍 세계 전역에서 혁명을 촉발시켰다. 이런 운동들이 성공한 것은 비폭력적이었기 때문이다. 군대가 비폭력적인 민중들을 공격하는 것을 정당화하는 것이 더욱 어려웠기 때문이다. 실제로 비폭력적인 '민중의 힘'(People's Power)이 전 세계적으로 파급된 것은 인간의 열망이 어디에서나 똑같기 때문이다. 실제로 진정한 평화와 영속적인 '혁명'이 목표라면, 폭력이 심할수록 혁명은 성공하지 못한다. 한나 아렌트가 간결하게 표현한 것처럼, "폭력 행사는 모든 행동들처럼 세계를 변화시킨다.

그러나 보다 폭력적인 세계에 대해 변화를 일으키는 것이 가장 가능성이 크다."5)

이 모든 것은 기독교인들에게 기쁜 소식처럼 보일 것이다. 기독교인들은 항상 "가난한 사람들을 위한 기쁜 소식"의 담지자들이었기 때문이다. "이집트로부터 나는 내 아들을 불렀다"는 말씀과 "내 백성들 가게 하라"는 말씀은 항상 신자들의 귀에 울리는 말씀이다. 마틴 루터 킹 목사는 "도덕적 우주의 원호(圓弧, arch)는 길지만, 항상 정의를 향해 기울어져 있다"6)고 말했다. 그러나 오늘날 교회는 그런 운동을 확산시키거나 심지어 그런 운동을 위해 기도하는 주도적인 목소리가 아니다. 세계에서 벌어지고 있는 비폭력적인 혁명들은 격렬하며 또한 복잡하다.

그런 혁명들은 젊은이들의 열정과 뒤섞여 있다. 우리는 우리의 생활방식을 위협하는 모든 변화를 두려워하며, 종교적 급진주의자들이 은밀하게 추진하거나 이용하는 모든 변혁운동을 두려워한다. 그래서 대부분의 설교자들은 세상에서 벌어지는 변혁운동을 지지하지 않는다. 특별히 그런 변혁운동이 우리가 점령하고 있는 영역을 겨냥할 때는 더욱 그렇다. 설교자들은 질서와 안정을 위해 기도한다. 그들은 자국민 특히 군인들이 죽은 것에 대해서는 슬퍼하지만, 모든 생명들이 죽어가는 것에 대해서는 별로 슬퍼하지 않는다.

대부분의 설교자들은 심지어 자살폭탄을 감행하는 자들은 천국의 보상을 꿈꾸는 개인적 광신자들이라는 신화를 퍼뜨릴 뿐이지, 더욱 불편한 진실, 즉 그들은 우리의 군사적 점령에 대한 증오를 필사

---

5) Hannah Arendt, *On Violence* (New York: Harcourt Brace and World, 1969).
6) 마틴 루터 킹 목사는 이 표현을 여러 연설에서 사용했다. 이 표현은 그의 설교 "정의와 양심"에 나오는 문장을 재구성한 것으로 보인다.

적으로 **표출하는 사람들**이라는 진실을 외면한다. 설교자들은 평화를 위해 기도하지만, 그들이 실제로 원하는 것은 현상유지다. 평화는 언젠가 펜타곤이 표현한 것처럼, "적대감이 표출되지 않는 상태가 영원히 지속되는 것"에 불과하게 되었다. 우리는 "당신의 나라가 임하옵소서" 하고 기도하지만, 실제로 우리가 뜻하는 것은 "내 나라가 지속되게 하옵소서"라는 것이다.

내 나라는 이 세상의 나라가 아니다?

자유주의자들과 보수주의자들 사이의 가장 중요한 경계선 가운데 하나는 이 세상을 수선하려고 노력하는 것과 이 세상을 **탈출해서** 다음 세상으로 가려고 희망하는 것 사이의 긴장과 관련된 것이다. 예수님은 지금 여기서의 우리 인생에 중요한가, 아니면 오직 내세에서만 중요한가? 예수님은 우리들 사이에서 걸으시면서 이 세상을 변화시키려 하셨는가, 아니면 이 세상(과 구원받지 못한 자들)을 뒤에 남겨두고 떠나기를 원하는 자들을 위한 완전한 제물이 되시기 위해 오셨는가? 분명한 것은 이 둘이 완전히 분리될 수 없다는 사실이다. 사회정의에 깊은 관심을 기울이는 보수주의자들이 있는 반면에, 심판과 내세를 믿는 자유주의자들도 있기 때문이다. 그러나 묵시적인 운동들의 문제는 교회로 하여금 폭력을 거부하는 세력에 가담하도록 결단하게 만들기보다는 오히려 더욱 폭력을 수용하도록 만드는 방식으로 교회를 분열시켜왔다.

그러나 묵시적 운동들에서 매우 흥미 있는 사실은 말세에 대한 흥분이 현재의 삶의 질에 따라 치솟기도 하고 떨어지기도 한다는 사실이다. 사람들이 더욱 절망적이라고 느낄수록, 사람들은 이 세상을 '떠나는 것'에 대해 더욱 매력을 느끼게 된다. 우리의 삶의 질이 더욱 나아지고 보다 윤택해지고 보다 희망적이며 안정이 될수록, 우리는 천당에 대한 갈망을 덜 갖게 된다. 다시 말해서, 고통 속에 처한 사람은 역을 떠나는 첫 차를 타려고 하지만, 번창하고 만족한 사람들은 주구장창 살아갈 궁리를 한다.

교회의 미래에서 중요한 것은 이 세상이 언제 어떻게 끝장날 것인가에 대해 우리가 내기를 거는 문제가 아니다. 오히려 하나밖에 없는 세상을 위해 교회가 구원 부대가 될 것인가에 교회의 미래는 달려 있다. 역사의 종말에 관한 왈가왈부 대신에, 왜 우리는 우리 자신의 역사에 대해 보다 치밀하게 공부하고 우리 자신의 비폭력적 뿌리를 회복하지 않는가? 우리가 예수님과의 '인격적' 관계를 유지하려 한다면, 우리가 예수님과 동행하는 결과 실제로 우리에게 무슨 일이 벌어질 것인지를 알아야만 한다.

오늘날 역사적 예수의 가장 대표적인 학자 존 도미닉 크로산은 예수님의 비폭력성에 관한 가장 강력한 사례 하나를 지적한다. 요한복음의 "멋진 비유의 장면에서" 빌라도 총독은 하나님 나라에 관해 예수님과 대결한다. 예수님은 "내 나라는 이 세상의 나라가 아니오(My kingdom is not of this world. 한글 성서에는 "내 나라는 이 세상에 속한 것이 아니오."). 나의 나라가 세상에 속한 것이라면, 나의 부하들이 싸워서, 나를 유대 사람들의 손에 넘어가지 않게 하였을 것이오. 그러나 사실로 내 나라는 이 세상에 속한 것이 아니오."(18:36)라고 대답하신다.

크로산은 이 사건에서 다섯 가지 기본적인 통찰력을 끌어낸다. 첫째로, 예수님은 하나님의 나라와 "이 세상"의 나라들을 뚜렷하게 구분하신다. 이런 차이점은 이 사실에 주목하는 사람들 모두에게 여전히 고통스럽게 명백하다. 둘째로, 예수님은 로마인 빌라도 총독에 의해 로마제국의 동쪽 끝에 있는 유대 지역에서 사형 언도를 받으신다. 그러나 예수님은 결코 로마를 그런 식으로 언급하지도 않으시며, 또한 빌라도 총독의 이름을 부르지도 않으신다. 셋째로, 예수님이 "내 나라는 이 세상에 속한 것이 아니오"라고 말씀하신 후에, 우리가 흔히 인용하는 것처럼 더 이상 아무런 말씀을 하지 않으셨다면, (세상)'의'(of)라는 말은 매우 애매한 말이 될 것이다. 크로산은 계속해서 이렇게 말한다.

"이 세상의 나라가 아니다"라는 말이 뜻할 수 있는 것들은 다음과 같다. 결코 땅 위의 나라가 아니라 항상 하늘에 있는 나라다. 혹은 현재의 나라가 아니라 임박한 혹은 먼 미래의 멀리 떨어진 나라다. 혹은 외부세계의 나라가 아니라 오직 내면생활의 나라다. 예수님은 이처럼 오해할 수 있는 것들을 그 다음에 하신 말씀으로 완전히 불식시켜버린다. 즉 "나의 나라가 세상의 나라라면, 나의 부하들이 싸워서, 나를 유대 사람들의 손에" 넘어가 처형되지 않게 하였을 것이오. 빌라도 양반, 당신의 군인들이 나를 체포한 상태이지만, 나의 동료들은 심지어 내 목숨을 구하기 위해 당신들을 공격하지 않은 것이오. 빌라도 양반, 당신의 로마제국은 불의한 폭력에 입각한 나라이지만, 나의 신적인 나라는 비폭력의 정의에 입각한 나라인 것이오.7)

넷째로, 크로산은 하나님의 나라와 로마의 나라 사이의 중요한

---

7) John Dominic Crossan, *God and Empire: Jesus Against Rome, Then and Now* (San Francisco: HarperSanFrancisco, 2007), 3-4.

차이점은 전자는 비폭력적인 반면에 후자는 폭력적이라는 점이라고 주장한다. '이 세상'은 1세기에 로마의 통치 아래 있던 폭력적 문명—세상이 돌아가는 방식—을 정상적인 것으로 간주하는 세상을 가리킨다. 다섯째로, 크로산은 빌라도 총독이 신약성서 전체에서 예수님을 가장 중요하게 해석한 사람이라고 주장한다. 빌라도는 바라바와 예수님의 차이점을 간파한 사람이다. 크로산이 지적한 것처럼, "바라바는 폭력적 혁명가로서 '폭동 때에 살인을 한 폭도들과 함께 갇혀 있었'(마가 15:7)던 사람이다. 빌라도는 바나바와 더불어 그 추종자들도 모두 체포했다. 그러나 예수님은 비폭력적인 혁명가이기 때문에, 빌라도는 그 동료들을 일망타진할 생각을 하지 않았다. 바라바와 예수님 모두 로마인들이 유대인들의 땅에서 자행하는 불의에 대해 반대했지만, 빌라도는 그 둘 사이의 차이점을 정확하게 파악하고 있었던 것이다."[8]

이것은 단지 오늘날 계속되는 문화전쟁에서 또 하나의 신학적 주장인 것처럼 보일 수 있다. 그러나 아메리카제국(Pax Americana)의 그늘 아래 살고 있는 모든 기독교인들에게는, 당신이 보수주의적인 교회에 속해 있거나 아니면 자유주의적 교회에 속해 있거나, 아니면 어느 교단에 속해 있지 않다 하더라도 전혀 상관없이, 이런 질문들을 피해 갈 수 있는 것이 아니다. 로마제국은 우리의 주님을 십자가에 처형했다. 그런데 우리는 어떻게 "새로운 로마제국"이라 부를 수 있는 아메리카제국과 유착관계에 있거나 심지어 어떤 경우에는 그 제국과 구분할 수 없는 행태로 살면서, 그분의 신실한 제자들이라고 말할 수 있는가? 우리가 그토록 신주 모시듯 섬기는 성경

---

8) Ibid., 4-5.

은 폭력적 문서인가 아니면 비폭력적 문서인가? 그리고 아마도 가장 중요한 질문은 교회의 가장 지배적인 신학이 피의 속죄(blood atonement)에 초점을 맞춤으로써 실제로 '기독교' 국가에서 제국의 폭력을 부추기며 재가하는가 하는 질문일 것이다.

이런 문제들에 대한 옛날의 사고방식을 벗어던진 것은 단지 자유주의자들만이 아니다. 일부 복음주의자들과 소위 새로 등장하는 교파에 속한 사람들도 피의 속죄라는 것이 모든 기독교인들이 반드시 받아들여야만 하는 교리가 아닐 수 있다는 가능성에 대해 마음을 열고 있는 것처럼 보인다. 피의 속죄는 성경에 나타난 하나님의 구원의 계획인가, 아니면 교회가 제국과 결혼함으로써 폭력이 구원하는 힘을 가진다(redemptive power of violence)는 것을 예배하게 된 것은 불가피한 결과인가? 예수님 당시에는, 유대인들의 희생제사 양식이 무고한 피를 흘리는 것이 죄를 '속죄'하여 깨끗하게 할 수 있으며 사람과 하나님과의 관계를 다시 시작할 수 있게 한다는 믿음에 근거했다는 것에 대해서는 아무도 의심하지 않는다. 그와 마찬가지로, 오랜 세월 동안 신자들은 전체 공동체의 죄를 상징적으로 속죄염소 위에 얹어 마을 밖으로 쫓아냄으로써 집단적인 속죄 의례를 행해왔다. 그러나 예수님의 처음 추종자들은 동물 희생제사를 완전히 중단했는데, 그 이유는 부분적으로 그들이 더 이상의 '희생제사'는 필요하지 않다고 믿었기 때문이다.

현대의 수많은 기독교인들은 예수님의 처음 제자들이 "하나님의 어린양"의 죽음을 하나님께서 요구하신 것으로 보았다고 생각함으로써, 예수님의 죽음을 그의 생애에 대해 미리 결정된 목적인 것으로 만들었다. 그러나 부활하신 예수님을 처음 경험하고 그분을 그리스도라고 고백했던 사람들은 그 고백을 통해 대항문화적이며 매우 위험한 일을 했던 것이다. 로마제국은 점령지역의 종교적 제의들이 법과 질서를 위협하지 않는 한 그런 종교적 제의들을 장려했다. 로마제국은 속국의 희생제사 제도를 일종의 안전판으로 간주했던 것인데, 그 이유는 그런 종교적 관습을 통해 사람들의 관심이 자신들의 잔인성에서 멀어지게 되며 또한 대중들은 위로를 받기 때문이었다.

따라서 예수님의 처음 따르미들이 동물 제사를 중단했을 때, 그들은 자신들과 자신들의 운동을 위험에 빠지게 만든 것이었다. 그들의 주님은 마지막 죽는 순간까지 비폭력적 자세를 유지하셨다. 그분의 제자들은 하나님께서 그분을 죽은 자들로부터 일으키셨다고 믿었다. 그분이 전해주신 '부활' 메시지는 '평화'였다. 그러므로 부활을 통해 드러났으며 또한 확인된 하나님의 본성과 뜻은 비폭력적인 분배정의인 것이다. 부활절은 죄를 용서받기 위한 거래가 아니라 하나님에 관한 계시다. 이 하나님께서는 희생제사나 공허한 제의를 원하지 않으신다. 이 하나님은 모든 피조물들을 무조건적으로 사랑하시는 분이다.

피의 속죄라는 관념이 완전히 확고하게 형성되어 기독교 미술가들이 십자가에 매달리신 예수님의 시신 이미지를 우리에게 보여주기 시작하기까지는 매우 오랜 세월이 걸렸다는 사실은 우연이 아니다. 서방기독교에서 그토록 중심적인 이런 고난과 죽음의 성상(icon)은 처음 천년 동안에는 교회 미술에서 찾아볼 수 없었다. 왜 그런가? 교회는 자신을 지상에 **회복된 낙원**으로(또한 낙원을 회복시키는 존재로) 간주했기 때문이다. 카타콤이나 고대 교회들에서 찾아볼 수 있는 이미지들은 성경에 나오는 장면들뿐이었다. 즉 젊은 목동으로서의 예수님, 혹은 네 개의 생명을 주는 강물(비손, 기혼,

티그리스, 유프라테스)이 하나님의 보좌에서부터 지상의 정원으로 흘러들어 가는 장면인데, 그 아름다운 풍요함은 인간의 타락을 통해 상실한 것을 묘사하는 것이다. 이런 이미지들은 생명, 풍요, 평화, 그리고 땅에 내려온 하늘의 모습을 묘사할 따름이지, 십자가형은 아니다. 죽은 예수님 이미지는 천 년 동안 교회 미술에 나타나지 않았다. 이것은 예수님의 고난이 중요하지 않다는 말이 아니다. 예수님의 고난은 그분의 사랑의 능력의 깊이를 증언한다. 그러나 교회는 살아계신 그리스도를 경축했는데, 이것은 "어찌하여 너희들은 살아 계신 분을 죽은 사람들 가운데서 찾고 있느냐?"(누가 24:5)는 말씀을 상기시켜 준다.

만일 우리가 미래의 교회를 어떻게 갱신할 것인가를 배우기 위해 과거를 돌아본다면, 이런 발견은 희망적인 것만큼 놀라운 일임이 분명하다. 초대 기독교인들은 천국이나 낙원을 이 세상 저편에 있는 어떤 것으로 생각하지 않았다. 천국이나 낙원은 무엇보다도 이 세상 안에 있었다. 천국이나 낙원은 예배하는 이들 속에 충만하게 스며든 하나님의 영에 의해 가능하게 되는 것으로서, 그들은 성만찬 식탁 둘레에서 낙원을 경험했다. 사랑하는 공동체 안에서, 그들은 모든 '성인들'의 복락을 대표해서 환대와 관용을 베풀었다. 초기 기독교 미술은 이런 점을 매우 분명하게 표현했다. 가장 최초의 이미지들은 회복된 낙원의 이미지들과 카이사르의 자리에 새로운 통치자로 앉아계신 예수님의 이미지였다. 싱그러운 풍요함을 보여주는 아름다운 장면들에서, 한밤에 별들이 가득한 하늘 아래서 인간은 억압으로부터 해방된 모습들이다. 세상을 떠나신 성인들의 이미지는 어디에서나 볼 수 있는데, 그들은 귀족들의 자색 옷을 입고 있거나, 아니면 세례 받을 때 입는 흰 옷을 입고 있다. 그들은 머리에 승리의 화관을 쓰고 있는데, 하늘로부터 황금빛 햇살이 푸른 들판 위로 쏟아지고 있다. 이처럼 낙원은 초대교회의 중심적인 이미지였다.

여기서 우리는 단지 미술사에만 관심을 기울이는 것이 아니다. 만일 예수님의 처음 따르미들이 자신들을 외국인 거류자들(resident aliens)로 간주했으며 예배를 드리기 위해 모인 곳에서 낙원이 회복된 모습을 볼 수 있었다면, 이것이 미래의 교회를 위해 뜻하는 것은 무엇인가? 만일 비폭력적인 분배정의가 예수님의 처음 따르미들의 실천이었다면, 우리 시대의 그 외국인 거류자들은 어디에 있는가? 왜 우리는 우리의 신학적 우선순위와 또한 우리의 지상에서의 실천 모두를 바꾸었는가?

우리들 대부분은 기독교를 옳은 믿음(정통)으로 이해하도록 배웠으며, 교회 역사는 그 '진리'를 추구하고 또한 수호했던 이야기로 배웠다. 따라서 교회의 논쟁들, 거룩한 전쟁들, 그리고 그리스도의 몸이 수백만 개로 끝없이 분열된 것은 주로 우리의 불화로 인해 빚어진 것이었다. 간단히 말해서 우리는 사랑하는 존재가 되는 것보다는 옳은 존재가 되는 것에 더욱 관심을 기울였다.

그러나 만일 언더그라운드 교회의 본질이 기독교는 일차적으로 나사렛 예수님의 생애와 죽음과 부활을 반제국적인 낙원 회복(anti-imperial restoration of paradise)으로 보는 공동체를 창조하고 표현하고 실천하는 과업에 관한 것이라고 선포하는 것이라면 어쩔 것인가? 우리가 구현하도록 부름받은 사랑과 자비보다 더 중요하게 우리가 주장해야 할 것들이 무엇이란 말인가? 자유주의자들과 보수주의자들 사이의 무슨 대단한 의견불일치가 있어서, 우리가 이 깨어진 세상을 치유하는 일에 함께 헌신하는 일을 가로막는단 말인가?

이런 질문들은 이 책의 나머지 부분에서 주로 다룰 문제들이다. 그러나 우리는 우선 고백부터 해야만 한다. 우리는 참으로 폭력적인 사람들이다. 더욱 나쁜 것은 우리가 교회를 바라볼 때, 우리는 흔히 폭력적인 현상유지에 대해 하나님의 재가를 얻으려 하는 것 말고는 다른 것을 보지 못한다는 점이다. 중생했다는 대통령이 침략을 '십자군'이라고 부를 때, 사담 후세인을 교수형에 처한 것을 보며 기독교인들이 '멋지다' 그리고 '하나님의 막강한 승리'라고 표현할 때, 수백만 명이 멜 깁슨의 "그리스도의 수난"과 같은 영화를 보기 위해 몰려들고, 더군다나 폭력성 때문에 청소년 관람제한이 된 영화를 보기 위해 열두 살 먹은 애들을 데리고 가는 것을 볼 때, 우리는 복음이 무엇이라고 우리가 생각하는지를 전 세상에 알린 것이다.

그 영화의 단 하나 초점은 십자가 처형의 폭력을 생생하게 묘사한 것이다. 우리 문화에서 폭력에 대해 포르노 중독된 것처럼, 그 영화는 예수님의 사명과 메시지를 왜곡할 뿐만 아니라 교회의 신뢰성을 더욱 무너뜨린 영화다. 그러나 무엇보다 위험한 것은 그 영화가 폭력 자체에 대해 하나님께서 목적을 위한 수단으로서 재가하신 것이라고 주장한다는 점이다. 그 메시지는 오직 고통만이 우리에게 줄 수 있는 것을 성취하기 위해 하나님께서 폭력을 설계하셨다는 것이다. 다시 말해서, **폭력이 구원한다**는 것이다.

이런 생각이 얼마나 역사를 피로 물들였는지에 대해 역사학도들은 너무나 잘 알 것이다. 교회의 '명예'를 회복하기 위한 이단자 '척결,' 여러 차례의 십자군과 무수한 종교재판, 셀 수조차 없을 정도로 많은 이방인들에 대한 살육, 심지어 어린이들과 마녀들, 원주민들, 정치적 원수들까지 포함된 살육 등, 이 모든 것은 결코 반박

할 수 없는 사실, 즉 기독교인들은 다른 어떤 이유보다도 종교적 이유들 때문에 더욱 많은 사람들을 죽였다는 엄연한 사실을 말해준다. 이 사실은 당신이 자유주의자이건 보수주의자이건, 참된 신자이건 불신자이건 문제가 되지 않는다. 이 역사적 현실은 우리 모두에게 속해 있다. 우리가 "테러와의 전쟁"을 수행할 때, 우리 모두가 반드시 기억해야만 하는 사실은 평화의 왕의 이름으로 정복하고 살육한 자들이 얼마나 많은 테러를 자행했는가 하는 사실이다. 파스칼은 "사람들이 종교적인 확신에 근거해서 악행을 저지를 때보다 더욱 완벽하고 신바람 나게 저지르지는 못한다"고 말했는데, 정말로 옳은 말이다.

그뿐 아니라, 많은 사람들로 하여금 제도종교에 대해 등을 돌리게 만든 가장 큰 사실은 바로 이것이다. 좌파든 우파든 "너희는 죽이지 말라"(Thou shall not kill.)는 계명의 의미를 해석하면서 그것이 예를 들어 '살인'을 뜻한다거나 혹은 '정당방위는 허용된다'거나 아니면 '적을 섬멸하기 위한 것은 괜찮다'거나 '불치병에 걸린 동물(혹은 심지어 인간)의 고통을 끝내는 것은 괜찮다'라고 해석하는 것은 흔히 우리가 죄인이라는 사실을 단순히 받아들이기보다는 정직한 신앙에 해를 끼친다. 우리는 간디가 말한 아힘사(ahimsa), 초대 기독교인들이 부른 아가페(agape), 알베르트 슈바이처가 말한 '생명경외' (reverence for life)로부터 너무나 멀리 떨어져 있기 때문에, 우리가 되돌아갈 길을 찾기 위해서는 우리가 고백에서부터 시작해서 이 세상에서 믿을 수 있을 정도로 완전히 달라져야만 한다는 외침으로 끝내야 한다. 간단히 말해서, 교회는 무엇보다도 제국이 마음껏 자행하는 폭력에 맞서는 비폭력적인 공동체여야만 한다.

물론 우리는 즉각적인 반대에 부딪치게 된다. 우리는 성경 자체가 흔히 폭력적이라는 사실과 성경의 하나님이 흔히 폭력을 명령하거나 재가하는 분이라는 사실에서부터 시작해야만 한다는 것이다. 이것은 성경 이야기의 일부분임에는 틀림없지만 전체 이야기는 아니다. 게다가 결국 우리가 예배하는 것은 성경이 아니라는 점이다. 브라이언 맥라렌이 지적한 것처럼, 성경은 헌법이 아니라 총서(library)다. 성경이라는 이 서사시와 또한 균등하지 않은 이야기가 가리키는 신비가 우리의 예배의 대상이다. 만일에 '대상'이라는 말이 옳은 말이라면 말이다. 모든 예배는 경이감에서 시작해서 겸손함으로 끝나야 한다. 그러나 너무 자주 예배는 우상숭배로 시작해서 폭력으로 끝난다.

하나님의 진화

옥스퍼드의 호전적인 무신론자인 리처드 도킨스는 종교가 지구 위에서 가장 위험한 세력이라고 주장함으로써 명성을 얻었으며 많은 돈을 벌었다. 그뿐 아니라 그는 모든 사람들이 모든 종교인들은 인류 가운데 가장 무식하며 애처로운 사람들이라는 것을 알아야 한다고 말한다. 그는 이런 메시지를 미국의 기독교인 '친구들'에게 보내 『자유 탐구』라는 잡지를 홍보했다. 그 한 부분을 여기에 인용해보겠다.

친애하는 친구여,
당신이 미국에 살고 있다면, 당신의 이웃집에 사는 사람이 다음과 같은 것을 믿을 가능성이 매우 높은 것입니다. 즉 물리적 법칙들을 만들고 DNA 부호를 프로그램한 분이 유대인 처녀의 자궁 속으로 들어갈 결정을 했으며, 그렇게 태어나 자발적으로 고문을 당하고 처형되었는데, 그 이유는 사과 한 개를 훔쳐 먹고 뱀과 대화를 나눈 죄를 용서해줄 보다 나은 방법을 생각할 수 없었기 때문입니다. 장엄하게 확장되는 우주의 창조자로서 그는 상대적 인력과 양자역학을 이해할 뿐만 아니라 실제로 그런 것들을 설계했다고 합니다. 그러나 그가 정말로 신경을 쓰는 것은 '죄'이며, 낙태, 당신이 얼마나 자주 교회에 출석하는지, 동성애자들이 결혼해야 하는가 하는 문제라고 합니다. 통계적으로 당신의 이웃들이 이 모든 것을 믿을 가능성이 많으며, 그들은 투표를 할 수 있습니다.

세상의 다른 지역들에서는, 만일에 당신이 만화를 그려 사막의 장군이 어린이와 성교를 하고는 날개가 달린 말을 타고 하늘로 날아올라간 것을 표현하면, 당신의 이웃들이 당신을 참수해야 한다고 믿을 가능성이 높습니다. 또 다른 지역들에서는, 당신의 이웃들이 코끼리 코를 지닌 인간에게 기도하면 자신들의 소원이 이루어질 것이라고 생각할 가능성이 높습니다.

심지어 당신의 이웃들이 이처럼 서로 모순되는 믿음을 믿지 않는다 해도, 그들은 그런 것을 믿는 사람들을 무조건 존경해야 한다는 것을 당연하게 받아들일 것입니다. 미국과 영국의 신문들과 잡지들 가운데 상당수는 그 교육받은 편집진이 헛소리라는 것을 진심으로 알고 있는 것에 대해 비열하게 넙죽 엎드려 절을 하고 있습니다.[9]

어디서부터 시작할 것인가? 첫째로, 도킨스는 "무조건 존경"하는 것을 자기 주변의 모든 멍청이들에 대해서는 부인할 것이다. 둘

---

[9] 리처드 도킨스가 2009년에 『자유 탐구』라는 잡지를 홍보하기 위해 쓴 글로서, 그의 허락을 받아 인용한다.

째로, 그것은 사과 한 개가 아니었으며 또한 훔쳐 먹은 것도 아니었다는 점을 그에게 상기시켜야 한다. 셋째로, 옥스퍼드대학교에서는 아직도 은유를 가르치는지를 물어볼 필요가 있다. 상징은 어떤가? 신화의 의미는 가르치는가?

물론 종교에 대해 나쁘게 말하는 사람들은 종류가 다양하지만, 종교인들이 믿는 것보다는 그들이 행하는 것을 보고 나쁘게 말하는 사람들이 더욱 많다. 세상에서 누군가를 무시하는 가장 쉬운 방법은 그가 믿는 것이 헛소리라고 주장하는 방법이다. 온갖 종류의 사람들이 온갖 종류의 헛소리를 믿기 때문에 (도킨스는 분명히 어떤 사람들은 군주제가 헛소리라고 생각한다는 것을 들었다), 지적인 용기에 기초해서 일종의 우주적인 서열을 매기는 것은 쉽고도 유리한 스포츠다. 윤똑똑이들은 복이 있나니, 그들은 땅을 기업으로 받을 것이다. 도킨스는 자신이 혐오하는 사람들과 이상스럽게 동일시하는 방식으로, 세상을 착한 사람들(지나치게 똑똑한 체하는 속물들)과 악당들(미신적인 종교적 광신자들)로 나누었다.

그러나 신앙을 위해서 또한 광신적이지 않은 신앙공동체의 중요성을 위해 자신의 목숨을 바친 사람들이 있다는 사실을 알게 되면 도킨스는 놀라게 될 지도 모른다. 또한 무게를 잴 수 있으며 눈으로 관찰할 수 있는 것만을 믿는다는 것은 적절하지도 않고 현실적이지도 않다는 것을 깨닫게 될 것이다. 우리는 우주의 무한하며 신비한 특성을 오직 거대한 추상적 담론을 통해서만 그 영광을 묘사할 수 있다고 생각하지 않으며, 인간들이 실제로 서로 간에 어떻게 행동해야 하며 선택을 하고 관계를 맺어야 하는가에 관한 매우 구체적이며 세속적인 토론을 통해서도 그 영광을 묘사할 수 있다고 본다.

누군가가 이웃에 대한 공포심과 혐오감을 조장하는 말을 들으면 단순히 약간 당혹스러운 정도를 넘어서 매우 이상하게 들린다. 옆집의 원수를 위해 기도하는 것은 차치하고라도, 우리의 차이점들에도 불구하고 이웃을 사랑하도록 우리를 격려하는 대신에, 도킨스는 우리로 하여금 옆집에 사는 멍청이에 대해 불쌍히 여기도록 촉구한다. 더욱 나쁜 것은 그가 이런 창조의 실수가 투표를 할 수 있다는 점을 상기시켜 준다는 점이다. 더군다나, 이슬람의 가장 폭력적이며 가장 광신적인 사람들이 이슬람을 대표하는 것처럼 주장한다는 사실이다. 도킨스는 당신이 전혀 알지 못하는 신앙전통에 대해 구역질을 내라고 촉구하며, 또한 그 신앙인들을 광신적이며 단순무지한 자들로 판단하라고 촉구한다. 그리고 도킨스는 우리로 하여금 종교의 정당함에 대한 매스컴의 음모에 가담하지 말라고 촉구하는데, 그 이유는 공개적인 적대감과 모욕은 분명이 우리를 더욱 가깝게 만들 것이기 때문이다. 실제로 그는 '타자'(other)를 지옥에 떨어질 부류로 치부한 후 '타자'는 실제로 악당이라고 멸시함으로써 인간 가족을 분리시킨 깊은 구렁 속으로 더욱 깊이 들어가야만 한다고 말하는 것처럼 보인다.

성경이 세상에서 가장 강력한 책이며 동시에 가장 오해받는 책이라는 사실은 새로운 뉴스가 아니다. 또한 성경은 세상에서 가장 많이 팔리며 가장 숭배받는 책이면서 동시에 가장 읽히지 않고 진지하게 연구되지 않는 책이라는 사실 역시 새로운 뉴스가 아니다. 그러나 성경에 대한 지식이 없으면, 학식이 있는 사람으로 간주되지 않는다. 젊은 사람들은 다음과 같은 고전 영화를 보지만, 그 영화제목들이 성경에서 직접 인용한 것들이라는 점을 깨닫지 못한다. 즉 "들의 백합화"(마태 6:28), "바람의 유산"(잠 11:29), "희미한 거울을 통하여"(고전 13:12) 등의 영화가 그렇다. 대부분의 사람들은 십계를 들었을 것이며 그 영화와의 연관성은 명백하지만, 스타인벡의 소설을 영화로 만든 "에덴의 동쪽"이나, 코넬리의 "묵시록의 네 기수"의 성경적 토대는 놓칠 수 있다. 현대의 많은 영화들이 성경의 주제를 토대로 만들어졌지만, 성경에 대한 기본 상식이 없다면 다음 몇 가지 경우들처럼 그런 사실을 놓치기 쉽다. "트루먼 쇼," "그린 마일," "펄프 픽션," "사도," "쇼생크 탈출," "양들의 침묵"과 그 후편인 "한니발" 등의 영화가 그렇다.10)

우리가 "큰 소리로 부르짖는다"고 말할 때, 우리는 십자가 위의 예수를 가리키며, 또한 평화를 비는 뜻으로 "올리브 가지"를 바칠 때, 우리는 노아 이야기를 기억하는 것이다. 그러나 성경에 대한 무지는 더욱 심각한 문제를 낳는다. 성경의 예수님과 예언자들은 한결같이 인간을 억압으로부터 해방시키기를 원했지만, 사람들은 성경을 선택적으로 사용하여, 인간에 대한 폭력과 억압을 정당화하기 때문이다. 처음부터 마지막까지 성경에는 큰(macro) 메시지와 작은(micro) 메시지 모두가 들어 있다. 성경의 전체는 정의와 자비를 향해 전개되고 있기 때문에, 성경의 특정한 구절들이 성경의 전체 원호를 대표한다고 말할 수는 없다. 우리는 예수님을 통해 성경을 판단해야지, 성경의 특정 구절을 통해 예수님을 판단해서는 안 된다.

성경 이야기는 창세기의 두 가지 창조 이야기에서부터 시작해서, 곧바로 죄와 첫 번째 살인에 의해 낙원이 결딴나는 이야기로 이어진다. 족장들의 서사시적인 이야기들이 우리에게 토라(Torah)를 주었는데, 토라는 모세의 율법으로서 유대인들의 모든 것을 해석하는 것이다. "전기 예언서들"(former prophets)은 모세의 죽음 이야기

---

10) 존 쉘비 스퐁, 김준연·이계준 역, 『성경과 폭력』(한국기독교연구소, 2007), 29-30.

에서부터 포로기까지의 이야기를 전해주며, "후기 예언서들"(latter prophets)과 마침내 "기록 예언자들"(writing prophets)은 권력에 대한 불쾌한 진실을 선포함으로써 유대교를 새롭게 정의했다. 그 예언자들은 이스라엘의 양심이었으며, 또한 그들은 유대교가 온통 율법주의이며 제의적인 정결뿐이라는 신화를 불식시켰다. 이사야, 예레미야, 아모스, 미가는 모두 계약의 회복과 정의로운 통치의 도래에 관한 놀랍도록 아름다운 비전을 선포했다.

그들 유대인 예언자들은 종교의 의미를 새롭게 정의했으며, 제의들에는 열심히 참여하지만 단순한 자비심조차 없는 이들을 신랄하게 비난했다. 그들은 이스라엘 자녀들에게 생각과 행동에서 부족의 한계를 벗어나도록 촉구했으며, 또한 선택받은 민족 유대인들과 그밖에 다른 사람들 사이의 장벽을 철폐했다. 그러나 성경에서 축복이 제한적이라고 말하는 것은 과소평가하는 것이다. 성경의 페이지들에는 하나님께서 홍해를 갈라 이집트인 군인들은 죽게 만드신 반면에 이스라엘 백성들은 살려냈을 뿐만 아니라, 하늘에서 음식을 내려 선택된 백성들은 먹게 하신 반면에 그 원수들은 끔찍한 재앙을 당하게 만드신 당파적인(partisan) 하나님 이야기들로 가득차 있기 때문이다.

성경에는 승리자들이 기록한 역사의 표시들이 많은데, 약속의 땅에는 사람들이 살고 있지 않았었다는 신화를 비롯해서, 이스라엘의 조상들이 이미 수백 년 전에 가나안 땅에 살도록 하나님께서 허락하셨다고 주장함으로써, 그 땅을 차지하는 것이 하나님의 뜻 안에서 하나님께서 일정부분 역할을 하셨다는 신화가 그런 것이다. 하나님은 분명히 토지 점령 허가 비즈니스를 하고 계신다. 창세기의 시적인 부분에서 하나님께서 세상을 창조하시고 모든 것을 "보시기에 좋았다"고 말씀하신 다음에, 그 피조물들 가운데 한 민족의 야심을 채우기 위해 다른 민족을 살육하는 것을 계속해서 축복해달라는 청원을 받는 것은 얼마나 기이한 일인가!

하나님께서 변하셨는가? 아니면 하나님에 대한 우리의 이해가 세월이 지나면서 진화한 것인가? 한 가지 사실은 분명한데, 그것은 모든 좋은 것들이 예수님에게서 시작되지는 않았다는 사실이다. 나사렛 출신의 그 유대인은 위대한 예언자들의 선상에 서 있는데, 그 예언자들은 "하나님의 본질은 사랑, 하나님의 목적은 사회정의, 계약은 배타적인 권력 이미지가 아니라 정의를 행하고 자비를 사랑하며 하나님과 함께 동행할 책임"11)으로 인식했던 사람들이다.

소수자들의 목소리는 이미 계약신앙의 지혜에 대해 의문을 제기하면서, 왜 의로운 자들이 고난을 받는가? 왜 세상은 공평하지 않은가? 하고 물었다. 욥을 위로하러 왔던 친구들은 그의 모든 재난이 욥의 은밀한 죄의 결과이며 그것에 대해 하나님께서 욥을 벌하시고 계시는 것이라고 생각했다. 그들은 욥에게 하나님께 죄를 고백하고 용서를 빌도록 촉구했다. 그러나 욥은 이를 거절했으며, 그의 목소리는 우리로 하여금 하나님에 대한 새로운 이해에 도달하도록 했는데, 그 하나님은 율법수여자와 재판장을 넘어 철저한 신뢰를 받기에 합당한 신비이다.

보다 큰 관점에서 보면, 우리들은 진화하는 존재들이다. 시나이 산 지역의 폭풍우 신은 인류를 하나 되게 만들 수 있는 신이 아니다. 하나님을 당파적(partisan) 신, 즉 특정 민족이나 당을 위해 일하는 신으로 생각할 때마다, 종교는 쉽게 어둠의 종교로 둔갑하기 마

---

11) Ibid., 376.

런이다. 무고한 자들이 죽어야만 하는 이유는 하나님께서 목적을 위한 수단으로 그들의 죽음을 뜻하시기 때문이라는 말이 된다. 여자들이 남자들 뒷자리에 앉아야만 하는 이유는 우리가 계속해서 여자들을 두려워하고 불신하기 때문이다. 요나는 니느웨의 아랍 족에게 설교를 해서는 안 되며, 그 이유는 설교하면 그들도 회개하여 하나님의 자비를 받기 때문이다. 룻이라는 이름의 모압 여인이 보아스와 결혼하여 다윗 왕의 아버지를 낳을 수 없는 것 역시 그 결혼이 유전자 풀을 오염시키기 때문이다.

그러나 다행스럽게도 이런 당파적 신의 모습은 하나님의 마지막 말씀이 아니다. 그리스도 연합교회에서 자주 고백하는 것처럼, "하나님은 여전히 말씀하시고 계신다"는 이유 때문이다. 세월이 지나면서 포용의 목소리가 부족주의의 목소리와 함께 울려퍼졌다. 미드라쉬(Midrash)라는 놀라운 전통에서는 하나님께서 인간의 이해와 더불어 진화하는 방식으로 늘 새롭게 말씀하신다. 유명한 설교학 교수인 프레드 크래독은 학생들에게 "거룩하신 분 앞에서 한 시간 공부하는 것은 한 시간 동안 기도하는 것이다"라는 랍비들의 가르침을 들려주곤 하셨다. 머리와 가슴 모두에서, 하나님에 대한 새로운 비전이 진화하고 있어서, 그 하나님은 모든 인류를 사랑하시며 모든 민족을 환영하시는 분이 되셨다.

예수님께서 이 땅에 오셔서 제자들을 부르시고 하나님의 통치를 선언하시며 병자들을 치유하시고 비유로 가르치실 때, 하나님에 대한 우리의 이해도 계속 진화했다. 예수님은 아무것도 기록을 남기시지 않으셨기 때문에, 그분에 관해 우리가 아는 모든 것은 바울의 편지들, 바울을 모방해서 편지를 쓴 사람들, 그리고 다른 편지를 쓴 사람들, 그리고 뒤이어 복음서들과 사도행전을 통해서 알 수 있는 것인데, 이 모든 기록들은 예수님이 죽으신 후 몇 십 년이 지난 다음에 기록된 것으로서, 목격자들이 기록한 것들이 아니다. 이런 사실은 신약성경을 주로 역사적인 기록으로 생각하는 대다수 보수주의자들에게는 당혹스러운 사실이다. 한편 많은 자유주의자들에게는 신약성경의 이런 기록들이 순전한 픽션이 되었다. 그러나 양쪽 모두의 입장은 복음서들의 본질적인 메시지가 신앙공동체에 의해 창조되었으며 또한 그 공동체 안에서 살아낸 초상화라는 사실을 간파하지 못한다.

미래의 교회가 그 엄청난 신학적 및 정치적 차이점들을 가로질러 서로 대화하기 위한 가장 중요한 방법들 가운데 하나는 예수님의 말씀들로 기록된 것들이 역사적으로 얼마나 정확한 것인지(그래서 예수님의 신성에 관해 그 말씀들이 정말로 무엇을 뜻하는지)에 관한 우리의 일반적인 논쟁에서부터 초점을 다른 곳으로 옮기는 것이다. 우리는 그 대신에 논의의 초점을, 특정한 문제들을 안고 있었던 특정한 공동체들이 예수님에 대한 기억과 그분의 메시지를 보존하기로 작정함으로써, 그 따르미들이 실제로 **행동해야** 하는 방식에 영감을 주고 또한 영향을 미치려 했다는 것이 무엇을 뜻하는지에 맞추어야만 한다. 그 따르미들의 통일성은 동일한 믿음 조항들의 목록에서 비롯된 것이 아니라 그들을 '이 세상'으로부터 분리시킨 반제국적이며 통일된 언더그라운드 행동지침들에서 비롯된 것이다. 그 지침들 가운데 최우선한 것은 **남에게 피해를 주지 않을 수 있으면 피해를 주지 않는다**는 것이었다.

평화를 위해 일하는 사람들은 복이 있다

이 말씀은 나의 할머니의 모토로서, 할머니는 이 말씀을 바느질로 수를 놓아 액자에 담아 벽에 걸어놓으셨는데, 산상수훈이라고 알려진 고상한 신앙고백 가운데 하나다. 그러나 할머니와 나는 어떻게 우리가 실제로 평화의 일꾼이 될 수 있는지, 그러기 위해 위험한 일은 무엇인지에 대해 이야기를 나누었던 적이 없었다. 우리는 단지 그런 관념을 좋아했을 뿐 거기서 끝이었다. 그러는 동안에 세상은 언제나 그렇듯 굴러갔다. 강자들은 약자들을 약탈하면서 그것을 비즈니스라고 불렀다. 약자들은 강자들을 두려워하면서 그것을 인생이라고 불렀다.

20세기가 시작되었을 때, 어떤 사람들은 인류가 전쟁을 넘어서 진화하는 과정 속에 있다고 큰 희망을 가졌다. 어떤 이들은 심지어 20세기를 "기독교 세기"(the Christian century)라고 불렀으며, 그것은 한 진보적인 잡지의 희망에 가득찬 이름이 되기도 했다. 그러나 전쟁은 계속되었으며, 살상 기술이 발전되어 이제는 핵 홀로코스트로 인해 모든 생명체들이 파괴될 수 있을 정도로 발전했다. 우리의 실존적인 현실은 부정할 수 없다. 우리는 우리가 창조하지 않은 것을 파괴하는 세계 속에 살고 있으며, 또한 우리 자녀들로부터 빌려온 미래를 꺼버리고 있다. 이런 현실에서 비폭력을 실천하는 것은 더 이상 종교적인 괴짜들만의 오락이 아니다. 비폭력은 우리의 유일한 희망이다.

레오 톨스토이는 젊은 시절에 러시아 군인으로서 크리미아 전쟁에 참전했다. 그러나 그는 인생의 말년에 "살인하지 말라"는 계명을 진지하게 받아들이고 소위 기독교 현실주의(Christian realism)라는 것을 거부했다. 그는 정당한 전쟁(just war) 이론이 미끄러운 비탈이라고 믿어, 일종의 원칙을 지닌 무정부주의자가 되어, 모든 전쟁에 참여하는 것을 반대했을 뿐만 아니라, 폭력을 제도화하고 폭력을 영광스러운 것으로 만드는 정부도 반대했다. 그 역시 콘스탄티누스 황제와 마찬가지로 '열세 번째 사도'라고 칭송을 받았지만, 정반대 이유 때문이었다. 그는 교회와 국가가 결혼하여 끝없는 전쟁이라는 사생아를 낳았다고 보았다. 기독교인은 살인할 수 없다. 더 이상의 논증은 필요하지 않다.

그러나 서방기독교는 콘스탄티누스 황제에게는 경의를 표하지만, 톨스토이에게는 경의를 표하지 않는다. 전쟁을 미화하고 군인들을 신성한 존재로 만드는 일에 열중하는 미디어 산업은 어디에서나 인기가 있다. 더군다나 지금 우리의 군대는 모두 (징집이 아니라) 지원자들의 군대이며, 전쟁 역시 다른 사업들과 마찬가지로 외주화(outsourced)되었다.12) 예수님의 처음 따르미들과는 달리, 오늘날 전쟁을 반대하는 사람들은 곧바로 우리의 "제복을 입은 용감한 젊은 이들"을 지지하지 않는다고 비난을 받는다. 그들은 참된 양심적인 반대자들로 간주되는 것이 아니라 (국가와 군인들에게) 감사할 줄 모르며 비애국적인 존재들로 간주된다. 우리는 군인들을 지원하는 것이 그들이 싸우는 전쟁을 지원하는 것과 불가분의 관계라는 편리한 거

---

12) 지난 10년 동안 미국의 전쟁이 사설 경비회사의 용병들로 외주화되고 있는데, 그 대표적인 용병회사는 Blackwater로서 이 회사는 수송기만 20대가 넘는다. 허리케인 카트리나 당시 이들은 중무장한 채 검정 제복을 입고 자동차 번호판도 없는 차를 타고 시내 순찰을 담당했다. 이라크에만 2만~3만 명의 사설 경비원들이 군사업무를 담당한다. 미국은 이들에게 40억 달러를 지불했다. 이 용병들은 회사원들이기에 전사자 명단에 오르지 않으며, 헌법이나 교전규칙에 대한 책임이 없다. Chris Hedges, *American Fascists: The Christian Right and the War on America*, (New York: Free Press, 2006), 29-31. 이 책은 정연복 역, 『지상의 위험한 천국』 (서울: 개마고원, 2012)이라는 제목으로 번역되었다. - 옮긴이.

짓 이분법 속에 살아간다. (이런 이분법을 입증하는 범퍼 스티커들은 얼마나 많은가!) 심지어 교회 안에서조차 우리는 전쟁에 반대하는 것이 왜 군인들을 지원하는 최선의 방법인지를 설명할 수 없게 된 것처럼 보인다.

더욱 교활한 것은 오늘날 우리가 살육하는 방식이다. 한 남자는 자신의 아내와 아이들을 교외의 안전한 지역에 남겨두고, 차를 몰고 비밀의 장소로 가서, 컴퓨터에 암호를 입력함으로써 드론(drone)이라는 무인 비행기가 레이저로 목표물을 추적하는 폭탄들을 발사하도록 만든다. 그는 자신이 볼 수 없는 목표물에 그 폭탄들을 명중시켜 그가 한 번도 차 대접을 받아본 적이 없는 집들을 파괴하고, 또한 한 번도 본 적이 없는 그 집의 아이들의 육체까지 찢어놓는다. 그가 한 번도 걸어본 적이 없는 길거리에 나뒹굴도록 말이다.

임무를 완수한 후에, 그는 친구들과 점심을 먹거나 아니면 오후에 골프를 칠 것이다. 그리고 집에 돌아가면, 커피 테이블에 성경이 펼쳐져 있을 것이다. 그는 자신의 자녀들이 학교에서 귀가한 것을 보며 기뻐할 것이며, 자기 자녀들을 보호하고 그들을 양육하는 것 이상으로 더욱 큰 의무는 없다고 생각할 것이다. 주일날에는 그가 가족들과 교회에 갈 것인데, 특히 자녀들의 도덕적 발달에 관심을 갖고 있기 때문이다. 그가 설교를 통해 산상수훈의 메시지, 원수들과 박해하는 사람들을 위해 기도하라는 메시지를 들을 수도 있을 것이다. 우리들 가운데 많은 사람들은 존경받는 사람처럼 보이기 위해 예배에 참석하지만, 우리의 생각을 바꾸게 만들 것을 전혀 기대하지 않는다. 알베르 까뮈의 말을 인용하자면, "우리는 깔끔한 데서 이득을 얻지만, 이해를 하면 손해를 본다."

여기에 자유주의자들과 보수주의자들을 갈라놓는 대협곡이 놓여 있다. 보수주의자에게 반전활동이란 쓸모없이 순진한 것이다. 세상은 위험한 곳이며 때로 평화를 유지하기 위해서는 폭력이나 폭력의 위협이 필요하다. 반면에 자유주의자는 우리가 살육당하는 사람이 될 것을 요구하는 감정이입의 상상력을 주장하며, 또한 전쟁의 끝없는 반복과 무모함을 극복하기 위해 평화를 위한 리스크를 감당해야 한다고 주장한다. 보수주의자들은 유화정책에 대한 경고로 체임벌린을 인용한다. 자유주의자들은 간디를 인용하여, "눈에는 눈으로 복수하는 것은 세상 전체를 장님으로 만든다."고 말한다. 교회 휴게실에서조차 전쟁에 대한 입장들은 양분되어 있다.

이런 교착상태에서 해결되지 않고 남아 있는 것은 양쪽 편 모두에게 타당한 주장이 있는가 하는 문제가 아니라, 개인적인 의견을 넘어서 폭력에 대한 기독교적인 응답이 있는가 하는 문제다. 만일 없다면, 우리는 예수님의 메시지를 (우리 각자의 입맛에 맞도록 - 옮긴이) 무한하게 늘릴 수 있다는 점에 대해 동의했다는 사실을 인식해야 한다. 각각의 진영은 쭈그리고 앉아 서로를 의심하며 오해하기만 할 따름으로서, 교회는 전쟁과 평화에 대한 당파적 정치가 복음의 정치학을 밀어내도록 허락하고 있다. 우리는 누구나 자신의 의견을 갖고 그것을 존중하는 것이 교양 있는 태도라고 알고 있다. 그러나 은총과 관용의 사람이 되는 것은 모든 생각들이 평등하게 창조되었다고 믿는 것과는 완전히 다르다. 우리는 성경을 인용해서 예수님이 평화주의자였다고 확신 있게 주장할 수 있다. 그 반대로, 예수님은 폭력이 때로 구원을 가져오며 또한 전쟁은 때로 불가피한 것으로 이해하셨다고 주장하기 위해서는 성경에서 예수님이 하신 말씀으로 되어 있는 말씀들과 완전히 **모순되는** 주장을 하게 되는 것이다.

폭력으로 넘쳐나는 세상에서, 보수주의자든 자유주의자든 똑같이 선택해야 한다. 우리는 폭력에 대해 하나님의 재가를 덧붙이는 가, 아니면 우리가 신앙공동체들로서 세상 구석구석에서 벌어지는 죽임의 방식들을 감소시키기 위해 한결같이 노력하는가? 우리는 구체적인 문제들에서의 차이점들에도 불구하고 비폭력적인 비전을 보다 적극적으로 살아낼 수 있는가? 우리가 만일 "너와 네 자손이 살기 위해 생명을 택하라"는 신명기(30:19) 말씀을 진지하게 받아들인다면, 이 말씀은 오직 낙태 문제에만 적용되는가? 아니면 전쟁, 폭력적인 비디오 게임, 가부장적인 사회에서 여자들과 아이들에게 가해지는 폭력에도 적용되는가? 이 말씀은 누군가는 힘을 갖고 있는 반면에 다른 사람들은 힘이 없는 상황에서 초래되는 온갖 형태의 폭력에도 적용되는가? 이 말씀은 우리가 공포에 사로잡힐 때, 동성애자들, 외국인 노동자들, 무슬림 형제자매들에 대한 우리의 태도에도 적용되는가? 이 말씀은 지구에 대한 폭력에도 적용되는가?

이런 형태의 폭력에 대해 진보적인 기독교인들이 가장 비판적인데, 이런 폭력은 낙태와 비합법적인 이민자들에 대한 보다 전통적이며 보수적인 입장과 공존할 수 있는가? 아마도 궁극적인 평화주의는 이런 문제들에 대한 우리의 특정한 입장과 관계없이, 아무런 해를 끼치지 않을 수 있는 경우에는 결코 해를 끼치지 않는 것일 것이다. 우리는 우리 사회 안의 폭력을 줄이기 위해 함께 노력하기 위해 그리스도의 몸 안에서 서로에게 충분한 공간을 주고 서로를 존경할 수 있는가? 보수주의자들이 낙태 문제를 통해 드러내고 싶어 하는 폭력은 전쟁터의 폭력을 무시할 수 없다. 우리의 "죽임의 문화"는 곳곳에 너무 스며들어 있어서, 특정한 사회적 이슈들에만 국한되는 것이 아니다.

미래의 언더그라운드 교회는 반드시 비폭력에 헌신해야만 한다. 비록 그 헌신을 어떻게 실행할 것인가에 관해 내부의 논란이 있다 하더라도 말이다. 최소한 우리는 평화주의가 연약함의 표시인 반면에 호전적인 현실주의는 강함의 표시라는 관념을 넘어서야만 한다. 간디의 '아힘사'(ahimsa)에 대한 헌신은 행악자들의 뜻에 연약하게 복종하는 것이 아니라 정반대를 뜻했다. 우리는 우리의 영혼 전체로 폭군의 의지에 맞서야 하는데, 이것은 단 한 사람의 개인조차도 제국에 도전할 수 있다는 뜻이다. 연약함이나 겁을 먹는 것과는 정반대로, 간디가 말한 '타파스야'(tapasya)를 실천하는 것은 기꺼이 고난을 당하고 그 고난을 다른 사람에게 심지어 적대자에게조차 넘기지 않으려는 것으로서 엄청난 강인함을 필요로 한다.

다이애나 버틀러 배스 교수는 자신이 언젠가 필라델피아의 성 마틴 성공회 교회를 방문해서, 오랫동안 잊혀졌던 메시지를 담고 있는 비상한 스테인드글라스를 바라본 것에 관해 말했다. 그 그림은 어떤 남자가 자신의 외투 속에 다른 사람을 감싸 안는 모습을 그린 것이다. 그것은 아름답고 철저히 기독교적인 환대를 보여주는데 그 메시지는 더욱 깊다. 그 그림 속의 인물은 성 마틴으로서 그는 군인 시절에 그리스도에게 귀의했다. 하루는 그가 아미엥 시에서 보초를 서고 있었는데 길에서 벌거벗은 거지를 만났다. 그는 아직 세례를 받은 기독교인은 아니었지만, 자신의 외투를 벗어서 그 외투를 반으로 찢어 거지를 덮어주었던 것이다. 이것이 바로 산상수훈에서 예수님께서 가르친 말씀을 실행한 것이다.

그 다음날 밤 꿈에 예수님께서 마틴에게 나타나셔서 그의 단순한 행동에 대해 감사를 표하셨는데, 그의 행동은 그 옷으로 예수님 자신을 덮어준 것과 영적으로 같은 일이었기 때문이다. 흔히 그렇듯이 그 옷 자체가 전설이 되어, 기적적인 능력을 가졌다는 소문이 돌았다. 그러나 대부분의 기독교인들이 가장 기적적인 점을 놓치고 있는데, 마틴이 마침내 세례를 받았을 때, 그는 군대에서 전역하기를 요구했던 것이다. 그는 "나는 그리스도의 군사입니다. 나에게는 싸우는 것이 허락되어 있지 않습니다."[13]라고 주장했다.

오늘날 우리는 그를 양심적인 병역거부자라고 생각할 수 있을 것이다. 그러나 그는 단순히 초기 기독교인들의 관행을 따른 것일 뿐이다. 4세기 이전에 소위 말하는 정당한 전쟁 이론이 등장하기 전에는, 기독교인들은 누구의 군대이든지 군인이 되는 것이 허락되지 않았다. 버틀러 배스 교수가 지적한 것처럼, "초대교회의 강력한 합의는 전쟁은 살육을 뜻하며, 살육은 살인행위로서, 살인행위는 죄라는 것이었다."[14]

교부들, 즉 순교자 유스티누스, 이레내우스, 히폴리투스, 터툴리아누스, 오리게네스 등 교부들은 모두 전쟁에 참가하는 것을 단죄했다. 소위 말하는 평화교회들, 예를 들어 형제교회, 메노나이트, 아미쉬, 친우회 혹은 퀘이커 등은 애당초부터 비폭력에 헌신해왔으며 지금도 그렇다. 흔히 그들은 주류(mainline) 기독교에서 벗어난 종파들로 간주된다. 그러나 그들은 그렇게 생각하지 않는다. 실제로, 이들 공동체들에서는 주님의 이름으로 불필요한 폭력을 자행하는 것은 신실하지 못한 것으로 간주된다.

기독교인들이 제국의 다른 사람들과 자신들을 구분했던 것은 비폭력에 대한 자기희생적인 결단이었다. 오늘날 상황은 완전히 역

---

13) Diana Bulter Bass, *A People's History of Christianity: The Other Side of the Story* (HarperOne, 2009), 70-71.
14) Ibid., 71.

전되었다. 주류 기독교 안에서는 양심적인 병역거부자가 되는 것이 선택적인 것으로 간주되고 흔히 경멸의 대상이 되거나 아니면 의심의 눈초리를 받게 된다. 그러나 그와 정반대되는 모습을 목회자들과 평신도들로부터 보게 될 때는 회중 가운데 한 사람이 군대에 자원하여 "전쟁터로 나갈 때"이다. 그 군인은 즉각적이며 무조건적인 찬양을 받을 만한 자격이 있다고 간주될 뿐만 아니라, 특별한 보호하심을 위한 기도와 간구를 해서 내보낸다.

예수님의 처음 따르미들이 군인이 될 수 없었던 데는 버틀러 배스 교수가 지적하듯이 또 다른 이유도 있었다. 그들은 복음이 국가, 신들, 그리고 황제에 대한 예배행위를 금지시킨다고 믿었기 때문이다. 그들은 군인이 된다는 것이 우상숭배의 행동을 요구하는 것으로 보았다. 결국 제국은 (다른 사람들과 함께) 기독교인들을 살육했으며, 터툴리아누스는 그들의 승리의 표징, 특히 월계관은 죽음을 상징하며, 전리품들은 다른 인간들의 목숨을 빼앗기 때문에 가능한 것이라고 지적했다. "승리의 월계관은 잎사귀들로 만들어졌는가 아니면 시체들로 만들어졌는가? 그것은 리본들로 장식되어 있는가 아니면 무덤들로 장식되어 있는가? 그것은 향료들에 젖어 있는가 아니면 아내들과 어미들의 눈물로 젖어 있는가?"[15]

학자들은 오늘날 이처럼 중요한 발견에 대해 의견의 일치를 보고 있다. 즉 적어도 처음 두 세기 동안에는 일단 기독교인이 세례를 받으면 그는 더 이상 군복무를 고려할 수 없었다는 사실이다. 오늘날 세례식에서 세례받는 이로 하여금 군대에 입대하는 것을 금지시키는 말을 포함시킨다고 상상해보라. 세례를 받는 이는 평생 동안

---

15) Tertullian, *Of the Crown* (201년경). Butler Bass, *People's History of Christianity*, 72에서 재인용.

평화주의자로 살아야 한다고 선포하는 것을 상상해보라. 세례가 단순히 "죄의 용서"를 위한 성례전(聖事)일 뿐 아니라 "폭력에 대한 단념"을 위한 성례전이라고 상상해보라. 세례를 받는 것이 당신으로 하여금 "자랑스런 해병대의 소수 정예"가 되는 것을 불가능하게 만들 돌이킬 수 없는 발걸음이라고 경고를 받는 것을 상상해보라. 이것이야말로 언더그라운드 교회의 명백한 표지가 될 것이다.

오늘날의 기독교 지형에서, 우리는 퀘이커파와 메노나이트파를 그리스도의 몸에 붙은 이상한 돌기들처럼 간주한다. 그러나 적어도 이런 관점에서는 그들이 정말로 옳게 사는 기독교인들이다. 비폭력은 기독교인들을 위한 선택사항이 아니다. 비폭력은 본질에 속한다. 우리의 평화주의적인 뿌리로 되돌아가지 않고서는 기독교가 서양에서 활력이 있으며 변혁적인 힘을 회복하지 못할 것이다. 이것은 언더그라운드 교회의 가장 중요한 특징이다. 그것은 교회가 시작될 당시의 원칙이며, 근본이 되는 특성이며, 또한 신성한 전통을 가장 중요하게 회복시키는 것이다. 비폭력적 평화주의의 특성이 근본적으로 체제변혁적인 것처럼, 그 특성은 미래의 교회를 위해 결코 타협할 수 없는 본질이다.

우리는 마치 폭력이 타협할 수 있는 신앙의 조항인 것처럼 행동함으로써 예수님의 복음을 모욕하며, 구름같이 허다한 증인들을 능멸하고 있다. 어떤 종류의 폭력이든 마지막 수단이 아닌 경우(그럴 경우조차 복음을 타협하는 것이라는 것을 분명히 인식해야 한다), 우리는 제국의 죽임의 방식에 가담하는 것이다. 오늘날의 기독교인들은 주전론자들 가운데 가장 목소리가 크고 또한 우리의 전쟁을 신성한 것으로 만들기 위해 하나님을 불러내는 시대에, 교회에 대한 비판자들은 최고의 비난 논리를 갖추게 되었다.

4장. 그리스도의 군병들아, 전진하라?   *181*

교회에 대한 두 번째 비판 역시 매우 강력한데, 그런 비판은 우리의 종교적 언어들에서 가장 중요한 어휘들 가운데 하나의 의미를 재검토하도록 요구한다. 우리가 '신앙'이라는 말을 할 때, 대부분의 사람들은 그 말을 '믿음 조항들'로 듣는다. 그러면 그런 '믿음 조항들'이 참된 것인지 아니면 거짓된 것인지 혹은 그럴듯한 것인지에 대한 논쟁이 시작된다. 그러나 언더그라운드 교회에서 우리는 신앙을 **동사**로 보는 입장을 회복하려 하며, **명사**로 보는 입장을 배척한다. 강한 신앙을 가진 사람은 모든 종교적 질문들에 대한 대답들에 관해 절대적으로 확신을 갖고 있는 사람과 혼동해서는 안 된다. 그와는 반대로, 강한 신앙을 가진 사람은 훨씬 더 신비하고 받아들일 수밖에 없는 특성, 즉 **철저하게 신뢰를 구현하는**(radically embodied trust) 특성을 드러내는 사람이다.

이제 이처럼 신앙에 대한 새로운 정의로 넘어갈 것인데, 그것은 정말로 매우 오래된 것을 회복하는 것이다.

5장

신앙은 철저하게 신뢰를 구현하는 일

신앙은 끔찍하게 가혹한 것이며 불타는 산(酸)이다. 신앙은 나의 인생과 사회의 모든 요소들을 시험하여, 아무것도 남겨놓지 않는다. 신앙은 나로 하여금 나의 확실성, 나의 모든 도덕률, 믿음 조항들과 정책들에 대해 불가피하게 의문을 제기하도록 만든다. 신앙은 인간 활동의 어떤 표현이든 간에 내가 궁극적 의미를 부여하는 것을 금지시킨다. 신앙은 나를 돈과 가족으로부터, 직업과 지식으로부터 거리를 두게 하며 그것들로부터 나를 해방시킨다. 신앙은 "내가 아는 유일한 것은 내가 아무것도 모른다는 사실뿐이다"라는 것을 깨닫게 하는 확실한 길이다.

- 자크 엘룰

신앙(faith)이라는 말은 우리의 종교적 어휘들 가운데 가장 오해받는 말일 것이다. 신약성경에서 신앙이라는 말이 신뢰할 수 있는 행동(pistos)의 한 형태로 사용되고 있다는 사실을 주의 깊게 고찰하지 않으면, 우리는 계속해서 '신앙'이 '믿음 조항들'(beliefs)에 대한 강한 확신을 뜻하는 것으로 해석할 것이다. 일상적인 대화에서 우리는 "신앙을 갖게 되었다"라든가 "신앙을 잃어버렸다"고 말함으로써 마치 신앙을 측정할 수 있는 양적인 것으로서 들어오기도 하며 새 나가기도 하는 것처럼 말한다. 많은 것이 적은 것보다 항상 더 낫다. 결국 우리는 누군가 "신앙이 부족한" 사람을 꾸중하는 말로 "당신은 신앙이 없군요"라고 말한다.

교회 안에서 우리는 흔히 다음과 같은 대화를 듣게 된다.

"당신은 조(Joe)를 아나요?"

"네, 그는 주일학교에서 가르치는 집사님이지요. 그는 매우 강한 신앙을 지닌 사람입니다."

"강한 신앙이라니 무슨 뜻입니까?"

"그는 근본적인 것에 대해 의심하지 않습니다. 동정녀 탄생, 기적, 피의 속죄, 몸의 부활, 재림, 성경의 무오류성 등에 대해서 그는 절대적으로 확신하지요. 나는 때때로 의심하는 도마와 같지만 조는 그렇지 않지요. 그는 매우 강한 신앙을 지닌 사람입니다."

신앙이라는 말과 확신(certainty)이라는 말이 그처럼 결합되어 절대적인 확신이 신앙의 필요성을 제거한다는 것은 얼마나 이상한 일인가! 절대적 확신이란 그 정의상 은총을 필요로 하지 않는 고아가 된 것이다. 절대적 확신은 그 자체 이상 아무것도 필요로 하지 않는다. 완전히 자기충족적이기 때문이다. 확신은 진리를 도그마로 만들며 생활에서 의문부호를 붙일 곳에 마침표를 찍거나 감탄사를 찍는다. 사람이 무엇인가에 대해 "아무런 의심이나 유보 없이" 알 때, 그에게는 신앙이 필요 없다.

이처럼 신앙과 확신을 혼동하는 것이 수많은 탐색자들(seekers)을 종교적 냉소주의자로 만들었다. 리처드 도킨스는 2001년 9월 12일자 〈가디언〉지에 글을 쓰면서, 우리가 신앙을 "해롭지 않은 난센스"로 간주하는 것을 중단해야 한다고 믿는다고 썼다. 만일에 사람들이 "위안을 받기 위해 목다리(crutch)가 필요하다면, 해로울 것이 무엇인가?" 그러나 그라운드 제로(뉴욕 시의 세계무역기구 건물이 무너진 자리 - 옮긴이)의 대규모 무덤에서부터 여전히 연기가 피어오르고 있는 지금, 그는 계속해서 이렇게 말한다.

계시된 신앙은 해롭지 않은 난센스가 아니라, 치명적으로 위험한 난센스가 될 수 있다. 위험한 이유는 그 신앙이 사람들에게 자신들의 의로움에 대해 확고한 확신을 심어주기 때문이다. 또한 자신들을 죽일 수 있는 거짓 용기를 주어, 자동적으로 타인들을 죽일 수 있는 정상적인 장벽을 제거한다. 위험한 이유는 계시된 신앙이 타인들, 즉 다른 전통을 물려받은 타인들에 대해 적대감을 가르치기 때문이다. 또한 위험한 이유는 우리가 그 신앙에 대해 모두 이상한 존경을 갖게 만들어, 종교에 대한 정상적인 비판을 하지 못하게 만들기 때문이다. 이제부터는 종교를 존경하지 말도록 하자.[1]

이 논평에서 두드러지는 것은 "계시된 신앙"이라는 말을 사용한 것이다. 그는 대부분의 사람들이 '신앙'이라는 말을 들을 때 객관적이며 명제적인 어떤 것을 생각한다고 추측했던 것 같다. 사람들은 신앙을 세상 속에서 존재하는 한 방식으로서 구원에 대한 생각을 가져다주는 것으로 이해하지 않고, 오히려 맹종으로 화석화되는 하나님의 가르침들 세트로 이해한다. 우리로 하여금 이성을 넘어 사랑할 수 있도록 만들어주는 "신앙의 도약" 대신에, 이 "계시된 신앙"은 율법들과 자기 의로움에서 비롯되는 분노로 가득한 하늘의 옷가

---

[1] Richard Dawkins, *The Guardian*, Sepember 12, 2001. Douglas John Hall, "Against Religion," *Christian Century* 128, no. 1 (2011): 30에서 재인용.

방으로 간주된다. 계시된 신앙은 이처럼 하늘의 보상과 맞바꾸기 위해 대량학살을 자행하는 "참된 신자들"의 동기를 유발하는 것이 된다.

그런 광신적 태도가 기독교를 포함해서 세상의 모든 종교전통 속에 존재하는 것에는 의심의 여지가 없다. 나는 오클라호마시티에 살고 있으며, 1995년 4월 19일에 연방정부 건물이 폭파될 때 나는 그 건물에서 1마일 떨어진 대학교에서 공개강좌를 준비하고 있었다. 하늘에는 구름 한 점 없었는데, 우리는 천둥소리 같은 것을 들었으며 이어서 이상한 소음을 들었다. 성경을 입에 달고 살던 과잉 애국자 티모시 맥베이가 두 번째 미국혁명을 시작할 희망으로 폭탄을 터뜨려 어린이 19명을 포함해서 169명이 죽었다. 나의 교인 두 사람도 그 건물에서 일하고 있었는데 살아남았다. 그 다음 주일날, 그 두 사람 모두 자신들이 늘 앉던 자리에 앉아 예배를 드리면서 공동체의 힘과 신앙의 회복력을 구했다.

만일 당신이 그 두 사람 중 한 사람에게 맥베이가 행한 짓과 신앙이 무슨 상관이 있는지를 물어본다면, 그들은 아무 상관이 없다고 말할 것이다. 신앙이 공포와 증오를 불러일으키는가? 그렇다. 신앙이 문화적 가치들을 충돌하게 만드는가? 그렇다. 세상이 잘못된 것에 대해 책임이 있다고 생각되는 원수를 찾아서 파괴하고 싶은 욕망을 불러일으키는가? 그렇다. 그러나 그것이 신앙인가? 증오심에서 생겨나 무고한 사람들을 하나님의 이름으로 살육하는 것을 신앙이라고 부를 수 있는가? 소위 믿음이라는 이런 것은 단순히 포이에르바하가 말한 인간의 투사(human projection)로서 "하나님은 인간의 거대한 모습"인가? 신앙에 대한 그의 정의는 교회의 딜레마를 보여주는데, 그 딜레마란 "신앙은 본질적으로 편협하다... 왜냐하면 신앙은 항상 그 대의가 하나님의 대의이며 그 영예가 하나님의 영예라는 환상과 연관되어 있기 때문이다."2)

포이에르바하가 믿음들을 신앙과 융합시켰다는 것은 분명한데, 수백만 명의 기독교인들 역시 마찬가지다. 만일 믿음과 신앙이 실제로 동의어라면, 신앙은 편협한 것이 될 수 있으며 또한 흔히 편협한 것이 된다. 만일 종교적 믿음이 하나님의 재가를 얻은 명제적인 확신이라면(하나님은 틀릴 수 없다), 우리는 어떻게 신앙에 관해 정중한 대화를 할 수 있겠는가? 그러나 믿는 것과 신앙을 갖는 것은 똑같은 것이 아니다. 믿음들은 무엇인가가 옳거나 틀리다고 주장하는 것이다. 종교에서 이런 주장들은 하나님에 관한 주장들이며 도그마의 차원으로 승격된다. 즉 그 종교의 '신자'로 간주되기 위해서는 반드시 믿어야만 하는 특정한 종교적 전통이다. 오늘날 예를 들어 영국에서는 '신자'라면 기독교인을 말한다.

그와 대조적으로, 신앙은 하나님의 신비를 향한 오리엔테이션으로서 무조건적 사랑으로 가장 잘 이해되는 것이지, 그 신비가 무엇이며 혹은 무엇을 원하며 혹은 그런 신비가 존재하는지의 여부에 관해 확신을 갖고 알 수 있다고 주장하는 목록이 아니다. 신앙은 신앙을 필요로 한다. 신앙은 신뢰의 한 형태이며 사실상 궁극적인 신뢰의 형태다. 우리가 알 수 없음에도 불구하고 신뢰하는 것이기 때문에, 신앙은 믿는 것보다는 신뢰하는 것과 더 많은 것을 공유한다.

덴마크의 철학자 키르케고르가 신앙을 정의하려 했을 때, 그는 신앙을 '도약'(leap)이라고 설명했다. 우리가 건너뛰어 넘는 것은 신

---

2) Ludwig Feuerbach, *The Essence of Christianity* (Buffalo, NY: Prometheus Books, 1989), 253.

앙과 확실성의 가능성 사이에 벌어져 있는 큰 간격이다. 키르케고르가 사용한 또 다른 은유는 한 사람이 바다 한 가운데서 빠지지 않으려고 애쓰는 것이다. 우리가 하나님에 관해 확실하게 '알고' 싶어하는 것은 물을 발로 딛고 서려는 필사적인 노력과 같은데, 그것은 쓸데없는 짓이다. 우리가 물에 빠지지 않을 수 있는 유일한 방법은 몸을 풀어 내어맡기고 물 위에 떠 있는 방법뿐이다. (신앙은 우리를 부양해주는 양력과 같은 것이라는 말이다. - 옮긴이).

독일 철학자 슐라이어마허는 기독교 신학에 혁명을 가져왔는데, 이것은 임마누엘 칸트가 "사물 자체"를 알 수 없다는 것을 지적함으로써 철학에 혁명을 가져온 것과 같다. 오늘날과 마찬가지로 지식인들이 종교를 완전히 포기할 것을 촉구하던 당시에, 슐라이어마허는 종교적 '감정'(das Gefuhl)이 인간에게 필수적인 것이라고 주장했다. 이 감정은 믿음 자체도 아니며 단지 지나가는 느낌이 아니라, 오히려 세상에 대한, 무한에 대한, 혹은 종교적 용어로 하나님에 대한 우리의 가장 깊은 직접적 체험이다. 이처럼 그는 믿음과는 다른 신앙에 대한 모든 정의들 가운데 가장 지속될 수 있는 정의를 내렸다. 그는 신앙이 **절대 의존 감정**(the feeling of absolute dependence)이라고 말했다.

슐라이어마허는 교리들과 도그마들은 단지 이런 근본적인 체험을 공동체가 명료하게 다듬은 것에 불과하다고 믿었다. 그런 교리들을 지적으로 '믿는 것'은 우리를 진정으로 종교적인 사람으로 만들지 않는다. 그가 받았던 비판은 오늘날까지 계속되는 똑같은 비판으로서, 그런 '감정'은 결국 주관적이라는 비판이다. 따라서 하나님께서 당신에게 대량살육을 자행하라고 명령했다는 **당신의** 감정은 아시시의 프란체스코가 성인으로 불릴 자격이 있다는 **나의** 감정과 그 타당성에서 동등하지 않다고 누가 판단할 것인가? 만일 인간의 모든 생각들이 똑같이 하나님에게서 비롯된 것이라고 말할 수 있다면, 종교 공동체가 보존해온 어떤 객관적인 계시된 진리, 즉 인간이 만들어낸 진리 주장과는 엄격히 구별되는 진리가 없다면, 우리는 하나님의 이름으로 자행되는 악행들을 단죄할 근거가 없게 된다.

여기에 자유주의자들과 보수주의자들이 서로 만날 수 없을 것처럼 보이는 간격 사이에 수렴하는 점이 있다. 보수주의자들은 흔히 성경에 틀림이 없다는 것, 혹은 전통에 오류가 없다는 것을 권위로서 주장해왔던 반면에, 자유주의자들은 흔히 일종의 포스트모던 윤리적 상대주의로 물러나 어떤 생각이 다른 생각보다 더 낫거나 더 나쁜 것이 아니라 단지 서로 다를 뿐이라고 주장해왔다. 그러므로 여기서 분명히 할 것이 있다. 언더그라운드 교회에서는 우리가 완전한 교리적 일치를 기대하지 않지만, 모든 생각들이나 행동들이 똑같이 타당하다는 것도 믿지 않는다. 평화가 전쟁보다 나은 이유는 생명이 죽음보다 낫기 때문이다. 어린이들은 보호받을 필요가 있다. 우리들 모두가 중요하든가 아니면 우리 모두가 중요하지 않다. 우상숭배는 모든 죄악의 어머니이며 아버지다. 이웃에 대한 우리의 견해가 아니라 이웃을 사랑하는 것이 하나님의 마음에 더 가깝다. 이방인을 환대하는 것은 선택사항이 아니다. 우리가 감히 어떻게 이런 주장을 하는가? 이런 주장은 '믿음들'과 어떻게 다른가?

제례적 교조주의(ritual dogmatism)와 제의를 통한 자만심이란 전혀 신앙과는 아무런 상관이 없다고 단죄하는 것이 성경 자체라는 것은 얼마나 이상한 일인가! 또한 성경 자체는 얼마나 자주 우상숭배의 대상이 되었는가! 구약성경과 신약성경 모두에서 신앙은 '종교'를 (신앙의 실천과 연관된 조직과 제례들로서의 종교를) 전도된 것이며 둔갑한 것으로 **공격한다**. 도킨스가 예언자 아모스처럼 제례를 통한 자만심을 탄핵한 것(5:21)은 얼마나 묘한 일인가! 마찬가지로 요한계시록에서 소아시아의 교회들에게 보낸 혹독한 편지들에서, **종교예식을 준수하는 것은 결코 순종에 미치지 못한다**는 말씀은 산상수훈에서 예수님께서 경건함을 밖으로 드러내는 것이 결코 단순한 자비에 미치지 못한다는 가르침을 반영한 것이다.

20세기의 위대한 개신교 신학자들인 칼 바르트, 폴 틸리히, 디트리히 본회퍼 등은 모두 신앙은 종교에 **맞선다**(against)는 점을 분명히 주장함으로써 "종교로서의 신앙"에 대한 혹독한 비판 대열에 가담했다. 바르트는 "성경의 메시지는 하나님께서 종교를 혐오하신다는 것이다."라고 말했다. "우리가 종교에 관해 말해야 하는 것은 종교란 불경한(godless) 자들의 관심 가운데 하나라는 것이다."[3)]

여기서 우리는 또 다시 키르케고르를 통해 배울 수 있는데, 그는 개념(concept)과 능력(capacity) 사이의 차이점을 설명하느라 온 생애를 바쳤다. "기독교세계에 대한 공격"(Attack upon Christendom)에서 그는 인간의 가장 긴 여정, 즉 머리(개념)로부터 가슴(능력)까지의 여정에 관한 진실을 가차없이 폭로했다. 신앙을 (자신의 의견을) **더욱 굳히는 힘**(confirming force)이라고 생각하는 대신에, 키르케고르는 신앙을 낯설게 만드는 것(disorienting)이라고 말한다. 신앙은 우리로 하여금 하나님 이외의 모든 애착을 쓸어버리도록 만들기 때문에 우리를 **벌거벗기는**(undo) 것이다. 신앙이 중립적 에너지 형태가 되어 마치 우리가 자동차 탱크 속에 부어넣는 일종의 첨가제처

---

3) Karl Barth, *Church Dogmatics*, vol. 1, Hall, "Against Religion," 30에서 재인용.

럼 우리가 어디를 가든 좀 더 빨리 갈 수 있는 것이 된다면, 신앙은 정말로 위험한 것이 될 수 있다. 바르트는 종교가 "불신(unbelief)이며, 어떤 내적인 가치가 있다고 해도 무죄가 될 수 없는 것"이라고 했다. 종교에 대해 바르트는 이렇게 선언한다.

종교는 **포착하는 것**(grasping)이다... 사람은 진리를 스스로 포착하려고 노력한다... 그러나 그럴 경우에 진리가 그에게 다가올 때 그가 해야만 하는 것을 하지 않는다. 그는 **믿지** 않는다. 그가 믿는다면 그는 들을 것이지만, 종교에서는 그가 말한다. 만일 그가 듣는다면, 그는 선물을 받아들일 것이다. 그러나 종교에서는 그가 자기 스스로 무엇인가를 취한다. 만일에 그가 선물을 받아들인다면, 그는 하나님 자신이 하나님을 위해 중재하도록 할 것이다. 그러나 종교에서는 그가 하나님을 포착하려고 모험을 한다.[4]

하나님을 포착하는 것

종교를 우리 자신의 목적을 위해 우리가 포착하는 어떤 것으로 보는 반면에 신앙의 선물은 정의내리는 것을 허락하지 않는 초월적 실재로 보아 그 둘 사이를 구분하는 것은 얼마나 놀라운 방법인가! 종교는 실제로 바울의 표현을 인용하자면 "그 자신을 주장함으로써" 가슴을 완악하게 만들 수 있는 반면에, 신앙은 사랑의 신비를 향한 **오리엔테이션**이다. 종교는 바벨탑 신화(우리가 폭풍으로 하늘을 차지하려 하지만 실패한다)와 같은 반면에, 신앙은 오순절 신비(성령이 내려와 내면에서부터 변화시킨다)와 같다. 성 아우구스티누스는 "만일 당신이 이해한다고 생각하면, 당신이 말하는 것은 하

---

4) Ibid.

나님이 아니다."(*Si comprehendis, non est Deus*)라고 말했다. 프레드 크래독 교수는 그의 강연에서 "우리는 모두 올라가기에는 너무나 높은 산 둘레를 걷고 있다."고 표현했다. 히브리서를 쓴 기자에 따르면, 신앙은 "바라는 것들의 확신이요, 보이지 않는 것들의 증거" (11:1)이다.

개인적으로 나는 나의 아버지의 임종 직전에 이 책을 썼다. 아버지는 여러 차례 심장마비를 일으켜, 죽음이 그의 문밖에 기다리고 있는 것처럼 보였다. 내가 병원에서 경험한 것은 심지어 두 사람의 설교자들(저자의 아버지도 설교자였다. - 옮긴이) 사이에서조차 말처럼 쉽게 말라버리는 것도 없었다. 셰익스피어를 전공한 탁월한 영문학 교수로서 아버지는 여러 튜브 줄과 기계에 의존해서 숨을 쉬고 있었다. 나는 수사학자이며 저술가다. 그러나 우리들 사이에는 침묵이 가로놓였다. 만일 이것이 우리의 마지막 대화라면, 나는 무슨 말을 할 것인가? 아버지를 사랑한다고? 아니면 내가 어렸을 때 아버지의 장롱에서 몇 달러를 몰래 빼내 썼다는 것을 고백해야 하는가? 우리가 그 깊은 심연 속을 응시할 때, 신앙을 지적인 구성물로 생각하는 것은 그냥 증발해버리지 않는다. 그것은 우리를 조롱한다. 그 상황은 우리가 그랜드캐년 절벽에 서서 날씨에 관해 혹은 허리 통증에 관해 말하는 사람들을 생각나게 만들었다.

그래서 나는 아버지에게 그냥 사랑한다고, 아버지가 생각하는 것보다 훨씬 더 사랑한다고 말했다. 그리고 우리는 함께 울었다. 그 울음소리 속에는 하늘의 노랫가락이 들렸다. 목사들로서 우리는 그런 순간에 수없이 많이 다른 이들을 위로했다. 우리는 항상 그런 때에 맞추어 옷을 입고 또한 해야 할 말을 가슴에 담아 가곤 했다. 그러나 막상 그들을 만나면 그들에게 하려고 했던 말이 사라지곤

했다. 말을 담았던 가슴 속에는 구멍이 뚫려 있었다. 그 구멍의 이름이 신앙이다.

증거에 입각한 확실한 생각과는 완전히 동떨어진 것으로서, 신앙은 마치 당신이 어떤 방식으로든 하나님의 품속으로 떨어지듯, 하나님을 향해 기대는 자세를 통해 그 증거를 바꾸려는 것이다. 실제로, 신앙이 교리적 차이에 근거해서 '타인'을 결함이 있는 존재로 정의하는 폐쇄된 믿음 체계를 주장할 때마다, 신앙은 그 자체의 성격을 배반한다. 다른 한편으로 신앙이 이성을 우상숭배하는 것에 대한 또 다른 말이 될 때마다, 신앙을 선물로 만드는 것에 한참 못 미치게 된다. 언더그라운드 교회에서는 신앙이 철저하게 신뢰를 구현하는 형태가 되며, 이것은 많은 사람을 어리둥절하게 만들 것이다. 논쟁에서 이기려고 애쓰는 대신에 신뢰를 구체적으로 살아내는 사람 앞에서는 자유주의나 보수주의와 같은 딱지들이 별 의미가 없게 된다. 신뢰는 용서와 더불어 인간이 하나님처럼 행동하는 방식이다. 신뢰는 은총의 파생어이다.

기독교는 종교로 태어나지 않았다는 점을 반복해서 강조할 필요가 있다. 기독교는 불타는 가슴들이 모여 태어났다. 이런 예수님 백성들은 논쟁자들이 아니었다. 그들은 누구나 하나님께 다가갈 수 있다는 급진적인 생각을 믿었던 사람들이었다. 단순히 하나님께 다가갈 수 있을 뿐만 아니라 성육신을 통해 목격했던 것처럼 누구나 무한하게 사랑할 수 있는 사람들이라는 것을 믿었던 사람들이다. 그래서 그들은 발꿈치를 들고 예배를 드렸다. 그들은 '위'를 향해 몸을 기울였다. 그들의 신앙은 다음 두 가지 후렴을 지닌 사랑의 노래였는데, 그 후렴은 (1) "하나님과 이웃을 사랑합니다." (2) "다른 사람들이 우리에게 행하기를 원치 않는 행동을 다른 사람들에게 행하지 않습니다."라는 것이었다.

희미한 거울을 통하여

확실성보다는 신뢰에 기초를 둔 신앙을 지닌 사람은, 자기 혼자 중요하다고 믿는 난센스의 세상에서 눈에 띄기가 훨씬 쉽다. 첫째로, 그런 신앙을 지닌 사람은 겸손하다. 판단을 천천히 한다. 미심쩍은 것을 선의로 해석한다. 자신의 에고에서 벗어나, 다른 사람들의 잠재력을 최대로 끌어내기 위해 그들의 장점을 볼 줄 알며, 자신의 마음의 상처들을 이해하는 것처럼 타인들의 상처에 공감한다. 깊고 진정한 신앙을 지닌 사람은 세상에서 휴머니스트 모임에 참석하기 위해 머리에 히잡을 두른 여인처럼 두드러진다. 그는 신앙보다 종교가 더 중요하다고 믿는 사람들을 불안하게 만드는데, 이것은 마치 예수님의 발에 향유를 붓고 눈물범벅이 되어 자신의 머리칼로 닦아냈던 여인이 사람들을 불안하게 만들었던 것과 같다. 그는 본래적으로 조심성이 있지만, 자신의 조심성을 드러내어 칭찬을 받기 위한 것은 아니다. 오히려 그는 남의 말을 경청하는 사람이며, 자신이 모른다는 것을 알고 있으며, 신뢰의 힘 자체를 신뢰하는 사람이다. "진정한 신앙은 결코 그 자체로 만족할 수 없다. 진정한 신앙은 그 자신의 실존적 의심과 반제(antithesis)를 결코 꺼버릴 수 없으며, 그 자체의 목적지에 도달했다고 결코 생각할 수 없다. 그 목적지란 지금은 우리가 거울로 영상을 보듯이 희미하게 보지마는, 그 때에는 얼굴과 얼굴을 마주하여 볼 것(고전 13:12)이라는 목적지이다."5)

대학에서 나는 "의사소통의 윤리"라는 강의를 가르친다. 학생들이 수강신청을 결정하기 위해 이 강의가 무엇에 관한 것이냐고 물어볼 때, 나는 진실을 말해준다. 이 강의는 '거짓말에 관한 것'이라고. 보다 학술적으로 보이는 강의개요는 다음과 같다. "우리는 인간이 상징들을 사용해서 메시지를 전하는 방식의 윤리적 함의를 공부할 것인데, 특히 기만에 강조를 둘 것이다." 진실은 그 강의가 실제로 거짓말에 관한 것으로서, 왜 우리가 거짓말을 하며, 윤리학자들은 거짓말에 대해 무슨 말을 했으며(놀랄 정도로 적다), 우리 자신을 포함해서 우리가 세상에서 가치 있다고 생각하는 모든 것들에 어떤 영향을 끼치는가에 관한 것이다. 학생들은 호기심을 가질 수밖에 없다. 학생들 자신이 이미 전문가라고 생각하는 주제에 관한 강의를 선택할 절호의 기회가 아닌가!

그 강의는 거짓말에 관한 도덕적 교훈을 담고 있는 이야기들을 사용한다. 우리는 여러 문화들에 걸쳐 나타나는 신화, 전설, 비유, 동화를 통해 거짓말이 세상과 모든 것을 해체시키는 힘을 갖고 있다는 것을 배운다. 학생들은 세상에서 가장 일반적인 동화는 이솝우화에 나오는 "늑대가 왔다고 외치는 소년" 이야기의 변형이라는 것을 배우면 놀라게 된다. 그리스의 이야기꾼들은 평판과 신뢰성(오늘날 우리가 흔히 '성격'이라고 부르는 것)에 사로잡혀 있었다. 사람이 그 자신의 신뢰성을 낭비했을 때 무슨 일이 벌어지는가? 신뢰가 사라지면, 그 사람은 실제로 존재하지 않게 되는가?

나의 수업에서 가장 격렬한 순간은 항상 우리가 거짓말의 다양한 형태나 그 이유들에 관해 토론할 때가 아니라, 거짓말의 결과, 특히 인간관계에 미치는 결과를 토론할 때다. 나는 학생들에게 그

---

5) Ibid., 33.

들의 인생에서 사랑했던 사람이 거짓말을 했을 때를 생각해보라고 말한다. 그들의 표정을 보면, 그 때가 매우 고통스러웠지만, 그것이 보편적인 인간의 경험이라는 것을 알 수 있다. 교실은 갑자기 침묵에 사로잡힌다. 그들은 눈을 내리 깔고, 마치 영원처럼 아무도 말을 하지 않는다.

"그 거짓말 이후에 무슨 일이 생겼는지를 누가 이야기하면 좋겠는데." 침묵이 계속된다.

"잃어버린 것은 무엇인가요?"

침묵이 깊어지다가, 거의 한 목소리로 "신뢰입니다"라고 말한다. 학생들은 마치 누군가 코치라도 한 듯이 똑같은 대답이다.

"신뢰가 사라졌지요."

"여러분은 어떻게 그 신뢰를 되찾았나요?" 또 침묵이 흐른다. 학생들은 전보다 더 어색해 한다.

"만일에 어떻게 신뢰를 되찾아야 할 지 아무도 모르는 것이 사실이라면 어쩔 건가요? 신뢰를 잃어버린 후에는 인간관계에서 신뢰를 회복할 수 있는 방식이 어디에도 없다는 말이지요. 성직자들, 심리학자들, 철학자들, 현자들, 혹은 온갖 종류의 샤먼으로부터도 찾을 수 없다는 말이지요. 만일 여러분이 코카콜라를 만드는 제조법이 비밀이라고 생각한다면, 이것을 생각해봐요. 거짓말을 통해 신뢰를 잃어버린 관계에서는 신뢰를 회복할 방법을 아무도 모른다는 말이지요. 이것은 그리 중요하지 않을 수도 있지만, 단지 한 가지 작은 일은 예외이지요." '작은'이라는 단어가 마음에 걸린다.

"모든 인간관계에서 가장 중요한 요소는 무엇인가요?"

이제는 학생들이 침묵에서 벗어나 한 목소리로 대답한다. "신뢰요."

언더그라운드 교회에서는 예배와 실천 모두에서 '신뢰'라는 말이 '신앙'이라는 말을 대체해야 한다. 이런 단순한 수사학적 행동을 통해, 우리는 오랜 세월 동안 신앙과 믿음을 융합해서 사용하는 습관을 벗어날 것이다. 언더그라운드 교회의 특성은 제도적 교리들이 아니라 신뢰가 될 것이다. 확실성이라는 생각은 우리가 서로에 대해 미심쩍은 것을 선의로 해석할 때 우리가 가장 충만하게 살아 있다는 생각으로 대체될 것이다.

우리의 예배, 찬송, 기도에서 우리는 하나님에 대한 우리의 신앙이 아니라 우리가 신뢰하는 하나님을 말할 것이다. 예수님에 대한 우리의 신앙이 아니라 예수님의 길에 대한 우리의 신뢰를 말할 것이다. 우리는 신조를 암송하지 않을 것이며 승리주의(triumphalism)의 수사학에 참여하지 않을 것이다. 오히려 우리는 서로 신뢰하는 방식들에 의해 공동체의 일차적 관계(하나님에 대한 신뢰)가 신비하게 입증될 공동체들을 창조할 것이다. 만일 은총의 마지막 행동이 사람을 인자하게 만드는 것이라면, 신뢰의 마지막 행동은 타인들을 신뢰할 수 있는 사람으로 만드는 것이다.

교회의 회의에서 사람들의 행동들을 살펴보자. 당신은 얼마나 자주 그 회의에 참석하는 사람들의 '안건'(agenda)에 관해 짐작함으로써 준비하는가를 생각해보라. 당신은 무슨 안건들이 올라올 것으로 짐작하고 미리 대비를 할 것이다. 물론 당신이 그 안건에 찬성한다면, 반대할 사람들에 맞서서 어떻게 싸울 것인지 계획을 세울 것이다. 그러나 우리 문화의 거의 모든 것들과 마찬가지로, 우리의 모델은 경쟁과 갈등이다. 논쟁적인 회의를 마친 후에 다른 사람이 흔히 묻는 첫 질문은 "누가 이겼나요?"라는 것이다.

이상하게도, 교회에서 회의를 시작할 때 기도로 시작하지 않고 마치 법정에서처럼 개회선언으로 시작하는 것이 상식인 것처럼 보인다. 혹은 우리가 예배 시간이 아니면 기도의 힘을 평가절하했기 때문에 기도하는 것을 잊었는지도 모르겠다. 만일 우리가 기도부터 시작하면, 우리가 미리 결정된 결과가 나오게 하나님께서 협력해주시도록 하나님께 윙크를 보내는 것에 불과한 것인지도 모르겠다. 그러나 여기서 눈에 띄게 빠진 것은 가장 절실하게 필요로 하는 것, 즉 신뢰이다. 신뢰는 은총이 눈에 보이게 드러나는 것이지만, 교회는 흔히 서로를 신뢰하지 않는 사람들로 가득하다.

내가 목회하는 교회 안에서도 나는 불신의 암(癌)과 더불어 의심스러운 점을 선의로 해석하는 것(benefit of the doubt)의 기적적 능력 모두를 보아왔다. 내가 나의 인생에서 다른 사람의 행동에 관해 추정했을 때(대개의 경우 내가 방어적으로 생각하거나 아니면 그 사람의 인생에서 실제로 무슨 일이 벌어지고 있는지를 이해하지 못했기 때문에) 내가 얼마나 자주 엉뚱한 추정을 했는가에 관해 설교를 한 후에, 나는 우리가 최악의 경우를 추정할 때 아내와 서로 콧대를 꺾는 암호(BOD, benefit of the doubt, "선의로 해석하라!")를 채택했다는 것을 고백했다. 만일 내가 어떤 음모나 회중 사이에 어떤 사악한 반란을 상상하거나, 혹은 교회 예배가 끝난 후 듣게 된 어떤 이야기가 내가 집에 도착할 때까지는 알아차리지 못한 채 내 옷을 뚫어버릴 단검이었을 수도 있었다고 말하기 시작하면, 아내는 내게 "여보, BOD!"라고 말하기로 했다는 것이다.

교회에서 누군가가 다른 사람을 깎아내리기 시작하거나 혹은 그의 행동을 설명하기 위해 어떤 음험한 시나리오를 상상하기 시작하면, 우리는 사랑하는 공동체 안에서 관계를 새로 시작하기 위해 BOD를 승인하도록 서로 충고를 해왔다. 우리는 이제 회의에서 그 암호를 통용어로 사용할 뿐 아니라 사회적 모임들에서도 사용한다. 논쟁적인 결정을 논의하기 위해 특별한 회의를 소집할 때마다, 우리는 모든 사람들에게 의심을 선의로 해석하도록 요청한다. 그런 회의를 시작할 때, 우리는 기도하고 난 다음에 그 논쟁이 되는 문제를 에둘러 말하지 않고 직설적으로 말한다. 그리고 난 다음에 우리는 언더그라운드 교회에 적합한 전복적인 무엇인가를 하려고 노력한다.

그래서 우리는 교인들이 말썽꾼이라고 부를 신자들을 칭찬하는 것으로 시작한다. 우리는 그들이 교회에 깊은 염려를 갖고 있으며, 교회를 위한 최선이 무엇인지를 찾으려 하며, 회의에 참석해서 그들 자신의 의견을 표현하는 것에 대해 감사하다는 말을 한다. 이처럼 그들의 의견을 가로막지 않을 때 벌어지는 일은 매우 놀랍다. 그러면 회의의 목적이 '이기는' 것이 아니라 사랑 안에서 앞으로 나아갈 길을 찾는 것이 된다. 심지어 우리가 어떤 사람이나 어떤 입장과 완전히 불일치할 때조차도 우리는 참석한 모든 사람들이 교회의 미래를 위해 깊이 염려해야 한다는 것을 서로에게 상기시킨다. 매우 이상스럽게도 비록 그가 교회를 염려하지 않아도, 자신이 염려한다고 상정하기 때문에, 염려하기 시작한다. 이것이 바로 신뢰가 은총의 파생어일 뿐만 아니라 빵 속의 누룩처럼 작용하는 이유다.

언더그라운드 교회에서 우리의 가장 높고 또한 가장 신성한 의무 가운데 하나는 아직 교회 안에 없는 선을 추구할 의무다. 우리는 단지 신학적 입장이나 정치적 방향성이 비슷한 사람들의 모임이 아니다. 우리는 사교 클럽이 아니며, 외로운 영혼들의 클럽이나 죄의식을 달랠 장소도 아니며, 싹수가 노란 문제 아동들을 쫓아내는 곳도 아니다. 교회는 우리가 서로를 우리가 기대하는 사람들로 만드는 곳이다. 철저한 신뢰의 구현이 신학적 명제들에 대한 지적인 동의를 대체할 때, 우리는 서서히 그러나 분명하게 철저한 신뢰를 소유하며 실천하는 사람들을 만들어낸다. 모두가 각자도생(各自圖生)하는 우리의 초개인주의 문화와는 반대로 교회의 이런 역할은 피그말리온 효과(타인의 기대나 관심으로 인해 결과가 좋아지는 현상 - 옮긴이)가 교회에서 죽지 않았다는 것을 입증한다는 점에서 대항문화적이다. 기쁨은 단지 전염되는 것만이 아니라 생산성도 매우 좋다.

신뢰의 풍요함

1960년대 말에 교육에 대한 논쟁적인 실험 연구("Oak School 실험")가 진행되었다. 그 실험은 똑같이 논쟁적인 책 『교실에서의 피그말리온: 교사의 기대와 학생들의 지적 발달』로 출판되었다. 나는 대학생 때 고등학교 영어 교사가 되기 위해 준비하면서 그 책을 읽었다. 당시에 나는 피그말리온 현상이라는 것은 단지 상식으로도 알 수 있는 것에 대한 사회과학적 증거에 불과하다고 생각했다. 되돌아볼 때, 그 연구결과들이 한 가지 단순한 이유 때문에 사람들의 마음을 흔들어놓았는데, 그것은 진실이란 단지 우리를 깨우치는 것만이 아니라 우리에게 의무를 부과한다는 점이다.

이 유명한 실험에서 교사들은 특정한 학생들(실제로는 임의로 선택된 학생들이었다)이 특별히 뛰어나다고 믿도록 유도되었다. 그 학생들은 지적인 성장과 발전에서 분발하는 징조를 보일 가능성이 높았다. 그 학생들은 말하자면 '꼬리표'가 붙은 학생들이 되었고, 교사는 그 학생들을 '잠재력이 큰' 학생들로 보았다. 1년 후에 그 학생들은 다른 학생들에 비해 훨씬 더 지적인 발달을 보였다. 어떤 경우에는 지능검사(IQ)에서 다른 학생들에 비해 두 배나 높은 점수를 받기도 했다.6) 간단히 말해, 일부 학생들의 뛰어난 능력에 대한 교사의 믿음이 스스로를 성취하는 예언이 되었다는 점이다. 그것은 철저하게 신뢰를 구현한 형태가 되었다.

그 실험이 진행되는 한 해 동안 무슨 일이 벌어졌는지를 우리는 충분히 짐작할 수 있다. 그 특별한 학생들은 훨씬 자주 호명되었을 것이며 더욱 도전적인 과제가 부과되었을 것임에 틀림없다. 교실에서나 토론에서 그 학생들은 교사가 자기를 '선호하는 학생'으로 인식한다는 것을 여러 형태로 확인했을 것이다. 여기에 비밀이 있다. 어려운 질문을 한 다음에 대답하는 학생이 없을 경우에 교사들은 몇 명의 뛰어난 학생들을 기대한다. 그 학생들이 정확하게 대답할 것으로 기대하기 때문에, 학생들은 점차 그 기대에 부응하려고 애쓰기 시작한다. 그러는 동안 다른 학생들도 자신들의 정확한 위치를 깨닫는다. 우리 모두가 거대한 위계질서 안에서 어디엔가 위치해 있다는 것을 즉시 배우게 되며, (교사처럼) 권위를 지닌 인물들이 보내는 메시지를 통해 자신이 등급을 파악하게 된다.

그러나 이 실험에 대한 가장 흥미로운 반응은 교육 관료들 가운데 이 실험에 저항하는 사람들이 있었다는 것이다. 우리 모두가 이처럼 항상 서로를 창조하고 있다는 사실을 깨닫게 되면 정말로 두려워진다. 우리는 접촉하게 되는 모든 사람의 가치에 대한 우리의 평가를 표현할 때, 특정한 단어나 눈길, 혹은 격려하는 어떤 말을 통해 표현한다. 그런 표현들은 실제적인 결과를 초래하여, 상대방의 기를 꺾어놓기도 하고 반대로 기를 북돋아주기도 한다. 이런 사실은

---

6) Robert Rosenthal and Lenore Jacobson, *Pygmalion in the Classroom: Teacher Expectation and Pupil's Intellectual Development* (New York: Irvington, 1992).

불편하지만 근원적인 도덕적 명령을 담고 있다.

교사들은 자신들이 모든 학생들을 똑같이 동등하게 대한다고 믿는 충분한 이유가 있다. 우리 모두가 이런 신화를 믿고 살지 않는가? 부모들은 자녀들을 똑같이 대한다고 더욱 크게 주장할 수 있다. 목사들 역시 교인들을 똑같이 대한다고 입에 발린 소리를 하는 것은 복음이 요구하는 불가능한 명령이 부담스럽기 때문이지만, 실제로는 주일날 아침에 얼굴 마주치기조차 싫은 사람들도 있다. 나 자신도 그랬다.

교육현장에서 만일에 교사가 학생들에게 기대하는 것이 거의 없으면, 그것은 교육의 내용과 방법 모두에 영향을 끼친다. 학생들이 대처할 수 없을 정도로 기대가 크거나 혹은 그 기대가 별로 근사하지 않을 때도 똑같은 결과를 초래한다. 여기서도 본질적인 문제는 신뢰로서, 학생들이 더 잘 할 수 있는지에 대해 신뢰를 하는가 아니면 하지 못하는가에 달려 있다. 학생들이 신뢰를 받고 있으며, 목표가 약간 높게 정해질 때는 학생들에게 기대한 것들을 성취해낸다. 때로는 실제로 학생들에게 불가능한 것을 요구할 때도 잘 해내는데, 그것이 불가능한 것이라고 생각하지 못하기 때문이다.

이처럼 다른 사람들의 성장과 배움에 책임을 지고 있는 사람들(목사처럼)은 무엇이 가능한지, 혹은 개인들이 대처할 수 있는 것이 무엇인지를 결정하는 데 매우 치밀해야만 한다. 우리가 아무리 자주 "하나님과 함께는 모든 것이 가능하다"고 말한다 해도, 우리는 무엇이 가능하고 무엇이 불가능하다고 우리가 생각하는지에 관한 메시지를 항상 보낸다. 더욱 나쁜 것은 우리가 교인들이 아직 새로운 것들을 생각하거나 행할 단계에 도달하지 않았다고 판단함으로써 교인들을 특정한 영적 발전의 단계에 가두어놓을 수 있다는 점이다.

앞에서 말한 교육 문제에 대한 실험적 연구에서 별로 잘 알려지지 않았지만 똑같이 중요한 연구결과는 소위 학습 지진아들과 관련된 것이다. 그 학생들 가운데 몇몇이 성적이 두드러지게 향상되기 시작했을 때, 교사들의 평가는 오히려 떨어졌다는 사실이다. 다시 말해서, 교사는 그 학생들의 향상을 인정하기를 거부했는데 그 이유는 그 학생들은 성적이 향상되지 않을 학생들이었기 때문이다. 그 연구에 참가했던 저자 한 사람이 지적한 것처럼 "만일에 세상이 당신을 별 볼 일 없는 존재로 생각한다면, 만일에 당신이 성공하기 시작하면 세상은 당신을 처벌하려 할 것이다."

피그말리온 효과는 교사들이 수업방식에서 은연중에 어떤 학생들은 가르쳐봐야 알아듣지 못한다는 메시지를 보내지 않도록 해야 한다는 것만을 제안하는 것이 아니다. 그것은 우리 모두가 서로 관계를 맺는 방식이 우발적인 것이 아니라 구조적인 것임을 인정하도록 만든다. 그것은 탁월한 교사들은 "가르칠 수 없는" 학생들을 가르칠 수 있다는 것을 뜻한다. 그러나 그것은 또한 교사들 가운데 누구는 배울 수 있고 누구는 배울 수 없다고 확신하는 교사, 누구는 진급할 것이며 누구는 낙제할 것을 알고 있는 교사는 교실에서 퇴출되어야만 한다는 것을 뜻한다. 그렇다면 자신의 회중들을 신뢰하지 않는 목사들은 어떻게 할 것인가? 그토록 많은 목사들이 신학교에서 배운 것을 나중에 강단에서 교인들과 공유하기를 거부하는 것은 무엇을 뜻하는가?

나는 언젠가 어느 신약학 교수로부터 회중들에 대한 불신이 어떻게 가지를 부러뜨리는가에 관한 이야기를 들었다. 그는 아칸소 주에 있는 매우 보수적인 교회에서 주일학교 수업(어른들도 보통 연령

별로 나눈 교실에서 한다. - 옮긴이)에 강의를 하도록 초대를 받았다. 일부 교인들은 그 교수가 너무 자유주의적이며 예수세미나 회원이기 때문에 신뢰할 수 없다고 불평했다. 다른 사람들은 그 보수적인 교회에서 청중이 매우 적대적일 수 있는데 그가 왜 강의를 수락했는지 의아해 했다. 그러나 그 수업에 참가하는 교인들은 **배우기를** 원했으며, 그 수업에는 그 교회의 여성 대표도 있었다. 어느 교회나 한 사람씩 여성 대표가 있다.

그의 강의는 신약학에서 최근의 발견들, 소위 Q 복음에 관한 것이었다. Q 복음의 존재는 입증된 것이 아니라 추정된 것으로서, 마태와 누가에는 나오지만 마가에는 나오지 않는 재료들의 자료를 말한다. 그 교수는 예수님이 시간이 지나면서 더욱 초자연적 인물로 묘사된 근거를 설명하고, 도마복음을 포함해서 나그 함마디에서 발견된 영지주의 복음서들이 발견된 것이 끼친 영향을 설명했다. 많은 학자들은 도마복음이 우리가 갖고 있는 네 복음서들처럼 오래된 것이라고 믿으며, 심지어 도마복음을 제5복음이라고 부르기 시작했다. 그러나 도마복음은 예수님의 선교에 대해 매우 다른 그림을 보여준다. 그 수업에 참석한 교인들은 전체 교인들 대다수가 도마복음에 관해 들어본 적이 없을 거라고 결론을 짓고, 그 내용을 받아들이는 것은 각자에게 맡겼다.

강의가 끝나고 질문과 대답을 하는 시간에, 교회의 여성 대표가 일어나 강사에게가 아니라 담임목사에게 질문을 던졌다.

"목사님은 Q 복음에 관해 알고 있었나요?"

"네." 목사님이 대답했다.

"그걸 어디에서 배우셨나요?"

"신학교에서요."

"그런데 왜 우리에게는 Q 복음에 관해 가르치지 않았나요?" 목사가 대답을 하지 못하자, 여성 대표는 더 밀어붙였다.

"목사님은 도마복음에 관해서도 들어보셨나요?"

"네."

"도마복음에 관해서는 어디에서 배우셨나요?"

"신학교에서요."

"목사님은 왜 그런 정보를 우리에게 나누어주지 않으셨나요?" 교실은 조용해졌고 긴장감마저 흘렀다. "제 생각에는 오늘 오신 강사님이 그런 내용을 만들어냈다고는 생각하지 않습니다. 우리는 오늘 도마복음에 나오는 예수님의 114개 '말씀들'을 배웠지요. 우리는 그것이 복음이라고 불리지만 수난 이야기, 십자가 처형 이야기, 부활 이야기도 없다는 사실에 충격을 받았습니다. 더군다나, 도마의 유아복음서에서는 예수님이 마술을 부리는 작은 무법자였더군요. 자기를 놀린 친구 하나를 죽게 만들었다지요? 목사님도 그걸 알고 계셨나요?"

"네, 배웠지요."

"신학교에서 말이지요!"

"네, 맞아요."

"도대체 왜 우리에게는 그런 걸 가르치지 않았나요?"

마음이 불편해진 목사는 창밖을 내다보면서 말했다. "나는 여러분들이 그런 걸 알아야 할 필요가 있다고 생각하지 않았습니다."

오래지 않아 그 교회에서 회의가 열렸고, 애당초 왜 그 목사를 신학교에 보냈는지에 대해 논의를 했다.(미국에서는 신학교 입학 전에 시골 교회를 담임하고 교회가 생활비를 부담하는 경우들이 있다. - 옮긴이) 그리고 그 목사는 해고되었다. 이유는? 단순하지만 치명적이었다. 신뢰하지 않았던 것이다.

치명적인 불신

만일에 신뢰가 인간관계를 하나로 묶어주는 반면에 신뢰가 없는 것은 인간관계를 파괴한다면, 어떤 종류의 불신이 오늘날 교회를 파괴하는가? 하나는 소위 성경을 위한 전투로서, 보수주의자들과 자유주의자들은 각각 성경에 대한 문자적 읽기와 은유적 읽기를 주장하면서 서로 싸울 태세를 갖추고 있다. 두 번째는 일종의 신학적 불신으로서 하나님을 사랑하시며 우리를 받아들이시며 용서하시는 분이라고 묘사하면서 행동은 마치 하나님의 심판과 진노를 두려워해야 하는 것처럼 행동하는 것이다. 이 둘 모두는 불신의 사례들이다. 어떤 사람들은 심지어 그런 사례들이 교회에 피해를 주었다고 말하기까지 하는데, 그런 사례들은 '치명적인' 불신의 형태다. 다시 말해서, 그런 불신은 우리 교회들 안에서 사랑과 자비의 영을 죽인 것이다.

첫째로, 우리는 우리가 물려받은 이야기를 경청하는 대신에 그 이야기를 조작함으로써 불신한다. 보수주의자들은 만일에 성경이 본질적으로 '실제로 일어난' 것에 대한 정확한 이야기를 담고 있는 역사적인 것이 아니라면, 성경에는 권위가 없다고 주장한다. 성경은 하나님의 말씀을 전해주는 것이므로 전혀 "오류가 없는" 것으로 이해해야 한다는 것이다. 자유주의자들은 성경을 문자적으로 읽는 것은 그 본질적 메시지를 발견하는 데 가장 큰 장애가 된다고 맞받아친다. 신화라는 말은 아직도 우리 모두를 혼란하게 만든다. 어떤 사람들은 아직도 신화라는 말을 동화처럼 참된 것이 아니며 공상적인 것을 뜻하는 것으로 생각한다. 다른 사람들은 조셉 캠벨(Joseph Campbell)의 견해를 받아들여, 신화의 진실은 단순한 사실로 담아내기에는 너무 큰 이야기라고 생각한다.

둘째로, 우리는 하나님을 우리가 이해할 수 있는 강력한 상징들을 사용하여 인간 경험의 언어로 이해할 수 있다고 생각하기 때문에 하나님을 신뢰하지 않는다. 이것이 오늘날 공격적인 무신론자들의 일차적인 불만인데, 그들은 이것을 "하나님에 대한 망상"이라고 부른다. 우리가 계속해서 사용하는 하나님에 관한 언어는 말로 표현할 수 없는 것(the ineffable)을 마치 정지신호등이나 참치 통조림처럼 상투어로 만드는 언어다. 예수님 당시에는 랍비들이 하나님의 이름을 너무 친숙하게 들리지 않도록 큰 소리로 말할 엄두조차 내지 못했다. 아니면 그들은 하나님의 이름에서 모음자를 빼서 불렀다. 전능하신 분은 시공간 너머에, 우리가 파악할 수 있는 범위 너머에 계시는 분으로서, 윌리엄 제임스가 알 수 있거나 이름을 붙일 수 있는 "그 이상"(More)이라고 불렀던 분이다. 그러나 인간이 인식하는 하나님은 너무나 자주 화를 낼 내고 질투심이 많고 변덕스러운 하늘의 신처럼 간주된다.

성경을 이루고 있는 책들은 거의 2천 년 동안 기록되었으며 여러 차례 번역되었고 인간의 지문으로 덮여 있는 책으로서 우리의 예배 대상은 아니다. 우리가 성경을 읽거나 들을 때, 우리는 모두 우리를 위해 의도된 것이 아닌 고대의 대화들을 듣고 있는 것이다. 우리는 프레드 크래독 교수가 표현한 것처럼, 우리에게 말한 것이 아닌 목소리를 '엿듣는' 자세를 취한다. 마치 두 세계 사이의 열쇠 구멍을 통해 들려오는 목소리를 듣는 것처럼 말이다. 그 문지방을 넘기에는 시공간, 문화, 세계관, 언어의 간극이 있다. 이처럼 진지한 성경공부에 방해가 되는 것들이 너무 막강한 것이라서 그런 공부를 하기 위해서는 누구나 신학교에 가야만 하든가, 아니면 신학교를 졸업한 모든 목사들은 평생 동안 공부를 계속하겠으며 회중들을 바깥에 내버려두지 않겠다는 엄중한 약속을 하든가 해야 한다. 성경의 언어는 미국인들의 삶에 중심에 있으며 또한 흔히 미국 정치의 도구가 되고 있지만, 성경이 어떻게 우리 손에 들어왔으며, 성경 안에 실제로 무엇이 있으며, 도대체 왜 성경을 조금 아는 것이 전혀 모르는 것보다 더욱 위험한가에 대해서는 거의 모두가 모르고 있다.

우리가 다른 사람들을 지배하기 위해 성경을 이용하거나 혹은 성경의 모든 단어들의 의미에 대해 "참되며 절대적인 지식"을 갖고 있다고 주장하는 배타적인 공동체를 만들려 할 때마다, 우리는 그 놀라운 대화의 기록을 우리에게 남겨준 사람들을 감동시켰던 성령의 역사를 신뢰하지 않는 것이다. 그리고 우리가 해석의 과정을 신뢰하지 못하는 이유는 우리가 가슴 깊은 곳에서 그 대화 자체의 애매함을 신뢰하지 못해서 보다 더 권위적인 칙령이나 규칙들을 선호하기 때문이다.

언더그라운드 교회에서 성경은 사랑의 공동체 생활의 중심에 자리잡을 것인데 그 이유는 성경이 우리를 형성한 이야기, 우리를 변화시킨 이야기, 그리고 계속해서 우리를 놀라게 만드는 이야기를 전해주기 때문이다. 그러나 우리는 다른 어떤 것을 우상으로 만들지 않는 것처럼 성경도 우상으로 만들지는 않을 것이다. 우리는 인간의 계략, 종파적인 의제, 최악의 종교를 보여주는 하나님에 대한 욕심 너머에 있는 것들을 위해 우리의 신뢰를 예비해둘 것이다.

설교자의 아들로 성장하면서, 나는 처음에 의도는 좋았지만 결국에는 도저히 신뢰할 수 없는 근본주의자들에 관한 이야기를 많이 들어왔다. 우리는 로마 가톨릭이 아니라 프로테스탄트들이었기 때문에, 로마 가톨릭들처럼 (교회) 전통을 신처럼 만들지 않는 것이 중요했다. 그래서 우리는 성경을 신처럼 만들었다! 사람들은 권위를 어디엔가 붙박아놓아야만 한다고 말한다. 그러나 그럴 경우 우리는 하나님 이외에 다른 것을 신뢰함으로써 우리의 생각을 우상숭배하는 꼴이 되기 십상이다. 이런 것을 나는 "치명적 불신"이라고 말한다. 나는 치명적 불신의 두 가지 사례를 들어 설명하겠다. 하나는 이상하지만 슬프며, 다른 하나는 비극적인 사례다.

첫 번째는 성경이 주려고 전혀 의도하지 않았던 무엇인가를 우리가 요구함으로써 우리가 어떻게 성경을 불신하는가 하는 이야기다. 나의 아버지로부터 들은 이야기인데, 아버지는 악기를 사용하지 않는 그리스도의 교회에서 성장하셨다. 아버지는 십대 때 교회 장로들이 아버지에게 안수하던 날 설교를 하도록 맡겨졌다. 그분의 은사는 이미 분명했으며, 그 교회 전통에서는 안수를 받는 데 신학교 졸업이 필수 조건이 아니었다. 신학교는 목회자의 책임으로 간주되었다. 어떤 장로들은 신학교를 "신앙의 무덤"으로 간주해서 '묘지'라고 부르기도 했다.

나의 아버지는 하딩 칼리지에서 가르치면서 아칸소 주 비베라는 작은 도시에서 설교도 하셨다. 아버지가 비베에서 처음 설교하시던 주일날, 성만찬이 진행되는 동안 자리에 앉아계셨는데(그 전통에서는 목회자가 성만찬을 분급하지 않는다), 분급하는 이가 교회 뒷좌석에서부터 분급할 때 '퍽' 하는 소리가 들렸다. 아버지는 성찬을 받고서야 그 소리가 나는 이유를 알게 되었다. 빵이 너무 딱딱하여 조각을 뗄 때 '퍽' 소리가 나고 때로는 가루가 바닥에 흩어지기도 했다. 아버지는 빵을 너무 오래 구워서 탔다고 생각했다.

　문제는 그 다음 주일에도, 또 그 다음 주일에도 계속 그래서, 아버지는 소위 "남선교회 회의"를 요구했다. 예배 후에 모여서 빵에서 나는 소리에 관해 물었을 때, 사람들은 자신들의 구두만 응시할 뿐 약간 당황한 듯 보였다. 마침내 한 장로가 설명했다.

　"예전에 여기 계셨던 설교자가 우리에게 성경에는 예수님이 빵을 '구부린'(bent) 것이 아니라 '쪼개셨다'(break)고 되어 있기 때문에, 성경에 절대적으로 신실하기 위해서는 우리가 '퍽' 소리를 들을 수 있어야 하며, 그래야 우리가 예수님께서 마지막 만찬에서 하신 본보기를 따른다는 것을 증명하는 것이 될 거라고 경고하셨지요."

　세월이 지난 후에 나의 아버지께서는 그 사랑스런 교인들을 "빵 쪼개지는 소리를 들어야 하는 숭배자들"이라고 말씀하셨다. 그들은 단지 설교자가 지시한 대로 한 사람들이기 때문에 그들을 심판할 수는 없지만, 우리가 신뢰가 아니라 두려움을 갖고 성경에 접근할 수 있다는 것을 상기시켜준다. 만일 그들이 복음 설교자의 그런 명령을 무시했다면 무슨 일이 벌어졌을 것인가? 만일에 그가 그처럼 확신을 가졌다면, 단지 안전하기 위해서 그 엄격한 명령을 따르지 않을 이유가 없지 않는가? 그들은 설교자들이 아니라 단순한 사람들로서 잘못되는 것에 대해 두려움을 갖고 있었던 것이다.

　성경 이야기 속에서 새로운 율법주의를 위한 본문을 찾는 대신에 성경 이야기를 **신뢰했어야만** 하는 것은 바로 그 설교자였다. 그 설교자는 복음서들의 어디에서든, 특히 목마른 아이가 근처에 있을 때 그런 율법주의를 참지 못하셨던 분이 바로 예수님이셨다는 것을 알았어야만 했다. 그 설교자는 사람들로 하여금 하나님은 진정한 율법주의자라고 생각하도록 만드는 대신에 그들에게 더욱 큰 비전을 가르쳤어야만 했다. 만일에 그 설교자가 그러지 않았다면, 회중 가운데 용기 있는 사람이 나서서 담대하게 비교할 수 있어야 한다. 만일에 바싹 탄 성만찬 빵이 번제와 공통적인 것이 있다면 어쩔 것인가? 그 둘 모두가 예언자 아모스의 분노를 초래하여 그런 성만찬 의식이나 우리의 엄숙한 예배를 "기뻐하지 않으신다"고 하면 어쩔 것인가? 분명히 세상이 필요로 하는 것은 빵을 뗄 때 옳은 소리가 나는 것이 아니라, "공의가 물처럼 흐르게 하고, 정의가 마르지 않는 강처럼 흐르게 하는"(아모스 5:24) 교회이다.

두 번째 이야기는 훨씬 더 고통스럽다. 그것은 우리가 어떻게 하나님의 사랑을 불신하여 대신에 협소하고 곤궁하게 만들어 우리 자신의 곤궁함으로 만드는가에 관한 이야기다.

나의 친구 목사 한 사람은 자기 교인 가운데 릭이라는 젊은이가 말기 암이라는 진단을 받았다는 소식을 들었다. 릭은 대학생이었고 특별히 종교적이지는 않았지만 자신이 소년시절에 교회에서 배운 엄격한 가르침을 기억하고 있었다. 그는 세례를 받지 않았고 그 때문에 자신은 '구원'받지 못하고 지옥에 갈 거라고 생각해 두려움에 사로잡혔다. 그 목사는 그의 마른 팔다리와 공포에 질린 눈을 바라보면서, 자신이 설교했던 은총과 자비의 하나님을 생각했다.

그런 순간에는 말을 한다는 것이 고문을 당하는 것만큼 어렵지만, 그 목사는 하나님의 사랑과 자비에 대한 자신의 깊은 신뢰에 관해 말하고, 하나님의 팔이 밤낮으로 릭을 감싸고 있다고 말했다. 그는 두려워하지 말라고, 그분의 사랑의 품에 안겨 있다고 말했다.

"고맙습니다. 나는 괜찮습니다." 하고 그는 말했다.

그날 오후에 나의 친구 목사는 릭이 갑작스럽게 공포에 사로잡힌 이유를 알게 되었다. 유명한 부흥사가 부흥회를 하러 그 도시에

왔다가 릭의 곤경을 듣고 그를 심방하기로 결정했던 것이다. 가족들이 심방을 요청하지는 않았지만, 예의상 그가 문을 두드렸을 때 그들은 문을 열어주었다. 그 부흥사가 릭과 단 둘이 있게 해달라고 요청하자 가족들은 그 요청을 들어주었다. 그 부흥사는 릭에게 세례를 받았는지를 묻고, 모든 율법과 예언서들이 그 대답에 달려 있다고 말했다.

릭은 고통 속에 대답했다. "아니요. 세례를 받지 않았습니다."

그 부흥사는 낮은 목소리로 만일에 릭이 세례를 받지 않고 죽으면 그가 지옥에 갈 거라고 말했다. 만일에 그가 세례를 받는다면, 죽었을 때 하나님을 만나는 것을 두려워하지 않아도 된다고 말했다. 그는 릭이 올바른 결정을 내리기를 위해 기도하고는 떠났다.

어느 권고가 올바른 것인가? 그 목사가 하나님의 사랑을 확신시켜준 것인가, 아니면 그 부흥사가 묘사한 것처럼 무서운 전망인가? 릭은 그날 고통 속에서 지냈을 뿐만 아니라 매우 깊은 갈등을 겪었다. 어느 날 한참 기침을 한 후에, 죽음의 얼굴이 창문을 통해 자신을 응시하는 것을 느낀 그는 어머니에게 담임목사를 오시게 해달라고 요청했다. 병원에 와서 세례(그 교회 전통에서는 침례가 유일한 세례 형식이다)를 해주십사고 요청했다. 그 목사는 동의했지만 마음에 큰 갈등을 느꼈다.

릭은 세례예식이 무엇을 뜻하는지 전혀 개념이 없었지만, 그 과정을 거치지 않을 때 초래될 결과를 두려워했다. 당시에는 병원에서 침례를 베푸는 것이 매우 복잡한 문제였다. 병원의 직원은 큰 물탱크를 물리치료실에서 빌려다가 따뜻한 물을 채워 준비해야 했다. 릭이 있던 병실에서부터 지하실에 있는 물탱크까지 내려가는 것이 그에게는 매우 고통스러운 일이었다. 침대에서 일으키자 릭은 매우 고통스러워했으며, 너무 큰 소리를 질러서 그를 도와주던 사람들이 의지도 기운도 빠지게 만들었다. 몇 차례 시도하면서 사람들은 세례 돕는 일을 완전히 포기할 수 있기를 바랬다.

승강기를 타고 내려가는 일도 고통스러웠지만, 그를 달아 올리는 기계에 태워 물탱크 위로 옮겨서 다시 물속에 가라앉게 만드는 일은 더욱 고통스러웠다. 심지어 경험이 많은 물리치료사들조차 그의 비명소리에 주춤한 채 물러나, 그가 하나님의 은총을 받아들이는 동안 침묵 속에 지켜보았다.

릭이 다시 기계를 타고 공중으로 들려졌을 때, 목사는 그에게 "무엇인가 말을 해야 한다"(이것이 고백의 축복이며 동시에 저주다)는 것을 알고 있었고, 그는 말을 했다. 세례와 재생에 관한 말을 죽어가는 사람의 귀에 들려주는데, 그의 고통은 기계 소리와 뒤섞였다.

그를 다시 물속으로 내려 보냈을 때, 그는 너무 약해서 숨을 참지 못했고 그가 올라왔을 때는 거의 익사할 지경이었다. 병원의 기술자들이 이미 방을 떠났기 때문에, 목사는 그의 몸을 말리는 것을 도와주고, 그를 다시 입원실로 데려오는 고문을 겪어야 했다. 릭은 사흘 후에 죽었다.

이것은 치명적인 불신이다. 은총에 반대되며, 반(反)복음적인 것이다. 이것은 무조건적인 사랑과 용서와 은총의 하나님을 마지막으로 모욕하는 것이다. 제정신을 가진 사람이라면 누구라도 말기 암환자를 그 사경으로 몰아넣는 것보다 더 좋은 방법을 알고 있을 터인데, 도대체 그것이 하나님의 뜻이라고 우리가 어떻게 생각할 수 있는가? 종교의 모습들 가운데 우리가 예배해야 하는 하나님의 사랑이(상식은 말할 것도 없고) 우리들 자신의 사랑보다 더 제한된 것처럼 보인다는 측면보다 더욱 많은 사람들을 종교로부터 떨어져 나가게 만든 것도 없을 것이다. 돌아온 탕자를 만나기 위해 달려 나가는 아버지, 탕자에게 마땅한 엄한 훈계나 냉혹한 침묵조차 없이 그를 환영하는 아버지는 말할 것도 없다. 아마도 서글픈 진실은 우리가 탕자의 형이 주인 노릇하는 교회에서 사랑하는 아버지에 대한 복음을 운운하고 있는 것인지도 모른다.

언더그라운드 교회에서 우리는 우리와 동의하지 않는 사람들을 막아내기 위해 포장마차로 원을 그려 에워싸고 마치 신앙과 기도를 무기처럼 사용할 수 있는 것으로 살지는 않을 것이다. 우리는 철저하게 신뢰를 구현하도록 부름 받았으며, 원수와 낯선 이방인, 심지어 우리가 성경이라고 부르는 전복적인 말씀들을 포함해서 미심쩍은 것들을 선의로 해석할 것이다. 그러나 무엇보다도 우리는 말로 표현할 수 없는 신비이신 하나님을 신뢰할 필요가 있다.

교회에 대해 공개적으로 조롱하고 험담을 추켜세우고 창피를 주는 것을 즐기며 못살게 괴롭히는 것이 전염병처럼 퍼지고 있는 시대에, 언더그라운드 교회의 특이한 성도들은 서로를 격려하는 일에 헌신할 것이다. 바울이 데살로니가 교회에 준 따뜻하며 사랑하는 다음의 말씀을 우리 모두 마음에 새겨야 한다. "그러므로 여러분은 지금도 그렇게 하는 것과 같이, 서로 격려하고, 서로 덕을 세우십시오... 마음이 약한 사람을 격려하고, 힘이 없는 사람을 도와주고, 모든 사람에게 오래 참으십시오. 아무도 악으로 악을 갚지 말고, 도리어 서로에게, 모든 사람에게, 항상 좋은 일을 하려고 애쓰십시오."(데살로니가 전서 5:11-15)

철저한 신뢰로서의 신앙은 세상에서 찾아보기 어려운 인내심과 더불어 우리가 사랑으로 심은 것들은 우리가 사라진 다음 오랜 시간이 지나서 수확을 얻게 될 것이라는 깊은 믿음을 특징으로 한다. 우리가 결코 그 나무 그늘 아래 앉아볼 수 없는 나무를 심는 것이 중요하지, '믿음 조항들'에 관해 논쟁을 벌이는 것은 신앙을 창백하게 만들 따름이다. 우리가 신학적인 차이점들에도 불구하고, 우리가 옳고 당신들은 틀렸다는 것을 설득하려 들기보다는 **함께 일할** 수밖에 없다는 것을 느낀다면, 무슨 일이 벌어질 것인지에 대해 우리는 단지 상상만 할 수 있을 따름이다. 실제로 천사들이 노래하기 시작할 것이며, 하나님 나라가 하늘에서처럼 땅에서도 이루어질 것이다.

우리는 무엇을 잃어버린 것인가? 우리가 신앙을 잃어버린 것은 아니라는 점은 분명하다.

6장

함께 선교하여 교회를 새롭게

> 종교 전선에서 가장 큰 변화는 젊은 복음주의자들이 자신들의 뿌리를 떠나고 있다는 점이다. 우리가 엘리트주의를 벗어날 수 있는가? 우리가 그들에게 다가갈 수 있는가? 만일 그럴 수 있다면, 이것은 우리 회중들을 위해 엄청난 성장과 갱신의 시대가 될 것이다. - 캐롤 하워드 메리트

나의 조부모님의 종교 전통은 매우 보수적이었지만, 그의 자손들 가운데 근본주의자들로 자란 사람은 없었다. 그와는 반대로 우리는 해리 에머슨 포스딕의 자유주의적 전통 속에서 자랐다. 나는 뉴욕시 맨하탄 북서쪽의 리버사이드 교회가 나처럼 설교자의 아들로 태어난 사람이 보게 될 진보적 기독교의 메카에 가장 가까울 것이라고 믿게 되었다. 정직하게 말해서 나는 대학원 시절과 나의 목회를 통해서 여러 차례 이 놀라운 교회에 참석하곤 했다. 나는 그 교회가 사회복음에 초점을 맞춘 것에 대해 매우 기뻐했으며, 그 멋진 설교단에서 놀라운 설교자들이 권력에 대해 진실을 선포하는 것에 감동되었다. 나는 미래에 나 자신이 그 교회의 설교자가 되는 것을 꿈꾸기도 했었다.

그 때문에, 우리가 우상처럼 떠받드는 것이 흔히 망상이라는 것을 깨닫는 것은 충격적이다. 최근에 리버사이드 교회의 설교자 후보로 추천되었던 한 사람으로서, 내가 그 교회에 관해 들었던 소문들, 즉 그 교회가 몇 년 동안 내분에 휩싸였으며 인종적 및 신학적 분열 때문에 근본적으로 불구가 되었다는 소문이 사실이었다는 것을 깨달았다. 최근 몇 년 동안 그 교회가 일정한 기준을 정해서 그 기준에 입각해서 논쟁적인 회의들과 교회의 작은 모임들을 판단할 수 있게 했다는 것은 의심스럽기도 하다.

교인들은 교회 재정을 어떻게 사용할 것인지, 누군가 기금을 횡령하지는 않았는지, 어떤 신학적 전통과 예배형식을 따를 것인지 하는 문제들을 놓고 다투었다. 모든 교회들이 이런 문제들에 대해 논쟁하는 것은 당연하지만, 리버사이드 교회의 강한 사람들과 신념들을 볼 때 그 수치스러운 "교회 싸움"은 완전히 새로운 의미를 갖게 되었다. 논쟁 양편의 변호사들만이 서로를 향해 말하게 될 때 사태는 악성적인 싸움이 되기 때문이다.

리버사이드 교회를 창설한 포스딕 목사는 그 교회에서 목회하는 동안에 신경쇠약에 걸렸다. 어네스트 캠벨 목사는 자신의 종신 목사직 문제를 괴롭혔던 권력투쟁을 용인할 수 없어서 얼마 후 사임했다. 한번은 캠벨 목사의 설교 도중에 블랙팬더(1966년에 조직된 흑인 민족주의 혁명적 사회주의자들 - 옮긴이)가 예배를 장악하고 강단을 점령하여 인종, 빈곤, 배상 문제를 설교할 것을 요구했다. 그 교회의 첫 흑인 목사 짐 포브스는 리버사이드 교회의 정체성을 상실했다고 생각하는 교인들, 즉 위대한 자유주의적 증언과 신학적 독특성이 좀 더 복음주의적인 입장과 타협했다고 생각하는 이들 사이의 신랄한 논쟁 문제로 몇 년을 보내야 했다.

윌리엄 슬로언 코핀 목사는 아마도 리버사이드 교회의 가장 기억할 만한 예언자적인 설교자로서 남자 성경공부 그룹과의 끝없는 전쟁에 관해 자주 이야기했다. 그는 뉴욕시의 가장 높은 곳에 선 고딕 탑과 그 어둡고 역기능적인 면(그가 "그곳의 변기통"이라 부른 것)을 갈라놓은 깊은 간격을 설명하기도 했다.

나의 요점은 리버사이드 교회를 난처하게 만들려는 것이 아니다. 이미 공개적으로 알려진 것들이기 때문이지만, 우리 모두가 특히 이상적인 고정관념의 희생자들이라는 점을 기억할 필요가 있다는 말이다. 우리가 어떤 사람이나 혹은 물건을 크게 칭찬할 때는 모든 공백들을 적극적인 특성들로 채우는 것이 인간의 본성이다. 우리가 진정한 신자들일 때, 우리는 흔히 외형처럼 내부도 선할 것이라고 상상하는 순진한 능력을 드러낸다. 인생은 결혼처럼 오랜 신혼기간 이후에 복잡하고 타협적인 기간을 거치게 마련이다.

이것이 나에게 고통스러운 이유는 리버사이드 교회가 중요한 교회이기 때문이다. 그 교회는 많은 사람들에게 너무나 중요해서 그 교회 전체가 그 강단의 설교처럼 담대하고 은혜가 넘치리라는 환상을 갖게 된다. 그 교회는 미국에서 지성소 운동(sanctuary movement, 불법 이민자들을 교회 본당에 숨겨 보호한 운동 - 옮긴이)을 시작했으며, 민권운동, 여권운동, 동성애자 권리 운동에 앞장섰다. 그 교회의 전통과 역사를 사랑하며 또한 그 설교에 큰 영향을 받았던 나로서는 자유주의자들도 우울하다는 것을 인정하기가 어려웠다.

목사청빙위원회에서 인터뷰를 하는 동안에 나는 그 교회를 바로 세우려고 용감하게 애쓰는 사람들의 고민을 느끼게 되어, 리버사이드 교회가 아마도 "그 자신의 화려함의 희생자"가 아닌가 의심된다고 말했다. 순간 어색한 침묵이 흘렀다. 나는 이것이 정확하게 자유주의적인 개신교 전통 혹은 진보적 기독교의 문제가 아닌가 생각한다. 그 자신의 화려함의 희생자인가? 우리는 단지 포스딕 목사가 "근본주의자들이 이길 것인가?"라는 핵심적 설교를 하고 나중에 라디오를 통해서 2백만 명이 그 설교를 들었던 "좋았던 옛 시절"로 되돌아가기를 단지 희망하는 것인가? 아니면 우리는 1960년대에 마틴 루터 킹 목사가 인종적 및 경제적 정의를 요구함으로써 미국 전체를 매혹시켰던 시절에 동결(凍結)된 것인가?

시간은 모든 상처를 치유할 뿐만 아니라 우리로 하여금 사실이 어떠했는가를 잊게 만들기도 한다. 포스딕 목사는 동료 목사로부터 맹렬한 공격을 받았으며, 마틴 루터 킹 목사는 암살당하기 일 년 전에 리버사이드 교회에서 설교하면서 베트남 전쟁의 위선과 조직적인 경제적 불평등의 윤리를 단죄했다. 그로 인해 그는 특히 뉴욕 타임즈로부터 비난을 받았다. 그가 설교한 다음날 그 신문은 사설을 통해 그의 설교를 "킹 박사의 실수"라고 불렀다. 그 '자유주의적' 신문은 킹 목사가 대외정책이나 경제적 문제에 간섭하지 말고 그의 참된 소명인 인종통합에만 매진해야 한다고 주장했다. 여기서 우리는 예언자의 선포가 남의 감정을 해칠 수 있다는 사실을 확인할 수 있다. 보수주의자들과 자유주의자들 모두 그 질문들과 대답들을 지나치게 단순화시켰던 것이다.

우리는 이웃의 눈에서 티끌을 보면서 우리 자신의 눈 속에 있는 들보는 못 보는 것인가? 우리는 지금 포스트모던 시대, 포스트 기독교 시대, 포스트 종교적 우파 시대를 살고 있다. 주류 교회들과 진보적 교회들은 소위 새롭게 등장하는 운동(emergent movement)으로 젊은이들이 몰려가고 있다고 탄식하는 것 이외에는 그 운동에 대해 어떻게 대처해야 할 것인지를 여전히 모르고 있다. 우리가 교회의 음악 스타일, 설교자의 복장, 그리고 하나님께서 전자 악기를 사용하는 것을 허락하실 것인지에 대해 논쟁을 벌이는 동안, 우리는 요점을 놓치고 있는 것인지도 모른다. 우리가 어떻게 권력이 부패하며 파워포인트가 철저하게 부패시키는가에 관해 농담을 하면서 웃는 동안에 결국 요점을 놓치고 있는 것은 우리들일 것이다.

새롭게 등장하는 공동체를 이루는 대다수 사람들은 예전에 복음주의자들과 근본주의자들이었던 사람들이다. 그들은 교회의 현실적합성과 사회정의를 깊이 갈망한다. 그들은 소셜 미디어와 손쉽게 데이트를 하는 시대에 의미 있는 인간관계를 추구한다. 그들은 기독교에 대한 개방적이며 포괄적인 접근방법을 가치 있게 평가하며 또한 "질문을 살아내는 것보다 모든 대답을 아는 것에는 관심을 덜 갖고 있다. 새롭게 등장하는 교회에 참석하는 이들은 성경을 항상 문자적인 방식이 아니라 진지하게 다루는 신앙공동체에 참여하기를 원한다. 그들은 예수님을 따르는 것이 단지 자신들이 죽을 때 천국에 가는 것만이 아니라 천국을 땅 위에 지금 여기에서 실현하도록 하나님과 파트너가 되는 것이라고 믿는다."[1]

이것이 놀랍게도 자유주의적 혹은 진보적 회중들의 신앙고백처럼 들린다면, 지금 벌어지고 있는 일을 환영할 일이다. 복음은 다시 만들어지는 것이 아니다. 복음은 다시 발견되는 것이며, 그것은 언제나 새로운 예배 형태를 뜻한다. 불행하게도 우리는 형태상의 차이점들이 우리의 눈을 멀게 만들어 그 내용상의 유사성을 보지 못하게 만든다. 이것은 주류 교회가 모두 예배에 밴드를 통합시킬 필

---

1) Phil Snider and Emily Bowen, *Toward a Hopeful Future: Why the Emergent Church Is Good News for Mainline Congregations* (Cleveland, OH: Pilgrim Press, 2010). 2.

요가 있다거나 십자가를 거대한 스크린으로 대체해야 할 필요가 있다는 뜻은 아니다. 그것은 베이비부머들의 자녀들이 정통주의보다는 진정성을 더욱 가치 있게 여기는 신앙공동체를 아직도 갈망하고 있다는 뜻이다. 새롭게 등장하는 예배 형태에 관해 흔히 간과되는 것은 그 예배 형태가 보다 참여적이며 중층 감각적이라는 것만이 아니라 흔히 고대 기독교의 관행들과 상징들에 대해 새롭게 관심을 기울이고 있다는 점이다. 그들은 유아세례를 줄 때 아기에게 물을 뿌리지 않을 뿐만 아니라, 실제로 (세례 집례자가) 우리들을 그 아기에게 다시 소개하기도 한다.

우리는 변화를 싫어하는 습관의 피조물이라는 사실을 고백하자. 아마도 교회보다 더 변화를 싫어하는 곳도 없을 것이다. 우리가 기술적 변화에 얼마나 잘 적응하여, 모든 전자 기계는 구입하는 순간에 고물이 되어버린다고 농담을 하지만, 우리의 영적인 생활에서는 아무런 변화도 기대하지 않는다. 어떤 이들은 지금도 파이프 오르간만이 우리의 영혼을 뒤흔들 수 있는 유일한 도구라고 간주한다. 다른 이들은 예배에서 어떤 감정에든 휩싸이는 것은 '감정주의'로 빠지는 길이 아닌가 하고 의심한다. 우리 시대의 주류 교회의 서글픈 상태는 아마도 영적인 발전이 정지되어 있는 상태에 대한 증언일 것이다. 문에서 두드리는 소리를 우리가 듣게 되는 것은 아마도 다음 세대들이 우리의 잠을 깨우려 하기 때문일 것이다.

문제의 일부는 우리가 그처럼 고립된 삶을 살고 있다는 것이다. 우리는 이웃들과도 담을 쌓고 살고 있으며, 특히 미디어는 우리가 타인들에 대한 의심과 두려움 속에 살도록 부추긴다. 우리는 정치적, 신학적, 경제적, 인종적으로 순결한 공동체를 만들어왔지만, 결국 우리 모두는 서로의 마음속에서 만화의 주인공들이 되어버렸다.

우리는 '타인'이라는 원수들의 목록을 갖고 있지만, 진실은 우리가 서로를 전혀 모르고 있다는 사실이다.

나의 이웃집에 사는 사람이 하루는 나의 아내에게 "당신의 남편이 자유주의자라는 말"을 들었는데 그것이 사실이냐고 물었다. 오클라호마에서는 자유주의자라는 단어가 흔히 경멸의 뜻으로 사용된다.

"네, 그는 자유주의자에요." 아내가 대답했다.

우리 이웃에서 25년 동안 함께 살았던 그 존경받는 할머니는 잠시 후에 진지하게 말하기를 "그러나 그분은 그처럼 훌륭한 사람처럼 보이던데요."

늘 그런 식이다. 그러나 정직하게 말해서 그 반대의 경우도 있다. 얼마 전에 나는 오클라호마시티의 5번가 침례교회에서 나의 책 『예수를 교회로부터 구출하라』에 관해 교인들과 대화를 하도록 초청을 받았다. 그것은 내가 사는 도시의 흑인교회에서 처음 초청받은 것이었으며, 나는 누군가 혹시 착오를 일으킨 것은 아닌지 의심했다. 사람들이 혼동한 것은 아닐까? 조이스 마이어라는 텔레비전 부흥사가 있는데, 그 교인들이 우리가 서로 관계가 있는 사람들이라고 생각한 것은 아닐까? 아니면 나를 초청해놓고 나에게 신학적인 공격을 퍼부으려는 매복 작전은 아닐까? (내가 이런 끔찍한 생각을 했다니 참 부끄럽다). 그들이 나와 같은 백인 자유주의자가 책을 내면서 그 표지에 예수님의 입을 완전히 포장용 테이프로 막아놓은 그림을 사용한 목사를 가르치려는 것은 아닐까? "목사님, 하나님께서는 아담과 이브를 만드셨지, 아담과 스티브를 만드신 것이 아닙니다."라고 훈계할 수도 있을 것이다.

나는 그 토요일 아침에 차를 몰면서 인종적으로 말해 내가 "건너 편"(the other side)으로, 즉 예수님이 복음서에서 이방인들의 영토로 가시면서 말씀하셨던 "건너 편"으로 가고 있다는 것을 알았다. 교회에 들어서자, "콜만 목사님이 기다리고 계십니다."라는 말을 들었고 그의 수수한 사무실로 들어갔다. 그는 큰 체구에 쾌활한 분이었으며 오클라호마 액센트가 없었다. 그는 시카고 출신으로 미국에서 가장 진보적인 신학교 가운데 하나를 졸업했으며 해리 에머슨 포스딕을 매우 존경하는 목사였다. 그는 13년 동안 오클라호마의 극보수주의에 적응하느라 애쓰고 있었으며, 회중들에게 성서신학과 예언적 목회에서 중요한 일을 하고 있는 저자들을 소개하고 있었다. 그는 마커스 보그, 존 도미닉 크로산, 존 쉘비 스퐁, 필립 걸리 등을 예로 들었는데, 필립 걸리의 『만일에 교회가 기독교적 교회라면』(If the Church Were Christian)을 회중들이 막 공부를 끝냈다고 했다. 콜만 목사는 "우리 교인들이 그 책을 샅샅이 공부했지요. 우리는 필립 걸리를 사랑합니다."라고 말했다.

나는 갑자기 혼란스러워졌는데, 상황에 따라서는 성령이 임재하시는 징표일 수도 있는 것이었다. 그때 부목사와 평신도 대표가 들어와 기도할 시간이라고 말해주었다. 우리는 함께 손을 잡고, 내가 올바른 말을 사용하기를 기도했다. 그들은 주님께 "진리를 말하게 도우시기를" 기도했으며 또한 "나의 목소리"가 강하고 분명하며 용기 있기를 기도했다. 나는 마치 권투선수가 링에 올라가는 것처럼 느꼈는데, 이처럼 성령 충만한 트레이너들의 아름다운 간구를 통해 링 위로 들려진 것처럼 느꼈다. 우리는 방금 만난 것이 아닌가? 정직하게 말해서 그 순간에 나는 내가 매우 하얗다는 느낌을 가졌다.

흑인교회에서 당신을 위한 기도를 받기 전까지는, 당신은 기도를 받은 것이 아니다. 나는 마치 그 기도 중에 실제로 몸무게가 몇 킬로그램 줄어든 것처럼 가벼움을 느꼈다. 조용히 홀 안으로 들어서니 나를 기다리고 있던 청중들은 내가 그동안 강연에서 경험하지 못했을 정도로 적극적이며 호기심에 차 있고 정중한 사람들이었다. 그들은 배우려고 했지만, 화를 내지는 않았다. 내가 최근에 강연을 다닌 백인 청중들 가운데 많은 이들은 지나치게 지적인 사람들로서 화를 내고 있었는데, 세상이 끝나가고 있지만 최소한 자신들은 세상의 종말을 예언하는 결의문을 통과시킬 수 있다고 확신했다.

그 경험의 결과는 (내가 목회하는) 메이플라워 교회와 그 흑인 침례교회가 공동 활동들을 계획하게 되었으며, 콜만 목사는 나의 교회가 관장하는 오클라호마 성경 교육연구소의 이사로 참여하게 되었는데, 그 연구소의 목적은 중요한 성경학자들을 교회에 초청하여 목사들과 평신도들이 계속 공부하기 위한 것이다. 신학교가 존재하는 이유는 지역 교회의 건강과 활력을 위한 것이 아닌가? 학자들은 다른 학자들을 위해서 연구하는 것만이 아니라 보통 사람들도 배우기 위해 존재하는 것이 아닌가?

그러나 내가 배운 가장 중요한 교훈은 우리가 얼마나 자주 우리의 추정들의 희생자가 되는가 하는 점을 상기하게 된 것이다. 만일에 우리에게 주어진 명령이 하나님과 이웃을 사랑하라는 명령이라면, 그 교훈은 이웃을 아는 데 도움을 준다. 그뿐 아니라 교리와 전통을 초월하여 심지어 예배 형태를 초월하여 이웃과 더불어 무엇을 하는 데도 도움을 준다. 나의 교인 중 한 여자는 언젠가 자기는 "예배 시간에 손을 흔드는" 교회에는 절대로 가지 않겠다고 말하는 것을 들었다. 그 순간에 아마도 다른 사람들은 모두가 조용히 앉아 있기만 하는 교회에는 절대로 가지 않겠다고 맹세할 것이다.

바리새인과 세리의 비유가 떠오른 것은 바로 그때였다. 나 역시 그 바리새인처럼 미처 알지도 못한 채 얼마나 많이 그런 감사 기도를 드렸는가! "내가 다른 사람들, 즉 강도, 깡패, 간음하는 자들 혹은 이런 세리(나의 경우에는 근본주의자)와 같지 않은 것을 하나님께 감사합니다. 나는 매주 두 차례씩 금식합니다. 나는 내 수입의 십분의 일을 드립니다(혹은 나의 뛰어난 지적 능력의 절반을 바칩니다.)"라고 말이다. 그런데 도대체 왜 그 바리새인이 아니라 세리가, 학위도 없는 전문적 죄인이 "의롭게 되어" 집에 갔는가? 나는 이 비유를 좋아하지 않는다. 조금도 좋아하지 않는다. 그 비유는 영적인 교만이 양쪽 방향으로 벤다는 것과 결국에는 내가 여전히 '타인'과 직면해 있다는 것을 상기시켜 준다.

나는 자유주의자들에 관해 매우 비열하게 말하는 것을 들었다(나는 오클라호마에 살고 있다). 그러나 보수주의자들에 관해서도 매우 비열한 말을 들었다(나는 오클라호마에 살고 있다). 그러나 내가 듣지도 못하고 거의 보지도 못하는 것은 그 바리새인과 세리가 노숙자 피난처에서 식사를 배급하기 위해 함께 일하는 사랑의 능력이다. 우리 시대의 진정한 질문은 이것이다. 즉 도대체 왜 우리는 사랑하기보다는 자신이 옳다고 우기는 일에만 열심인가? 만일에 산상설교가 대반전을 보여준다면, 그리고 성경에서 바울의 가장 위험한 말씀이 "**여러분은 이 시대의 풍조를 본받지 말고, 마음을 새롭게 함으로 변화를 받아서, 하나님의 선하시고 기뻐하시고 완전하신 뜻이 무엇인지를 분별하도록 하십시오.**"(로마서 12:2)라는 말씀이라면, 도대체 왜 나는 시대의 풍조를 본받는 것을 그처럼 좋아하는가? 도대체 왜 나는 세상에 순응하는 것이 그처럼 유쾌하며 자기를 확인하며 유리하다고 판단하는가?

언더그라운드 교회에서는 예수 따르미의 결정적인 특징이 성경이 "권세와 정사들"(principalities and powers)이라고 부른 것에 순응하지 않는 것이다. 그러나 불순응 자체를 위한 것, 그래서 우리가 모두 불순응에 순응하는 것을 위한 것이 아니다. 여기서 관건은 단지 "원칙을 고수하는 것"이 아니라, 세상 속에서 심지어 우리를 정의하는 생각들과 편견들마저 해체하는 존재의 방식을 구현하기 위한 것이다. 우리는 윌리엄 슬로언 코핀 목사가 자주 표현한 것처럼 "우리 시대의 위선들을 비난하는 분노한 예언자들"로 부름받은 것이 아니라, 우리 자신의 위선을 비난하는 분노한 예언자들로 부름을 받았다. '타인'을 고발하기보다는 자신을 고발하는 비전을 살아 내는 분노한 예언자들로 부름받은 것이다. 간단히 말해서 교회를 구원하기 위해서는 자유주의자들과 보수주의자들(그리고 그 사이에 있는 모든 사람들)이 우리의 신학적 및 예배상의 경계선들을 넘어서 함께 일할 수 있는 구체적인 방식들을 찾아낼 필요가 있다. 그래야만 우리는 사랑의 공동체가 되는 것이다. 사람들은 굶어죽어 가는데 교리적인 차이점들에 대해 논쟁을 벌이는 것에 대해 나는 이제 지쳤다.

만일에 교회가 그리스도의 교회라면

내가 5번가 침례교회를 떠날 때, "우리는 필립 걸리를 사랑합니다."라는 콜만 목사의 말이 여전히 귀에 쟁쟁 울렸다. 좋으신 하나님, 필립 걸리 목사는 퀘이커이며, 우리 모두는 그들이 얼마나 이상한 사람들인지를 알고 있다. 목사도 없고 침묵 속에 앉아 있는 것이 보통이며, 비폭력에 대해 고집스럽게 헌신하고 있는 사람들이다.

그러나 만일에 그들이 그처럼 이상하다면, 왜 나는 퀘이커 교도들에 대해 마음이 끌리며, 내가 쓴 책마다 그들에 대한 나의 존경심을 표현하는가? 내가 전생에 퀘이커였는가 아니면 나의 마음을 끄는 것이 그들의 단순성 자체인가?

아마도 두드러지는 것은 그들이 대항문화적이면서도 사람들로부터 미움을 받지 않는 방식일 것이다. 언더그라운드 교회를 위해 가장 중요한 질문은 이것이다. 즉 만일에 교회가 그리스도의 교회라면 어떤 일이 벌어질 것인가? 로마 가톨릭이 아니라, 침례교, 장로교, 감리교, 회중교회, 오순절 교회 등등이 아니라 단지 그리스도의(Christian) 교회라면 말이다. 만일에 정치적 입장이 좌도 우도 아니고 훨씬 더 철저한 입장, 즉 복음의 체제전복적 정치학이라면 어떤 일이 벌어질 것인가?

만일에 미래의 교회가 그 신학적, 예전적, 문화적 차이점들을 넘어 함께 사역을 할 수 있는 능력에 의해 새롭게 갱신될 수 있다면, 우리의 기독교적인 정체성은 교파에 대한 충성보다 훨씬 중요한 문제가 될 것이다. 예를 들어, 필립 걸리의 장(chapter) 제목들을 갖고 하나의 문단으로 만든다면, 그것은 언더그라운드 교회에서 진행될 것을 완벽하게 보여준다. 들어보라.

만일에 교회가 그리스도의 교회라면, 예수님은 예배의 대상이기보다는 생활의 모델이 될 것이다. 우리의 깨어짐을 단죄하기보다는 우리의 잠재력을 확증하는 것이 더욱 중요할 것이다. 심판보다는 화해가 더욱 가치 있으며, 옳은 믿음보다는 자비로운 행동이 더욱 중요할 것이다. 대답을 알려주는 것보다는 질문들을 하도록 만드는 것이 더욱 가치 있으며, 공동체의 획일성보다는 개인적 탐구를 격려하는 것이 더욱 중요할 것이다. 교회 기관들을 유지하는 것보다는 필요를 채우는 것이 더욱 중요하며, 권력보다는 평화가 더욱 중요할 것이다. 우리는 사랑에 더욱 마음을 쓰며 섹스에는 마음을 덜 쓰게 될 것이다. 이생의 삶이 내세보다 더욱 중요할 것이다.[2]

그러나 문제는 항상 어떻게 할 것인가이다. 무엇이 그리스도적인가 하는 것이 아니라, 우리 시대에 우리가 사는 사회 속에서 어떻게 우리가 그리스도인이 될 것인가 하는 질문이다. 프레드 크래독 교수는 기독교에서 "모든 '무엇'은 어떻게 그리스도인이 될 것인가 하는 포괄적 질문에 봉사할 때만 고려할 가치가 있다."[3]고 말했다. 사람들이 이런 방식으로 행동하는 것은 무엇처럼 보일 것인가? 그 결과는 무엇일까? 우리는 우리의 정체성을 완전히 포기해야 하는가, 아니면 단지 우리의 정체성이 서로를 분리시키지 않도록 해야 할 것인가? 타협이 불가능한 영역들은 어떻게 할 것인가? 우리가 믿지 못하는 것을 믿는 척해야 하는가?

우선 만일에 예수님이 우리의 예배의 대상이라기보다 우리의 삶의 모델이라면, 우리가 교회 안에서 다투는 대부분의 문제들은 사라질 것이다. 대부분의 다툼은 신학적인 것이지 윤리적인 것이 아니다. 처음부터 예수님의 신성에 관한 논쟁은 항상 있어 왔으며 앞으로도 있을 것이지만, 그분이 우리에게 요청하는 미덕에 관한 논쟁은 별로 많지 않았다. 만일에 예수님이 목적을 위한 수단이며, 그분 자신이 목적이 아니라면, 우리 예배의 마땅한 대상은 하나님

---

2) Philip Gulley, *If the Church Were Christian: Rediscovering the Values of Jesus* (San Francisco: HarperOne, 2010).
3) Fred B. Craddock, *Overhearing the Gospel* (Nashville, TN: Abingdon, 1978), 12.

이다. "하나님에 대한 섬김이 입증되는 것은 [인간에 대한] 섬김 안에서"라고 말한 것은 한스 큉이었다. 언더그라운드 교회에서는 우리가 예수님을 따름으로써 하나님을 예배할 것이며, 또한 우리가 이웃을 사랑함으로써 예수님을 따를 것이다!

만일에 보수적인 교회가 구타당하는 여인들을 위한 피난처를 열고 또한 청소와 재정적 후원과 아이들 돌보는 일을 위한 자원자들을 초대한다면, 자유주의적인 교회가 그 파트너가 되는 것을 막는 것이 무엇이 있겠는가? 보수주의자들과 자유주의자들이 그런 학대의 근본 원인들에 대한 이해, 혹은 기독교로 개종하는 것이 해결책이라는 것에 관해 서로 다르게 생각할 수 있을 것이다. 그러나 그런 차이점들은 내버려 두어도 좋다. 우리의 믿음에 위배되는 활동을 해서는 안 되지만, 단순히 인간의 자비를 실천하는 활동을 막을 것은 아무것도 없다. 우리가 예수님의 방식을 모델로 삼을 때, 우리는 구원을 위한 교리 때문에 다른 사람들과 논쟁할 필요가 없다. 매일 우리 주변에서 벌어지는 필사적인 요구들을 볼 때, 도대체 왜 우리는 예수님을 하나님으로 예배하는 사람들과 그렇지 않은 사람들과 함께 "정의를 행하고 자비를 사랑하며 겸손하게 행하는" 일을 할 수 없다는 것인가?

2세기에 지중해 연안에서는 갈렌의 역병(165-180년)이라고 불린 전염병 때문에 수십만 명이 죽어 길거리에 시체가 넘쳤다. 기독교인들은 개인적인 위험을 무릅쓰고 병자들을 돌보았으며, 그런 일을 하는 것 때문에 기독교인들은 세상 사람들로부터 구별되었다. 그들은 죽음을 두려워하지 않았기 때문에 그들은 도시들 안에 머물러 있었지만, 다른 사람들은 공포에 질려 도망쳤다. 더구나 기독교인들은 이방인이었던 로마인들과는 달리, 계급, 부족, 종교에 상관없이 병자들을 돌보았다. 초기 기독교 설교자 크리소스톰은 간단히 이렇게 표현했다. "이처럼 공동선을 추구하는 것이 가장 완벽한 기독교의 규칙이며, 기독교에 대한 가장 정확한 정의이며 그 최고의 표현이다... 왜냐하면 이웃을 돌보는 일처럼 그리스도를 닮는 사람으로 만드는 것은 아무것도 없기 때문이다."4)

만일에 우리의 깨어짐을 단죄하기 보다는 우리의 잠재력을 확증하는 것이 더욱 중요하다면, 언더그라운드 교회에서는 우리가 원죄보다는 원복(original blessing)을 강조할 것이다. 우리는 영혼을 구원하기보다는 영혼을 회복시키는 사랑의 능력을 더욱 신뢰할 것이다. 만일에 심판보다 화해가 더욱 가치 있는 것으로 간주된다면, 인간의 타락을 단죄하기보다는 인간의 존엄성을 확증하는 선교 프로젝트가 우리 모두에게 (평신도로서 삶의 현장에서) 목회할 기회를 제공할 것이다. 만일에 두려움이 무기라면 우리는 벗어나야 한다. 그러나 만일에 사랑이 아무 조건이 없이 거저 주어진다면, 우리는 기쁘게 그 프로젝트에 참여할 것이다.

만일에 자비로운 행동이 옳은 믿음보나 중요하다면, 언더그라운드 교회의 표지는 분명할 것이다. 이것은 은유적으로 표현해서 사랑하는 공동체의 몸을 장식하는 문신이 될 것이다. 즉 우리는 은총에 대한 특정한 교리를 통해 구원받은 것이 아니라 은총에 의해 구원받는다. 만일에 우리가 예수님을 따르는 사람들이며, 만일에 우리가 그리스도를 닮아가는 사람들이라면, 굶주린 사람들을 먹이고, 벌거벗은 사람들을 입히고, 병자들을 돌보고, 고통 중에 있는 사람들을 위로하고, 갇힌 이들을 찾아보며, 세상이 어린이들을 위해 적

---

4) Rodney Stark, *The Rise of Christianity: A Sociologist Reconsiders History* (Princeton, NJ: Princeton University Press, 1996), 211에서 재인용.

합한 세상으로 만드는 일은 모두 신학적인 자격을 갖춘 사람들(신자들)에게만 행할 것이 아니다. 그렇게 하는 것은 신앙을 거래로 둔갑시키며 권력을 남용하는 것이다. **사랑하는 행위 자체의 구원의 능력을 신뢰하는 것이 언더그라운드 교회의 원동력이다.**

우리 교회는 니카라과의 산 속에 있는 작은 도시 히노테가에서 농아 어린이들을 위한 의료선교를 일 년 내내 펼치고 있다. 니카라과는 서반구에서 두 번째로 가난한 나라다. 그 어린이들의 청각 기능을 회복하거나 개선할 수술을 하기 위해 미국 전역에서 의사들과 간호사들을 초청할 뿐 아니라, 그 도시 중심에 큰 집을 구입하여 21명의 농아들을 위한 기숙학교로 사용하고 있다. 우리는 그 학생들을 가르치기 위해 수화로 소통할 수 있는 교사들을 파견했는데, 그 아이들 중 일부는 그 부모들이 책임질 수 없다고 판단하여 시장에 버린 아이들인데 선한 사마리아인이 데려온 아이들이다.

그 어린이들이 우리에게 올 때는 자기를 돌보거나 사회적 관계를 맺거나 자존심 등의 기본적인 능력이 없이 온다. 그 지역 사람들은 그 집을 "메이플라워 여관"이라 부른다. 내가 글을 쓰는 지금도 나의 아내는 다른 화가들과 그곳에 내려가, 그 집 담벼락에 아름다운 벽화를 그리고 있다. 다른 이들은 전기 공사를 하며 침실들에 페인트칠을 하고 컴퓨터실을 만들고 있다. 이런 노동 여행은 해마다 서너 번씩 가는데, 모든 경비는 자원자들이 부담한다. 최근의 프로젝트는 빵 가게를 열어 그 지역 사업가가 운영함으로써 그 월세를 받아 학교를 지원하고 있다. 거기서 굽는 빵은 성만찬 자체라고 우리는 믿는다.

이 프로젝트는 예수님께서 제자들에게 "깊은 물로 가서 그물을 던져라"고 설교하신 것에서 시작되었는데 지금은 1년에 10만 달러

(약 1억 원)가 소용되는 과업으로서 우리 교회는 풀타임 관리자와 그 지역 출신 담당자의 생활비를 전담한다. 우리는 그 어린이들(대부분 가톨릭이다) 가운데 아무도 개신교로 개종시키기 위해 시도하지 않는다. 우리는 기독교 자체가 그곳에서 눈에 볼 수 있는 것이 되도록 만들기 위해 일한다. 우리는 언더그라운드 교회 운동의 일부가 되기를 원하며, 복음전도를 위한 모든 교파적 및 교리적 요구와 전략을 제쳐놓는다. 우리가 그곳에 있으며 우리가 증언하는 것 자체가 우리의 복음전도이다.

만일에 대답을 알려주는 것보다는 질문들을 하도록 이끄는 것이 더욱 가치 있는 일이라면, 우리는 니카라과에서 하는 일에 대한 질문들을 조금 더 하도록 이끌었다. 왜 당신은 이런 일을 하는가? 그 일이 어떤 변화를 가져오는가? 그 어린이들은 당신의 삶에 무엇을 요구하는가? 정직하게 말해서 우리는 이런 질문들에 대답하는 데 서툴렀다. 아마도 우리는 너무 분주해서 스스로에게 그런 질문들을 물어보지도 않았기 때문일 것이다. 그 모든 질문들은 신뢰의 문제로 귀결된다. 어떤 것들은 사랑 자체처럼 적절한 설명이 없어도 우리로 하여금 하지 않고는 견디지 못하도록 만든다.

만일에 공동체의 획일성보다는 개인적 탐구를 격려하는 것이 더욱 중요하다면, 당신의 전통 혹은 당신이 편안함을 느끼는 지역 바깥에서 진행되는 성경공부에 동의하지 않는가? 기독교인들이 이슬람에 관해 아는 것이 거의 없다는 것이 무엇을 뜻하는지에 대해 왜 다른 교회들과 토론하지 않는가? 당신이 사는 지역에는 당신이 참석할 수 있는 이슬람 사원이 있는가? 테러리스트의 공격이 있은 후에 만일 상황이 요구한다면, 당신은 당신의 교회에 무고한 무슬림 가족을 숨겨줄 용의가 있는가? 20세기 후반기는 홀로코스트에 대한 지속적인 죄의식에 의해 형성되었다. 다음번에 벌어질 홀로코스트를 막기 위해 우리는 어떤 계획을 세워놓았는가?

교회 기관들을 유지하는 것보다는 실제로 필요를 채우는 것이 더욱 중요하다면, 도대체 왜 그토록 많은 개체교회들이 목회에서 파트너들을 찾기 위해 주변을 살펴볼 수 없는가? 같은 블록 안에 있는 교회들이 다른 교회가 어떤 선교 사역을 하고 있는지에 대해 전혀 알지 못한다는 것을 발견하면 종종 놀라게 된다. 만일에 그들이 우리도 파트너로서 할 수 있는 일을 한다면 어쩔 것인가? 어떤 도시 지역에서는 갱들의 숫자가 교인들의 숫자보다 많지만, 그들을 교회 안에 끌어들여 서로의 적들을 만나게 하고 그들의 무기를 내려놓도록 시도하는 일은 교회 휴게실에서 피자를 먹지 못한다는 오래된 규칙 때문에 진척되지 못하고 있다. 불법 이민자들은 여전히 "우리들 가운데 사는 낯선 이들"이어야 하는가? 많은 교인들은 그 불법 이민자들이 자신들의 마당 잔디를 깎아준 다음에는 멀리 사라져버리기를 원한다는 것이 사실이 아닌가? 그들도 이름을 갖고 있으며 자녀들도 있다. 그들도 나름대로 희망과 꿈을 갖고 있다. 그들에 대한 박해와 추방이 시작될 때 교회가 그 문제에 대응했던 적이 있었는가?

흔히 작은 교회의 교인들은 이런 도전들에 대해 자신들은 이미 하고 있는 일 이외에는 더 이상 돈도 없고 인적 자원도 없다고 대답할 것이다. 진짜 문제는 그들이 지금 하는 일들에 관한 것이며, 그 하는 일들이 내부적으로 (교회) 문을 열어놓는 데 초점을 맞춘 것인가, 아니면 외부적으로 치유와 희망의 세력으로서 공동체 문제와 씨름하는가 하는 문제다. "우리는 너무나 작은 교회다"라는 주장이야말로 우리가 다른 교회 공동체들과 서로 협력하는 것이 그토록 중요한 이유다. 우리가 협력할 때 우리는 더 많은 일을 할 수 있을 뿐만 아니라 서로에게서 배울 수 있으며, 서로에게 영감을 줄 수 있으며, 심지어 우리가 얼마나 많은 꿈들을 서로 나눌 수 있는가를 깨닫게 된다. 그 꿈들이란 어린이들에게 적합한 세상, 가능한 한 최상의 학교, 안전한 동네, 서로를 돌보는 이웃, 우리들 가운데 병이 들거나 절망에 빠진 이들을 돌볼 인적 자원을 마련하는 꿈과 같은 것이다. 우리가 문을 열고 나가 낯선 이들과 대화하면, 우리가 개인으로서나 사랑하는 공동체로서나 모든 것이 변하게 된다.

권력보다 **평화**가 더욱 중요하다면, 언더그라운드 교회는 이 길의 결정적인 특성을 어떻게 구현할 것인가? 우리가 교파들을 초월하여 폭력적인 비디오 게임은 우리의 교회들과 집안에서 발을 붙이지 못하도록 결의할 수 있는가? 우리가 우리의 군인들을 칭찬하는 열심을 갖고 우리 교인들 중에 양심적 병역 거부자를 끌어안고 그를 방어할 수 있는가? 무모한 폭력을 스포츠라는 이름으로 즐기는 우리의 집착은 어찌할 것인가? 이것이 평화의 왕을 따르는 이들이 우리의 지배적 문화의 게임들로부터 우리의 신앙을 완전히 칸막이 쳤을 때 벌어지는 일인가?

기독교인의 뚜렷한 특징 가운데 하나가 비폭력적이며 생명에 대한 외경심을 갖고 치유와 온전함을 위해 노력하는 것이라면, 도대체 우리는 왜 이방인들처럼 잔혹한 스포츠들에 열광하는가? 수많은 젊은이들이 뇌진탕과 관련된 질병으로 인해 불구자가 될 것이라는 증거가 많은데, 도대체 왜 우리는 그런 경기들을 보려고 표를 사며 또한 비디오를 통해 느린 동작으로 보면서 열광하는가? 극한적인 격투기처럼 피를 흘리는 스포츠들이 새롭게 떠오르는 것은 고통과 심지어 죽음의 광경을 공개적으로 보여주는 퇴영(退嬰)이다. 우리는 교회 안에서 신학사상과 기독교인의 특성에 관해 몇 시간씩

토론을 하지만, 텔레비전의 황금시간대에서는 우리의 목소리가 완전히 빠져 있다. 점차 로마제국의 문화처럼 되어가는 이 시대에, 교회는 또 하나의 고분고분한 고객처럼 보인다. 심지어 우리가 이런 문제에 대해 논의할 수 있는가? 아니면 우리의 진짜 종교는 스포츠 경기들과 그 선수들로 이루어져 있는가?

우리가 정말로 사랑에 더욱 마음을 쓰며 섹스에는 마음을 덜 쓰게 된다면, 모든 기독교인들이 음란물을 배척하거나 아니면 그런 음란물을 단지 벽장 속에 보관해둘 것인가? 탤런트 선발이나 미인 선발대회에서만이 아니라 패션산업들조차도 젊은 여인들을 노골적으로 성적인 상품으로 만드는 것은 우리가 고백하는 믿음, 즉 아름다움이란 내적인 평화가 아무런 노력을 하지 않아도 드러나는 것이라는 믿음과 근본적으로 양립할 수 없다. 이것은 보수주의자나 자유주의자의 문제가 아니다. 이것은 인간의 육체를 제국에 마케팅하는 것으로서, 아메리카 제국은 스스로를 '기독교' 국가라고 망상에 사로잡히도록 만들지만 실제로는 근본적으로 로마 제국이다. 이처럼 여성을 대상화하는 것에 대해 언더그라운드 교회의 예수님을 따르는 사람들보다 그에 협조하지 않음으로써 더욱 잘 저항할 수 있는 사람들이 도대체 세상에 누가 또 있겠는가?

끝으로, 이생의 삶이 정말로 내세보다 더욱 중요하다면, 도대체 왜 교회는 여전히 내세에 사로잡혀 있는가? 도대체 왜 우리는 계속해서 사람들의 궁극적인 공포인 죽음에 대한 공포를 이용해서 다른 사람들에 대한 권력을 장악하려 하는가? 우리가 죽은 다음에 무슨 일이 벌어질 것인지에 대해 솔직히 알지도 못하면서 안다고 주장할 것이 아니라, 우리의 삶에는 이유가 있다는 것을 신뢰해야만 한다. 죽음 이후의 삶은 부정할 수도 증명할 수도 없는 것이다. 테니슨이 표현한 것처럼 "증명할 수도 부정할 수도 없는 것을 증명하는 것은 아무런 가치가 없다."

죽음에 대한 우리의 공포 가운데 우리는 더욱 끔찍한 것을 고려하지 못하는데, 그것은 우리가 영원히 살 것이라는 생각이다. 윌리엄 슬로언 코핀 목사가 지적한 것처럼, "죽음이 없는 삶은 말 그대로 그리고 실제로도 끝나지 않는 삶일 것이다. 아침에 침대에서 일어나는 데만 몇 날이 걸릴 지도 모르며, '다음엔 뭘 할지'를 결정하기 위해 몇 주를 보내야 할지도 모른다. 학생들은 끝까지 학교를 졸업하지 않을 것이며, 교수회의든 다른 모든 회의들도 몇 달씩 계속될 것이다. 우리는 고대 그리스의 신들처럼 따분함에 몸서리치게 될 것이며 그 신들과 똑같은 장난에 세월을 보낼 것이다."[5]

게다가 죽음은 위대한 평형장치로서 우리가 인종, 계급, 국적, 성적인 지향, 종교적 정체성에 대해 갖고 있는 자만심들을 조롱한다. 죽음은 우리로 하여금 이생에서 벗어나게 만들어 하나님께서 새로운 신참들과 더불어 또 다른 세상을 시작하실 수 있게 한다. 그렇지 않다면 이 세상은 죽지 않는 사람들로 인해 곧바로 인구가 넘쳐나게 될 것이다. 그뿐 아니라 우리의 복음은 죽음을 두려워하지 말라고 가르치며, 죽음은 바울이 말한 것처럼 그 '가시'를 잃어버렸지만, 우리는 여전히 죽음을 두려워한다. 그러나 죽음이 없다면 우리는 사는 게 사는 것이 아니며, 또한 선하게 죽는 유일한 길은 선하게 사는 길뿐이다. 그러면 우리는 불이 꺼지는 것에 대해 화를 낼 필요가 없다.

우리의 삶의 성스러움이 내세에 대한 확실한 지식에 달려 있는

---

[5] 윌리엄 슬로언 코핀, 최순남 역, 『나는 믿나이다』 (한국기독교연구소, 2007), 237.

것이 아니라면, 도대체 왜 우리는 그런 지식을 요구할 것이 아니라 그 성스러움을 보호하고 경축하기 위해 함께 노력하지 않는가? 확실성이 아니라 신뢰가 우리의 '신앙'을 정의하는 것이다. 신뢰가 가장 필요한 것은 우리가 죽음을 원수가 아니라 친구로 볼 때다. 오늘날처럼 죽음을 부인하는 문화 속에서는 여러 종교를 가로질러 우리를 연합하게 만드는 데서 죽음을 완전히 자연스러운 것으로 받아들이는 것보다 더욱 효과적인 것은 없다. 바울이 표현한 것처럼 "우리 가운데는 자기만을 위하여 사는 사람도 없고, 또 자기만을 위하여 죽는 사람도 없습니다. 우리는 살아도 주님을 위하여 살고, 죽어도 주님을 위하여 죽습니다. 그러므로 우리는 살든지 죽든지 주님의 것입니다."(로마서 14:7-8).

우리는 무덤 저편에 무엇이 있는지 모르지만, 그곳에 누가 계신지는 안다. "부활하신 그리스도께서는 그 두 세계를 연결시키면서, 우리는 진정 하나의 세계 안에서만 살고 있다고 말씀하신다. 영적으로 말해서 만일 우리가 스스로에 대해 죽고 그리스도 안에서 부활했다면, 우리 앞에는 단지 이러한 영적인 죽음에 상응하는 육체적인 죽음만이 기다리고 있을 뿐이다. 미지의 것에 대한 두려움과 마지막 심판에 대한 두려움이 우리 앞에 놓인 것이 아니라 이미 지나간 것이라면, 육체적 죽음은 더 이상 우리를 공포의 도가니로 몰아넣지 못한다. 하나님의 사랑의 깊이가 죽음의 심연보다 깊다."[6] 우아하게 늙어가는 일은 매우 어려운 일이지만, 알베르 까뮈의 말, 즉 "늙는다는 것은 열정(passion)에서 자비(compassion)로 이동하는 것이다."라는 말을 기억하자. 영원은 죽을 때 주어지는 것이 아니라

---

6) Ibid., 243.

현재에 주어지는 것이다. 위대한 랍비 아브라함 헤셸의 표현처럼, 하나님과 함께하는 "시간은 가면을 쓴 영원이다."

다리 놓기

다이애나 버틀러 배스 교수가 지적한 것처럼, 환대(hospitality)라는 말을 호텔산업이 가져가버린 것은 불행한 일이다. 그것은 처음 기독교인들의 특징적인 표지로서, 그들은 예수님이 "가장 작은 자들"이라고 부른 이들을 사랑의 공동체 속으로 맞아들여 환영했다. 상업적인 거래나 호혜적 관계의 일부분으로 행동하는 것과는 거리가 멀게, 환대는 친구나 가족이나 부자 이웃들을 초대하는 것이 아니라, "잔치를 베풀 때에는, 가난한 사람들과 지체에 장애가 있는 사람들과 다리 저는 사람들과 눈먼 사람들을 불러라. 그리하면 네가 복될 것이다. 그들이 네게 갚을 수 없기 때문이다."(누가 14:13-14)는 말씀에 순종하는 것이다.

오늘날 미국에서는 환대를 말할 때 예수님보다는 마르타 스튜어트(미국의 가정용품 사업가로서 모피 반대운동을 했다 - 옮긴이)를 생각하기 쉽지만, 이것만큼은 분명하다. "오늘날 기독교인들은 도덕성을 성윤리와 같은 것으로 보려는 경향이 있지만, 우리의 조상들은 도덕성을 낯선 사람들을 환영하는 것으로 정의했다. 초기 기독교에서 그리스도의 본성과 삼위일체 교리처럼 논쟁을 일으킨 관념들과는 달리, 고대의 아버지들과 어머니들이 한결같이 증언한 것은 환대가 기독교인의 일차적인 미덕이라는 것이었다... 환대는 기독교의 도덕성과 같은 것이었다."[7)]

웬델 베리는 영적인 생활의 첫 번째 책임 가운데 하나는 그가

"할인판매(sales)에 저항하는 기쁨"이라고 부른 것이라고 말한다. "우리가 사는 시대는 기술과 생각들이 필요에 의해 채택되는 것이 아니라 광고, 판매전략, 패션에 의해 채택된다. 외판원들은 우리들 위에 천사들처럼 끊임없이 맴돌면서 '우리에게 좋은 것을 주겠다.'고 하는데, 그들은 공적인 비용으로 탐욕과 거짓말의 예술을 배운 사람들이 설정한 전략들을 따른다."8)

광고업자들은 하야카와가 말한 것처럼 우리 사회의 "스폰서를 둔 시인들"이다. 그들은 우리 문화 속에서 가장 창조적인 사람들이며, 그들은 우리의 가장 좋은 단어들을 도용할 생각만 하는 사람들이다. 환대라는 말도 지금은 비싼 값에 팔리는 사치품이 되었다. 환대는 선물이 아니라 거래가 되었다. 예전에는 환대가 낯선 이들을 공동체의 중심 속으로 맞아들임으로써 그들을 보호하며 그들의 본래적인 가치를 확증하는 급진적인 실천이었지만, 지금은 단지 경제생활의 거대한 사다리에 걸린 또 하나의 단계일 뿐이다. 돈이 많을수록 더 많은 환대를 구입할 수 있다. 당신이 팁을 준 후에 종종걸음으로 달려가는 이들은 당신이 가장 환영받는 것처럼 느끼게 하도록 훈련을 받는다.

그렇다면 도대체 어떻게 교회는 우리 사회 안에서 가장 환대를 하지 않는 장소들 가운데 하나가 되었는가? 편의점은 일주일 내내 하루 24시간 동안 문을 열지만, 대부분의 교회들은 주중에 낮 시간 동안에는 교회 문을 걸어 잠가 놓는다. 그 메시지는 우리가 다른 침입자들로부터 성가심을 당하고 싶지 않다는 것이며, 또한 우리가

---

7) Diana Bulter Bass, *A People's History of Christianity: The Other Side of the Story* (San Francisco: HarperOne, 2009), 62.

8) Wendell Berry, *Sex, Economy, Freedom & Community* (New York: Pantheon Books, 1993), xi.

그들을 두려워한다는 것이다. 주일날 아침에 오시면 되고, 옷을 제대로 입고 오시며, 가능하면 방문자들의 좌석과 교인들 가운데 기둥처럼 중요한 인물들의 좌석 사이를 구별하시기를 바란다. 당신이 만일에 실수로 그 좌석에 앉으면, 환대를 하지 않는다(inhospitable)는 말이 무슨 뜻인지를 알게 될 것이다.

오늘날 교회 안에서 자유주의자들과 보수주의자들 사이를 갈라놓는 가장 분명한 것 가운데 하나는 도덕성에 대한 우리의 정의를 통해 확인할 수 있다. 복음주의자들은 개인적인 죄(일차적으로 성적인 죄)를 강조하는 반면에, 진보적인 기독교인들은 구조적인 죄(일차적으로 경제적인 죄)에 보다 초점을 맞춘다. 전자는 '도덕'과 동의어처럼 간주되며, 후자는 주로 세속적이며 정치적인 문제로 간주된다. 그런 구분은 초대교회에 없었다. 예수님의 처음 따르미들은 도덕을 낯선 이를 환영하는 것으로 정의했다. 경제적인 불의에 관해 예수님의 처음 따르미들은 빈곤문제를 다루는 방법을 알고 있었는데, 그 방식은 오래 동안 잊혀졌다. 이 문제는 나중에 다시 다루겠다. 기독교인들의 일치는 신학적인 것이 아니라 윤리적인 것이었다. 우리가 아는 것처럼 그들은 온갖 것들(그리스도의 본성, 삼위일체, 할례 등)에 관해 논쟁을 벌였지만, 환대가 기독교인의 일차적 미덕이라는 점에 대해서는 아무런 논쟁이 없었던 것으로 보인다.

교회는 사람들의 가정에서 시작했으며, 과부들과 고아들, 떠돌아다니는 선교사들과 설교자들에게 쉼터를 제공했다. 그러나 초대교회 생활의 중심에는 음식을 공동체 안에서 나누는 근본적인 성사(sacrament)가 있었다. 음식을 가난한 사람들에게 제공하여 그들이 살 수 있었다. 장례식에서도 음식을 나누어 사람들이 혼자 고통을 겪지 않도록 했다. 필요한 사람들을 위해 함께 의복을 만들었기 때문에 교회는 세상에 생필품을 제공했다. 여자들은 이처럼 환대를 위한 단순한 활동들에 일차적으로 책임을 졌는데, 오늘날에도 계속되고 있다. 따라서 우리의 이야기에 따르면, 여자들은 십자가 곁에 마지막까지 남아 있었으며 무덤에는 가장 먼저 달려간 사람들인데, 어떤 교회들에서는 아직도 여자들은 설교를 할 수 없다거나 권위 있는 직책을 맡을 수 없다는 것이 얼마나 모순되는 일인가! 여자들이 없다면 교회도 없었을 것이다. 이것은 자유주의적인 입장이나 보수주의적인 입장이 아니라, 역사적인 진실이다.

기독교가 제국의 종교가 된 이후에, 그리고 많은 이들이 그에 저항해서 사막에 수도원 공동체들을 세운 이후에도, 환대는 중요한 미덕으로 남아 있었다. 그것은 단지 친절하기 위해서만이 아니었다. 오히려 모든 낯선 이들을 환영하는 것은 그리스도 자신을 환영하는 것으로 믿었다. 많은 역사가들은 환대가 순교보다 더욱 많은 사람들을 개종시킨 것으로 믿는다. "그들은 '저들이 얼마나 서로 사랑하는지를 단지 보기만 하십시오!'고 말했다."[9]

단지 보기만 하라고? 그것으로 충분하다. 우리 시대에 낯선 이들을 어떻게 대우하는가 살펴보자. 오늘날 "낯선 이들" 가운데 가장 두려워하는 집단은 무슬림과 불법 이민자들이다. 그라운드 제로(세계무역센터가 무너진 자리 - 옮긴이) 근처에 이슬람 사원을 건축할 계획을 놓고 논쟁이 벌어졌다. 플로리다에 있는 어느 목사는 꾸란 사본을 불태움으로써 방송을 탔다. 오클라호마에서는 놀라울 정도로 민중적인 뿌리를 갖고 있음에도 불구하고 우디 구트리(1912-1967, 밥 딜런에 영감을 준 포크송 가수로서 평생 공산당과 관계를 맺었다. - 옮긴이)의

---

9) Tertullian, *Apology* 39, Stark, *Rise of Christianity,* 87에서 재인용.

영향으로 인해, 미국의 빨간색 주들(공화당이 우세한 주 - 옮긴이) 가운데 가장 빨간 주가 되었다. 한때는 "눈물의 길"(1830년 이후 미국 동남부에 살던 원주민들의 땅을 뺏기 위해 강제로 서쪽으로 이동시킨 길 - 옮긴이)의 서쪽 끝에 있었지만, 오클라호마는 지금 미국에서 가장 야비한 반(反)이민법을 통과시키려고 하고 있다. 또 다른 법안은 불법 이민자나 그 가족에게 음식을 주거나 교통수단을 제공하는 것을 범죄행위로 만들려 한다. 또한 불법 이민자의 자녀들에게 공립학교 교육과 모든 공적인 서비스를 금지하려고 한다. 또 하나의 법안은 그런 노동자의 자녀들에게 특별한 신분증을 소지하도록 만들려고 한다. 왜 그들의 셔츠에 그냥 멕시코 국기를 바느질해서 달도록(마치 나치 독일이 유태인들에게 ✡표를 달도록 했던 것처럼 - 옮긴이) 만들지 않는가?

이 모든 것에는 완전한 위선이 개입되어 있다. 최근에 오클라호마시티에 엄청난 우박폭풍이 몰아쳐 수천 채의 집 지붕을 고쳐야만 했는데, 그 모든 일꾼들은 히스패닉이었다. 그들 중에는 분명히 일거리를 찾아 북으로 넘어온 불법 이민 노동자들이 포함되어 있을 것이다. 그들의 노동윤리는 어디에서도 찾아보기 어려울 만큼 매우 강하며, 우리는 그들에게 가장 힘든 막노동을 시킨다. 그러면서도 우리는 그들을 너무 두려워해서 저녁때가 되면 그들에게 우리 눈앞에서 사라지라고 요구한다.

최근에 오클라호마시티의 불법 이민자들에 대한 처우 문제와 관련하여 교회들이 모임을 가졌는데, 전국에서 기자들이 몰려들었다. (그들은 오클라호마에서 무슨 일이 벌어질 것인지를 잘 알고 있었다). 나의 부목사와 나는 그 모임에 참석한 유일한 백인이었으며 주류 기독교 성직자였다. 그 지역의 가톨릭교회 교인들이 나서서 도대체 왜 백인인 우리들이 거기에 참석했는지를 물었다. "우리는 예전에 이런 모임에서 백인을 본 적이 없었다. 당신들은 이민국 관리들로서 목사 옷을 입은 것은 아니냐?"

메이플라워 교회에서 단 몇 블록 떨어진 곳에 있는 이슬람 사원의 주차장에서 자동차 타이어들이 칼로 찢어졌으며, 한 차례 이상 누군가는 그 건물에 불을 지르려고 했었다. 이것이 우리들 중에 있는 낯선 이들에게 환영하는(심지어 관용하는) 방식이다. 우리는 이런 식으로 환대를 한다. 분명한 사실은 이런 증오범죄의 대부분이 스스로 기독교인이라고 고백하는 사람들이 저지르는 짓이다. 그들은 겉으로는 모든 옳은 것을 믿지만, 자신들이 믿는다고 고백하는 것과 인간의 존엄성에 대한 가장 기본적인 형태들 사이의 연관성에 대해서는 전혀 아무것도 모르고 있다.

우리의 앞날은 더욱 고통스러울 것이다. 특히 경제적으로 어려운 시대는 인간의 가장 어두운 공포를 더욱 크게 만들 것이며 낯선 이들을 속죄양으로 만드는 일을 더욱 가속화시킬 것이기 때문이다. 언더그라운드 교회에서는 건물 바깥에 무슨 이름을 붙이건 간에, 신학적 전통과 예배 스타일이 어떠하든 간에, 우리는 낯선 이들과 함께 할 것이다. 그러지 않는다면 우리는 마땅히 기독교라는 이름을 내던져야만 한다.

우리는 기독교의 본래적이며 체제전복적인 미덕들을 집단적으로 실천하는 것을 중심으로 연대해야만 한다. 교회들은 평화와 비폭력, 철저한 환대와 경제정의 문제들에서 다리를 놓아야 하며 함께 일해야만 한다. 전쟁이 발발하려 할 때는 기독교인들이 가장 적극적으로 저항하는 세력이 되어야만 한다. 최소한 우리는 정당한 전쟁 이론을 주장해야 할 것이다. 많은 사람들은 **모든** 전쟁이 근본적으로 기독교와 양립할 수 없다고 주장할 것이다.(그들은 심층적 차원에서 옳다). 왜 그런가? 전쟁은 죄이기 때문이다.

우리는 단지 시위를 벌이거나 연설하는 것 이상을 할 필요가 있다. 언더그라운드 교회는 그 이름에 걸맞게 의식적으로 **불복종하는** 존재여야만 한다. 우리는 저항하는 것 그 이상을 할 것이다. 우리는 양심적 병역거부자로서 군대를 이탈하려는 사람들을 지원하는 체계를 조직할 것이다. 우리는 전통적인 평화주의 공동체들(퀘이커, 메노나이트 등)과 함께 평화주의가 단지 '일탈파'의 기이한 착오가 아니라 기독교의 핵심 가치라는 것을 회복할 것이다. 우리는 적어도 영화들 속에 나오는 섹스 장면들만이 아니라 영화들 속의 폭력에 관해서도 관심을 가질 것이다.

환대의 문제에서 우리는 단지 교회 건물 앞에 "모두를 환영합니다."라는 간판을 붙이는 것 이상을 해야만 한다. 게다가 우리가 동성애자들을 비난하는 것은 그들이 단지 성경을 믿지 않기 때문인가? 환대는 단지 목표가 아니다. 환대는 그들이 장애인이건 익숙하지 않은 장소를 찾기 위해 방향을 가리켜 주는 것이든 간에, 사람들이 인사하는 방식 속에 구체화되는 태도다. 교회에서 낯선 이들에게 익숙하지 않은 특수한 관례나 노래를 시작할 때는 사회자가 "우리 교회의 신비들"을 설명해 주어야만 한다. 정기적으로 예배에 참석하는 이들에게 익숙한 것들이 방문자에게는 낯선 것들이다. 단순히 친절을 베풀어 방문자들에게 주의를 기울이고 그의 입장에서 상상할 필요가 있다. 모든 교인들은 스스로에게 "만일에 내가 이 낯선 곳에 처음 온 방문자라면 어떨 것인가?"를 물어보아야 한다.

경제정의 문제에 대해서 언더그라운드 교회는 다른 교회 회중들과 파트너가 되어 그 모든 고용인들에게 생활임금을 지불하기 시작해야 한다. 교인들은 숫자가 줄어들고 예산 역시 더욱 줄어, 일부 교회들은 이런 일을 하기 매우 어렵지만 이것이 우리의 목표여야 한다. 교회 예산은 신학적 선언으로서, 우리는 우리가 가치 있다고 믿는 것을 위해 돈을 지불한다. 교회에 고용된 이들은 물론 봉급을 받아야만 하지만, 인건비가 예산의 거의 전부를 차지하는 경우에는 무엇인가 잘못된 것이다. 우리가 흔히 잊고 지내는 것은 우리가 우리의 돈으로 환대를 실천할 수 있다는 점이다. 우리는 돈으로 다른 이들의 삶의 조건을 높여주며 치유할 수 있다. 환대(hospitality)를 뜻하는 말의 라틴어 어원은 병원(hospital)과 호스피스(hospice)와 같은 어원이다.

전통적인 교구 교회들은 교회를 유지하기 위해 쓰는 예산만큼 선교 사업에 예산을 쓰는 목표에서는 매우 멀리 떨어져 있다. 그러나 그 목표를 향해 나아가야 한다는 점에는 모두 동의한다. 만일에 모든 교회들이 자신을 위해 사용하는 돈만큼 남들을 위해 사용한다면, 사람들을 돕는 프로그램을 위해 사용하는 예산은 엄청날 것이다. 정부의 사회복지비용이 삭감되는 시대에 교회는 그 공백을 메우는 일을 도와야 할 도덕적 책임이 있다. 물론 예수님을 따르는 일의 결과들 중에는 보다 더 위험한 것들이 있다. 일부 교회들은 다음에 설명할 아이디어들을 받아들일 준비가 되어 있지 않을 것이다. 그러나 우리는 그것이 교회의 존재이유라 생각한다.

실제적으로 해결하자

앞으로 언더그라운드 교회의 교인들은 더욱 높은 법을 따르기 위해 실정법을 어기는 것이 언제가 도덕적인 때일지를 결정해야 할 것이다. 기독교인들의 불복종 전통은 매우 오래되었으며, 그런 거룩한 반대의 결과로 인해 우리는 흔히 목소리를 내지 못하는 사람들, 힘이 없고 희망이 없는 사람들을 위해 조금 더 나은 세상을 만들어왔다. 우리 모두는 물론 법에 예속된 시민들이다. 그러나 우리들 가운데 일부는 제국과 흔히 마찰을 빚는 더 높은 법에 충성하기로 맹세를 한 사람들이다. 만일에 그렇지 않다면, 기독교인들이 박해를 당하지도 않았을 것이며 살해당하지도 않았을 것이며 예수님 역시 정치적 혁명가로서 처형당하지도 않았을 것이다.

과거의 로마제국과 오늘날의 아메리카 제국에 우리의 영혼을 팔아버린 결과들 가운데 우리가 잘 깨닫지 못하는 것은 우리가 제국의 보호를 받고 있다는 점이다. 또한 우리는 제국의 부(富)를 받아들이는 쪽에 속해 있다는 점이다. 교회가 그 자신의 은인을 비판할 수 없는 것은 고용인이 아무리 보스를 끔찍하다고 생각한다 하더라도 그 보스를 비판할 수 없는 것과 같다. 이런 '포로상태'에 덧붙여 그 제국이 "기독교적인 제국"이며 시민종교의 온갖 장치들을 갖고 있다는 것을 생각하면, 시민 불복종을 위한 교회의 역량은 완전히 제거된다.

특히 교회들이 면세 혜택을 받고 있으며 또한 소위 신앙에 입각한 활동들을 위해 교회가 정부기금을 사용하는 것 때문에, 한때는 반제국주의적이었던 교회는 이제 제국의 호주머니 속에 들어 있는 신세가 되었다. 오늘날 가장 급진적인 주장 가운데 하나는 교회가 면세 혜택을 받지 **말아야** 하며, 또한 교회의 프로젝트나 선교활동이 아무리 가치 있는 것이라 하더라도 결코 정부기금을 받아서는 안 된다는 주장이다. 그런 혜택을 받는 것은 제국에 대해 저항해야 할 필요가 있을 때 우리로 하여금 타협하게 만들기 때문이다. 면세는 정부 보조금의 한 형태이다. 신앙에 입각한 활동 기금을 정부가 대주는 것은 종교적 목적을 위해 공적인 기금을 직접 투자하는 것에 다름 아니다. 보수주의자들과 자유주의자들은 이런 일에 얽혀드는 것에 저항하는 나름의 서로 다른 이유들이 있을 것이지만, **양쪽 모두**는 그런 돈을 받지 않음으로써 저항할 수 있다.

좌파와 우파라는 꼬리표를 넘어설 수 있는 전복적 방식의 사례가 있다. 그 위험성은 물론 우리가 이 문제에 대한 논쟁을 하면서 돌아올 지점을 넘어버리게 되는 위험성이다. 인간의 고약한 습관 중 하나는 사태가 잘못되고 있다는 것을 알면서도 그것을 멈출 아무런 일도 하지 않아 너무 늦어버리는 것이다.

미국에서 종교적 평화주의의 선봉자 가운데 한 사람인 무스트 (A. J. Muste, 1885-1967) 목사가 "거룩한 불순종"이라는 고전적인 에세이를 쓸 때, 그는 우리가 너무 늦게까지 기다리면 무슨 일이 벌어질 것인가에 관해 다음과 같은 섬뜩한 대목을 포함시켰다.

> 케이 보일(Kay Boyle, 1902-1992, 미국의 여류 시인, 소설가로서 매카시즘의 피해를 입었고 반전운동가로 활동했다. - 옮긴이)이 점령된 독일에 관해서 쓴 단편소설집 〈연기나는 산〉(*The Smoking Mountain*, 1951)의 서문에는 너무 늦기 전에 저항할 필요성을 강조한 것처럼 보이는 에피소드가 나온다. 그녀가 말하는 헤시안대학교 언어학 교수는 독일인들의 나치즘 경험에 관해 "그것은 점진적인 과정이었다."고 말한다. 처음에 "유태인들은 필요 없다"는 표지들이 나붙었을 때, "그것에 대해 아무도 저항하지 않았다. 몇 달이 지나자, 우리들만이 아니라 그 도시에 살던 유대인들조차 그 표지들이 있다는 것을 주목하지 않은 채 그 앞을 지나다녔다. 문명인들 사회에서 이런 일이 벌어졌다는 것이 불가능하게 보이는가?"

그 언어학 교수는 얼마 후에 히틀러의 사진을 자신의 교실에 걸었다. 히틀러에 대한 충성 서약을 두 차례 거부한 후에, 그녀의 학생들은 그녀에게 서약을 하도록 설득했다. "나치에 반대하는 많은 학생들도 내 앞에서 서약을 했는데, 학생들은 주장하기를 그 서약을 한다고 해서 내가 무슨 대단한 결단을 하는 것도 아니며, 그 도시에서 버림받은 사람으로 살기보다는 교수로서 더욱 큰 영향력을 행사할 수 있다는 것이었다."

그 교수는 히틀러 사진을 걸었던 자리에 이제는 유태인 스피노자의 사진을 걸어놓았다고 말하면서, "당신은 아마도 내가 십 년이나 늦게 그 사진을 걸었다고 생각할 것이며 그렇게 생각하는 것이 옳을 것입니다. 아마도 우리 모두가 할 수 있었던 다른 어떤 일이 있었을 것이지만, 우리는 개인적으로든 집단적으로든 어떻게 그 일을 할 수 있는지를 결코 찾지 못했던 것 같습니다."라고 마무리를 지었다.[10]

내가 교회 안에서 흔히 듣는 것도 그런 주장이다. 내가 목사로서 언제나 체제 속에서 일하면, 만일에 내가 "사람들과 잘 어울려 지내면" 훨씬 더 많은 일을 할 수 있을 거라는 식이다. 그러나 불법 노동자가 추방되고 그 가족이 깨어지는 것을 막기 위해 쉼터를 제공할 것인지를 교인들이 결정할 날이 다가오고 있다. 그런 이방인이 교회에 들러 음식과 교통편을 요청할 때, 그들을 도와주지 말라는 법을 따를 것인가 아니면 기독교적 환대라는 더욱 높은 법을 따

---

10) A. J. Muste, "Holy Disobedience" (New York: Harper, 1952), in *Approaches to Peace: A Reader in Peace Studies*, 2nd ed., ed. David P. Barash (New York: Oxford University Press, 2010), 238에서 재인용.

를 것인가?

끊임없이 전쟁을 계속하는 체제, 그리고 존재하지도 않는 대량학살무기의 임박한 위협이라는 사기극에 입각해서 선제공격할 권리를 주장한 체제에게 우리는 계속해서 세금을 납부할 것인가? 국민들의 세금으로 사형을 집행하는 것은 어쩔 것인가? 이것은 공적인 예산을 낙태에 사용하는 것에 대해 참을 수 없는 것과 무엇이 다른가?

교회가 사회적 변화와 정의를 위한 불가항력이 된 지 반세기가 지났다. 마틴 루터 킹 목사 이후에 우리는 불의한 법들에 대해 저항하라는 외침을 들어본 적이 없으며, 또한 그 외침에 대해 킹 목사가 "버밍험 감옥에서 쓴 편지"처럼 성경적이며 변명하지 않는 말로 응답했던 적도 없다. 조지아 주의 많은 목사들이 신문지상을 통해 킹 목사가 이끄는 민권운동을 비난했을 때, 킹 목사는 자신이 극단주의자라는 비난에 대해 예수님은 "사랑을 위한 극단주의자"였으며, 아모스는 "정의를 위한 극단주의자"였고, 바울은 "복음을 위한 극단주의자"였음을 상기시켰다. 문제는 우리가 극단주의자가 될 것인지 아닌지의 문제가 아니라 "우리가 어떤 종류의 극단주의자가 될 것인가, 우리가 증오를 위한 극단주의자가 될 것인가 아니면 사랑을 위한 극단주의자가 될 것인가?"[11]가 문제라고 킹 목사는 썼다.

오늘날 교회에서 사랑을 위한 극단주의자들은 어디에 있는가? 여기저기서 우리는 도덕적 분개를 보아왔는데, 그 대부분은 사람들의 불만을 더욱 확대시키거나 아니면 어떤 대의를 간청하기 위한 특수한 집회를 통해서였다. 그러나 기업들과 미디어의 막강한 권력

---

11) "Letter from a Birmingham Jail" in Barash, *Approaches to Peace*, 174에서 재인용.

은 그런 운동들을 주변화시키며 또한 거짓말과 공포심을 통해 기세를 잡는 것이 보통이다. 이제 기업들은 법인체로서 사람들처럼 언론자유에 대한 헌법적 권리를 갖고 있는데, 심지어 기업들은 선거에 기부금을 내는 데 제한이 없다는 점에서(시민연합 대 연방선거위원회 사이의 재판에 대한 대법원의 재앙과도 같은 판결 때문이다) 사람들보다 더욱 많은 권리들을 갖고 있고 권력의 불균형은 더욱 확대되었다. 우리는 '파시스트'라는 말 앞에서 주춤하는데, 그 말은 오직 나치처럼 긴 장화를 신는 악당들에게만 해당된다고 생각하기 때문이다. 그러나 파시즘에 대한 고전적인 정의는 "교회의 축복을 받으며 특별한 이해관계에 의해 정부가 통제되는 것"이다.

교회가 더 이상 그런 정부를 축복하지 않는다면 어떻게 될까?

7장

제국의 빵 속에 누룩이 되어

> 하늘의 제국적 통치는 누룩과 같아서 어떤 여자가 그것을 가져다가, 가루 서 말 속에 감추었으니, 마침내 온통 부풀어올랐다.
>
> - 마태 13:33

마태복음의 이 비유는 아무런 해도 끼치지 않는 것처럼 보이지만 신약성경에서 가장 전복적인 비유일 것이다. 이 말씀은 복음서들 속에 나오는 역사적 예수의 진정한 말씀일 것이다. 학자들은 이 한 문장으로 된 직유(similitude)가 "하나님의 나라"를 한 여인이 빵을 만드는 것에 비유함으로써 예수님의 가장 도발적인 모습이라고 믿는다. 정말 그런가?

우리가 예수님의 가장 훌륭한 가르침을 생각할 때 떠오르는 것은 착한 사마리아인의 비유나 탕자의 비유가 아닌가? 그런데 도대체 왜 이 누룩의 비유처럼 간단하며 철저하게 사소한 집안일에 관한 비유가 그처럼 급진적인 것으로 간주되는가? 우리는 주일학교에서 이 비유를 겨자씨의 비유와 함께 배웠다. 그 교훈은 초등학교 3학년 학생도 충분히 알아들을 수 있을 정도로 명백한 것처럼 보였다. 즉 작고 시시한 것, 심지어 눈에 띄지 않는 것에서부터 크고 강력한 것이 성장할 수 있다는 것으로서, 우리 모두는 이것이 교회를 가리키는 은유라는 것을 알았다. 교회는 작게 시작했지만 크게 자라났다. 마치 겨자씨가 큰 풀로 자라나는 것처럼(마태복음에서는 기적적으로 나무로 성장한다) 말이다. 마찬가지로 적은 분량의 누룩은 빵을 크게 부풀린다. 여선교회 모임을 위해 얼마나 완벽한 신앙수련의 비유인가!

복음서들 안에 나오는 많은 것들처럼, 예수님께서 이 비유를 말씀하신 진정한 의미는 시간, 언어, 문화의 간격 그리고 이름 없는 필사자들의 선한 의도를 가진 편집 탓에 잃어버리게 되었다. "번역 과정에서 잃어버리게 된 것"이 무엇인지를 생각할 때, 누룩의 비유는 대표적 사례 가운데 하나다. 이 비유는 도마복음과 Q 복음 모두에 나온다. 성경 안에 Q 복음이라는 것이 없으며 그 사본도 발견된 적이 없기 때문에 독자들은 Q 복음이 무엇인지 묻는 게 당연하다. 역사적 예수 학자들은 지난 200년 동안, 마태와 누가에 나오는 어떤 구절들이 거의 똑같지만 최초의 복음서인 마가에서 온 것이 아닌 구절들이라는 것을 알고 있었다. 이런 사실 때문에 대부분의 학자들은 마태와 누가복음 저자들이 또 하나의 '말씀' 자료(sayings source)로부터 예수님에 관한 전승 재료들(material)을 빌려왔다고 결론지었으며, 학자들은 이 말씀 자료를 Q ('자료'를 뜻하는 독일어 quelle에서 따온 말)라고 불렀다. 도마복음 역시 예수님의 말씀들을 수집한 고대 어록집이기 때문에, 이 비유는 매우 초기의 두 개의 기독교 문서들 속에 독립적으로 나타나고 있다. 이 비유는 대부분의 설교자들보다는 성경학자들에게 더욱 관심의 대상이 되어왔다. 그러나 이 비유는 언더그라운드 교회에 큰 관련이 있어야 한다.

이 비유의 언어가 영어 흠정역(KJV)에 의해 큰 영향을 받았기 때문에, '누룩'과 '서 말'이라는 단어가 오늘날 대부분의 현대인들에게는 이해하기 어렵다. 대부분의 번역자들은 그 여자가 누룩을 가루 반죽 속에 '감추었다'는 것을 어떻게 번역해야 할지 알지 못한다. 왜냐하면 그 '감추었다'는 뜻의 그리스어는 해석하기 어렵기 때문이다. 그래서 번역자들은 그 여자가 누룩을 반죽에 '섞었다' 혹은 '혼합했다'는 것으로 번역하여 우리가 좀 더 쉽게 이해할 수 있게 만들었다. '서 말'에 대해서는 오늘날의 청중들이 그 의미를 놓치고 있는데, 그 분량이 약 22.5kg이 될 만큼 많은 양(약 백 명이 적당히 먹을 분량 - 옮긴이)이기 때문이다.

그러나 고대의 청중들에게는 그 의미가 매우 명백했을 것이다. 1세기의 유대인들은 '서 말'이라는 단어에서 창세기 18:1-8에 나오는 아브라함의 이야기가 반영된 것을 들었을 것인데, 아브라함이 세 '방문객'에게 환대를 베풀 때 천막으로 가서 사라에게 "빨리 고운 밀가루 서 말을 가지고 와서, 반죽을 하여 빵을 좀 구우시오"[1]라고 말한다. 이 세 천사(그 중 하나는 야훼)는 이삭의 출생을 예언하기 위해 온 것으로서, 그 예언은 너무 기가 막히는 예언이라서 사라를 웃게 만들었다. 그 불가능한 아기가 태어나자, 그 아기 이름을 '웃음'이라고 지었는데 이 단어가 히브리어로는 이삭이었다.

따라서 마태의 이 구절에서는 단지 많은 분량의 가루만을 뜻하는 것이 아니다. 이 비유의 주인공이 여자라는 사실은 차치하고라도, (하나님 나라를 하찮은 누룩에 비유한 - 옮긴이) 이 비유 전체는 불가능한 것은 아니라 해도 있을 법하지 않은 것이다. 여기에 누룩을 '감추었다'고 하니, 이 비유는 더욱 오리무중으로 빠져든다. 로마제국에

---

1) 버나드 브랜든 스캇, 김기석 역, 『예수의 비유 새로 듣기』 (한국기독교연구소, 2006), 56.

서 대부분의 여자들의 처지라는 것이 얼마나 딱한 상태였는가를 기억해보라.

남자가 지배하는 가부장적인 사회에서 여자들은 남편들이나 아버지들에게 예속되었다. 여자들은 정결법의 관점에서 매우 불리했으며 흔히 미신과 두려움의 대상이었다. 여자가 빵을 굽는 것에는 이상할 것이 전혀 없지만, 그런 빵 굽는 일이 하나님의 거룩하신 행동을 상징한다니 그것은 보통 문제가 아니다. 실제로 그것은 하나의 스캔들이었을 것이다.

더군다나 '감추다'로 번역된 그리스어는 누가에서는 '크립토'(krypto), 마태에서는 '엔크립토'(enkrypto)인데, 이 두 단어 모두 부정적인 의미를 내포한다. 이 어원에서부터 컴퓨터 사용자들이 알고 있는 '암호'라는 뜻의 영어 단어(encryption, 동사는 encrypt)가 생겨났다. 그 단어는 우리가 암호를 통해 보호하고 싶은 정보를 보내는 방식을 뜻한다. 그 정보가 중요할수록, 그 정보를 보호하고 감추는 것이 중요해진다. 마가에 나오는 예수님의 말씀, 즉 "너희에게는 하나님 나라의 비밀을 맡겨 주셨다. 그러나 저 바깥 사람들에게는 모든 것이 비유(수수께끼)로 들린다."(4:11)는 말씀이 떠오른다.

"마침내 온통 부풀어올랐다"는 것은 누룩이 반죽에 퍼져 모든 반죽이 "부패되는" 과정을 말한다. 일단 누룩이 들어가면, 그 결과는 피할 수 없으며 저항할 수 없는 것이 된다. 그러나 왜 학자들은 이 과정을 '부패'의 과정이라고 말하는가? 많은 분량의 빵이 조용히 부풀어올라 굶주린 사람들을 먹이게 되는 것이 도대체 어떻게 나쁜 것일 수 있는가? 우리의 귀에는 그것이 나쁜 일이 아니다. 그러나 우리가 만일 1세기 유대인들이었다면, 아무도 그런 질문을 물으려 하지 않을 만큼 그 대답은 명백했을 것이다. 고대 세계에서는 누룩이 들어가 발효가 일어나는 과정이 흔히 도덕적 타락의 은유로 사용되었기 때문이다. 결국 유대인들은 누룩을 넣은 빵이 아니라 넣지 않은 빵(무교병)으로 자신들의 절기를 경축했던 것이다.

애당초 이스라엘 민족은 이집트를 탈출할 때 반죽에 누룩을 넣기 전에, 즉 "아직 빵 반죽이 부풀지도 않았는데, 그 반죽을 그릇째 옷에 싸서, 어깨에 둘러메고 나섰다."(출 12:34b). 따라서 유월절을 축하하기 위해서 모세는 누가 무교절(누룩을 넣지 않은 빵의 절기)에 참여할 수 있는지에 관해 매우 구체적으로 가르치면서, 누룩을 넣은 빵은 먹지 말도록 금지시켰다. 7일 동안 누룩을 넣은 빵을 먹어서는 아니 되며, 또한 "당신들 영토 안에서 누룩을 넣은 빵이나 누룩이 보여서는 안 됩니다."(13:7)라고 가르쳤다. 간단히 말해서, 누룩을 넣은 빵은 모두 집에서 없애야만 했다.

누룩은 빵을 부풀리지만 또 빵을 썩게 만들기도 한다. 누룩은 빵을 팽창시키는데, 마치 길에서 차에 치어 죽은 동물의 시체가 발효작용에 의해 팽창되는 것과 마찬가지다. 시체들은 불결을 뜻하는 강력한 상징이었기에, 예수님은 일부 바리새파 사람들을 향해 "너희는 드러나지 않게 만든 무덤과 같아서, 사람들이 그 위를 밟고 다니면서도, 그것이 무덤인지를 알지 못한다!"(누가 11:44)라고 매우 강력하게 꾸짖으셨다.

신약성경에는 이런 일반적 이해를 보여주는 몇 가지 사례들이 나온다. 예수님은 제자들에게 바리새파 사람의 누룩과 헤롯의 누룩에 관해 경고하셨다(마가 8:15). 그 직전에 바리새파 사람들은 예수님에게 표징(기적)을 보여달라고 요청했는데, 그런 요청이 하나님 나라에 대한 활동 전체를 부패시킨다. 마태는 그들의 가르침을 "바리새파 사람들의 누룩"(16:12)이라고 불렀으며, 누가에게는 그것이 그들의 위선이었다(12:1). 바울은 두 차례 "적은 누룩이 반죽 전체를 부풀게 합니다."라는 속담을 인용하는데, 한번은 갈라디아서(5:9)에서 그들이 할례를 받아야만 한다고 요구하는 사람에 대한 경고로, 또 한 번은 고린도전서(5:8)에서 "악의와 악독이라는 누룩을 넣은 빵"과 "성실과 진실을 누룩으로 삼아 누룩 없이 빚은 빵"을 대조시킨다.

설교자들은 청중들에게 어떤 영향을 미치는 데는 특정한 단어들을 사용할 필요가 있다는 것을 알고 있다. 우리는 그런 단어들을 "방아쇠 단어"라고 부른다. 오늘날 자유주의적인 청중들에게 '군산 복합체'나 '기업 로비스트들'이라는 단어를 말하면 하나의 반응을 예상할 수 있다. 보수주의자들에게 통하는 방아쇠 단어들은 '큰 정부'나 '사회주의'일 것이다. 우리들 대부분은 "썩은 사과 한 알이 통 전체를 결딴낸다."는 속담을 들어보았을 것이다. 이것이 1세기 유대인 청중들이 '누룩'이라는 단어를 들었을 때 어떻게 반응했을 것인지를 가장 잘 설명해 줄 것이다.

누룩은 예수님 당시에 방아쇠 단어였으며, 모든 사람들은 누룩이라는 단어가 '썩었다'는 뜻이라는 것을 알아차렸을 것이다. 오늘날 우리는 사람의 몸속이나 컴퓨터 속에 침입한 바이러스라고 말할 것이다. 그러나 그 영향은 부정적이다. 아무리 큰 반죽이라 할지라도 일단 누룩이 발효되기 시작하면, 멈추게 할 수가 없다. 겨자씨처럼 깨알만하고 감추어진 것일지라도 밭 전체에 영향을 끼친다. 그 영향은 불가피하며 멈출 수 없다. 겨자풀이 확산되는 것을 막을 수 있는 것은 실제로 유독한 잡초를 통해서다. 일단 퍼져나가기 시작하면 '뽑아내기'가 거의 불가능하다.

따라서 누룩의 비유는 처음에는 아무런 해도 끼치지 않는 짧은 비유처럼 보이지만 실제로는 위험한 비유다. 이 비유를 그 본래의 맥락 속에서 이해하면 언더그라운드 교회의 본질을 드러낸다. 이처럼 전복적인 운동의 추종자들로서 우리는 난관에 봉착한다고 해서 단념하지도 않고, 또한 그 누룩이 완전히 '부패'하기까지 얼마나 오랜 시간이 걸릴 것인지에 대해서 순진하게 생각하지도 않는다. 교회를 도덕적 부패의 한 형태로 이해하는 것이 얼마나 이상하며 급진적인 것인지는 매우 분명하게 설명되어야만 한다. 우리는 너무나 오랫동안 정결은 종교와 관계된 것이며 또한 "정결은 거룩에 다음가는 것"이라고 믿어왔기 때문에, (교회가) 제국의 빵 속에서 누룩의 역할을 하는 존재(그래서 부패시키는 존재)라는 생각은 우리가 꿈에도 생각해본 적이 없는 것이다.

이제는 교회가 황제를 위해 물을 담아 들고 가면서 "어메이징 그레이스"를 부르거나 "적극적 사고"를 주장하는 태도에서 벗어날 때가 되었다. 만일에 우리가 세상의 소금과 빛이라면, 우리가 짠맛을 잃었다거나 방에서 어둠을 몰아내지 못했다는 것은 무엇을 뜻하는가? 그것은 교회 안의 대부분의 사람들이 스스로를 누룩이 아니라 노예로, 소금이 아니라 설탕으로 이해하고 있다는 뜻이다. 우리는 깨어진 것을 고치거나 곪은 것을 치유하기를 원한다. 우리는 부패할 수 없는 것으로 부패를 극복하려고 할 따름이지, 부패시킴으로써 부패를 극복하려고 하지는 않는다.

예수님께서 가르치신 그 비유를 우리가 절반만 정확하게 파악하는 이유는 우리가 "비둘기처럼 온순하게" 되려고 할 뿐이지 "뱀처럼 지혜롭게" 되려고 하지 않기 때문이다. 우리는 세상이 어떻게 죄와 병폐들로 인해 병들었는지에 대해서는 이야기하기를 원하지만, 우리가 그 감염된 것을 감염시켜야 한다는 설교를 들은 것이 언제였던가? 사실상 **발효작용**이라는 생각 전체는 약간 근지러운 느낌이 든다. 사람들이 맥주를 만드는 것도 발효작용을 통해서가 아닌가? 그렇다. 그러나 모든 부패가 못쓰게 만드는 것은 아니다. 곰팡이 난 빵에서 우리는 페니실린을 얻는다.

오늘날 교회는 지탄의 대상이 되고 있다. 우리 시대에는 아무도 교회가 제국에 위협이 된다고 생각하지 않는다. 우리가 마지막으로 기존체제에 체계적으로 도전했던 것은 민권운동 당시였다. 오늘날 우리는 결의안을 통과시키고 시위를 조직하지만, 제국은 우리가 하는 이런 일들이 결국에는 좋은 거래라는 것을 알고 있다. 제국은 우리가 "김을 뺄" 필요가 있다는 것을 안다. 이것은 우리가 자유 국가에 살고 있으며 또한 "민주주의가 통한다"는 것을 증명한다. 그런 다음에 우리는 일상적인 업무로 되돌아갈 수 있으며, 제국에게는 일상적인 업무가 기쁜 소식이다.

그러나 언더그라운드 교회에서는 우리의 기쁜 소식은 나쁜 소식의 형태로 온다. 우리의 기쁜 소식은 모든 배제된 자들에게 기쁜 소식이며, 자기들끼리 둘러앉아 세상을 주무르는 자들에게는 나쁜 소식이다. 우리는 단지 "패러다임 변화"에 관해서만 이야기하는 것 이상을 할 필요가 있다. 우리는 제국의 빵의 적어도 서 말을 부패시킬 수 있다는 확신을 가진 작고 감추어져 있으며 억누를 수 없는 교회가 될 필요가 있다.

기쁜 소식과 나쁜 소식을 나누는 것

우리는 복음을 "기쁜 소식"이라고 말하는 것에 너무나 익숙해 있어서, 복음이 누구에게나 기쁜 소식은 아니었다는 것(또한 지금도 아니라는 것)을 상상하는 것이 거의 불가능하다. 오늘날 교회는 적극적 사고의 위력에 너무나 감염되어 있어서 우리가 하나님 나라의 도래에 관한 선포를 들을 때, 우리는 그 나라가 아론 코플란드(미국 작곡가로서 "보통사람을 위한 팡파레"를 작곡했다. - 옮긴이)의 팡파레와 함께 올 거라고 생각한다. 하나님의 나라는 역으로 들어올 영광의 열차가 아닌가? 악은 백일하에 드러나고, 천사들은 승진하게 되고, 다리를 저는 이들은 걷기 시작하고, 눈먼 이들은 보게 되며, 감옥에 갇힌 이들이 해방되지 않겠는가?

우리의 문제는 하나님 나라의 도래에 관한 선포를 우리가 알고 있는 모든 것, 우리가 믿고 있는 모든 것에 대한 도전으로 생각하기는커녕, 우리가 현재 이해하는 것에 맞도록 길들여왔다는 사실이다. 실제로 이것은 새로운 문제가 아니다. 모든 세대가 복음을 "공동체의 표준"에 맞도록 길들임으로써, 복음의 참으로 급진적인 뜻을 듣지 못했기 때문이다. 예를 들어, 지역 기업가들 모임에서 누군가가 누가복음 4장을 본문으로 해서 설교를 해야 한다면, 그 기업가들은 이사야가 "주님의 은혜로운 해"를 선포한 것이 주님께서 자유 기업을 선호하신다는 뜻으로 생각하지 않겠는가? 혹은 "평화가 아니라 칼을 주러 왔다"는 말씀을 들으면 주님이 "소수정예의 해병대"에 관해 말씀하시는 것이라고 생각하지 않겠는가? 혹은 이혼에 대해 분명하게 반대하신 말씀을 들으면, 동성애자 결혼에 관한 말씀이라고 생각하지 않겠는가? 혹은 우리의 원수들을 사랑하고 그들을 위해 기도하라고 명령하신 말씀을 들으면, 상대편 축구팀에 대해 스포츠맨 정신을 발휘하라는 말씀이라고 생각하지 않겠는가?

교회 안에서 우리는 얕은 감상주의의 바다 속에 빠져들어 가고 있다. 복음이 그 이빨이 뽑힌 채 선포되는데, 정의상 이빨이 없으면

7장. 제국의 빵 속에 누룩이 되어   *261*

아무것도 깨물지 못한다. 예배는 주 요리가 빠진 채 전채(appetizer)만 계속 나오는 것처럼 느껴진다. 때로 교회에서 가장 기억할만한 순간이 벌어지는 것은 계획적이건 우연이든 실제 세계가 침입해 들어올 때다. 나는 해마다 열리는 크리스마스 연극에서 한 두 대사를 항상 새로 쓰고 싶어했다. 목동들과 천사들의 대사에 새로운 대사를 넣으면 좋을 것이다. 주로 출연한 아이들의 부모들을 위한 안전한 연극이 아니라, 목동 가운데 하나가 새로운 메시지를 전한다.

두려워하십시오. 매우 두려워하십시오. 나는 여러분 거의 대부분에게, 중요한 사람들과 권세 있는 모든 사람들에게 매우 슬픈 나쁜 소식을 전할 것이기 때문입니다. 여러분에게 오늘 세상을 뒤집어엎는 구세주가 태어나셨는데, 그분은 제국의 빵 속에서 누룩이 되실 분입니다. 십대 미혼모 한 사람이 이 누룩을 스캔들과 어두움 속에 감추었답니다. 이것이 여러분에게 표징이 될 것입니다. 여러분은 천에 싸여 구유 속에서 발효하고 있는 아기를 발견할 것입니다. 이 모든 것이 무슨 뜻인지를 여러분이 이해하게 될 때면, 기존 질서에서 서 말은 이미 부패했을 것입니다. 수많은 천군천사들이 하나님을 찬양하여, "가장 낮은 하늘에서는 불결한 하나님께 영광이며, 땅에서는 그분의 누룩이 들어간 사람들 가운데 평화로다!"

이런 대사를 들은 청중들의 반응을 상상해보라. 사람들은 손 전화와 캠코더를 내려놓은 채, "이게 무슨 소리인가?"라고 말할 것이다. 혹은 부활절 설교에서 설교자가 기쁜 소식이 아니라 매우 무서운 소식을 전한다면 무슨 일이 벌어질 것인지를 생각해보라. "그가 부활하셨다?"가 아니라 "오, 저런, 그가 돌아오셨다!"라고 말한다면,

무슨 일이 벌어질 것인가? 천사들이 노래하는 대신에, 다국적 기업들이 신음하고 슬럼가의 악덕 집주인이 노발대발하고, 월급날마다 원금에 이자까지 뜯어가는 불로소득이 막히게 되는 등, 간단히 말해서 세상의 모든 헤롯 왕들이 도대체 어떻게 십자가 처형이 예전과 같지 않게 되었냐며 투덜거린다면, 무슨 일이 벌어질까? 제국의 사령관이 하는 말을 들어보라. "간단히 명령하겠다. 그리로 내려가서 빌어먹을 예수 파일을 덮어버려라! 이것이 우리가 얻은 것인가? 우리는 군인들에게 최고의 장비를 주고 훈련을 시켰는데, 또 다시 반란이 시작된다는 말인가? 그 사람들이 원하는 게 무엇인가?"

누룩의 비유가 얼마나 대항문화적인가를 알기 위해서, 하나님 나라로 번역된 그리스어를 생각해보라. 그것은 '바실레이아'(*basileia*)인데, 이 말에서 매우 큰 공공건물을 뜻하는 '바실리카'(basilica)라는 로마 단어가 생겨났다. 고대세계에서 바실리카는 왕의 행정과 관련된 말이기 때문에, 바실레이아는 본질적으로 로마제국 자체를 뜻했다. 그런 통치는 자비심이 없었다. 아우구스투스 황제가 백성들에게 준 가장 큰 선물은 팍스 로마나(*Pax Romana*), 즉 로마의 평화였다. "그러나 그것이 평화인 것은 오직 당신이 로마인인 경우뿐이었고, 그렇지 않으면 그것은 억압(*oppressio*)이었다."[2] 누룩의 비유를 들었던 청중들은 '바실레이아'(*basileia*)를 당연히 제국으로 들었을 것이기 때문에, 우리가 '하나님의 나라'로 번역한 것은 "하나님의 **제국**"으로 이해되었을 것이다. 하나님의 제국이라는 말은 부정적인 의미를 내포하지만, 그것이 누룩의 비유가 갖는 지렛대다. 카이사르의 제국이 하나님의 제국으로 대체되는 것이다. 예수님은 **제국**이라는

---

[2] Ibid., 61.

용어를 황제나 왕과 같은 통치자를 뜻하는 명사가 아니라 **활동**으로 사용하셨다. 하나님을 왕이나 황제로 표현한 것은 히브리 성경에 흔했지만, 하나님의 제국(과정이나 활동으로서)이라는 개념은 없었던 것이다.

오늘날 우리가 '왕국'(kingdom)이라는 단어를 들으면, 우리는 흔히 월트 디즈니와 마술의 왕국을 생각한다. 왕국은 공상적이며 저 세상적인 장소이지만, 부정적인 의미는 없다. "하나님의 왕국"이라는 말을 듣고 부패를 생각할 사람은 아무도 없다. 그러나 누룩의 비유를 처음 들었던 청중들에게 이 비유가 기본적으로 말하는 것은 **하나님의 제국은 여자가 가루 서 말**(이삭의 출생처럼 중대한 사건을 뜻할 만큼 많은 분량) **속에 몰래 넣어**(전복적인 활동이다) **모두 부풀어 오르게 되는**("하나님의 위대한 세계 대청소"3) 때까지 모두에게 충분한) **도덕적 부패와 같은 것이다**. 그 여자는 분배 정의가 언젠가 실현되어 메시아 잔치를 열게 되는 과정을 시작한 것이다.

이런 이유 때문에, 이 운동은 지금 모든 교회들에서 시작되어야만 하는데, 이 성령의 운동을 우리는 언더그라운드 교회라고 부르는 것이다. 이 운동은 오랫동안 오해되어 왔던 누룩의 비유를 그 근본이 되는 본문으로 삼아야만 한다. 이 비유가 오래되었으며 예수님의 진정한 말씀이라는 사실 때문만이 아니라, 이 비유가 처음 예수 따르미들의 본질을 드러내기 때문이다. 그들 처음 따르미들은 전복적이었으며 근본적으로 반제국주의적이었다. 만일에 언더그라운드 교회의 교인들이 스스로를 제국의 빵 속에 있는 누룩으로 생

---

3) 크로산은 이 놀라운 표현을 자주 사용한다. 『첫 번째 크리스마스』 (김준우 역), 92, 98, 101, 177, 222; 『첫번째 바울의 복음』 (김준우 역), 207-9, 240, 256; 『가장 위대한 기도』 (김준우 역), 124-5, 131-2, 137, 139, 142, 177, 198, 275. - 옮긴이.

각한다면, 이것은 누룩이 없는 현상유지에 자신의 인생을 맡기는 모든 사람들에게는 나쁜 소식이다. 이것은 예수 따르미들이 바깥 세상에 아무런 해도 끼치지 않는 만화 속의 인물들처럼 보일 것이 아니라, 격리시킬 수 없는 바이러스처럼 또 다시 진정한 위협으로 간주될 필요가 있다는 뜻이다. "세상의 소금"(이 말은 오늘날 겸손하고 인내심이 많고 대들지 않는다는 뜻이 되었다)처럼 진부한 용어로 표현될 것이 아니라, 그 길을 따르는 사람들은 언더그라운드 교회 안에서 일종의 스스로 싹이 터서 제국을 부패시키는 거룩한 바보들(holy fools)의 집단으로 다시 정의되어야 한다.

언더그라운드 교회의 교인들은 지배적인 문화 속에 조화될 것이 아니라 옳은 이유들 때문에 현상유지를 뒤집어엎는 일들을 할 것이다. 우리는 진절머리 나도록 미쳐버린 세상의 서 말 속에 우리 자신을 감추어 특별한 형태의 발효작용을 시작할 것이다. 우리의 힘은 교파적인 정체성이나 신학적인 순수성에서 오는 것이 아니라, 하나의 단순하지만 타협할 수 없는 급진적 사상, 즉 사랑의 권능이 궁극적으로 권력에 대한 사랑보다 위대하다는 사상에서 온다.

마태복음에 나오는 이 거짓말처럼 단순한 비유 속에서 언더그라운드 교회는 그 모델과 방법 모두를 확인할 수 있다. 한 여자가 교묘하며 은밀한 행동을 하여, 어려움들에 맞서서 벌어질 것 같지 않던 놀라운 일이 벌어진다. 이런 일이 얼마나 직관에 맞서는 것인지를 잠시 생각해보라. 오늘날 많은 교회들이 생존 모드에 너무 깊이 빠져 있기 때문에, 그 교인들은 행동을 취하기도 전에 결과를 통제하기를 원한다. 그들은 어떤 결과가 나올 법하지 않은 일보다는 나올 법한 일을 선호하며, 또한 여자가 누룩을 섞는 일을 참지 못하는 것은 말할 것도 없고, 발효작용보다는 분명한 결과를 선택한다.

　죽어가는 교회들은 인습적인 지혜에 따라 우리가 살아남으려면 선교사업에 너무 많은 시간과 돈을 쓸 수 없다고 주장한다. 그러나 뒤집어 생각해서 만일 우리가 선교사업을 하지 않는다면, 우리는 무슨 목적으로 우리 교회를 "남겨둘" 것인가? 역마차로 원을 그리다가 죽는 것보다는 앞으로 나가다 죽는 것이 낫지 않겠는가? 세상이 끝날 때, 당신은 대피소에 무조건 웅크리고 있는 것보다는 밭을 갈지 않겠는가?

　물론 모든 교회들이 그럴 수는 없다. 그러나 교회들이 복음의 급진적인 가르침, 즉 우리는 **생명을 잃음으로써 생명을 얻는다**는 가르침을 실천할 생각만 한다 해도 훨씬 많은 교회들이 단지 살아남을 뿐만 아니라 성장하게 될 것이다. 우리는 씨앗을 뿌린 다음에는 발아 과정을 신뢰하는데, 그 과정은 우리가 통제할 수 있는 것이 아니다. 프레드 크래독 교수가 우리에게 상기시켜주었던 것처럼, 아무도 씨앗을 뿌린 곳 위에 서서 "빨리 싹이 나와 자라나라!"고 외치지 않는다. 전염성이 강한 사랑을 조금만이라도 공동체 안에 심어놓으면, 싹이 나온다. 사람들은 우리들을 찾아오기 시작하지만, 그 사랑이 그들에게 전염되지는 않는다. 그들은 이상하게도 이 바이러스에 걸리기를 원하지만, 우리 모두가 중요하든가 아니면 아무도 중요하지 않든가 둘 중의 하나인 매우 전염성이 강한 생각에 노출될 따름이다.

　모든 기관들도 마찬가지지만 교회 안에서도 변화에 대한 저항이 만만치 않다. 모든 목회자들은 "우리가 이제까지 그런 방식으로는 했던 적이 없었다."는 교회의 마지막 말을 알고 있다. 그러나 예수 따르미들의 사랑하는 공동체는 이제까지 결코 했었던 적이 없는 일을 하는 중에 태어났다. 다이애나 버틀러 배수 교수가 말한 것처럼, 어린이들을 제외하고 "예수님은 당신이 만나는 모든 사람들에게 무엇인가를 **행하고 변화시킬** 것을 주장하신다. 기독교 경전의 전체 메시지는 메타노이아(*metanoia*), 즉 우리가 하나님을 대면할 때 생기는 마음의 변화에 입각한 것이다."[4]

나는 30년 동안 목회를 한 후에, 교회 안에서 일어나는 거의 모든 좋은 일들은 교인들이 어떤 결과가 생길 것인지를 알지 못한 채 하나님을 향해서 나아갈 때 생긴다고 확신을 갖고 말할 수 있다. 또한 거의 모든 나쁜 일은 사람들이 두려움 때문에 하나님으로부터 멀어질 때 발생한다. 우리는 물론 평화를 원하지만, 우리는 평화가 평온을 뜻한다고 생각한다. 우리는 안전을 원하지만, 그것이 상당한 돈을 갖는 것을 뜻한다고 생각한다. 우리는 '구원'받기를 원하지만 이것을 계속해서 개인적인 거래로 이해한다. 이처럼 우리는 집안에서 길을 잃어버린 채, 기독교인이 무엇을 믿는가가 아니라 기독교인이 무엇을 해야 하는가 하는 본질을 완전히 망각한 상태에서 무엇인가를 쫓아다니고 있다. 우리는 정교(orthodoxy)를 받아들였고 정행(orthopraxy)을 망각했다. 우리의 집단적인 질병은 교회가 알츠하이머에 걸린 것과 다르지 않다.

오늘날 누군가 '정의'를 말하면, 우리는 형사법 절차와 그에 뒤따르는 적절한 처벌을 생각한다.(그래서 정의가 구현되는가?) 그러나 만일에 예수님께서 요청하신 것이 분배정의의 하나님을 예배하라는 것이라면, 세상의 모든 사람이 필요한 것을 충분히 갖는 것을 뜻한다는 사실이 분명하다. 이것을 '사회주의'라고 부르는 것은 20

---

[4] Diana Butler Bass, *Christianity for the Rest of Us: How the Neighborhood Church Is Transforming the Faith* (San Frnacisco: HarperOne, 2006), 24.

세기의 전체주의 운동으로 되돌아가자는 것이기 때문에 겁을 주는 전술이다. 세상의 모든 사람들이 충분히 갖는 것을 '교회'라고 불러야만 한다는 것을 명심하자.

정의는 모든 사람이 식탁에서 환영받는다는 뜻이기 때문에, 폐쇄적인 성만찬은 안티(反)복음이라는 뜻이다. 복음을 진지하게 받아들이는 것은 원수를 위해 기도하는 것을 뜻하며, 이것을 실천한다면, 세상에서 가장 대항문화적인 행동이 될 것이다. 다른 뺨을 돌려대는 것에 대해 우리는 비아냥거렸지만, 그것은 지금 세상이 곤두박질치고 있는 폭력의 연쇄고리를 끊어내는 방법이다. 예를 들어, 9/11 사건 이후 할리우드에서 무슨 일이 벌어졌는가를 기억해보라. 영화제작자들은 폭파되고 사람들이 폭력 속에 무고하게 죽어가는 영화들을 만들지 않겠다고 동의했다. 그러나 이제는 다시 예전으로 되돌아갔으며, 이것은 우리가 다시 중병에 걸렸다는 뜻이다.

나의 교회의 여자 한 사람이 주일학교에서 예수님의 비유들을 공부하면서 최근에 나에게 부활절 설교에서 비유를 본문으로 해줄 것을 요청했다. 그분은 내가 그 요청을 거절하기 어려울 것이라고 생각해서 단지 "목사님, 부활절 설교를 비유적으로 해 보시지요"라고 말했다. 그래서 나는 누룩의 비유를 본문으로 설교를 했다. 부활절을 도덕적 부패의 한 형태로 이해하는 것은 생각할수록 훌륭한 것 같았다. 물론 그 설교가 나의 마지막 설교가 되지는 않을지 하는 생각도 들었다.

로마는 만일에 어떤 사람이 문제가 되면 그를 제거하면 해결된다는 것을 알고 있었다. 문제아의 몸 옆구리를 창으로 찌른 다음에 무덤에 묻고 밤새 경비들을 세워놓아, 다른 사람이 그 몸을 훔쳐가 부활한 몸에 대한 제의가 생겨나지 못하도록 막았다.

교회가 예수님의 부활 이야기를 기록할 당시에는 예수님이 죽은 지 오래되었지만, 분명히 그의 추종자들에게는 죽지 않으셨다. 다시 말해서, 부활이라는 누룩이 그의 가까운 친구들 가슴 속에 감추어져 있다가 즉시 부풀어 오르기 시작했던 것이다. 이 운동은 작지만 억누를 수 없었으며, 처음에는 잊혀진 자들의 빵 속에서 부풀기 시작했다. 로마는 유대의 모든 집에서 누룩을 모두 없애려 했지만 너무 늦었다. 이들 불결한 사람들이 불결한 하나님을 예배하는 것은 스캔들이었다. 물론 이 운동을 살아 움직이도록 만든 것은 여자들이었다. 여자들은 평생 동안 난관들을 무시하면서 살지 않는가? 남자들은 그것이 "한가한 이야기"라고 생각했지만 그것은 남자들이 빵을 굽지 않기 때문이다.

납작하고 죽은 것 같았던 것이 부풀어 오르기 시작하자, 이것이 너무나 있을 법하지 않은 일이며 직관에 반대되는 것이기 때문에, 사람들은 지혜롭게도 그것을 감춘 채, 단지 몇 사람들과만 그 부패의 소식을 서로 나누었다. 마가복음이 원래 끝나던 본문에서는 여자들이 당연히 무덤에서 뛰쳐나와서 도망쳤다. "그들은 벌벌 떨며 넋을 잃었던 것이다. 그들은 무서워서, 아무에게도 아무 말도 못하였다"(16:8).

오순절에 이르러서는 그리스도의 몸이라는 부패한 빵이 그들의 코앞에서 폭발하여 영적인 누룩을 충분히 갖게 되어 "경건한 유대인들이 천하 각국으로부터 와서 예루살렘에 머물러 있더니"(행 2:5) 여러 나라 말로 함께 노래를 부르게 되었다. 그 발효작용이 너무 극적이었기 때문에 그들 주변에 있던 사람들 중에는 그들이 아침 아홉 시에 발효된 포도주에 취한 것이라고 비난했을 정도였다.

우리는 사실을 직시할 필요가 있다. 오늘날에는 아무도 우리 기독교인들이 환희에 취해 있다고 비난하지 않는다. 오늘날 우리는 부활절에서 모든 위험을 제거해버렸다. 우리는 마치 그 무덤이 터널(tunnel)인 것처럼 말하며, 또한 예수님은 패스트푸드 가게의 용어로 '슬라이더'(미끄럼통)였던 것처럼 말한다. 다시 말해서, 예수님이 실제로는 죽은 것이 아니라 단지 죽음을 통과한 것처럼 말한다. 부활절은 이미 알고 있는 결론이다. 예수님은 고난주간 동안에 어느 도시든 운전하면서 돌아다니시며, 우리는 그 주간이 시작될 때부터 교회 게시판의 설교제목들과 전자 광고판을 통해 부활을 알리는 것을 볼 수 있다. 다시 말해서, 예수님은 심지어 십자가에 처형당하시기도 전에 이미 부활하셨다. 누구나 그 이야기의 끝을 알고 있기 때문에, 우리가 애당초 슬픈 척했던 것에 대해 기쁜 척하는 것으로 그 주간을 끝낸다.

실제로 우리는 예수님의 수난 이야기를 너무나 문자적으로 읽어왔기 때문에, 부활절 식사의 서 말 모두가 사흘 만에, 즉 72시간 만에 부풀어 올랐다고 상정한다. 사흘째 되는 날에는 그 부패가 완전하게 되었고 그날 저녁에는 예수님이 그의 가까운 추종자들에게 나타나셔서 모두가 누룩에 의해 부풀어 올랐다. 존 도미닉 크로산이 표현한 것처럼, "금요일은 힘들었고, 토요일은 길었으나, 일요일에 이르러서는 모든 것이 해결되었다."5)

언더그라운드 교회에서는 부활절 주보의 각 문장 끝에 단지 감탄사를 찍는 대신에, 부활을 진지하게 생각하는 모든 사람들에게 부활이 도덕적 부패의 한 형태를 경험하게 한다는 점에서부터 시작해야만 할 것이다. 부활에 대한 주장은 우리 자신들에 대해 요구하

---

5) 존 도미닉 크로산, 김기철 역, 『예수: 사회적 혁명가의 전기』 (한국기독교연구소, 개정판, 2007), 256.

는 것 없이는 결코 할 수 없는 주장이다. "그가 부활하셨다!"는 말을 우리는 교회 안에서 너무 많이 들어왔기 때문에, 오늘날 그 말은 별로 담대한 말로 들리지 않는다. 그래서 언더그라운드 교회에서는 다르게 표현해야 할 것이다. 우리가 부활절 광경을 단지 구경만하는 사람들이라면, 할렐루야! 하고 외쳐도 안전할 것이다. 그러나 우리가 부활이라는 누룩에 의해 부패된 부활절 백성이라면, "**우리는 부풀어 오르고 있다**!"라고 외쳐야 할 것이다.

회사원 목사는 이제 그만

위대한 장로교 설교자 어네스트 캠벨은 언젠가 "하나님께서 보시기에 가장 서글픈 것은 목사가 소명으로 출발해서 경력으로 끝나는 것이다"라고 말했다. 목사들은 신앙에 대해 온갖 장광설을 늘어놓지만 흔히 지나치게 신중하다. 그들은 누룩의 부패를 위해 성경을 사용하는 데 통달하기보다는 흔히 규칙과 교회 장정에 통달해 있다. 물론 모든 교회에서 누군가는 항상 불만이지만, (사랑과 존경을 받을 필요가 큰) 목사의 직업은 모든 사람을 행복하게 만드는 것이 아니다. 일단 그런 것이 목회의 목적이 되면, 그는 목회를 그만 두는 셈이다.

프레드 크래독 교수는 한 젊은 목사가 새로운 교회에 청빙되어 흥분했던 이야기를 들려준다. 그는 세상을 구원하려는 열정에 넘쳐 새로운 목회지로 갈 날을 손꼽아 기다렸다. 가족과 목사관에 도착하여 짐을 풀고, 청빙위원회가 주최한 야외 환영 식탁에 참석했다.

모두가 서서 햄버거를 먹었으며 남자들은 가구들을 집안에 나르고 여자들은 식기들을 정리했다. 그것은 새로운 시작이었다. 그 목사는 참석자 중 한 사람과 대화를 나누게 되었다. "교회에 도착해서 만장일치로 결정되었다는 것을 알게 되니 얼마나 기쁜지 상상하지 못하실 겁니다."

그 교인은 햄버거 고기를 뒤집으면서, "네, 사실상 만장일치였지요."

"사실상 만장일치였다니 그게 무슨 말입니까?"

"네, 사실상 만장일치였지요."

"사실상 만장일치였다니요?"

"그냥 만장일치였다는 말입니다."

"실제로는 아니었다는 말씀이군요?"

"거의 만장일치였지요."

"거의라고요? 거의? 투표결과가 어떻게 나왔습니까?"

"그렇게 알고 싶으시다면 말씀드리지요. 234 대 2였습니다."

그 목사는 2를 생각했다. 그 반대한 둘이 누구였을까? 갑자기 그 목사는 탐정이 되어 그 두 사람의 정체를 알아내기로 작정했다. 여섯 달 동안 찾아서 그 두 사람을 알아냈다고 확신했다. 그 다음 여섯 달 동안은 그 두 사람을 기쁘게 하려고 애를 썼다. 1년 후에 교인들은 그 목사를 내보냈는데, 투표결과는 234 대 2였다.

목사 안수를 받으려는 이들에게 가르쳐야 할 가장 중요한 것 가운데 하나는 교회 안에서 벌어지는 특정한 종류의 행동에 대해 덜 심각하게 생각하고 또한 무시하는 것을 배우도록 하는 것이다. 거룩함의 상징으로서 목사들은 조만간 심리학자들이 '감정 전이'라고 부르는 것의 대상이라는 것을 발견한다. 교회에서는 지목된 희생양에게 온갖 말들(모두가 건강하거나 합리적인 것은 아니다)이 쏟아진다. 그 많은 말들에 대해 어떻게 대처할 것인지를 모르는 목사는 살아남기 어렵다. 어떤 언쟁들은 단순히 주목을 받으려는 전략들이기 때문에, 먹이를 주면 더욱 조장하는 것이 된다. 게다가 모든 사람이 목사와 의견이 일치한다면, 이상하며 위험한 일이 진행되고 있다는 뜻이다.

최근에 나는 내가 졸업한 필립스신학교에서 졸업예배 설교자로 초청을 받았다. 나는 누룩의 비유를 본문으로 삼아, 세상의 직업들 가운데 가장 기이하며 그 정의를 가장 어설프게 내린 직업(교구 목회)을 시작하려는 이들에, 그들은 세상에서 제국을 위해 일하지 않는 마지막 사람들에 속한다는 것을 상기시켰다. 빵을 만드는 여자처럼, 복음의 사역자들로서 우리의 첫 번째 책임은, 불가능한 일, 아니면 있을 법하지 않은 일을 하려고 확고하게 결단하는 것이다. 그것이 우리의 성스러운 의무다. 우리는 안수를 받았기 때문에 곤란을 무릅쓰고 행동을 취할 책임이 있으며, 제국의 빵 속에 누룩을 감춘 사람들의 긴 대열에 서 있다는 것을 믿어야 한다.

다운타운에 있는 교회의 설교단에 서서 졸업하는 학생들의 얼굴을 바라보면서, 3년이나 4년을 공부하고도 부적합한 목사늘이 된다는 것이 얼마나 이상한가를 생각했다. 나 자신의 지난날을 되돌아보아도 내 이름에 목사라는 칭호가 붙기를 정말로 원하는지조차 불확실했지만, 내 앞날이 어떤 방식으로든 더욱 넓어지고 시간이 지나면서 더욱 평탄해질 거라고 확신했다. 내가 졸업할 때 얼마나 많은 것을 모르고 있었는지, 그리고 나 자신의 가슴 속의 비밀들도 제대로 알지 못한 상태에서 다른 사람들의 비밀을 듣게 될 정도로 내가 얼마나 준비되지 않은 상태에서 신뢰를 받게 될 것인지에 대해 전혀 모르고 있었던 것에 관해 생각했다. 그래서 나는 설교 중에 다음과 같은 말을 했다. 내가 졸업할 때 누군가 나에게 이런 말을 해주었다면 얼마나 좋았을까 하는 생각 때문이었다.

졸업생 여러분.
우리는 단지 제국 안에 살고 있을 뿐만이 아닙니다. 제국이 우리들 속에 살고 있습니다.... 그러나 우리의 선생님이며 주님이신 나사렛 예수님의 이름으로 우리는 제국에 복종할 필요가 없습니다. 우리는 제국 앞에 움츠릴 필요도 없으며, 지원할 필요도 없으며 고분고분한 하수인이 될 필요도 없습니다. 우리는 제국의 빵 속에 들어있는 누룩처럼, 모두가 메시아 잔치에서 먹을 수 있도록 사랑에 의해 부패된 충분한 빵이 있을 때까지, 불결한 하나님을 위해서 일할 수 있습니다. 그 잔치는 어질러져서 아무나 아무 자리에 앉을 수 있고 주빈들의 상석이 따로 없는 잔치입니다.

굶주린 사람들을 먹이는 일의 중요성에 관해 또 하나의 결의문을 통과시키는 대신에, 우리는 단순히 실제로 그들을 먹이려고 결정하고 단호하게 추진할 수 있습니다. 우리는 잃어버린 양들을 포기하지 않을 수 있으며, 우리에게 잘못한 사람들을 용서할 수 있으며, 모든 폭력을 거절할 수 있습니다. 우리는 전쟁을 미화하는 것에 참여하지 않고 복음의 진리대로 전쟁은 죄라고 말할 수 있습니다. 전쟁은 인류의 가장 큰 잘못입니다. 세례는 한때 모든 폭력에 대한 거부를 뜻했습니다. 오늘날 우리 교회에서 군인들보다 더 많은 양심적 병역 거부자들을 키워낸다면 무슨 일이 벌어질까요?

우리는 노동자들, 어린이들, 지구에 해를 끼치는 상품들에 대해 불매운동을 벌일 수 있습니다. 필요 이상으로 많이 가진 사람들은 필수품조차 없는 이들에게 나누어주어야 합니다. 우리는 이주노동자들을 속죄양으로 삼는 일에 참여하지 않을 것이며, 또 다른 테러리스트 공격이 발생하면 무고한 무슬림 가족을 숨겨줄 방법을 강구할 것입니다. 우리는 죽임을 초래하며 존엄성을 무시하는 모든 체제들에 대해 협력하지 않을 것을 하나님과 형제들에게 약속합니다. 우리가 제국의 주의를 끌 수 있는 가장 강력한 방법은 제국에 돈을 대지 않는 것이라는 사실에서부터 시작할 것입니다. 우리가 무엇을 살 때마다 우리가 정말로 가치 있게 생각하는 것이 무엇인지에 관해 선언하는 셈입니다.

성만찬을 포함해서 교제를 위한 모든 식탁을 개방해야 하며 모든 사람을 하나님의 자녀로 환영해야만 합니다. 예수님의 길이라는 새로운 윤리에 충성하는 것이 우리의 유일한 신조가 될 것입니다. 모든 예배는 인간 가족들만큼 다양할 것입니다. 우리는 교회 안에서 음악 때문에 다투지는 않을 것인데, 음악의 그 아름다운 다양성이 없다면 우리들 가운데 많은 이들이 하나님을 믿지 않으리라는 것을 기억하기 때문입니다. 모든 것을 아는 척하는 대신에 우리가 나이 들어 갈수록 아는 게 적어진다는 것을 인정하여, 신앙을 확신과 혼동하지 않을 것이며 또한 지식을 속량과 혼동하지도 않을 것입니다.

우리는 우리 자신의 몸과 평화롭게 지내려 할 것이며 또한 파괴되는 행성과도 조화롭게 살려고 할 것입니다. 우리는 은혜의 마지막은 사람을 자비롭게 만드는 것이라고 믿습니다. 하나님과 이웃을 사랑하는 것이 동정녀 탄생이나 재림 문제에 대한 끝없는 논쟁보다 훨씬 더 중요합니다. 우리가 만드는 공동체에서는 누구든 하나님 경험에 다가갈 수 있어야 합니다. 사랑의 마지막은 심지어 사랑할 수 없는 이들도 사랑하는 것입니다. 우리는 사람들이 이해하지 못하는 기이하며 놀라운 일을 할 것이며, 또한 누군가가 왜 우리에게는 일어날 법하지 않은 놀라운 일들이 계속해서 일어나는가 의아해 할 때 우리는 미소를 지을 것입니다.

우리가 이런 놀라운 일을 할 수 있습니까? 할 수 있습니다. 왜냐하면 이미 우리를 위해 그런 놀라운 일들이 일어났기 때문입니다. 우리가 그런 일을 만들어낼 필요는 없습니다. 단지 풀어놓기만 하면 됩니다. 하나님 나라의 제국적인 통치는 여인이 누룩을 가루서 말 속에 감추어 모두 부풀어 오르는 것과 같습니다.

이런 부패를 시작하십시다.

폐쇄된 식탁의 부스러기는 이제 그만

개신교인들은 성만찬에 대한 경험이 거의 비슷하다. 성만찬 식탁(성찬대)은 실제 식탁이 아니라 세 면이 막혀 있어서 그 주위에 사람이 서도록 되어 있으며, 성만찬을 위한 빵과 포도주 혹은 포도 주스는 보통 은박 혹은 금박 성찬기에 담아 성찬기를 쌓아놓을 수 있었다. 빵은 흔히 작은 조각으로 썰어 주사위처럼 보였다. 포도주나 포도 주스는 미리 작은 잔에 부어놓았으며, 여자들은 나중에 씻는 데 너무 오래 걸린다고 불평이었다. 성만찬은 전혀 진짜 식사처럼 보이지 않았고, 하루에 필요한 충분한 칼로리를 위해 성만찬에 참석하는 사람은 아무도 없었다.

그것은 물론 '상징적'이지만, 정확히 무엇을 상징하는가? 우리는 몇 세기 동안 성만찬의 의미를 놓고 논쟁을 해왔는데, 한 가지 확실한 것은 우리가 실제로 식사를 나누지는 않는다는 점이다. 우리는 음식을 나누는 것을 모방한 제의에 참여하는 것인데, 성만찬에 참여하는 사람들은 실제로는 배가 고프지 않은 사람들이다. 더군다나 성만찬은 예배 중간에 혹은 예배 마지막에 행한다. 따라서 음식을 얻기 위해 교회에 온 사람보다는 이미 예배에 참석한 사람들이 성만찬을 받는다. 이미 예배에 참석한 사람들만 성만찬을 받는다는 점에서 성만찬은 거의 전적으로 '내부자'들의 제의이다. 은유적으로 말하자면, 성가대가 성가대에게 베푸는 성례전인 셈이다.

예를 들어 노숙자는 뜨끈한 성만찬 식사를 위해 주일 아침에 교회에 오지는 않을 것이다. 무료급식소가 없다면 말이다. 실제로 무료급식소를 운영하는 교회나 교회 밖의 가난한 사람들에게 정기적으로 식사를 제공하는 교회들이 실제로 가장 진정한 의미의 성만찬을 거행하고 있다는 사실은 얼마나 기이한가. 그 이유는 예수님의 처음 따르미들이 나누었던 성만찬 식사는 실제 식사로서, 신자들의 선물로 식탁 가득 채워진 음식들을 제자들이 모든 참석자들에게 서빙을 했기 때문이다.

초기 기독교 미술을 살펴보면, 성만찬은 "천국의 빵"이 땅에 내려온 것으로서 요한복음의 신비적인 은유를 통해 표현된 것처럼 굶주림과 목마름을 영원히 채워주는 것이었다. 예수님의 처음 따르미들은 오늘날 우리들보다 훨씬 진지하게 오병이어(빵 다섯 개와 물고기 두 마리) 이야기를 받아들였다. 그 이야기는 복음서들 속에 다섯 번이나 나오기 때문에, 신약성경에서 가장 자주 들려주는 이야기다.[6] 하나님의 세계 대청소는 식사와 더불어 시작되는데 우리 모두는 그 식사에 초대받았다. 그 식사는 무료이며 아무도 거절당하지 않는다. 그것은 하나님의 피조세계의 풍성함을 함께 나누는 본질적인 성례전이다. 이처럼 아름다운 생명의 잔치는 오병이어 이야기를 모델로

---

6) 마태 14:13-21, 15:32-39; 마가 8:1-9; 누가 9:10-17; 요한 6:1-13.

한 것으로서 윤리적인 은총의 완성된 본보기이다. 하나님의 집에서는 아무도 굶주리지 않는다.

불행하게도 오늘날 교회 안의 자유주의자들과 보수주의자들은 오병이어 이야기가 정말로 기적인지 아니면 단지 은유인지를 놓고 논쟁을 벌여왔다. 오병이어 이야기가 기적이라는 것을 알기 위해 마이크로웨이브 속에 넣은 팝콘처럼 마술적으로 늘어난 것이라고 믿을 필요는 없다. 사람들은 자연법칙이 중지된 것만을 기적이라고 생각한다. 그러나 은유는 기적적인 것을 격하시키는 것이 아니라 때로는 기적을 설명할 수 있는 유일한 방법이다.

예수님이 빵을 들어 감사와 축복기도를 하시고 떼어서 제자들과 함께 나누어주신 것은 군중들 모두를 위한 모델을 마련해주신 것임에 틀림없다. 예수님이 보여주신 본보기가 빵 속의 누룩이었다. 다른 사람들도 자신들이 지닌 적은 것을 그 방식에 따라(들고 감사와 축복기도를 하고 떼어서 나누는 방식) 나눌 때, 모두를 위해 충분했다. 그 이야기의 기적은 **모두가 배불리 먹었다**는 것이다. 심지어 남은 것들도 있었지만, 아무도 놀라서 "그가 어떻게 그런 일을 하셨는가?" 하며 묻지 않았다.

미술가들이 초기 기독교 예배의 핵심을 묘사하려고 할 때, 계속 드러난 이미지는 빵과 물고기다. 그러나 기독교인들의 카타콤에서 발견된 미술에서는 빈약하거나 단지 상징적인 것은 없다. 브로크와 파커 교수가 지적한 것처럼, "일곱 사람이 둘러앉은 식탁에는 큰 빵 바구니들과 생전 접시들이 놓여 있다. 프리스길라 카타콤에 그려진 즐거운 그림에는 여인들의 식탁을 보여준다. 또 다른 그림에는 여인들이 '따뜻하게 해서 가져오라!'는 글이 새겨져 있다. 초대교회는 이처럼 가장 중요한 제의적 식사를 먹이는 활동으로 이해했다."[7]

이처럼 공동체가 계속적인 잔치로서 음식부터 나누는 것이 사랑하는 공동체가 되는 핵심이었다. 이것이 어떻게 그 위대한 감사의 음식이 "많아지게 된" 방식이다. 우리는 항상 모두를 위해서는 충분하지 않다는 말을 들어왔지만, 이것이 모두가 충분해지는 방식이다. 세상의 굶주림은 식량이 부족한 결과가 아니라 나누지 않는 결과다. 모두를 위해 충분하며 남기도 하지만, 땅의 선물이 상품이 되어 가장 높은 입찰가를 제시하는 사람이 사는 구조에서는 그렇지 않다. "시장이 모든 것을 결정한다."는 것은 가난한 사람들에게는 견딜 수 없는 것이 되었다.

예수님의 처음 따르미들이 모일 때마다 중심이 되었던 이 위대한 감사의 식사는 이제 밋밋한 제의로 둔갑하였으며, 흔히 남겨두었던 포도주와 또한 진짜 빵과는 전혀 닮지 않은 성체를 사용한다. 딱딱한 빵 껍질이 없는 빵은 고통이 없는 인생과 같다. 대부분의 성만찬 '식사'에서 사용하는 빵은 납작한 성체로서 메마르고 맛도 없으며, 흔히 사제들이 사람들의 입 속에 수동적으로 넣어준다. 아무도 이런 식으로 먹지는 않는다. 우리가 아기 때부터 이런 식으로 먹지는 않았다.

오늘날처럼 가족들이 한 끼 식사를 함께 하기도 어려워진 시대에는 공동식사가 더욱 중요해졌다. 이것이 기본적인 인간의 성례전이다. 이런 공동식사에서 아이들은 기본적인 예절을 배운다. 자기의 몫 이상을 가져서는 안 된다는 것도 배운다. 함께 식사를 하는 것은 일차적으로 사회화 과정의 의례이지만, 대부분의 교회에서 행하는

---

7) Rita Nakashima Brock and Rebecca Ann Parker, *Saving Paradise: How Christianity Traded Love of This World for Crucifixion and Empire* (Boston: Beacon Press, 2008), 30.

성만찬은 매우 조용하며 개인적인 행사가 되었다. 그것은 잔치가 아니게 되었다. 그러나 우리는 금식하는(fasting) 세례 요한을 따르는 것이 아니라 잔치하는(feasting) 예수님을 따르는 사람들이다.8)

여기에서 논리적 반대만이 아니라 신학적 반대도 제기할 수 있을 것이다. 성만찬이라는 제의화된 식사에서 우리는 "이것이 나의 몸이다, 이것이 나의 피다"라는 예수님 말씀을 통해 포도주와 성체가 무엇을 뜻하는지를 알고 있다. 그러나 만일 우리의 성만찬이 방문객을 포함하여 모든 참석자들에게 제공되는 진짜 식사라면, 그들이 먹는 것은 정확히 무엇인가? 예수님은 그 빵을 자신의 몸이라고 말씀하셨는데, 그렇다면 저녁식사에서 먹는 빵의 상징적 의미는 무엇인가? 우리가 포도주를 성별하는 것처럼 냉커피도 성스러운 것으로 만들 수 있는가? 언더그라운드 교회에서는 그렇다.

초대교회에서 교제의 식사 이전에 진행했던 여러 제의들에 관해서 우리는 단지 추측만 할 수 있을 따름이다. 그러나 그 교제의 식사는 진짜 식사로서 내부자들만이 아니라 가난한 사람들과 함께 한 식사였다는 것을 우리는 알고 있다. 이것은 오늘날 죽어가는 교회 안에서 행하는 성만찬의 의미에 관해 질문을 제기한다. 왜 우리는 성만찬의 성례적인 능력을 포기하지 않은 채 실제로 사람들을 먹이는 정신을 가능한 한 되살리려고 노력하지 않는가? 우리는 고구마를 들고 "이것은 나의 몸이다."라고 말할 수는 없는가? 식탁 위에 물 컵을 채운 다음에 목사가 들고 감사기도를 드린 후에 "이것은 그리스도의 피입니다."라고 선언할 수는 없는가?

나처럼 급진적인 개신교인은 그렇게 생각하는 것이 보다 쉬울

---

8) 크로산, 『예수: 사회적 혁명가의 전기』, 95.

것이다. 그러나 나는 모든 교인들이 성만찬을 보다 폭넓게 정의하고 보다 덜 법적으로 시행하는 것에 초청하고 싶다. 예수님의 목회 상당부분은 성스러운 것과 속된 것의 구분을 없애셨던 것처럼 보이지만, 우리는 항상 그 둘 사이를 명확히 구분하려고 애쓴다. 성공회 사제이며 저술가인 바바라 브라운 테일러는 우리로 하여금 만물 속에서 거룩한 것을 깨닫도록 탁월한 필체로 도와준다. 우리는 제단이 교회 안에만 있다고 생각하지만, 테일러는 세상 모든 곳에, 특히 우리가 무조건 '세속적인' 것이라고 부르는 것들 속에도 제단들이 있다는 것을 찾아낸다. 테일러는 하나님께서 걸으시는 모습, 주목하시는 모습, 안식일에 일하지 말라 하시는 모습을 본다. 심지어 빨랫줄에 빨래를 너는 것도 하나님을 위해 기도의 깃발을 세우는 것으로 볼 수 있다.9)

"세계는 하나님의 장엄함으로 가득 차 있다. 그 불길이 솟아나와 금박처럼 빛난다."10)고 노래한 것은 제라르 맨리 홉킨스였다. 언더그라운드 교회에서는 성례전을 덜 협소하게(심지어 덜 우상적으로) 정의할 필요가 있다. 물리적인 세계는 우리로 하여금 "성스러운 그물망" 안에서 영적인 세계를 경험하도록 도와주기 위한 것이다. 그래서 예수님의 목회 활동 대부분이 야외에서 일어났다는 사실을 기억할 필요가 있을 것이다. 복음서를 실외에서 읽을 때는 심지어 그 소리마저 다르게 들린다. 따라서 그분이 땅에 마음껏 쏟아놓으신 것을 우리가 성전들 속에 다시 담아놓았다는 것은 얼마나 이상한 일인가.

---

9) Barbara Brown Taylor, *An Altar in the World* (San Francisco: Harper One, 2010).
10) Gerard Manley Hopkins, from the poem "God's Grandeur." in *Poems of Gerard Manley Hopkins*, ed. Robert Bridges (London: Humphrey Milford, 1918).

성만찬은 체제전복적인 행동이라는 사실을 결코 잊지 말도록 하자. 예수님이 하늘을 향해 든 음식에 축복기도를 하셨을 때, 그분은 로마제국에 맞서셨던 것인데, 로마제국의 통치자들은 가난한 자들에 대한 빵의 분배를 통제함으로써 자신들의 권력을 유지했다. 언더그라운드 교회에서는 성만찬이 바로 이와 똑같은 반제국적인 근원을 다시 살려낼 필요가 있다. 무엇이든 내놓을 것이 있는 사람들은 모두 자신들의 선물을 식탁 위에 올려놓은 다음에는, 모두를 환영하여 나눔만이 가능하게 만드는 잔치를 열어야 한다. 중요한 것은 음식이 먼저 나오고(떼어서 축복하고 나누는), 그 다음에 식사를 마친 사람들이 예배에 초대되어야 한다. 예배는 공동체의 환대를 통해 누룩으로 부풀어진 풍성함에 대해 감사하기 위한 것이다.

이것은 많은 교회들에서 불가능하지는 않더라도 비현실적인 것처럼 보일 수 있지만, 교회에 따라서는 한 달에 한 번씩 평상시대로 성만찬을 거행함과 더불어 시도할 수 있을 것이다. 교회에서는 다른 사람들보다 잘하는 것을 알고 있는데 그것은 팟럭(potluck, 각자 맡은 음식을 만들어 와서 함께 나누어 먹는 식사 방법 - 옮긴이)이다. 팟럭은 우리의 공동식사 관습 중에서 오병이어와 가장 가까운 것이며, 성이 A-G인 사람들은 고기, H-P인 사람들은 야채, Q-Z인 사람들은 디저트를 가져오도록, 그렇게 임의적으로 배당해서 가져온 음식들이 매우 신비할 정도로 균형을 이룬다는 사실은 우리가 익히 알고 있다. 팟럭은 보통 먹고 남을 정도가 될 뿐 아니라 사람들은 흔히 자신이 가장 좋아하는 요리를 해온다. 결과는 그 전체가 각 부분들의 총합보다 훨씬 좋다. 팟럭에 은총이 넘치는 것은 우리가 서로 나눌 때 우리의 최상이 더욱 잘 나타나기 때문이다.

언더그라운드 교회에서는 우리가 팟럭의 거룩한 식사를 예배

후가 아니라 예배 전에 나누고 그것을 성만찬이라고 부르는 것을 고려해볼 수 있을 것이다. 우리는 구입하거나 가공한 음식은 피하고, 가능한 한 우리 텃밭과 오븐에서 만든 음식을 가져와야 할 것이다. 더욱 많이 가진 교우들은 자신들이 더욱 많이 가져올 것으로 기대된다는 것을 이해할 것이다. 언더그라운드 교회는 그런 "개방된 잔치" 혹은 "성만찬 식사"의 시간을 공지할 것이다. 하나의 성찬대 대신에 우리는 모두가 함께 먹을 만큼 많은 식탁을 준비할 것이다. 그 전례는 단순하여, 음식을 들어 감사와 축복기도를 드리고 떼어서 나누는 것이다. 심지어 낯선 이들이 오면 즉시 자리에 앉혀, 필요하다면 교인들은 서서 식사를 해야 할 것이다. 언더그라운드 교회에서는 가장 중요한 사람이 언제나 낯선 사람이기 때문이다.

우리가 서로를 먹이는 것은 물론 우리가 살 수 있기 위해서다. 그러나 우리는 또한 자비의 가장 원초적 형태를 보여주는 것이다. 언더그라운드 교회에서 우리가 하지 않는 것은 음식을 통해 교인을 모집하거나 영혼을 구원하는 것이다. 성만찬 식사는 하나님과 이웃을 사랑하는 것에 접근하는 우리의 중심이 될 것이다. 즉 은총은 거저 받았던 것처럼 거저 제공되는 것이다. 우리 자신이 음식을 흙에서 만들어내는 것이 아니라 음식은 모두가 선물이다. "남에게 주어라. 그리하면 하나님께서도 너희에게 주실 것이니, 되를 누르고 흔들어서, 넘치도록 후하게 되어서, 너희 품에 안겨 주실 것이다. 너희가 되질하여 주는 그 되로 너희에게 도로 되어서 주실 것이다."(누가 6:38).

언더그라운드 교회에서는 우리가 생겨난 땅에 본래적인 아름다움을 인식한다. 우리는 전자 인간이 아니라 실제 얼굴들의 공동체로서, 우리의 현실적 문제들과 현실적인 가능성을 지닌 채 서로를 포용한다. 언더그라운드 교회는 인간의 모든 간계와 편견, 자기의 사적인 이익을 추구하는 고집들과 자기 파괴적인 경향성들이 보다 높은 그리스도의 몸에 대한 충성을 통해 완화되는 대안적 공동체를 모델로 삼아야만 한다. 우리는 하나님 나라가 도달하기 전에 미리 그 역할을 하도록 부름받았으며, 그 역할을 하는 중에 우리는 변혁을 절실하게 필요로 하는 세상의 빵 속에서 사랑의 누룩을 감추어 둔다.

흔히 사람들은 기독교인이 되는 것이 갑작스러운 일로서 회개가 즉각적으로 새로운 피조물의 형태로 극적으로 일어난다고 생각한다. 그러나 대부분 우리는 한 걸음씩 나아가며, 또한 기독교인이 우리의 제2의 본성이 되기 전에 우리의 일을 해야만 한다. 사람들이 나에게 기독교인이 되는 과정을 어떻게 시작해야 하는가를 물어볼 때, 사람들은 흔히 내가 믿음의 목록을 제시할 것으로 기대한다고 생각한다. 그러나 나는 그들이 자신의 가게에서 물건을 훔쳐가는 젊은이에게 "고맙다, 친구야"라고 말하도록 제안한다.

그러나 우리가 공동체로서 먼저 해야 하는 것은 함께 먹는 일이다. 먼저 우리는 땅, 텃밭, 찬장, 포도주 저장고의 선물들을 가져온다. 우리는 그 선물들을 함께 나누어 먹기 위해 제단 위에 올려 놓고, 아무도 돌려보내지 않는다. 우리는 세상에서 아무것도 만들어 내지 않았지만 우리가 이런 선물들을 함께 나눌 때 기쁨을 누린다. 언더그라운드 교회에서는 아무것도 팔지 않으며, 사람을 사려고 하지도 않는다. 우리가 안식일에는 세상의 팔고 사는 미친 짓에서 벗어난다. 거저 받은 것을 거저 제공한다. "교회는 세상 속에 **낙원**으로 심겨졌다"고 리옹의 주교 이레내우스는 말했다. 그 낙원은 음식으로 시작하며, 모두가 넉넉히 먹을 때까지만 낙원으로 남는다.

그러나 우리가 식사를 마친 다음에는 우리의 일이 시작된다. 배를 채운 것은 잠을 자기 위한 것이 아니다. 교회가 낙원을 모델로 삼는다면, 낙원을 파괴하는 것은 무엇이든 부패시켜야만 한다. 미국의 교회는 특히 그 깊은 잠에서 깨어나, 왕의 구역에서 벗어나 그 날개를 펼쳐야 한다. 우리가 새장에 갇혀 있는 한 우리는 권력에 대해 진리를 말할 수 없다. 복음이라는 스캔들을 우리는 점잖은 신심으로 둔갑시켰다.

우리가 자유주의자이건 보수주의자이건 아니면 그 중간에 있는 무엇이든 간에, 우리 모두가 마치 성경을 처음 읽는 것처럼 함께 공부할 때가 되었다. 예수 그리스도의 교회는 오늘날처럼 아비규환과 절규와 필사적인 외로움의 세상 속에서 잠자고 있는 거인이다. 은총과 평화의 메시지가 절실하게 요청되는 순간에, 사람들이 그것을 발견할 마지막 장소가 교회다.

내가 프레드 크래독 교수의 수업을 듣고 있었을 때, 그분은 갑자기 강의에서 벗어나 우리 모두를 혼란에 빠뜨렸다. 처음에는 그분이 허튼 소리를 하거나 나사가 풀렸거나 아니면 우리가 주의해서 듣는지 시험해보시는 것으로 생각했다. 그분은 이렇게 말씀하셨다.

며칠 전에 내가 집 앞에서 무게가 4kg 되는 참새 한 마리가 길거리를 걸어가는 것을 보고, 내가 참새에게 "너 좀 너무 무거운 거 아니냐?" 하고 물어보았지요.

참새는 "네, 그래서 제가 살을 좀 빼려고 걷는 중이랍니다." 하고 말하더군요.

그래서 나는 "왜 날지를 않니?" 하고 물었지요.

그 참새는 내가 마치 멍청이인 것처럼 바라보고는 "날아요?

나는 한 번도 날았던 적이 없어요. 다칠 테니까요" 하고 말하더군요.

그래서 내가 "네 이름이 무엇이니?" 하고 물었지요.

그 참새가 하는 말이 "교회랍니다."

8장

예수님의 제자들은 "요주의 인물들"

예수와 그의 추종자들은 아우구스투스 황제 시대의 여피족의 세상에서 히피족이었다... 역사의 예수는 유대 농민 출신의 견유학자였다... 그의 전략은 무상의 치유와 공동식사로서, 이런 종교적 및 경제적 평등주의는 당시의 유대 종교 권력과 로마의 권력이라는 위계적이며 후견인 체제가 정상적으로 간주하는 것들을 부정하는 것이었다.

- 존 도미닉 크로산

이제는 이 책의 목적이 교회라는 온실의 모든 유리창이 남김없이 깨어지도록 교회 밖에서부터 또 하나의 돌멩이를 던지기 위한 것이 아니라는 점이 분명해졌을 것이다. 나의 희망은 교회 안에서부터 새롭게 갱신시키는 것이다. 나는 교회에 목숨을 바쳤지만, 30년 동안의 교회 목회 후에 더욱 확신이 드는 것은 오늘날 기독교인들이 지배문화에 너무나 잘 흡수되고 어울려서 우리가 완전히 사라졌다는 점이다. 제국을 깜짝 놀라게 만들곤 했던 공동체가 이제는 제국에 딱 어울리게 들어맞고 있다.

교회는 실제로 크래독 교수가 말한 4kg의 참새처럼 나는 대신에 걷기 운동을 하고 있다. 교회는 날기 위해 태어났지만 말이다. 우리 정부는 위험인물들로 간주해서 작성한 비행기 탑승 금지자 명단을 갖고 있다. 존경받는 중산층의 애국적인 기독교인들이 그 명단에 올라 있을 가능성은 많지 않다. 우리는 안전하게 걷고 또한 신경이 과민한 목사들이 '분열시키는' 것이라 부르는 온갖 논쟁들을 피함으로써 교인들 사이에 평화를 유지하는 일에 너무 바쁘기 때문이다.

1940년대 예언자였던 디트리히 본회퍼 목사는 기독교가 정의에 대한 헌신보다는 사회적 체면을 향해 나아감으로써 점차 상관성이 없게 될 것이라고 주장했다. 그는 하나님과 이웃에 대한 사랑은 "값비싼 은총"이라고 말했다. "그것이 은총인 이유는 우리로 하여금 예수 그리스도를 따르도록 부르기 때문이다. 그것이 값비싼 이유는 그것이 한 인간의 목숨을 희생시킨 것이기 때문이다."[1] 우리의 질문은 오늘날 교회에서 무엇이 값비싼 은총을 이루는가 하는 것이다. 우리의 문화는 교회를 주로 보이 스카웃(Boy Scouts)과 별반 다르지 않게 도덕적 교훈을 가르치며 성품을 키우는 기관으로서 안정시키는 세력으로 간주한다. 본회퍼 목사는 자신의 조국 독일에서 파시즘의 먹구름이 몰려오는 것을 보았다. 그는 뉴욕의 유니온 신학교 교수직에 머물러 그 재난을 피할 수 있었다. 그러나 그는 조국으로 되돌아가 고백교회운동을 전개함으로써, 국가사회주의에 대한 교회의 묵인에 맞섰다.(당시 나치당의 독일기독교운동을 지지한 개신교인들은 전체의 1/4~1/3이었다. *The Aryan Jesus*, p. 3. - 옮긴이). 그것은 언더그라운드 운동으로서 저항할 목사들을 훈련시켰다. 이 결정으로

---

1) Dietrich Bonhoeffer, *The Cost of Discipleship* (New York: Macmillan, 1963), 40, 47.

인해 본회퍼 목사는 목숨을 잃게 되었다. 게슈타포가 그에게 강연, 집필, 연설을 금지시킨 후, 그들은 1943년 4월 5일, 그를 체포하여 투옥시켰다. 2년 후, 그가 동료 죄수들에게 예배를 인도한 후에 나치 당국은 그를 교수형에 처했다. 정말로 값비싼 은총이었다.

감옥에서 본회퍼 목사는 기독교가 무엇으로 둔갑했는지를 생각했다. 수많은 독일 기독교인들이 히틀러의 아리안 족 유토피아에 대한 비전에 항복하여 대량학살을 정당화하는 것을 도왔다. 본회퍼 목사는 처형되기 전에, 기독교가 하나의 종교로서 "끝났는지"에 대해 의문을 제기했으며, 또한 기독교가 어떤 의미가 있는지 아니면 단지 '의복'에 불과한 것인지에 대해 생각했다. 그래서 그는 "비종교적 기독교"(religionless Christianity)에 대해 생각했는데, 여기서는 신앙이 세상의 고통을 피하거나 구원받는 것이 아니라, 우리의 삶 한복판에서 '그 너머에' 계신 하나님께 궁극적으로 충성할 것을 요구한다. 그 이후에 신학자들은 그가 말한 "비종교적 기독교"가 무엇인지에 관해 많은 주장을 해왔는데, 한 가지는 분명하다. 그는 죽음의 방식들에 맞서 저항하지 않는 예수님의 제자들을 상상할 수 없었다. 비록 그 저항이 목숨을 잃는 것을 뜻한다 할지라도 말이다.

오늘날 누군가 '목사'라는 말을 할 때, 어떤 이미지가 떠오르는가? 우리는 여전히 목사가 존경받는 직업이라는 생각에 사로잡혀 있지만, 목사가 '저항자'라는 생각은 하지 않는 것이 보통이다. 우리가 신학교에 갈 때 불복종의 기술을 배우기 위해서 가지는 않는다. 우리는 신학교에서 교회를 운영하는 방법, 사랑으로 다가가는 방법, 해고당하지 않도록 설교하는 방법 등 모두 좋은 것을 배운다. 그러나 누가 우리에게 체제전복적인 존재가 되는 방법을 가르치는가?

우리가 사는 세상은 물론 나치 독일은 아니지만 전체주의는 수

많은 모습으로 다가온다. 다국적 기업들이 우리의 삶의 더욱 많은 부분을 통제하고, 빈부격차가 폭발하게 되고, 중산층이 사라지고, 아동들 네 명 가운데 한 명이 다음 끼니를 어디에서 얻을 수 있을지 알 수 없는 시대에, 오늘날 목사들은 가난한 사람들의 편을 들기보다는 지나치게 현상유지의 편을 들고 있는 것처럼 보인다. 목사들이 예를 들어 무료급식소를 운영하려 할 때 실제로 식사하러 오는 사람들의 고약한 냄새에 대해 불평하는 교인들 때문에 흔히 담임목사직에서 쫓겨나곤 한다. 진짜 목회는 냄새가 강하다. 예수님을 따르는 것은 문자 그대로 고약한 냄새가 난다.

거짓말에 입각한 불의한 전쟁에 대해, 사람들을 가난의 덫에 걸리게 만드는 부당한 임금에 대해, 동성애자나 외국인 노동자, 비기독교인들에 대한 혐오하는 표현이나 행동에 대해 비판적인 설교를 할 때, 사람들은 그런 목사들을 "애국심이 없다"거나 "감사할 줄 모르는" 목사라고 부른다. 그렇다면 우리는 제국을 위한 군목(軍牧)이 되어야만 하는가?

종교는 오늘날 존경받는 세력이라기보다는 사회적 지탄의 대상이 되었다. 매스컴은 (많은 교회 동창회처럼) 오직 크리스마스와 부활절 저녁 뉴스 시간에만 최근의 종교적 논쟁에 관해 언급하거나 예수님이 "어린이처럼 온순하고 친절한 분"이라는 향수를 불러일으킨다. 그러나 이 모든 것은 현실적 지혜와는 전혀 상관이 없으며, 단지 문화전쟁에서 마케팅을 하는 것에 불과하다. 전반적인 문화 속에서 예수님은 또 하나의 계절상품이 되었으며, 자동차와 옷과 다이어트를 위한 광고 사이의 공백을 채우는 이야기가 되어버렸다. 유명인들이 조명을 받는 문화 속에서 예수님은 또 하나의 유명인인 셈이다. 목사들은 오늘날처럼 절박한 시대에 안전하고 영적으로 중립적인 주석을 할 것으로 기대되고 있다. 교인들은 영적인 문제들에 관한 전문가의 증언을 기대할 뿐이지, 반(反)정부적인 것은 기대하지 않는다. 세상에서 가장 유명한 테러리스트를 암살한 후 들뜬 분위기 속에서, 지역 신문 기자는 나에게 물었다. "그래서 로빈 목사님, 오사마 빈 라덴을 죽인 것에 관해 기독교인으로서 기뻐하는 것은 괜찮은 겁니까?"

바로 이런 맥락에서 우리는 매우 기이한 예수님의 목회를 하고 있다. 이 장의 처음에 인용한 크로산의 말 속에서 우리는 체제전복적인 복음의 급진적인 성격을 엿볼 수 있다. 첫째로, 크로산은 예수님과 그의 추종자들을 "아우구스투스 황제 시대의 여피족(고학력과 고소득의 엘리트 - 옮긴이)의 세상 속에서 히피족(가난한 장발의 떠돌이들)"이라고 표현했다. 둘째로 그는 예수님의 목회의 중심을 "무상의 치유와 공동식사"(free healing and common eating)라고 정의했다. 이것보다 더 현대적인 언어로 성경의 핵심적인 원리들을 표현할 수 있을 것인가?

단순한 삶에 만족하고 불필요한 소비를 거절하는 생활방식은 우리의 문화 속에서 오랫동안 '히피'라는 말로 모욕당해왔다. 오늘날 사람들은 많은 진보적 기독교인들은 '올드 히피들'이라고 부르는데 이 말은 결코 칭찬하는 말이 아니다. 대학에서 내 강의를 듣는 학생들 대다수는 사회적 불의에 맞서서 집단적 행동을 취한 나의 이야기들을 이상하게 생각하며 자신들의 사적인 야심보다는 관심을 보이지 않는다. '벌목에 반대해 나무를 감싸는 사람들'과 '페미니스트들'이라는 말은 오늘날 너무 흔하게 남성성이 결여된 것과 연상되기 때문에 교회 안에서는 보다 남성적인 예수님을 회복시키려는 운동이 일어나고 있다.

그러나 예수님의 수사학은 남성들의 라커룸에서 들을 수 있는 거친 말투와는 정반대된다는 사실은 분명하다. 더군다나 오늘날 "무상의 치유와 공동식사"를 위한 떠돌이 목회에 참여하는 사람은 "흥미 있는 사람"이 될 것이다. 누가 정말로 "인간 쓰레기들"과 식사하기를 원하겠는가? 우리는 VIP 룸에서 식사하기를 좋아한다. 운동화를 신고 자신이 소유한 모든 것을 나누면서 돌아다니면서 다른 사람들에게도 그렇게 하라고 요청하는 사람은 단순히 튀는 사람이 아니다. 그는 정신병자로 의심받거나 "우울한 분노"의 희생자로 간주될 것이다.

만일에 예수님이 우리의 목회를 위한 모델이라면, 이처럼 지친 세상을 고통스럽게 만드는 것에 대한 우리의 진정한 대답이 그리스도와 같은 행동들의 형태로 나타나야만 한다. 체제전복적인 말은 값이 싸며 매우 만족스러울 수 있지만, 체제전복적인 행동은 값이 비싸다. 우리가 아끼는 모든 것을 위험에 처하도록 만들기 때문이다. 세례자 요한이라는 불같은 설교자가 감옥에 갇힌 채 제자를 보내 예수님에 관해 물었던 것은 "오실 그분이 당신이십니까? 그렇지 않으면, 우리가 다른 분을 기다려야 합니까?"였다. 그에 대한 예수님의 대답은 새로운 시대의 징조들, 즉 "눈 먼 사람이 보고, 다리 저는 사람이 걸으며, 나병 환자가 깨끗하게 되며, 듣지 못하는 사람이 들으며, 죽은 사람이 살아나며, 가난한 사람이 복음을 듣는다"는 것이다. 그리고 "나에게 걸려 넘어지지 않는 사람은 복이 있다."(마태 11:4-6).

당시에는 그런 모든 질병들이 죄에 대한 형벌로 간주되었다. 따라서 기쁜 소식을 처음 받은 사람들은 자신들의 인생에 온통 나쁜 소식뿐인 사람들이었다. 그러므로 예수님의 그처럼 놀라운 축복의 선언을 들은 사람들은 마음이 상해 걸려 넘어지지 않았다. 팔복의 가장 잘 알려진 판본은 마태복음의 산상수훈에 나온다. 팔복은 이상하며 거꾸로 뒤집힌 말씀처럼 들리지만 적어도 적극적인 말씀들이다. 온유한 사람, 마음이 깨끗한 사람, 평화를 위해 일하는 사람 등은 복이 있다는 말씀이다. 아름다운 말씀들이다. 그러나 누가복음에 나오는 무서운 말씀들(6:24-26)도 대부분의 교회에서는 무시하기 어려울 것이다.

그러나 너희, 부요한 사람들은 화가 있다.
너희가 너희의 위안을 받고 있기 때문이다.
너희, 지금 배부른 사람들은 화가 있다.
너희가 굶주리게 될 것이기 때문이다.
너희, 지금 웃는 사람들은 화가 있다.
너희가 슬퍼하며 울 것이기 때문이다.
모든 사람이 너희를 좋게 말할 때에, 너희는 화가 있다.
그들의 조상들이 거짓 예언자들에게 이와 같이 행하였다.

설교자들은 흔히 이 무서운 말씀들을 건너뛰는데, 보다 낙관적인 말씀을 선호하기 때문이다. 그러나 이 메시지는 파악하기가 어렵지 않은데, 바로 그 때문에 설교하기가 어렵다. 지금 모든 것을 갖고 있는 사람들은 항상 그 모든 것을 갖게 되지는 않을 것이다. 지금 아무것도 갖지 않은 사람들은 희망을 얻는데, 희망은 매우 강력한 것이다. 우리 시대의 질문은 자유주의자들과 보수주의자들이 이 본문에서 완전히 서로 다른 메시지를 듣는가 하는 것이 아니라, "복음의 정치학"이 모든 사람들의 마음을 상하도록 만들기에 충분할 정도로 신실하게 선포되어왔는가 하는 것이다.

정직은 우리로 하여금 우리 모두가 기존질서를 유지하기 위해 얼마나 많은 노력을 기울여왔는가를 인정할 것을 요구한다. 하나님 나라가 오고 있다고 선포하는 것이 현상유지에 대한 비판이 아니라, 그것에 대한 **파괴로서** 선포되어야 한다는 사실은 어찌할 것인가? 얼마나 많은 목사들이 정직하게 현상유지에 대한 위협으로 간주될 수 있는가? 우리들 가운데 얼마나 많은 사람들이 탑승 금지자 명단에 올라 있는가? 우리는 4kg의 참새처럼 걷는 일에 너무 분주하다. 게다가 우리는 먹이고 돌보아야 할 처자식들이 있다.

만일에 복음을 크게 기분 상하게 만드는 것(Great Offense)이라고 부른다면, 도대체 왜 기독교인들은 자신들이 무서운 정죄를 하거나 자기 의로움에서 비롯된 혐오를 발산할 때만 기분을 상하게 한 것이라고 간주하는가? 많은 기독교인들이 동성애자들을 단죄하며, 플로리다의 어느 목사는 이슬람의 꾸란을 불태웠으며, 뉴올리언스의 어느 목사는 허리케인 카트리나가 낙태 때문이라고 주장했다. 오늘날 종교가 욕을 먹는 것은 놀라운 일이 아니다.

우리는 문화전쟁들에 초점을 맞추고 있지만, 아무도 우리 시대의 건강과 행복에 대한 실제 위협에 대해서는 말하지 않는다. 대부분의 목사들은 **경제정**의 문제를 다루려고 하지 않는다. 성경에서 '의로움'과 '정의'는 서로 바꾸어 쓸 수 있는 용어이며, 자유주의자들과 보수주의자들이 매주일 예배에서 같은 목소리로 외우는 주기도문은 일용할 양식에 대한 필요(로마가 아니라 하나님으로부터), 부채(여전히 노예의 형태)의 탕감에 근거한 기도문이다. 우리는 낙태와 동성애자 문제에 너무 사로잡혀 있어서, 대기업들과 대부업체들이 가난한 이들의 절망을 먹고 살찌운다는 것은 잊어버리고 있다.

언더그라운드 교회에서는 우리가 문화전쟁에 대한 관심으로부터 가난한 사람들에 대한 착취와 전쟁에 주목할 필요가 있다. 실제로 기독교인들은 모두 경제학자가 되어야만 한다. 우리는 공급 측면과 케인즈의 경제이론 사이의 차이점을 알아야만 하는데, 파이를 어떻게 자를 것인가에 관해 큰 차이가 생기기 때문이다. 우리 시대에 빈부격차가 더욱 악화되고 기업들의 권력이 급상승하는 것에 대한 우리의 관심은 단순히 우리의 종교적 및 정치적 입장에만 근거해서는 안 된다. 우리와 우리 이웃의 자녀들의 운명이 걸려 있기 때문이다. 점차 더욱 많은 사람들이 굶어 죽어간다. 치과 보험이 없는 어린이들이 감염된 치아 때문에 죽어간다.

누가 천국에 갈 것인지에 대해 우리가 논쟁하는 동안에, 땅에는 더욱 많은 지옥들이 늘어간다. 모두가 넉넉히 제몫을 받아야 한다고 주장하는 것이 정말로 그렇게 급진적인 생각인가? 우리의 진정한 문제는 은총과 평화의 복음이 각종 사기꾼들의 탐욕과 심판의 복음으로 대체되어버린 것이다. 예를 들어 번영의 복음은 우리가 더욱 부자가 될수록 하나님께서 더욱 우리를 사랑하신다고 주장한다. 혹은 "모든 것은 시장이 결정한다"는 복음은 아담 스미스의 보이지 않는 손이 하나님의 손과 구분할 수 없다고 주장한다. 당신이 가난하다면, 당신은 게으른 사람임에 틀림없다. 당신이 부자라면, 당신은 야심이 있고 의로운 사람임에 틀림없다. 복음이 이런 식으로 정말로 간단한 것일 수 있는가?

만일에 이처럼 복음을 왜곡하는 것이 마음이 상한다면, 목사들은 사실대로 말해야 할 필요가 있다. "사탄아! 물러가라!"는 예수님의 말씀은 어린이처럼 온유하거나 상냥하게 들리지 않는다. 예수님이 첫 번째 설교를 하신 후에 사람들이 죽이려 했으며, 또한 짧은 기간 동안의 목회 끝에는 마침내 죽였다는 사실을 잊지 말도록 하자.

작고한 피터 곰즈(1942-2011, 하버드대학교 윤리학 교수로서 교목을 역임한 유명한 설교자였다. - 옮긴이) 교수는 〈뉴요커〉 잡지에 실린 만화에서 부자들이 교회를 떠나면서 목사에게 다정한 인사도 없이 가는 모습을 지적한다. 그 만화에서 모피와 보석들로 치장한 부인이 최고급 모자를 쓴 남편에게 "저 목사는 우리 마음을 상하지 않게 만드는 게 그리 어려운 모양이지요!"라고 말한다.[2]

우리의 문제는 신학적인 초점의 문제다. 우리는 예수님의 죽음에 초점을 맞추지만, 그것은 급진적인 것이 아니다. 사람들의 마음을 상하게 만드는 것은 예수님의 설교 내용과 그 설교대로 살아내는 삶이다. 곰즈 교수는 이렇게 말한다.

만일에 신학의 초점이 거의 언제나 타인들을 위한 인간(예수), 즉 짧은 기간의 활동에서 졌지만 승리하기 위해 되돌아올 인간에게 맞추어진다면, 기독교 신앙의 상당부분이 과거에 집착하거나 아니면 영광스러운 미래에 대한 전망에 유혹당하는 것은 놀라운 일이 아니다. 그 중간에는 사태가 옛날의 나쁜 방식대로 계속되며, 우리는 거의 언제나 현실이 최악의 시나리오로 전개되는 세상 속에서 현실주의자들로 살아간다. 신자들이 가장 원하지 않는 것은 마음이 어지럽혀지는 것이다. 그래서 (예수님의) 복음보다는 (과거와 미래 전체를 보게 하는) 성경을 선호하기 쉬운데, 왜냐하면 복음은 "그분이 오실 때까지는" 우리와 전혀 상관이 없는 예수님에 관한 훌륭한

---

2) Peter Gomes, *The Scandalous Gospel of Jesus: What's So Good About the Good News?* (San Francisco: HarperOne, 2007), 18-19.

이야기들로 볼 수 있기 때문이다... 그것은 우리가 무식하다는 것이 아니다. 우리는 무엇이 우리의 마음을 상하게 만드는지를 잘 알고 있으며, 아마도 그 때문에 우리는 섹스에 관해 그렇게 많은 시간 동안 수다를 떠는 반면에, 예수님은 그렇게 많은 시간 동안 돈에 관해 말씀하셨을 것이다.3)

이 책의 정신에 따르면 우리는 섹스와 돈 모두에 관해 말해야 할 것이다. 그러나 그 두 가지 주제 가운데 더욱 심한 금기는 돈이라는 사실은 명명백백하다. 위대한 장로교 설교자 어네스트 캠벨은 오늘날 교회 안에서는 모든 것에 관해서 말할 수 있지만 돈은 **예외**라고 지적했다. 왜냐하면 우리 모두는 "경제적인 위치"를 갖고 있으며, 우리는 누구나 정확히 하나님께서 원하시는 위치에 자리잡고 있다고 생각하기 때문이다. 누군가는 그들의 창조성과 기업가 정신의 보상을 받는 것이며, 다른 사람들은 그들의 게으름과 부도덕 때문에 고통을 당하는 것이라는 식이다.

자본주의 사회의 가장 잔인한 신화는 누구나 성공하기 위해 징확히 똑같은 기회를 갖고 있다는 신화다. 언더그라운드 교회에서는 진리가 우리를 자유롭게 할 것이라는 점을 알고 있지만, 그것은 오직 우리가 그 진리를 말하고 그대로 살아낼 때만 가능하다. 시장은 인생의 모든 문제를 해결하지 못할 뿐만 아니라 최악의 문제들을 만들어낸다. 교회의 미래를 위해서는, 예수님의 추종자들이 교회 안에서 대안적 경제를 창출할 것을 고려해야 한다. 그러나 이 문제는 우리가 오랫동안 생각하지 않았고 토론하지 않았던 문제다.

---

3) Ibid., 19.

바빌론의 진짜 창녀를 만나라

우리는 모두 요한계시록에 적그리스도의 상징으로 나오는 바빌론의 창녀가 실제로 누구인지 짐작해볼 만한데, 그 창녀는 일곱 개의 머리와 열 개의 뿔을 가진 짐승의 손에 의해 멸망될 것으로 예언되어 있다. 바빌론의 창녀는 오랜 세월 동안 악의 대명사로 간주되어왔다. 요한이 처음에 살해된 양에 의해 통치되는 세상에 대한 기괴한 비전을 묘사했을 때, 바빌론의 창녀는 분명히 새 예루살렘의 대적자를 상징했다.

그러나 20세기에는 바빌론의 창녀가 로마 가톨릭 교회, 소련, 세속적 인본주의, 새로운 급진적 이슬람을 지목하는 것으로 간주되었다. 누구든 혐오스럽거나 위협적인 것을 바빌론의 창녀라고 부른다. 그러나 요한계시록의 악몽 속에서는 두 명의 성경학자들이 지적한 것처럼 바빌론의 창녀는 "인간의 권력을 선호하여 현실의 중심에서부터 하나님을 대체하려는 모든 인간의 시도"4)에 대한 하나님의 심판을 표상한다.

그러나 바빌론의 창녀의 정체에 관한 여러 주장들 가운데서 내가 아직 듣지 못했던 것은 일곱 가지 치명적 대죄(大罪) 중 하나로 지목한 것이다. 진정한 바빌론의 창녀는 **탐욕**이다. 그녀는 단순히 어느 시대에 누가 지목한 원수일 뿐만 아니라, 어느 시대나 인류의 영원한 원수다. 탐욕은 세상의 파멸자다. 그렇다면 도대체 왜 탐욕에 관한 설교를 그처럼 듣기 어려운가?

부자들을 위해 편향된 경제 정책들을 30년이나 시행했음에도

---

4) Wes Howard Brook and Anthony Gwyther, *Unveiling: Reading Revelation Then and Now* (Maryknoll, NY: Orbis Books, 1999), 158.

불구하고 대대적인 경기불황을 겪게 되었으며, 또한 은행가들과 월스트리트 날강도들의 타락이 우리를 숨 막히는 벼랑 끝으로 몰아붙였음에도 불구하고, 설교자들은 여전히 경제정의 문제에 관해 겁을 먹고 있는 것처럼 보인다. 사적인 야망과 합리적 시장이라는 신화에 기초한 사회 전체가 우리 모두를 위선자들로 만든 때문인가? 자본주의는 본성적으로 비도덕적인 체제이기 때문에, 우리가 사랑하라는 명령을 받은 이웃들을 우리가 파멸시키지 않도록 하기 위해서는 자본주의 체제는 항상 제동을 걸고 규제를 해야 하는 것이 아닌가? 인류 역사는 단지 돈을 벌기 위해 서로에게 끔찍한 짓을 한다는 것을 계속해서 입증하고 있다. 아마도 결국 가장 위험한 생각은 **충분한 것이 결코 충분하지 않다**는 생각일 것이다.

따라서 만일에 우리가 '창녀'(그리스어 pome에서 온 말)라는 거슬리는 단어(또한 정치적으로 부정확한 단어)를 사용해서 그 함축적 의미('창녀'는 원래 계약의 파트너인 야훼 하나님에 대한 불충성)를 뜻한다면, 우리 모두는 우리가 얼마나 쉽게 "비지니스의 분주함"에 유혹을 받는지를 인정해야만 할 것이다. 우상숭배기 모든 죄의 뿌리이기 때문에, 우리는 고백부터 시작해야만 한다. 미국에서 가장 신성한 성소는 자유의 여신상이 아니라 월스트리트 입구에 있는 모디카(Arturo di Modica)의 청동 황소상이다. 이것이 미국의 황금송아지다.

우리는 교회 안에서 가족의 중요성에 관해 많은 말을 하는데 그것은 당연하다. 그러나 비윤리적인 성적 행동은 가족을 위협하는 유일한 것이 아니다. 탐욕은 아버지들을 아이들로부터 빼앗아간다. 탐욕은 여인들로 하여금 그들의 가장 높은 미덕들을 배반하게 만든다. 탐욕은 권리를 주장하는 문화를 부채질하여, 돈을 벌 수 있다면 법을 어기고 환경을 파괴하고 나의 재물을 무기로 사용해서 절망적인 사람들을 착취한다. 황금률을 "황금이 지배한다"는 역겨운 상투어로 둔갑시킨 것은 단지 상투어가 아니라 현실이다. 언더그라운드 교회에서는 탐욕이 바빌론의 창녀다.

그렇다면 탐욕을 저주하는 것 이외에 우리는 무엇을 할 것인가? 여기서 언더그라운드 교회가 단지 체제전복적인 척하는 것 이상으로 무엇인가를 할 수 있는 기회가 주어진다. 우리는 교회 안에서 옛날처럼 우리 자신의 언더그라운드 경제를 운영해야 하는데, 여기에는 부의 재분배와 공동체의 다른 사람들에게 무이자 대출이 포함된다.

이것에 대해 많은 사람들은 회의적인 태도를 취할 것이다. 정말로 이것이 심각한 제안일 수 없는가? 살집을 마련하지 못할 정도로 궁핍한 교인에게 교회가 이자 없이 돈을 빌려주는 것이 불가능한가? 새로 직업을 구하기 위한 교육비를 지불해주고 직장을 얻은 후에 이자 없이 상환하도록 하여 그 돈으로 다른 궁핍한 사람에게 돈을 빌려주는 것이 불가능한가? 다시 말해서, 돈을 벌기 위해 돈을 사용하는 것이 아니라 사람을 돕기 위해 돈을 사용하는 것이 불가능한가? 도대체 그런 급진적인 생각을 어디에서 얻게 되는가? 성경에서 얻을 수 있지 않는가?

많은 신도가 다 한 마음과 한 뜻이 되어서, 아무도 자기 소유를 자기 것이라고 하지 않고, 모든 것을 공동으로 사용하였다... 그들 가운데는 가난한 사람이 한 사람도 없었다. 땅이나 집을 가진 사람들은 그것을 팔아서, 그 판 돈을 가져다가 사도들의 발 앞에 놓았고, 사도들은 각 사람에게 필요에 따라 나누어주었다. (행 4:32-35)

우리는 공동선을 위해 집단적인 사회적 책임을 요구하는 것이면 무엇이든 위험하며 의심스러운 것으로 매도하기 위해 '사회주의'

라는 이름을 붙여왔다. 그러면서도 우리는 흔히 '기독교 국가'라고 주장한다. 분명히 우리는 초대교회에서 실제로 무슨 일이 벌어졌는지에 대해 전혀 모르고 있다. 초대교회는 각자도생(各自圖生)과 정반대였다. 예수님의 추종자들은 단순한 나눔의 행동을 통해서, 돈이 하나님의 은총의 징표라는 생각에 맞섰는데, 그 이유는 빚처럼 사람을 노예로 만드는 것이 없으며 또한 경제적인 절망처럼 사람의 정신을 파괴시키는 것이 없기 때문이다.

바빌론의 창녀가 로마제국에 대한 순응과 타락을 상징했던 수많은 방식들 가운데 특히 강력하고 통렬한 것이 있었는데, 그것은 바빌론이 경제적인 착취자였다는 점이다. 바빌론의 창녀는 재물과 풍요의 유혹을 뜻해서, "이 여자는 자주색과 빨간색 옷을 입고 금과 보석과 진주로 꾸미고, 손에는 금잔을 들고 있었는데, 그 속에는 가증한 것들과 자기 음행의 더러운 것들이 가득하였습니다"(계 17:4). 이런 품목들은 로마 사회의 지배층만 가질 수 있었던 것들이다. 그 물건들은 바빌론으로부터 수입한 것으로서 그 도시가 함락될 때 파괴되었다. 그런 물건들을 사랑하게 된 모든 사람들은 구원을 받지 못한다.

바빌론은 (1929년과 2009년의 월스트리트처럼) 무너져 내리며, 그 결과는 자신들의 번영이 세계무역체제에 달려 있는 사람들이 그 붕괴로 인해 울부짖게 된다. "너희, 지금 배부른 사람들은 화가 있다. 너희가 굶주리게 될 것이기 때문이다."라는 예수님의 말씀처럼, 요한은 제국의 모든 경제체제가 붕괴하며 또한 그 큰 상인들도 망할 것이라고 말한다. 그러나 바빌론의 일부가 아닌 사람들은 눈물을 흘리지 않을 것인데, 그 이유는 그들의 풍요함이 이 땅의 것이 아니기 때문이다.

오늘날 교회에서 사랑받는 공동체의 회원들이 재물을 늘리는 대신에 사람들을 섬기는 새로운 경제를 실행하는 것보다 더욱 문화 대항적인 것은 없을 것이다. 세상의 모든 것이 판매용이라는 생각에 대해 뼛속까지 진저리를 치지 않을 사람이 누구이겠는가? 사람을 포함해서 모든 것이 상품이라는 말인가? 공산사회의 경제체제를 이룩하려는 유토피아적인 시도들이 특히 19세기에 흔히 실패로 끝났다는 사실을 인정한다. 매사츄세츠 만에 식민지를 개척한 우리의 조상들 역시 존 윈트로프가 그의 유명한 "기독교적인 자선의 새로운 모델"이라는 설교대로 사회를 건설하려 시도했지만 실패했다. 그는 산상수훈에 나오는 "언덕 위의 도성"의 총독으로서 옛 세계(유럽)의 방식에 순응하지 않는 새로운 공동체를 세우려 했다. 플리머스 플랜테이션에서도 모두의 행복을 위해 모든 것을 공동소유하려고 시도했지만, 브래드포드가 지적한 것처럼 "플라톤의 자만심"에 희생되고 말았다. 시간이 지나면서 그 식민지는 보다 현실주의적인 정책, 즉 "일하지 않고는 먹지도 말라"는 정책으로 돌아갔다.

그러나 내가 여기서 제안하는 것은 교회가 강제하는 사회주의 형태가 아니다. 언더그라운드 교회의 모든 교인들은 여전히 자유기업과 자본주의 세상 속에서 살며 일한다. 그러나 교회는 궁핍한 사람들을 도움으로써 그 체제의 칼날을 완화시키는 것이다. 언더그라운드 교회에서 우리는 자비기금을 조성하여, 교회 운영에 사용하지 않고 비상 구제금으로 사용한다는 뜻이다. 자비기금은 교인들이 자발적으로 기부하고, 그 기부자들은 대출이 아니라 선물을 필요로 하는 사람을 추천한다.

좀 더 급진적인 것으로서 언더그라운드 교회를 보다 인습적인 공동체들과 분리시키는 것은 순환기금을 조성하여 지원자에게 빌려주었다가 이자 없이 갚게 하여 다른 사람들도 사용할 수 있게 하는 것이다. 다시 말해서, 교회가 언더그라운드 은행이 되어, 이자를 붙이지 않는 고대 기독교의 방식을 회복하는 것이다.

물론 여기에는 담보와 같은 안전장치가 필요할 것이며, 갚지 못할 경우 상환 청구를 할 수 있어야 할 것이다. 이것은 교회 밖의 아무나 사용할 수 있는 "공짜 돈"이 아니라 공동체와 언약을 맺은 교인들에게만 대출해주는 기금이다. 더군다나 당신에게 무이자로 돈을 빌려준 교회에 헌금을 바치는 것은 아무리 그 액수가 적다고 하더라도 안 된다. 또한 당신이 적극 참여하지 않는 교회로부터 대출을 받는 일도 받아들일 수 없다. 사랑받는 공동체가 교인들에게 이자 없이 돈을 빌려주는 이런 사업을 교회 목회로서 정확하게 처리한다면, 바울이 이방인 성인 남성들에게 기독교인이 되기 위해 할례를 받을 필요가 없다고 말했을 때처럼, 교인 증가에 가장 큰 자극이 될 수도 있을 것이다.

만일에 우리가 제국의 고리대금업과 제국의 경제구조에 관해 불평만 하고 그것을 뒤엎기 위해 아무것도 하지 않는다면, 우리에게 무슨 유익이 있겠는가? 요한계시록에 나오는 선명한 이미지들 가운데 흔히 간과되는 것은 노예(그 몸의 소유주가 따로 있다)와 사람들(제국에 대한 그들의 적응은 보다 미묘하지만 역시 억압적이다) 사이의 차이점이다. 그 사람들은 정확하게 데카르트의 말을 바꾸어서 "나는 쇼핑한다. 고로 존재한다."고 믿는 사람들이다.

요한이 제국의 경제를 비판할 때 그는 바빌론이라는 이미지로부터 '짐승'의 이미지로 바꾸어, "작은 자나 큰 자나, 부자나 가난한 자나, 자유인이나 종이나 할 것 없이, 다 그들의 오른손이나 이마에 표를 받게 하였습니다. 누구든지 이 표를 가진 사람, 곧 그 짐승의 이름이나, 그 이름을 나타내는 숫자로 표가 찍힌 사람이 아니면, 아무도 팔거나 사거나 할 수 없게 하였습니다"(계 13:16-17)라고 주장한다.

이마에 나타나는 것이 그 사람의 마음에 있는 것으로서 그는 새 예루살렘의 시민이든가 아니면 바빌론의 시민으로 간주되었다. 바빌론의 시민들의 이마에는 짐승의 표가 나타나는 반면에, 새 예루살렘의 시민들은 하나님의 이름으로 '봉인'된다. 그러나 오직 바빌론의 시민들만 그 오른손에 징표가 나타난다.

여기서 오랫동안 잊혀졌던 것은 손에 나타나는 것이 제국의 인장이나 동전, 즉 제국의 상업의 매개수단을 통해 사거나 파는 것이 가능하다는 점이다. 그것은 황제의 이미지, 이름, 연도와 칭호들로서, 카이사르가 아니라 예수님이 주님이라고 주장한 사람들을 모욕하는 것이었다. 계시록의 암호로 된 언어 속에 감추어진 메시지 가운데 하나는 언더그라운드 교회에 특히 중요한 의미를 지니는데, 베스 하워드 브룩과 앤서니 귀터는 "로마를 사탄적이라고 비난하면서 동시에 그 제국의 교환수단인 화폐를 사용하는 것은 불가능하다"5)고 말한다.

요한계시록의 저자는 분명히 로마와 경쟁할 대안적인 경제를 구현할 방법을 찾고 있다. 어린양의 추종자들은 그리스도를 선택하면서 동시에 로마와 거래를 할 수는 없다는 설교를 나는 한 번도 들어본 적이 없다.

체제전복적인 구체적 방법을 찾아야만 한다.

---

5) Ibid., 175.

비경제적으로 사용되는 돈

작고한 윌리엄 슬로언 코핀 목사는 돈을 '비경제적으로' 사용하는 것이 매우 위험하며 매우 유혹적이며 때로는 매우 악마적으로 만든다고 말하곤 했다. "예수님은 돈이 사람을 헌신하게 만들 수 있는, 하나님의 경쟁자임을 알게 되었을 때, 돈의 악마적인 면을 보셨다. '너희는 하나님과 돈을 같이 섬길 수 없다.' 지식이나 가족의 고결함, 명성이나 재능 등 그 어느 것도 아니라, 오직 돈만이 신과 같은 수준으로 여겨진다는 것에 주목하라. 돈만이 신적인 지위에까지 오른다. 예수님께서 하나님의 나라 이외에 다른 어느 주제보다도 돈에 대해 더 많이 이야기하셨다는 것은 놀라운 일이 아니다."[6]

비경제적인 이유들을 위해 사용되는 돈은 부자들에게 엄청난 영향력을 제공한다. 부자들은 특혜를 얻기 위해, 자신들의 관대함에 의존해 있는 사람들을 협박하고 통제하기 위해, 친구들에게 보상을 해주고 원수들을 벌주기 위해 지위나 권력을 얻기 위해 돈을 사용할 수 있다. 교회 안에서도 가장 많은 헌금을 하는 부자 교인들은 흔히 귀한 대접을 받거나 두려움의 대상이 된다. 그들의 견해는 보다 중요하게 간주된다. 목사들이 부자 교인들을 끌어들이는 데 더욱 열심인 이유는 모든 교회가 예산을 채워야만 하기 때문이다. 그러나 이것은 단지 제국 경제의 윤리를 따르는 것이다.

로마제국이 후견인-의뢰인의 피라미드를 통해 권력을 유지했던 것처럼, 모든 목사들은 부자 교인들이 자신들을 비굴한 의뢰인으로 만들 수 있다는 것을 잘 알고 있다. 그러나 언더그라운드 교회에서

---

6) 『나는 믿나이다』, 95.

는 우리가 최소한 서로를 대하는 방식에서 그런 위계질서를 '평평하게' 만들기 위해 모든 노력을 경주해야만 한다. 부자들과 가난한 사람들은 "항상 너희와 함께 있을 것"이지만, 그러나 하나님의 경제에서는 재물(그리고 재물이 없는 것)에 대해 다른 방식으로 대응해야만 한다.

모든 묵시론적인 해석들에도 불구하고, 요한계시록의 진정한 메시지는 주로 사회질서와 관련된 것이었다. 즉 "하나님은 더 이상 사람들 위에 거하시는 것이 아니라 사람들 한복판에 거하신다. 하나님과 인간 사이의 (수직적인) 피라미드가 (수평적인) 평등주의적 교제로 대체된다. 하늘의 질서가 사회질서를 반영했기 때문에, 이것은 반드시 후견인-의뢰인 네트워크에 의해 유지된 사회적 피라미드를 거부했다. 하나님께서 사람들 사이에 살게 되신 결과로서, 사회적 위계질서는 사라진다."[7]

언더그라운드 교회의 사랑받는 공동체 회원들의 두드러진 특징 가운데 하나는 초대교회의 관습처럼, 모든 사람을 그의 높은 직책으로 부르는 것이 아니라 단순히 '형제' 혹은 '자매'로 부르는 것이다. 이런 방식으로 우리는 철저한 평등주의를 실천하면서 모두를 가족으로 선언한다. 우리는 교회(*ekklesia*)라는 모임, 즉 비폭력, 환대, 관용, 격려를 통해 하나님과 이웃을 섬기려는 우리의 결단을 가장 잘 표현한 몸을 이루려고 합의해서 모인 사람들이다. 제국의 철저한 위계질서와는 달리 교회 안에서 모든 사람은 동등한 지위를 갖는다. 이런 형태 때문에 다른 사람들이 보기에 우리는 이상하게 보이며 이상하게 행동하는 사람들이다. 우리는 아무에게도, 아무것

---

7) Brook and Gwyther, *Unveiling*, 193.

에도 비굴하게 무릎 꿇지 않는다. 높은 사람의 반지에 입을 맞추는 것은 엄격하게 금지된다. 모두가 중요하다. 언더그라운드 교회에서는 의복에 대한 규정이 없으며 누구든 자신의 모습에 최선을 다하기를 원한다.

세상이 언제나 수직적으로 배열하는 것을 우리는 **수평적으로** 다시 배열한다. 시장이 모든 것을 결정하게 내버려두는 것이 아니라 우리는 나누기 위해 먼저 풍요에 대해 감사한다. 우리는 스스로 아무것도 만들지 않는다는 것을 기억하는 것이 중요하다. 따라서 우리는 **소유하려고** 하지 않고 **향유하려고** 한다. 얻기 위해 애쓰는 대신에 우리는 감사하는 마음으로 살며, 공동체의 관심은 모두가 넉넉하게 갖는 것이다. 자신의 필요보다 많이 가진 사람들은 생필품이 부족한 사람들에게 나누어준다.

그뿐 아니라 언더그라운드 교회에서는 언제 어떤 상황에서 불매운동을 벌일 것인지, 즉 공동체를 파괴하며 인간의 존엄성을 무시하며 죽음과 질병을 초래하는 상거래에 대해 우리가 지지를 철회할 것인지를 결정할 것이다. 제국에서 소비자들이 갖고 있는 가장 강력한 무기는 불매운동이다. 불매운동은 어디에서든 기업가들의 심장에 공포를 불러일으키는 말이다. 의로운 분노만으로는 부족하다. 비윤리적인 기업들의 제품을 우리가 구매할 때 우리는 그들의 비윤리적인 행동을 보조하는 것이다. 우리가 지역 농민들을 지원하지 않는다면, 또한 우리의 텃밭에서 생산한 것을 나누지 않는다면, 우리는 환경을 파괴하는 농업형태를 지속시키는 것이다. 이것을 요한계시록의 고대 언어로 표현하자면, 우리가 짐승의 표를 지닌 사람들과 거래하기보다 서로 거래를 할 때, 우리는 새로운 경제질서를 창출하는 것이다. 충분히 많은 사람들이 제국의 상거래에서 철수하여 하나님의 대안적인 경제활동을 시작할 때, 제국은 그 권력의 일부를 잃게 되며 또한 그 권력은 예수님의 길에 의해 바뀌게 된다.

현재 우리의 문제는 대부분의 사람들이 제국의 바깥에서 존재하는 것에 대해 무력함을 느낀다는 점이다. 많은 사람들은 우리가 제국 안에서 사람들과 잘 어울리고 있다고 생각하지만, 우리 영혼의 일부를 포기하고 있다고 느낀다. 생활의 목적이 하루를 무사히 잘 지내고 월급을 받고 텔레비전을 보면서 복권을 사는 것이 되어 버렸다.

조지 오웰의 고전적 소설 『1984년』에서 실제 힘을 갖고 있는 사람은 정신없이 일하고 마시고 축구경기를 관람하는 프롤레타리아다. 이 소설의 핵심 주제는 세계가 변화하는 것이 오직 그런 프롤레타리아들이 반란을 일으킬 때이지만, 그들은 단지 존재하는 일에 너무 분주해서 그런 반란이 결코 일어나지 않으리라는 것을 당은 정확히 알고 있다는 점이다. 빅브라더는 프롤레타리아들의 상황을 잘 드러내는 슬로건을 갖고 있는데, 그것은 "프롤레타리아들과 동물들은 자유롭다"는 것이다. 당은 심지어 그들에게 포르노까지 제공하는데, 이것은 복권이 그들에게 충분히 거짓되고 환상적인 꿈을 제공하지 못하는 경우다.

때때로 나는 제국이 교회를 경건한 프롤레타리아들의 거대한 집합체, 즉 주일날 아침에 품위 있는 일을 하고 우리가 죽기 전에 하나님과 올바른 관계를 맺는 데만 온통 초점을 맞추고 있는 집단으로 바라보고 있다고 생각한다. 우리는 신학적 논쟁들에 끝없이 정신을 빼앗기고 또한 매순간마다 선택된 원수들에 대해 격노한다. 그러나 결국에 제국은 우리가 반란은커녕 저항도 하지 않을 것임을 알고 있다. 왜냐하면 우리는 심지어 우리가 억압당하고 있다는 사실조차 모르고 있기 때문이다. 경기가 나빠지면, 술 판매량이 증가하지만, 도대체 누가 경제를 운영하는지에 대해 질문할 생각조차 하지 않는다. 오늘날에도 공급과 수요가 휘발유 가격과 상관이 있다고 생각하는 우리들은 얼마나 바보들인가!

그러나 언더그라운드 교회에서 우리는 **활동가**들을 훈련시키고 힘을 키울 것이다. 우리는 단순히 순응하지 않는 공동체만이 아니라 **저항**의 공동체가 될 것이다. 우리는 하늘의 권세와 정사들이 오늘날에는 무엇인지를 규명할 것이며, 또한 사람들에게 창조적으로 비협조하는 수단들을 줄 것이다. 이것이 제국의 주목을 끄는 유일한 방법이다. 돈은 그 자체가 목적이 아니라 목적을 위한 수단이다. 우리는 돈을 가치의 궁극적 결정요인이 아니라 단순히 들고 다닐 수 있는 권력의 형태로 간주할 것이다. 돈은 선을 위해서도 혹은 악을 위해서도 사용할 수 있다. 돈은 생명을 가져올 수도 있고 죽음을 가져올 수도 있다. 돈으로 학교를 세울 수도 있으며, 내부고발자의 입을 틀어막을 수도 있다. 돈은 무자격 후보를 당선시킬 수도 있지만, 무명의 후보로 하여금 그 자신의 주장을 널리 전달할 수 있게 만들 수도 있다. 돈으로 배우자를 살 수는 있지만 사랑을 살 수는 없다. 돈으로 집을 건축할 수는 있지만, 가정을 구입할 수는 없다.

언더그라운드 교회의 교인이 막대한 재산을 모았다면, 그는 교회 안에서 특별한 지위를 기대할 수 없으며 오직 보다 많은 기회들과 의무들을 갖게 될 것이다. 많은 것을 받은 사람에게는 많은 것이 요구될 것이며, 많은 것을 맡은 사람에게는 더 많은 것이 요구된다. 언더그라운드 교회 운동의 일부가 된 사람들은 교리적인 획일성보다는 반제국주의적인 실천에 헌신하게 될 것이다. 우리가 계속해서 넋이 나간 소비자들로 살아가는 한, 제국은 우리의 논쟁에 대해 별다른 신경을 쓰지 않을 것이다. 예수님을 따르는 사람들이 했던 첫 번째 일들 가운데 하나가 우상들에게 바쳐졌던 고기를 먹지 않는 일이었다는 사실을 기억하라. 그런 고기를 팔던 시장이 있었는데, 당시에는 고기가 귀했기 때문이다. "작은 그리스도들"이 신전에서 예배드리는 것을 중단하고 우상들에게 바쳐졌던 고기를 사지 않게 되자, 제국은 주목하기 시작했다. 비시니아-폰투스 지방의 총독이었던 플리니가 트라야누스 황제에게 쓴 편지(110년)를 보자. 이 편지는 예수님의 길이 당시의 상거래를 얼마나 효과적으로 붕괴시켰는지를 보여준다.

> 어쨌건 간에 거의 버려졌던 신전들에 다시 사람들이 모여들기 시작했으며, 오랫동안 사용되지 않던 종교예식들이 거의 복구되었으며, 희생제물의 고기를 파는 가게도 생겨났지만, 아직까지 사는 사람들은 거의 없었습니다.(Pliny, *Letter to Trajan* 10.96)[8]

예수님의 추종자들은 실질적인 불매운동에 들어가 실제적 효과를 가져왔다. 초대교인들이 믿었던 것들보다는 제국이 의존하고 있던 상거래를 붕괴시킨 것 때문에, 플리니는 예수님의 길을 따르는 사람들을 "비열한 숭배"라고 불렀다. 작은 규모에서 벌어진 일은 큰 규모에서도 벌어질 수 있다. 만일에 사람들이 제국에 대한 대안적 체제를 만들도록 힘을 얻게 되면, 현상유지의 가장 중요한 요소인

---

8) Ibid., 195.

"비즈니스의 분주함"을 위협하게 된다.

예를 들어 많은 교회들은 지금 공정무역운동에 참여하고 있다. 그들은 커피, 초콜렛, 개도국 장인들이 만든 공예품들에 대해 중간 유통망 없이 보다 많은 돈을 지불하면서 거래하기로 약속한다. 우리 교회에서는 공정무역 상품이 아닌 커피나 차는 사용하지 않기로 결정함으로써 공정무역 교회가 되었다. 평균적으로 상업적인 커피 회사들은 커피 재배 농민들에게 파운드 당 70센트를 지불하지만, 공정무역 구매자들은 1달러 35센트를 지불한다.

언더그라운드 교회에서 우리는 단순히 일상적인 비즈니스에 참여하지 않을 것이다. 우리는 우리 자신의 내부적 경제를 창조할 것이다. 신용카드 회사가 비윤리적인 행태를 보이면, 우리는 교인들을 초대하여 그 신용카드들을 가위로 잘라서 왜 그런 비윤리적이며 때로는 범죄적인 회사에 참여할 수 없는지를 설명하는 노트와 함께 되돌려 보낼 것이다. 바로 이런 행동을 나는 설교단에서 추천했다. 가난한 사람들을 착취해서 돈을 버는 고금리 대부업체들은 폐쇄해야 하며, 교회는 그런 회사들을 불법으로 정하는 법률을 통과시키는 데 노력해야 한다. 잠언에는 "가난한 사람들을 억압하는 자들은 그 창조주를 모욕하는 것이다."라는 말씀이 있다. 가난한 사람들을 가난하다는 이유 때문에 우리가 처벌한다면 그것을 무엇이라고 불러야 하겠는가?

안식일이 "사람에게 속한" 것처럼, 경제도 사람에게 속한 것이다. 세상은 그런 (이윤 중심이 아니라 노동자 중심의) 경제정책을 완전고용의 불가능성으로 받아들였으며, 사회복지 프로그램들은 인플레이션을 일으키는 것으로 전제한다. 우리가 그런 식으로 항복하지 않았다면, "빈곤과의 전쟁"에서 패배하지 않았을 것이다. 한편 언더그라운드 교회는, 복음 자체의 "가난한 사람들을 위한 우선적 선택"을 따라야만 한다. 우리가 마리아의 찬가를 뒤집어, 가난한 사람들을 빈손으로 떠나보내며 부한 사람들을 좋은 것으로 배부르게 할 무슨 권리가 있는가?

오늘날 세계의 빈곤이 더욱 악화되는 것은 하나의 종교적 계급이나 이데올로기에만 국한된 것이 아니다. 우리 모두는 침몰하는 배에 함께 타고 있다. 만일 여호와의 증인 한 사람이 굶고 있다면 왜 장로교인이 그를 먹이지 않는가? 만일 어느 무신론자가 노숙자가 되었다면, 왜 감리교인이 그에게 숙소를 제공하지 않는가? 동성애자 두 사람이 살던 집이 불타버렸다면, 도대체 왜 동성애에 관한 우리의 견해가 그들에게 도움을 주고 위로하는 일을 막아야 하는가? 언더그라운드 교회의 교인이 되기 위해 필요한 것 전부는 옳은 것보다 사랑하는 것이 더 중요하다는 단순한 확신이다.

허리케인 카트리나가 뉴올리언스를 황폐하게 만들었을 때, 우리 교회는 집을 잃은 두 가족에게 숙소를 마련해주고 6개월간 월세를 내주고 그 아이들을 가장 좋은 공립학교에 다닐 수 있도록 했다. 만일 모든 교회들이 한 가족씩 돌보아주었다면, 정부가 재난대책으로 마련한 악명 높은 트레일러 주택들은 필요가 없었을 것이다. 도움을 주려는 사람들은 누구나 도울 수 있었다. 노숙자가 자신의 방세를 오순절 교인이 지불하든 가톨릭 신자가 지불하든 그것을 문제 삼지는 않을 것이다.

"카이사르의 것은 카이사르에게, 하나님의 것은 하나님에게 드리라"는 예수님의 말씀에 대해 도로시 데이는 "만일 우리가 하나님에게 속한 모든 것을 하나님에게 드린다면, 카이사르를 위한 것은 아무것도 남지 않을 것이다"라고 말했다.

"요주의 인물"이 되는 방법

성경에서 가장 위험한 구절은 분명히 로마서 12장 2절이다. 여기서 바울은 기독교인들이 순응하지 않는 것을 승인한다. "이 세상에 순응하지 말고 마음을 새롭게 함으로 변화를 받아서, 하나님의 선하시고 기뻐하시고 완전하신 뜻이 무엇인지를 분별하도록 하십시오." 이것은 우리가 복음을 진지하게 받아들인다면 피할 수 없는 개인적 변화 과정에 따르도록 초대하는 것이다. 모든 변화는 위험성이 따르며 어렵지만, 우리는 깨어진 세상 속에서 급진주의자들이 되도록 부름을 받은 것이다.

급진적(radical)이라는 말은 남용되어왔다. 이 말은 원의 반지름(radius)과 어원이 같으며, 단순히 사물의 중심에 도달하는 것을 뜻한다. 그러나 사물의 중심에 도달하는 것은 우리들 대부분이 살고 있는 삶이 그 중심에서 얼마나 멀리 떨어져 있는가를 생각한다는 뜻이다. 이처럼 고통스러운 진실에 대한 우리의 마음가짐은 얼마나 천박한가! 우리가 서로 소통하기 위해 사용하는 언어들은 얼마나 공허한 것인가! 우리가 잠에서 깨어나는 순간들 대부분은 얼마나 철저하게 자기에만 몰입하는가! 교회의 큰 아이러니는 아무도 기독교인들 혹은 기독교를 위험하다고 간주하지 않는다는 사실이다. 모두가 우리를 단순히 점잖은 사람들로 밖에는 보지 않는다. 아무도 우리를 가리켜 "요주의 인물들"이라고 말하지 않는다. 예수님에 대한 고발은 "사람들을 소란하게 만들었다"는 것이었으며, 또한 사도들의 운명 역시 박해와 심지어 죽음이었다. 기독교라는 운동은 세상에 맞서는(contra mundum) 운동으로 태어났다. 그런데 도대체 어떻게 우리는 세상 속에 그처럼 편안한 존재가 되었는가?

교회가 세상의 권력을 얻을 때마다, 교회는 거의 언제나 교회가 향유하는 권력 자체에 대한 비판능력을 상실하게 된다. 물론 우리는 세상 속에서 살아야만 하는데, 그렇다면 우리는 어떻게 그 세상에 맞서서 살 수 있는가? 이런 긴장은 교회 자체만큼이나 오래 된 것이며 결코 없어지지 않는 긴장이다. 그러나 최근에는 교회가 하는 일 가운데 대항문화적인 것들은 찾아보기 힘들게 되었다. 실제로 많은 교회 공동체들은 그 도시에서 가장 동질적인 집단의 모임이 되었다.

순응하지 않는 모델과는 전혀 다르게, 오늘날 수많은 교회들은 '성공'하기 위해 상업적인 세속문화의 장식들을 받아들였다. 교회 '캠퍼스'가 인기를 끌고 있는데, 이것은 여러 부속건물들을 지어서 주로 가족들에게 호소하는 서비스와 매력을 끌기 위한 것이다. 쇼핑몰과 다르지 않게, 세상의 현실을 반영하는 공간을 차지하여 서점과 식당들과 어린이들을 위한 공간들을 갖추어 사람들의 매력을 끌려는 것이다. 결국 유유상종하겠다는 것이며, 아무도 이런 교회를 전복적인 교회라고는 생각하지 않을 것이다.

미국에서 교회는 금주운동, 여성의 권리 향상, 공교육, 노예제도 폐지 등 사회적 변화를 위해 일한 때도 있었지만, 오늘날 교회가 위험을 무릅쓰고 감행하는 대의들을 찾아보기는 어렵다. 퀘이커들과 메노나이트들과 같은 평화주의 전통을 지닌 교회들은 예외이지만, 교회가 반전운동을 벌인다고 주장할 수는 없다. 일반적으로 교회 집단은 일반 국민보다 흔히 미국이 벌이는 전쟁들에 대해 더욱 크게 호전적으로 지지한다. "생명을 위하여"(pro-life, 낙태반대운동의 표어, 낙태 찬성의 표어는 'pro-choice'다. - 옮긴이)라는 외침들에도 불구하고, 교회 안에서 대다수 사람들이 "구원하는 폭력"에 사로잡혀 있다는 점은 매우 곤혹스럽다. 자유주의자들 중에는 전쟁을 지지하는 사람들이 덜 하지만, 전쟁을 막기 위해 무엇이든 희생하려는 결의를 갖고 있는 사람은 찾아보기 어렵다. 그렇다면 도대체 어떻게 교회가 참으로 대항문화적일 수 있는가?

간단히 말하자. 교회는 무엇을 통해 교인들을 만화 속의 인물이나 상투적 인물로 만들지 않을 수 있을 것인가? 무엇이 우리를 "요주의 인물"로 만들 것인가? 우선 오늘날 초대교회의 평화주의 전통을 고집하는 기독교인들의 집단은 많은 주목을 받게 될 뿐만 아니라, 교회의 전화 자동응답기를 통해 엄청나게 상스러운 메시지들을 듣게 될 것이다. 전쟁이 돈벌이가 된다는 사실은 명석한 사람들을 사로잡고 있으며(미국의 과학자의 절반은 무기 산업에 종사한다 – 옮긴이), 또한 아양을 떠는 연예인들까지 동원하여 전쟁을 영광스러운 것으로 만드는 것이 국가적인 오락이 되어버렸다. 현재 대부분의 전쟁들은 부득이한 것이라기보다는 선택적인 것이며, 결코 보고 싶지 않은 꼴은 교회가 그 유구한 저항의 전통을 팽개친 채 국방성의 군목으로 활동하는 꼴이다.

미래의 교회를 가장 특징짓는 것은 교회가 전쟁을 지지하는 마지막 장소가 된다는 점이다. 다음 전쟁의 시동이 걸리는 동안에 텔레비전 뉴스에서 "우리의 용감한 병사들이 우리의 자유를 보호하기 위해 전선에 배치되고 있는데, 전쟁에 반대하는 주장들이 특히 교회를 중심으로 확산되고 있습니다"라고 말한다면 어떨까? 물론 우리는 군인들을 위해 기도할 것이며 그 가족들을 돌볼 것이지만, 군인들을 지원하는 것과 전쟁을 지원하는 것은 전혀 별개의 것이다.

요주의 인물이 되는 또 하나의 방법은 의심을 성숙한 영성을 위한 건강하며 필수적인 요소로 받아들이는 방법이다. 많은 교인들은 목사들이 자신들이 경험하는 '정상적인' 의심보다 훨씬 강한 신앙을 지닌 사람들이라고 기대한다. 따라서 어느 목사가 어떤 질문에 대해 '모른다'고 대답하거나, 전통적인 교리에 관해 정직하게 의심한다고 말하면, 평신도 지도자들은 그 목사가 신앙 지도에 적합하지 않은 목사라고 의심하기 시작한다. 그러나 그 반대가 진실이다. 즉 만일 그 목사가 자신의 의심에 대해 거짓말을 하면 그는 신앙 지도에 적합하지 않은 목사다. 신앙은 절대적인 확실성에 관한 것이 아니라 탄력성이 있는 신뢰에 관한 것이다.

오늘날 가난한 사람들을 사랑한다고 고백하며 그들을 돕겠다고 서약하면서도 그들을 계속해서 가난하게 만드는 경제체제에 도전하지 않는 기독교인들은 자선(단기간에 필요하다)과 정의(성경적이며 장기적인 관점을 필요로 한다)를 혼동하는 사람들이다. 성경을 믿는 기독교인으로서 공직에 출마하여 최저임금을 올리기 위해 모든 노력을 기울이는 사람들은 가난한 사람들을 돕는 문제에서 그들이 얼마나 진지한가를 보여준다. 권력의 속성들 가운데 하나는 권력이 현실을 정의할 능력을 갖게 하며 또한 다른 사람들로 하여금 자신들의 정의를 믿게 만드는 힘을 준다는 점이다. 교회는 제국으로부터 독립성을 유지하여 지성소들이 고통스럽지만 반드시 필요한 질문들을 제기할 수 있는 "안전한 공간"이 될 수 있어야 한다. 만일에 누군가 오바마 대통령을 존경하면서 아프간 전쟁을 확대하려는 그의 결정에 대해 반대한다면 어쩔 것인가? 만일에 예수님을 따르는 사람이 악명 높은 테러리스트에 대해 배심원에 의한 재판 없이 암살하는 것에 반대한다면 어쩔 것인가? 만일에 어느 목사가 더 이상 지옥을 믿지 않지만 교회 안에서 그렇게 말하는 것을 두려워한다면 어쩔 것인가?

현대 교회의 특징 가운데 하나는 지적으로 부정직하며 또한 당파적인 장님이라는 점이다. 피터 곰즈 목사가 하버드대학교 사람들은 리처드 닉슨 대통령을 위해 기도해야 한다고 제안했을 때, 청중들 가운데서는 야유가 일어났다. 그러나 빌리 그래함 목사가 자신은 인종이 분리된 청중들 앞에서는 설교하지 않겠다고 선언하자, 남부의 많은 백인 기독교인들도 야유를 보냈다. 어떻게 감히 교회가 우리의 신성한 암소들이 칼에 찔리는 장소가 될 수 있겠는가?

오늘날 교회에서 고대의 십일조 관행을 회복해야 한다고 주장하는 사람들은, 돈을 별로 들이지 않고 교회를 다니고 싶은 사람들과 헌신이 부족하여 사생활과 비밀유지를 혼동하는 사람들로부터 분노를 사게 될 것이 거의 틀림없다. 오늘날 자유주의적인 교회에서 십일조를 설교하는 것이 대항문화적인 것처럼, 보수적인 교회에서 동성애자들을 받아들여야 한다고 설교하는 것은 급진적이다. 내 생각에는 두 집단 모두가 너무 많이 항의하는 것으로 보인다.

오늘날 무슬림들과 진지하게 만나며 세상에서 두 번째로 큰 종교(또한 가장 빠르게 성장하는 종교)외 신앙에 관해 좀 더 배우려는 기독교인들은 거의 틀림없이 누군가의 요주의 인물 목록에 올라가 있을 것이다. 이슬람을 혐오하는 태도는 미국 사회의 불행이며, 또한 미국에서 또 다른 테러리스트 공격이 벌어진다면, 무슬림 형제자매들에 대한 광범위한 폭력이 벌어질 태세이다. 만일에 교회가 정말로 체제전복적이며 철저하게 포용적이려면, 교회는 가까운 회교 사원과 더욱 평화로운 관계를 맺을 방법을 찾아야만 한다. 또한 우리는 필요하다면 실정법을 위반하더라도, 무고한 무슬림들을 숨겨줄 계획도 세워야 한다.

오늘날 교회 안에서 섹스에 관해 솔직한 대화를 나누어야 한다고 주장하는 기독교인들은 거의 틀림없이 교회의 마지막까지 완강한 터부들 가운데 하나를 깨는 사람이라고 비난을 받을 것이다. 오랜 세월 동안 영혼은 선하지만 육체는 악하다고 이원론적으로 가르쳐왔기 때문에, 우리의 문제투성이 사회는 교회로부터 전혀 아무런 도움도 받지 못하고 있다. 보수주의자들은 흔히 육신의 죄들에 고착되어 있는 반면에 자유주의자들은 사회의 죄들에 고착되어 있다. 그러나 진실은 그 둘 모두가 죄이며 또한 그 둘을 분리시킬 때는 제자직의 완전한 의미를 훼손시킨다.

우리 교회에서는 초등학교 5-6 학년생들에게 성교육 교실을 열어 "직문직설"이라 불리는 솔직하지만 위엄을 갖춘 커리큘럼을 운영한다. 부모가 아닌 사람들은 그 나이에는 너무 어리다고 생각한다. 또 다른 사람들은 성에 관한 정보는 성을 부추긴다고 생각한다. 그러나 성적으로 전염되는 질병들의 원인과 결과에 관해 한 시간 동안 자세히 토론하면, 가벼운 섹스(casual sex)라는 생각은 결코 가볍지 않게 보인다.

오늘날 낯선 이들을 의도적으로 환영하며 보호하는 기독교인들은 두려움과 고립의 세상 속에서 두드러지게 마련이다. 특히 불법 노동자들을 보호하고 이민법이 야비한 것이 아니라 의롭게 개혁되어야 한다고 주장할 사람은 누구인가? 성경은 우리가 낯선 사람들을 환영하고 그들을 존경할 의무가 있다는 점을 분명히 가르친다. "너희와 함께 사는 그 외국인 나그네를 너희의 본토인처럼 여기고, 그를 너희의 몸과 같이 사랑하여라. 너희도 이집트 땅에 살 때에는, 외국인 나그네 신세였다. 내가 주 너희의 하나님이다"(레 19:34).

언더그라운드 교회에서는 가장 위험에 처한 낯선 이들을 우리와 동일시하며 또한 그의 권리를 지켜줄 계획을 세우는 것이 우리의 도덕적인 의무이다. 우리는 영어만 사용하라는 법을 무기로 사용하지 않을 것이다. 우리는 스페인어를 배워 우리의 이민자 형제자매들에게 영어를 가르칠 수 있도록 할 것이다. 언더그라운드 교회에서는 이중언어를 사용하는 것이 아름답다. 하나님께서는 어느 한 나라만을 사랑하지 않으시는 것처럼 한 언어만을 사용하도록 명령하지 않으셨다. 오순절에 언어 문제가 아무런 수치심 없이 해결되었다는 사실을 기억하라.

아마도 여기서 실제 문제는 또 다시 우리의 오래된 강적인 공포심일 것이다. 아마도 우리 마음 깊은 곳에서 우리는 '불법 노동자들'이 우리를 위한 빵을 탈취하거나 학교와 서비스에서 우리 아이들을 밀어낼 것을 두려워할 것이다. 왜냐하면 모든 것이 충분히 많지는 않기 때문이다. 다시 말해서, 낯선 이들을 환영하라는 복음의 분명한 명령에도 불구하고, 낯선 이들은 우리에게 위협이 된다고 생각한다. 이런 공포심을 이용한 선동 때문에 우리는 제로섬 게임에서 타인들을 밀쳐내게 된다. 여기서도 우리는 경제를 인간의 관점에서 이해할 필요가 있다. 결핍과 경쟁은 우리를 적으로 만든다.

오늘날 공포심을 윤리적 생활의 원수로 간주하여 마음속에서 밀어내는 기독교인들은 두려워하는 사람들로부터 심한 공격을 받게 마련이다. 시인 로버트 프로스트는 "나는 두려움에 사로잡힌 사람들을 가장 두려워한다"고 말한 적이 있다. 오늘날의 종교적 언어의 상당부분은 공포심을 조장하는 언어들이다. 모든 것이 음모이며, 모든 차이점들은 결함들이라고 한다. 우파들이 세속적 인본주의자들에 대해 경고하는 것[9]이든, 좌파들이 줄곧 성경만 읊어대는 미치

---

9) 성경문자주의와 소위 "기독교 세계관"에 입각하여 진화론을 배격하고 전쟁을 추동하는 "기독교 국가주의"와 크리스천 파시스트들이 대표적이다. Chris

광이들에 대해 경고하는 것이든, 그 둘의 메시지는 "두려워하라, 매우 두려워하라!"는 것이라는 점에서 똑같다. 그러나 복음의 핵심은 "두려워하지 말라!"이다. 우리의 이야기는 성금요일에서 끝나는 것이 아니라 부활절 아침에 시작하는 것이기 때문이다.

언더그라운드 교회에서는 아무도 고통에서 면제될 것을 기대하지는 않는다. 왜냐하면 신앙인들에게는 그런 면제가 보장되지 않기 때문이다. 그러나 사랑받는 공동체의 집단적인 돌봄에는 엄청난 힘이 있다. 혼자 식사하는 것은 모든 인간의 경험 가운데 가장 슬픈 것 중의 하나다. 만일에 교회가 제국의 빵 속에서 누룩의 역할을 확실히 하기 원한다면, 교회가 해야 할 일은 마치 하나님께서 우리에게 맡기신 과업들 중에 하나님께서 우리가 그 과업들을 성취하도록 장비를 갖추어주실 수 없는 과업은 없다는 것처럼 살아가는 일이다.

간단히 말해서, 오늘날 비폭력, 급진적인 환대, 결과를 개의치 않는 관용을 실천하여 자비와 격려의 공동체를 만들어내는 기독교인들은 세상에서 정말로 이상한 사람들로 보일 것이다. 언더그라운드 교회가 행하는 모든 활동이 급진적인 것으로 비춰질 필요는 없다. 양로원을 방문하는 일은 우리가 할 수 있는 가장 대항문화적인 일 가운데 하나다. 필요한 것은 죽음과 분열의 세력에 마음껏 불복종하는 자세다. 필요한 것은 현상유지가 비도덕적일 때 그것을 수용하는 것을 거부하는 자세다. 만일에 우리의 기쁜 소식이 미래를 강탈하는 자들에게 나쁜 소식이 아니라면, 우리가 무슨 권리로 "좋으신 주님"을 찬양할 것인가? 우리는 우리가 돕지 않는 일에 대해 약속을 해서는 안 된다.

Hedges, Damon. Linker, Michelle Goldberg의 책들을 보라 - 옮긴이.

간디는 일곱 가지의 사회적 죄에 대한 목록을 제시했는데, 그것은 언더그라운드 교회를 활기차게 만드는 것이어야 하며, 자유주의자들과 보수주의자들이 함께 투쟁할 원리들을 중심으로 뭉치게 만드는 것이다. 그는 우리가 원칙 없는 정치를 거부해야만 하며, 노동 없는 재물, 도덕 없는 상거래, 양심 없는 쾌락, 성품 없는 교육, 인간성 없는 과학, 그리고 희생 없는 예배를 거부해야 한다고 말했다.

신학적인 혹은 교리적인 '순수성'에 관해 더욱 지겨운 주장들을 펼치는 대신에, 우리가 즉각적으로 창조하려는 미래를 위해 매진하자. 기독교적인 종말론은 도피주의가 아니며, 공포심을 조장하는 것도 아니며, 궁극적인 우주론적 복수를 예상하는 것도 아니다. 그것은 위대한 신약성경 학자이며 시인인 아모스 와일더(Amos Niven Wilder)가 지적한 것처럼, 기독교 윤리의 토대다. 우리는 정의로운 미래를 예상하는 가운데 정의롭게 행동할 수 있다.

이것보다 더욱 급진적인 것이 또 있을까?

9장

교회와 전쟁, 섹스, 돈, 가족, 환경 문제

복음은 우리에게 대중문화와는 다른 우선순위를 가르쳐주며, 또한 정치경제학의 의제와는 다른 의제를 제시한다.

- 짐 월리스

사람들이 나에게 우리 시대에 어떻게 교회를 새롭게 만들 수 있는지에 대해 질문을 할 때, 나는 나의 대답이 얼마나 조잡하며 단순하게 들릴 것인지를 생각하면 약간 당황스럽기도 하다. 나의 대답은 "무엇인가 그냥 하라!"는 것이다. 당신의 회중들이나 공동체 속에서 필요한 것을 찾아내고 그것을 충족시킬 계획을 세우라. 지금 여기에서 하나님과 이웃을 사랑할 방법을 찾고 그냥 밀고 나가라. 계획을 세우는 데 너무 많은 시간을 보내지 말라. 은총은 선한 의지의 부산물이 아니라 불완전한 사람들이 옳은 이유들을 향해 행하는 선행들의 부산물이다. 나의 목회에서 대부분의 기쁨과 명료함의 순간들은 목회를 어떻게 수행할 것인가를 묵상하는 중에 오는 것이 아니라 목회를 수행하는 중에 경험했다.

주류교회들이 얼마나 초지성주의(hyperintellectualism)라는 수렁 속에 빠져 있는가! 우리는 좋은 생각들을 만들어내는 공장들이다.

우리는 문제를 연구하기 위해 위원회를 구성하고 가능한 해결책을 찾아낼 특별팀을 임명한다. 보고서가 제출되면 투표를 하고 파일에 남겨둔다. 이 모든 것은 우리 시대의 모든 악들이 무엇이며 우리는 무엇을 해야 하는가를 확인해준다. 우리는 흔히 이처럼 실제로 무엇인가를 행하는 데 필요한 에너지들 대부분을 문제를 찾고 대책을 세우는 일에 소모한다. 우리는 평화를 위해 분기별로 중점적 선교 사업을 정해서 하는데, 1분기 동안에 우리가 전쟁에 반대하는 결의안을 만든 것에 전쟁은 콧방귀도 뀌지 않는 것처럼 보인다.

죄를 지적하고 회개를 요청하는 것은 매우 유혹적이며 만족시키는 것이다. 마치 우리가 격려한 것을 성취한 것처럼 말이다. 설교자들은 복음을 공개적으로 선포하는 사람들이기 때문에 가장 위험을 무릅쓰는 사람들이다. 설교자들은 항상 악을 단죄하며 사랑을 요구한다. 그들 자신은 실제로 악에 대해 저항하고 사랑을 실천할 것으로 기대되는가? 목사는 분명히 자신은 사랑하는 사람이라고 생각한다. 나는 사랑에 관해 6주 연속으로 설교를 했으며 많은 사람들이 나의 설교 원고를 요청했다. 이처럼 자신이 무엇인가를 하고 있다고 생각하는 것과 실제로 그 일을 행하는 것 사이의 혼동 때문에 영혼이 조각나고 샤워를 하다가 현기증을 느끼게 된다. 목사들이 다른 어느 직업보다 결국에는 심리치료를 받는 사람들이 많게 되는 이유는 바로 이런 이유 때문이다.

교회가 자기만족에 빠지게 되는 것은 무엇이 기독교적인 것인가에 관해 논의하는 것이 우리가 어떻게 기독교인이라는 것을 입증하는가보다 중요하다고 생각하기 때문이다. 여기서도 프레드 크래독 교수의 경고를 귀담아 들을 필요가 있다.

우리가 사랑과 같은 개념에 관해 말하는 것과 사랑하는 능력을 갖는 것은 전혀 다른 것이다. 사랑에 관해 말한다고 해서 곧바로 사랑하는 능력을 갖게 되는 것은 아니다. 윤리적인 개념들에 관한 지식이 우리를 윤리적으로 만들지는 않는다. 위대한 흑인 교육자이며 사회학자이며 역사가였던 버가트 두보이스(Burghardt DuBois)는 하버드대학교, 베를린대학교에서 공부를 마친 후에, 미국 흑인들의 조건이 변화하는 것은 미국 흑인들의 진실을 치밀하게 과학적으로 탐구하는 것을 통해 가능할 것이라고 확신했다. 그래서 그는 자신의 연구를 추진했다. 그의 연구에는 흠이 없으며 그의 도표들은 나무랄 데 없었다. 몇 년 동안 기다렸지만 아무런 개혁의 기미가 보이지 않자, 그는 진실에 관한 진리, 즉 진실을 밝혀서 누구나 찾을 수 있도록 만들었다는 것이 사람들로 하여금 그 진실을 자신의 것으로 받아들인다는 뜻은 아니라는 진리를 받아들여야만 했다.[1]

따라서 교회의 갱신은 옳은 실천이 옳은 믿음을 대체할 때, 세상에 대한 진정한 사비를 실행하려는 우리의 욕구가 타인들을 우리의 사고방식대로 개종시키려는 충동보다 더욱 강할 때, 우리가 단지 말씀을 듣는 사람들이 아니라 말씀을 실행하는 사람들이 될 때 비로소 가능해진다.

오해하지 말기를 바란다. 나는 교회 안에서 생각하는 것에 대해 반대하는 것이 아니다. 나는 생각하는 것을 좋아한다. 우리는 더욱 많이 생각해야만 한다. 나는 신학이 중요하지 않다거나, 우리의 전통들이 중요하지 않다고 주장하는 것이 아니다. 실제로 성경해석의

---

1) Fred B. Craddok, *Overhearing the Gospel* (Nashville, TN: Abingdon, 1978), 15.

본질적인 과제는 단지 사람들에게 한 본문이 **말한** 것을 설명하는 것만이 아니라 그 본문이 오늘 우리를 위해 무엇을 **말하고 있는가**를 밝히는 것이다. 그러나 이것만으로는 충분하지 않다.

우리 교회는 지난 20년 동안 해마다 "4월의 크리스마스"(지금은 비기독교인들의 정서를 생각해서 "함께 다시 세우기"라고 부른다) 라는 연례행사에 참가해왔다. 우리는 완전히 수리를 해야 할 필요가 있는 집을 선택하여, 어느 주말에 많은 순례자들이 그 집에 모여 수리를 한다. 배관 공사를 다시 하고 벽에 페인트칠을 하며, 새로운 카페트를 간다. 청소년들은 마당에 꽃들을 심고, 숙련된 기술자들은 새로 창문들과 문들을 달며, 할머니들은 점심을 준비한다. 모두가 자원 활동이며 어떤 사람들은 밤늦게까지 일을 한다.

그 집에 사는 주로 노인들은 그날 다른 곳에서 지내도록 하여, 집수리가 끝난 다음에 돌아오게 한다. 그 집주인이 어느 교단에 속하든 아니면 비종교인이든 상관하지 않는다. 이 일을 통해 우리는 서로 **다시 연결된다**. 모든 사람이 존엄성을 갖고 살 필요가 있다는 점을 알게 된다. 낯선 이를 위해 좋은 일을 함으로써 우리는 초월적인 어떤 것을 경험하게 된다. 집단적인 자비를 경험하는 것이 항상 개인적인 야심을 충족시키는 것보다 훨씬 좋다.

언더그라운드 교회에서는 **우리가 말은 덜 하고 행동은 더욱 많이 해야만 한다**. 사람들이 조용히 선한 일을 할 때 그것이 얼마나 강력한지를 이해해야 한다. 만일 당신이 동네 아이들의 관심을 사고 싶으면, 그냥 조용히 앞마당에 구덩이를 파기 시작하라. 아이들이 모여 들어 구덩이를 바라보면서 "무얼 찾으시나요? 무덤을 만드시나요? 중국까지 뚫을 건가요?" 하고 물을 것이다.

마찬가지로 언더그라운드 교회에서 우리는 우리가 하는 모든 것을 설명해서 사람들이 멀어지게 하지 않는다. 사람들이 관심을 갖는 것은 이유들이 아니라 우리의 이상한 행동이다. 예를 들어 예배시간에 결혼식에 관한 광고를 생각해보자. 누가 누구와 결혼을 하는지를 광고한 후에, 우리는 곧이어 그들이 누구이며 어떻게 만났고 직장이 어디이며, 왜 이 결혼식이 그처럼 기쁜 순간인지를 설명한다. 만일 당신이 교회에 처음 방문한 사람이며 그 결혼하는 사람들에 관해 더 알고 싶으면, 그냥 교회에 등록하면 된다.

사람들을 감동시키는 것은 우리가 새로운 공동체, 즉 미친 듯이 상품을 사고파는 비인격적인 세계, 음모를 꾸미며 거짓말하는 세계, 조작된 감정과 천박한 대화의 세계 바깥에 존재할 수 있는 새로운 공동체를 만들어내려고 노력한다는 사실이다. 사람들이 필사적으로 찾고 있는 것은 실제적인 것이다. 교인이 죽어가고 있을 때 우리는 "아무개가 죽어가고 있습니다"라고 말한다. 언더그라운드 교회에서는 중요한 문제에 대해 완곡한 표현을 사용하지 않는다. 아무개가 "예수님과 함께 있기 위해 갑니다"라든가 "저 세상으로 옮겨가는 중입니다"라고 표현하지 않는다. 그런 표현들은 죽어가는 사람을 마치 졸업식에 참석하는 사람처럼 들리게 만든다.

설교의 궁극적인 목적은 복음의 기본, 즉 우리가 목숨을 버리는 것이 목숨을 얻는 것임을 신뢰할수록, 자기만족이라는 질병을 내려놓을 의무감을 느끼게 된다는 것이다. 나를, 나 자신에게, 그리고 나는 불경한 삼위일체다. 첫째가 되려고 하는 것은 복음에 반대되는 것이다.

세상 속에서 깊은 잠에 빠진 거인인 교회를 깨우기 위해 우리는 무엇을 할 수 있는가? 교회는 점점 노인들만 남아 있다. 다음 세대들은 우리의 엄숙한 모임에 환호하지 않는다. 그러나 그들은 예수님과 비폭력의 길, 환대, 관용, 격려에 깊이 마음을 빼앗기고 있다. 이성애자들만 사랑하고 동성애자들을 혐오하는 당파적 하나님에 관한 신화를 믿지 않는다. 더군다나 너무나 많은 젊은이들은 종교가 교인들에게 어떤 영향을 끼쳤는가를 보았으며, 그것을 좋아하지 않는다. 그런 젊은이들에게 언더그라운드 교회는 무엇을 제공할 수 있겠는가? 가장 저항하는 길을 제공하면 어떻겠는가? 이 광기의 시대에 대한 대안을 제공하면 어떻겠는가? 제국을 부패시키는 누룩을 제공하면 어떻겠는가? 우리는 훨씬 더 담대할 필요가 있다.

전쟁에 관해서

"전쟁은 겁쟁이가 평화의 문제들로부터 도망치는 것이다"(토마스 만).

교회는 목구멍을 청소하고 이 사실을 산위에서 외쳐야만 한다. 우리는 전쟁을 증오한다. 우리는 전쟁을 경멸한다. 우리는 전쟁을 막기 위해 가능한 한 모든 것을 할 작정이다. 이것은 보수주의나 자유주의의 입장이 아니다. 이것은 모든 인간의 가장 깊은 탄식이다. 전쟁은 지옥이다. 전쟁은 괴물이며 악마적이다. 성경의 은유를 사용하자면, 전쟁은 하늘 높은 곳에서 하나님의 코를 찌르는 악취다.

대외정책이나 경제적 이득을 얻기 위한 수단으로 전쟁을 선택할 때, 그 전쟁은 가장 엄중한 죄다. (마치 하나님께서 특수한 군복을 입고 전투에 나아가는 것처럼) "거룩한" 전쟁이라고 부를 때, 그것은 신성모독이다. 보복 전쟁일 경우에는 복음의 눈에 침을 뱉는 것이다. 플라톤은 "전쟁이란 인간의 가장 오래되고 치유할 수 없는 질병이다… 오직 죽은 자들만이 전쟁의 끝을 보았다"고 말했다. 평화를 단념하는 것은 하나님을 단념하는 것이다.

우리 세대는 이 교훈을 베트남 전쟁이라는 잔인하고 무익한 전쟁을 통해 배웠다. 끔찍한 속임수 때문에 공산주의와 싸우기 위해 58,000명 이상이 죽었다. 미국의 장군들과 정치가들은 그 전쟁에 대해 거짓말을 했다(전쟁에서 가장 먼저 희생되는 것은 진실이다). 그리고는 정치적 대가를 지불하는 것이 두려워 전쟁을 끝내지 못하다가 결국 그 나라를 포기했다. 우리는 2백만 명 이상의 베트남 사람들을 죽였으며, 미국을 둘로 분열시켰다. 내 또래의 사람들 가운데 두 번 다시 자기 아버지의 얼굴을 보지 못한 사람들도 많이 있다.

내가 수업 시간에 '베트남'이라는 말을 하면 학생들 얼굴에는 아무런 변화가 없다. 학생들에게 베트남은 옛 역사가 되었으며, 학생들은 자신들이 걱정해야 할 전쟁들이 있다. 큰 차이점은 학생들이 더 이상 열여덟 살에 징집영장을 받지 않는나는 점이다. 지금은 전쟁도 외주화되었으며, 가난한 학생들이 대학에 갈 돈을 벌기 위해 혹은 다른 선택의 여지가 없기 때문에 군대에 자원한다.

전쟁이 결코 끝나지 않는 이유 가운데 하나는 전쟁에 대한 우리의 환상이 끝나지 않기 때문이다. 어느 세대마다 "무적 불패"라는 신화를 만들어낸다. 당신을 죽이려 하는 자들을 먼저 죽이는 것이 최선의 방어라고 말한다. 그러나 먼저 죽게 된다는 것은 각본에 없다. 신병들을 모집해야만 하는 사람들은 전쟁이 낭만적이며 자기를 성취하는 멋진 모험인 것처럼 광고한다. 전쟁은 당신을 "진짜 사나이"로 만들어준다는 식이다.

한편 전쟁에 동의하는 시민들은 항상 큰 거짓말, 즉 우리의 용감한 군인들이 "우리의 자유를 지키기 위해" 싸우고 있다는 거짓말에 넘어간다. 그러나 "사막의 폭풍"이나 "자유 수호 작전"처럼 미사여구로 치장된 전쟁들은 우리의 자유를 지키기 위한 것이 아니라 자유가 초래한 우리의 특권들을 위협하는 것에 대한 대응이었다. "이라크 사람들의 피를 통해 (미국 경제가 - 옮긴이) 새 힘을 얻었다"는 범퍼스티커는 진실을 보여준다.

우리는 지금 전 세계적으로 테러와의 전쟁을 하고 있다. 무인기를 통해 폭격함으로써 군인들의 사망자를 줄이고 있지만, 무고한 민간인들을 죽이고 있다. 베트남 전쟁에 관한 텔레비전 뉴스는 여론을 반전운동으로 이끌었기 때문에, 지금은 방송에서 진실을 삭제하며 은폐하는 기술들을 발전시켰다. 그러나 무인기 공격, 크루즈 미사일, 적들을 암살하기 위한 야간 공격을 할 때마다, 우리는 적을 굴복시키기보다는 더욱 많은 적들을 만들어낸다. 점점 더 우리 자신이 테러리즘을 만들어내어 우리 자신이 목표물이 되고 있다.

전쟁에 저항하기 위한 교회의 역할은 어거스틴의 통찰력, 즉 악이 마치 전적으로 당신 자신의 외부에서 일어나는 것처럼 착각하고 악과 싸우지는 말라는 것을 전제로 삼아야 한다. 만일에 설교단이 진실로 세상과는 구별되는 장소라면, 우리는 아무도 감히 물어보려고 하지 않는 질문들을 물어볼 수 있어야만 한다. 즉 우리는 이 전쟁에 관해 진실을 알고 있는가? 전쟁 이외의 다른 모든 가능성들을 철저히 시도했는가? 사상자를 줄이기 위한 방법이 이것뿐인가? 우리는 침략자나 종족학살을 막고 있는가, 아니면 단지 경제적 혹은 지정학적 이득을 얻기 위한 전쟁을 하는 것인가? 전쟁을 시작하는 이유들은 흔히 복잡하지만 한 가지 분명한 것은 전쟁은 최후 선택이어야만 한다는 것이다. 어느 정치인이든 전쟁을 통해 재선되기를 원한다면, 그런 정치인은 반드시 낙선시켜야만 한다.

교회 이외에, 우리 사회에서 이런 질문들을 제기할 수 있는 다른 기관이 있는가? 교회의 진군 명령은 국가의 진군 명령이 아니다. 새로운 전쟁이 시작되려 할 때, 교회가 그 길을 막지 않는다면 어느 누가 막을 것인가? 전쟁은 큰 돈벌이며 오늘날 기업들은 정부보다 더욱 막강하기 때문에, 매주일 수백만 명씩 모이는 교회 이외에 다른 어느 비영리 단체가 전쟁이라는 돈벌이를 막을 수 있겠는가? 흑인 교회들이 민권운동을 마지막 보루로 보호했던 것처럼, 교회는 반전운동의 마지막 보루여야만 한다. 어머니날 카네이션 꽃을 달아 주면서 우리는 최소한 진실을 말해주어야만 한다. 즉 줄리아 워드 하우가 어머니날을 제정한 것은 전쟁을 중단시키기 위한 것이었다는 진실 말이다.

우리가 부름받은 것은 단지 반전시위를 벌이거나 시민불복종 운동을 벌이라는 것만이 아니다. 우리는 또한 우리 사회 속의 모든 형태의 폭력들을 지적하고 협조하지 말아야 한다. 대부분의 부모들은 포르노만이 아니라 자녀들이 폭력적인 비디오게임을 할 때 다른 길을 찾고자 한다. 실제로 우리 문화는 (최근에 연방대법원 결정들로 확인된 것처럼) 어느 연령의 아이들에게나 폭력적인 장면들이 대수롭지 않으며 성적인 이미지들이 정말로 위협이 되지 않는 것으로 믿고 있다. 시청자가 너무 어리면 여자의 가슴은 노출시키지 않는 것이 좋지만, 미국헌법 수정 1조는 여자가 브래지어를 착용하고 있는 한, 그 여자를 묶고, 입에 재갈을 물리고, 사지를 절단하고 목을 베는 비디오게임들을 보호한다.

프로 경기들에 열광하는 문화 역시 폭력을 축하하며 또한 무수하게 많은 가정들에서 가정폭력은 생활방식이다. 크게 보면, 사람들이 굶어죽을 때도 폭력이 벌어지는 것이다. "구조적 폭력"이 뉴스의 헤드라인이 되지는 않지만, 교회는 이에 저항해야만 한다.

마지막으로, 교회는 세상에서 핵무기가 완전히 제거되기 전까지는 궁극적 평화와 안전이 없다는 사실을 사람들이 결코 잊지 않도록 해야 한다. 핵보유국들은 다른 국가들의 핵무기 개발을 인정하지 않음으로써 지독한 위선을 드러낸다. 우리 모두가 핵무기들을 폐기하지 않는다면, 언젠가는 모든 국가들이 핵무기를 갖게 될 것이다. 핵무기 없는 세상을 부르짖는 사람들 중에는 조지 슐츠, 윌리엄 페리, 헨리 키신저 등도 포함되는데, 이들은 자유주의적인 평화론자들이 아니다.2) 만일 그들의 꿈이 월스트리트 저널에 발표될 수 있다면, 설교단에서도 울려 퍼질 수 있는 것이다.

교회는 비폭력의 깃발 아래 살면서 활동해야만 한다. 우리는 보복이 정의가 아니라는 사실을 끊임없이 세상에 환기시켜야만 한다. 우리는 자녀들을 온화한 사람들로 키워야만 한다. "생명을 위하여"(pro-life)라는 구호가 낙태를 반대하는 사람들의 전매특허가 되지 않도록 해야 한다. 오히려 우리는 사형제도, 빈곤, 건강관리와 관련하여 그 구호의 의미를 분별할 수 있어야만 한다. 우리는 전쟁 기구, 군비증강에 동의하지 말아야 하며, 우리의 전쟁은 정의롭고 하나님께서 살육을 기뻐하신다는 터무니없는 생각을 포함해서 전쟁을 영광스러운 것으로 만드는 것에 반대해야 한다. 자유주의자이건 보수주의자이건 간에, 언더그라운드 교회의 교인이 된다는 것은 비폭력에 헌신하며 전쟁을 혐오한다는 뜻이다. 그 이상도 이하도 아니다.

---

2) George Shultz, William Perry, Henry Kissinger, and Sam Nunn, "How to Protect Our Nuclear Deterrent," *Wall Street Journal*, January 19, 2010.

섹스에 관해서

"규율은 환희로 가는 길이다"(로버트 프립).

나는 이 주제에 관해 말하는 것이 얼마나 어색한 것인지를 잘 알고 있다. 나의 아버지께서는 나에게 그 문제에 관해 말씀을 하시기로 작정하고는 교회가 만든 브로슈어를 갖고 오셨다. 실제로 몸의 부분들에 관해서는 언급할 수 없기 때문에, 새미 정충과 올리비아 난자가 만나면 놀라운 일이 발생한다는 것이었다. 나의 아버지는 최선을 다하셨지만, 우주의 심장에 있는 욕망의 우주적 에너지인 에로스를 객관적 교훈으로 만드는 것은 쉽지 않다. 그는 매력을 느끼며 욕망을 갖는 것은 자연스러운 일이라고 말씀하셨지만, 전혀 자연스럽지 않은 것이 있었다. 그렇게 말씀드리지는 않았지만, 나는 우리가, 신비한 것만큼 세상을 파괴할 정도로 위험하며 성스러운 주제에 관해 말하고 있다는 것을 알았다. 우주적인 질문들을 다룰 수 없었기 때문에 나의 젊은 영혼은 보다 실제적인 문제들을 알고 싶었다. 그래서 나는 아버지에게 "새미와 올리비아가 정확히 어떻게 만납니까?" 하고 물었다.

교회는 육체와 영혼을 하나로 생각하지 않았다는 것으로 유명하다. 사실상 인간의 성(sexuality)의 신비와 힘에 관한 문제에서, 교회는 주로 영혼은 선한 반면에 육체는 악하다고 가르쳐왔다. 아담과 이브가 자신들이 벌거벗었다는 것을 발견하고 자신들을 가렸을 때 수치심이 생겨났다. 우리는 교회에서 사람들에게 아가서의 에로틱한 환희를 추천하기보다는 육욕이라는 치명적 죄에 대해 경고하는 일에 훨씬 더 열심이었다.

우리가 살고 있는 세상은 포르노로 가득한 세상이며, 모든 것을 팔려는 욕망을 객관화하는 세상이며, 당신이 누군가와 함께 누웠을 때 당신의 몸은 실제로 서로 간에 약속을 하지 않는다는 신화를 퍼뜨리는 세상이다. 재미로서의 섹스 혹은 욕구충족으로서의 섹스 혹은 다른 인간에 대한 권력과 통제의 한 형태로서의 섹스는 계산할 수 없을 정도로 큰 고통을 가져왔다. 그러나 우리는 성스러운 섹스에 관해 우리의 자녀들에게 가르치기 위해 무엇을 해왔는가? 그리고 만일에 교회가 성스러움을 전달하지 못한다면, 도대체 우리는 무슨 일을 하고 있는 것인가?

16세기에 종교개혁자들은 "일곱 가지의 성사(성례전)를 두 가지(세례와 성만찬)로 줄임으로써 당시의 성사체계를 단순화시켰다. 그러나 기독교 신학사에서 '목욕물과 함께 아기도 버린' 사례가 있다면 바로 이것이다."3) 언더그라운드 교회에서는 섹스가 성사의 하나여야 하는데, 단지 교회 안에서 경축하지 않는 성사일 따름이다!

우리는 섹스를 우리의 일상생활 속에서 하나님의 사랑에 관한 우리의 비전의 일부로서 솔직하고 공개적으로 말할 수 있어야만 한다. 이것이 결국은 성사의 본질이기 때문이다.

게다가 우리가 직시할 필요가 있는 것은 섹스 문제가 적어도 이론상으로는 교회를 자유주의자들과 보수주의자들로 크게 나누어 놓는 것 가운데 하나라는 점이다. 우리는 대부분의 사람들이 결혼하기 전에 섹스를 한다는 것과 결혼의 절반이 (주로 불륜 때문에) 실패한다는 것을 알고 있기 때문에, 보수주의자들은 절제와 순결, 정절만을 강조해왔다. 자유주의자들은 주로 어떻게 현명하게 임신

---

3) Elizabeth Myer Boulton and Matthew Myer Boulton, "Sacramental Sex," *Christian Century*, March 22, 2011, 28.

을 피할 수 있는가를 말해왔는데 이것은 도덕적 가르침이 위선적일 수 있다는 두려움 때문이다. 그래서 보수주의자들은 다른 사람들이 하는 섹스에 사로잡혀 있는 반면에 자유주의자들은 자신들이 하는 섹스에 대해 변명하는 방식을 찾는 일에 사로잡혀 있다는 신화가 계속되고 있다.

이처럼 성사적인 면에서 완전히 빈 공백 속으로 온갖 파괴적이며 역기능적인 성적 태도와 행동들이 밀려들고 있다. 남자들은 여자들을 대상물로 대하지 않도록 도전을 받지도 않으며, 여자들은 섹스를 무기로 사용하지 않도록 도전을 받지도 않는다. 섹스에 관해 말할 때 대부분의 사람들은 서투르다. 결과적으로 우리는 매스컴이나 친구들 혹은 인터넷으로부터 무엇이 '정상적'이며 '만족시키는' 섹스인지에 관한 단서를 받아들인다. 세상에는 우리로 하여금 불만족스럽게 느끼도록 만드는 일에 골몰하는 산업이 번창하고 있지만, 교회 안에서 우리가 듣는 것 전부는 어색한 침묵이다.

초대교회는 우리에게 섹스를 지상의 기쁨이며 동시에 하늘의 보물로 간주하는 방법을 보여주있다. 기독교인이 결혼외 침실을 더럽히지 않아야 하는 것은 제단의 촛불로 담뱃불을 붙이지 않아야 하는 것과 같다. 인생에서 가장 좋은 것은 가장 타락하기 쉬운 것이기 때문에, 교회는 섹스를 잔치, 선물, 기쁨으로 다가갈 필요가 있다. 왜냐하면 섹스는 너무나 숭고한 것이어서 목숨을 걸 정도의 책임을 요구하기 때문이다. 예전에는 우리가 이런 문제에 관해 그다지 수줍지 않았던 것처럼 보인다.

나에게 입맞춰 주세요,
숨막힐 듯한 임의 입술로.

임의 사랑은 포도주보다 더 달콤합니다.
임에게서 풍기는 향긋한 내음,
사람들은 임을 쏟아지는 향기름이라고 부릅니다.
그러기에 아가씨들이 임을 사랑합니다.
나를 데려가 주세요, 어서요. (아가서 1:2-4)

이 시는 감각들을 위한 잔치이지만, 세월이 지나면서 교회의 미소는 어색한 찡그림으로 둔갑한 것처럼 보인다. "너무 문자적으로 읽지 말라"고 어떤 주석가들은 말한다. 이 노래는 실제로 섹스나 육체적인 갈망에 관한 것이 아니다. 여인들의 젖가슴 사이에 있는 향(몰약) 주머니(13절, "사랑하는 그이는 나에게 가슴에 품은 향주머니라오." - 옮긴이)는 그 표현 그대로가 아니다. 실제로 이 노래는 알레고리로서, 하나님과 하나님의 백성들 사이의 사랑, 그리스도와 그의 신부인 교회 사이의 사랑을 상징적으로 표현한 것이다."4)

좋다. 나는 그것을 은유로 받아들이겠다. 그렇다고 해서 하나님의 사랑을 드러내는 것으로 우리가 받아들인 것이 에로틱한 시라는 사실은 변하지 않는다. 시인들이 사랑의 부드러운 깊이와 광기를 천착할 때, 그들은 이런 것이 매우 강렬하게 현실적인 것이기 때문에 그렇게 천착한다. 그러나 교회의 언어는 전혀 현실적이지 않은 것처럼 보인다. 비록 우리의 복음 전체가 말씀이 육신이 된 성육신에 관한 것이지만 말이다. 사랑하는 사람을 만지고 싶은 욕망, 함께 놀면서 놀라며 기뻐하고 싶은 욕망은 우리로 하여금 하나님과 교제하는 궁극적인 신비를 향하게 한다. 물론 모든 것이 잘못될 수 있

---

4) Ibid., 29.

다. 그러나 모든 것이 잘 될 수도 있다.

교회의 언어가 언약의 언어인 것에는 이유가 있다. 파트너십은 기쁨을 가능하게 만드는 상호성을 만들어낸다. 그렇지 않다면 우리는 단지 서로를 이용해먹는 것일 따름이다. 언더그라운드 교회에서 우리는 얌전함과 호탕함 사이에 균형을 맞추려고 할 것이다. 우리는 또한 섹스를 하지 않고 결혼하지 않는 사람들을 존경할 것인데, 식탁에는 모두를 위한 장소가 있기 때문이다. 그러나 무엇보다도 우리는 영혼과 육신 사이의 아주 오래된 이원론의 희생자가 되지 않으려고 결심할 것인데, 그 이유는 하나님의 영의 완전한 표현은 우리에게 '육신을 입고' 오기 때문이다.

동성애 문제가 교회를 완전히 갈라놓았기 때문에, 여기서 교회들은 성적 행위들의 윤리성 문제를 놓고 논쟁을 하기보다는 관계의 성실성에 초점을 맞출 필요가 있다. 보수주의자들은 동성애자들을 환영하는 교회들을 흔히 "생활방식을 승인하는" 죄를 짓고 있다고 말한다. 그러나 우리의 LGBT(gay, lesbian, bisexual, transgender) 형제자매들을 환영하기로 결정한다고 해서 난잡한 성행위나 약속을 깨는 '생활방식'을 승인한다는 것은 아니다. 우리는 성적 지향과 관계없이 그런 행동들은 단죄한다. 언더그라운드 교회에서 우리는 사람이 누구를 사랑하는가에 근거해서 그를 죄인이라고 정죄하는 것이 아니라 약속을 지키는 것을 강조할 것이다.

우리는 자녀들에게 인간의 성이 지닌 신비함에 관해 가르칠 때 솔직하며 민감하게 대해야 한다. 일정한 나이가 되어 성에 관한 정보를 가르친다고 해서 성적인 행동을 부추기는 것은 아니다. 정확히 그 반대일 것이다. 청소년들이 흔히 실수를 저지르는 것은 무지와 또래집단의 압력 때문이다. 우리가 자녀들에게 가장 회피하고 있는 것이 그들의 몸에 대한 솔직함과 성적인 피조물로서 감당해야 하는 도전들이다.

몇 년 전에 나는 자녀를 양육하는 문제에 관해 글을 쓰면서 "큰 신들과 작은 신들"이라는 은유를 사용했다. 부모들은 큰 신들이며 자녀들은 작은 신들이고, 예배는 하루 24시간 동안 가정이라는 신전에서 드리게 된다. "큰 신들이 행복할 때는 작은 신들도 모두 행복하다. 그러나 위에서 문제가 생기면, 아래에서도 문제가 생긴다."

내가 이런 생각을 하게 된 것은 나의 자녀들이 어렸을 때, 내가 아내와 말다툼을 할 때면 아이들도 집안의 다른 구석에서 말다툼하는 소리를 들을 수 있었기 때문이다. 우리의 자녀들이 얼마나 많이 선한 업보와 악한 업보에 젖어드는가를 생각하면 두렵다. 그러나 "항상 다투는 신전 위에 아무리 많이 웃기는 텔레비전 시트콤의 향내를 풍긴다 해도 작은 신들은 노래할 마음이 생길 리 없다."5)

인간의 성도 마찬가지다. 가정은 에로스의 신전이며, 부모들은 섹스에 관한 건전하고 성사적인 관점의 모델을 보이는 사람들이다. 언더그라운드 교회에서 우리는 부모 사이의 공간을 거룩하게 만드는 것이 얼마나 중요한지를 가르침으로써, 그 자녀들이 언젠가 자신들이 그 신전을 운영할 차례가 되었을 때 사랑과 섹스를 분리시키는 것이 더욱 어렵다는 것을 발견하도록 인도할 것이다.

과거의 이론은 절대로 자녀들 앞에서는 싸우지도 말며, 입맞춤도 하지 말라는 것이었다. 그 결과는 어떤가? 온갖 형태의 열정이란 두려워해야 하며 숨겨야 한다고 생각한 세대, 그리고 로맨스는 항

---

5) Robin Meyers, *Morning Sun on a White Piano: Simple Pleasures and the Sacramental Life* (New York: Doubleday, 1998), 40.

상 결혼에 앞서지만 결혼을 지탱하지는 못한다고 생각한 전체 세대의 결과는 … 당신들이 입맞추는 것은 당신의 자녀들이 보게 하라. 당신들이 포옹하는 것도 보게 하며, 서로 놀리는 것도 듣게 하며, 부드럽게 힐책하는 것도, 심지어 선의의 질투도 듣게 하라. 집안에서 구애하는 것은 사람들이 함께 사는 것이 편리해서가 아니라 서로 함께 지내고 싶어 하기 때문이라는 생각을 더욱 굳게 해준다.[6]

돈에 관해서

"예수님이 사도들을 세상 속에 보낼 때 카이사르의 은행에서 발행한 수표를 들려 보냈던 것이 아니다."(라메네이스)

풍자적인 잡지 〈오니온〉에는 "교회에 헌금하는 돈의 대부분은 하나님께 도달하지 않는다"는 글이 실렸었다.

워싱턴 — 지난 월요일에 국세청이 발표한 충격적인 보고서에 따르면, 전 세계적으로 교회에 헌금한 돈의 65% 이상이 하나님께 도달하지 않는다고 한다.
"불행하게도, 모든 헌금의 거의 절반은 운영, 공과금, 사제들의 비용 등 행정비에 사용된다"고 〈전능하신 주님〉의 대변인 버지니아 래번이 말했다. 그리고 또 다른 25%는 천사들의 위계질서를 위한 봉급에 필요하다. "사람들은 하나님이 돈이 썩어 문드러질 만큼 부자일 거라고 생각하지만, 하나님의 순자산은 고작 8백만 달러

---

6) Ibid., 81.

에 불과하며 그 대부분도 부동산에 묶여 있다는 사실을 알면 놀랄 것이다. 래번에 따르면, 하나님은 영원히 안락하게 살 충분한 돈을 저축해 두었지만, 잘 못하는 종교들을 폐업시켜야 할지 모른다.7)

이 잡지는 항상 웃음을 주기 위한 것이지만, 이 문제는 심각한 것이다. 교회에 바친 헌금 대부분이 실제로 하나님께 이르지 못한다. 심지어 교회 문밖에도 나가지 못한다. 결국 교회들은 종교 비즈니스이며, 요즘은 비즈니스가 잘 안 된다. 예산을 채우며 청구서들을 지불하는 일이 너무 걱정되어, 선교비 지출은 뒷전으로 밀린다.

대부분의 교회가 예산을 정하는 과정은 우선 (교인들에게 헌금 약정을 하도록 하여) 수입을 예상한 다음에, 이 돈으로 봉급, 빚, 공과금, 시설유지 등의 비용을 감당한다. 따라서 이 모든 '고정된' 비용에 예산을 배정한 후에, 선교를 위한 '잔여 금액'이 있는지를 살피게 된다. 대개는 없거나 미미하다. 더 나은 방식을 찾아야 한다.

우선 교인들이 선교 사업들에 지출되는 돈이 얼마나 적은가를 알게 될 때, 교회가 자선사업에 인색한 것처럼 교인들도 헌금에 인색하게 되는 경향이 있다. 공과금을 지불하는 것은 중요하지만, 영감을 불러일으키지는 않는다. 교인들은 점점 더 자신들의 헌금이 "교회 문을 열어놓기 위해" 사용된다고 생각하여, 마음속에 **"도대체 무슨 목적으로?"** 라는 더욱 어두운 질문이 생겨난다.

언더그라운드 교회에서는 단 두 가지 종류의 헌금만 있다. 첫째로, 교회에 속하며 교인으로 인정받고 싶은 사람은 누구나 헌금을 약정해야 한다. 이 헌금은 멤버십의 언약의 가장 기본적인 책임으

---

7) "Report: Majority of Money Donated at Church Doesn't Make It to God," *Onoin*, January 10, 2011.

로서, 교회의 고정 비용을 지불하는 데 사용된다. 십일조를 권장하지만, 최소한 수입의 5%의 의무금이 목표다. 그러나 만일에 이 의무금을 낼 수 없다면, 교회를 지원하기 위해 자신이 신실하게 바칠 수 있는 것을 바쳐야 한다. 헌금은 교인의 선택사항이 아니다. 우리 사회에서는 사람들이 자신이 가치 있게 생각하는 것을 위해 지불하며, 또한 아무도 자신이 지원하지 않는 기관의 서비스를 받을 것으로 기대하지 않는다.

이것은 물론 교회가 그 우선순위를 분명히 해야 하는 것을 뜻한다. 교인들로부터 교회 운영비에 대한 헌금 약정을 요구하기 전에, 교회는 단지 생존이 목적이 아니라 **선교를 하기 위해** 존재한다는 것을 분명히 밝혀야 한다. 이런 방식으로 주류 교회들은 복음주의자들과 연합하여 '선교적 교회'(missional church)를 만들 수 있는데, 이것은 예수님을 따르는 본질적인 사역을 중심으로 하여 서로 다른 신학적 노선을 지닌 기독교인들이 함께 모이는 촉망되는 운동이다.

불행하게도 오늘날 교회에 출석하는 많은 사람들은 토요일 밤에 호주머니에 남은 잔돈들을 헌금으로 바친다. 아니면 공영방송을 듣는 많은 청취자들처럼 자신들이 헌금을 바칠 필요가 없는 사람들과 같다. 교회에 들어가기 위해 헌금 바치는 것이 요구되지 않기 때문에, 많은 사람들은 재정적 지원이 언약의 일부라고 느끼지 않는 경우가 많다. 이런 태도는 언약을 가짜로 만들 따름이다.

언더그라운드 교회의 이사들은 헌금 약정서를 받고 교회의 모든 수입을 포함시켜 운영 예산을 짠다. 따라서 개교회의 성직자와 직원 숫자는 그 교회 운영 예산을 반영한다. 교회는 적자 운영을 할 수 없다. 그러므로 운영비를 충당한 후에 비로소 선교의 기회가 시작된다.

언더그라운드 교회에서는 선교 사업들이 일차적으로 성직자의 주도권이 아니라 교인들의 주도권으로 이루어진다. 성직자의 책임은 본문을 해석하고 신학적 성찰과 지혜의 삶에서 본을 보이며, 가장 뜻 깊은 예배 체험을 만들어 도와주며, 안수받은 성직자에게 주어지는 의무, 즉 교육, 설교, 상담, 결혼식, 장례식, 세례예식 주관, 행정업무 참가 등을 수행한다. 그러나 선교사역은 교인들의 책임이다. 물론 목사들도 교인에 속하기 때문에, 어떤 선교사업들은 목사들의 아이디어일 수 있으며 또한 목사들이 참여할 수도 있다. 그러나 언더그라운드 교회에서 선교는 교인들의 운동이며 또한 교인들이 그 기금을 마련한다. 이 기금은 그들의 기본적인 운영경비 헌금을 대신하는 것이 아니라 그에 덧붙여서 하는 헌금이다.

세상에서 가장 교회일치적인 생각으로서 환영할 일은 복음주의 지도자 레기 맥닐이 그의 책제목을 통해 말한 "선교의 르네상스"이다. 그는 이것이 "종교개혁 이후 기독교의 가장 큰 발전"이라고 말한다. 그것은 종교로서의 기독교를 해체하고 "교파, 당파(자유주의, 보수주의, 주류, 복음주의), 예배 스타일(현대적, 전통적), 프로그램에 접근하는 방법론(목적이 이끄는 방식, 탐색자 친화적인 방식), 심지어 문화적 입장(포스트모던, 새로 등장하는 입장)을 뛰어넘는다... 이런 차이점들은 워낙 크기 때문에 기독교의 선교적 활동들과 선교가 아닌 활동들을 실제적으로 서로 구분할 수 없게 만든다."[8]

'성공적인' 교회를 위한 인습적인 모델들(외부적으로 하나님의 구원사역에 초점을 맞추기보다는 내부적으로 프로그램들과 숫자들에 초점을 맞춘다)을 따르는 대신에, 선교적 교회 운동은 교인들의

---

8) Reggie McNeal, *Missional Renaissance* (San Francisco: Jossey-Bass, 2009), xiii, xiv.

발전을 그 핵심적 활동으로 간주하며, 지도력과 교회 프로그램을 강조하던 것에서부터 공동체의 변화를 강조하는 것으로 바꾸어 나간다. 선교 교회가 있는 지역에서는 어느 아이도 배를 곯지 않게 하려는 목적은 보수주의자들이나 자유주의자들만이 동의할 수 있는 목적이 아니다. 그것은 우리 모두가 함께 일할 수 있는 목적이다. 이처럼 사람들은 이타주의 경제에 입각해서 사랑을 베푸는 일에서 결과를 가져오는 프로젝트들에 헌금을 하는 것이지, 단순히 자기보전이라는 목표보다 더 높은 목표를 갖고 있지 않는 기관들에는 헌금을 하지 않는다.

주류 진보적인 기독교인들은 선교적 교회 운동과 관련을 맺기 위해 신학적인 차이점들을 넘어설 필요가 있다. 그들이 다음과 같은 선교적 교회의 정의를 읽게 되면, 이것이 복음주의자들인 마이클 프로스트와 앨런 허쉬가 쓴 것이 아니라 사회복음을 주장하는 자유주의자가 썼을 것이라고 생각할 것이다.

선교적인 교회는 기존의 선동적 모델과 반대되는 것이다. [첫째로] 선교적 교회는 사람들을 끌어당기기보다는 성육신적인 교회다. 그런 교회는 그 자체의 종교적 구역을 떠나 비종교인들과 편안하게 살며, 그 문화 속에 소금과 빛처럼 스며든다. 그 교회는 침투해서 변화시키는 공동체다. 둘째로, 이원론적이기보다는 메시아적 영성, 메시아 자신과 같은 방식으로 세상과 또한 문화와 싸우는 영성을 받아들인다. 셋째로, 선교적 교회는 전통적인 위계적 모델보다는 사도적인 지도력의 모델을 발전시킨다.[9]

---

[9] Michael Frost and Alan Hirsch, *The Shaping of Things to Come* (Peabody, Mass.: Hendrickson, 2003), 30.

주류 개신교의 인습적인 지혜는 이것이 작동하지 않을 것이라고 말한다. 그러나 정직하게 말해서 인습적인 지혜는 오늘날 교회 안에서 자랑할 만한 것이 별로 없다. 우리의 신학적인 차이들 때문에 교리를 초월하는 선교적인 우선사업들, 특히 제자직의 가장 기본적인 표현인 하나님 사랑과 이웃 사랑의 사업들을 함께 하지 못할 이유는 없다. 이것은 우리가 교회의 재정에 관해 새로운 방식으로 생각해야 한다는 뜻이다. 왜냐하면 우리의 교회 빌딩 중심적인 재정 접근방식(건물 콤플렉스)은 돈 지출을 예수님을 따르는 실제 활동들로부터 흡혈귀처럼 빨아먹기 때문이다.

어떤 사람들은 교인들이 선호하거나 가장 열정적인 선교사업들에 헌금하도록 좀 더 자유를 주는 것은 "베드로를 털어서 바울에게 지불하는 것"이 될 것이라고 주장한다. 그러나 교회 안에서 검토된 적이 없거나 시도한 적이 없는 많은 일들처럼, 그런 주장과는 정반대의 결과를 초래하는 경우도 흔하다. 교인들에게 (교회 운영의 기본적 의무를 한 후에) 선교사업들 중에서 선택해서 헌금할 기회를 줄 경우에는 그들의 헌금을 일차적으로(혹은 전적으로) 교회 문을 열어놓기 위해 사용할 때보다 **더욱 많**이 헌금하도록 만든다.

이유는 간단하다. 교회가 없다면 선교를 할 방법도 없게 되며, 예배를 드리며 배우며 영감을 받을 공동의 모임 장소도 없게 된다. 모든 교인들의 일차적인 헌금을 통해 교회가 우리의 공동의 선교를 위한 모임 장소로서 존재하게 된다. 교회는 우리가 예배를 드리며 함께 식사를 나누며 어떻게 섬길 것인지를 결정하는 장소다. 그러나 이것은 두 단계의 청지기 모델 가운데서 첫 단계일 뿐이다. 두 번째 단계는 우리가 지원하고 싶고 우리 자신이 헌신하려는 선교사업을 찾고, 또한 다른 교인들과 함께 우리의 **호주머니**를 **털**어서 돈과 시간을 들여 그 사업을 계속하는 것이다.

우리 교회에서는 자선위원회를 두어 자선사업을 위한 기금을 받고 그 돈은 절대로 다른 목적에는 사용하지 않도록 정했다. 교회가 성장하면서 그 기금이 늘어나자, 우리는 일차적인 헌금 약정을 줄이지 않는 한, 다른 "자발적 기금 조달 방식"의 선교사업들의 가능성을 열어놓았다. 니카라과의 의료선교와 기숙학교 운영기금(1년에 10만 달러)은 전적으로 그 선교사업에 참여하는 교인들이 부담한다. 또한 노숙자들을 위한 프로그램(매년 4만 달러) 역시 교인들이 부담한다. 이처럼 교인들은 특수한 선교사업에 자신들의 시간과 돈을 바치며, 자신들의 교회에는 의무금을 바친다.

우리 교회의 목표는 교회를 유지하기 위해 사용하는 금액만큼 교회 밖의 선교사업을 위해 돈을 사용하는 것이다. 우리는 그 목표를 향해 꾸준히 나아가고 있으며 조만간 그 목표에 도달할 것으로 예상한다. 언더그라운드 교회 운동의 목표는 교인 누구나 집을 유지하기 위해 사용하는 돈 만큼의 돈을 다른 사람들을 위해서 사용하는 것이다. 이것은 비현실적인 것처럼 보이며 또한 이 목표를 달성하기 위해서는 오랜 시간이 걸릴 것처럼 보이지만, 일단 자발적으로 선교기금을 마련하는 제도가 갖춰지면, 진정한 가능성이 된다. 우리나라에서 모든 교회들을 운영하기 위해 사용되는 전체 금액을 합해보고, 궁핍한 형제자매들을 위해 사용되는 돈을 합해본다면, 우리는 깜짝 놀라게 될 것이다. 정부지출을 삭감하는 시대에 그런 자발적인 자선은 우리의 모든 차이점들을 뛰어넘는 도덕적 명령이다. 그처럼 돈이 교회 밖으로 흘러나가기 시작하여 사회가 교회를 단지 하나의 사회적 클럽이 아니라 사랑과 자비의 힘으로 인식하게 될 때, 사람들은 교회 안으로 밀려들기 시작할 것이다.

가족에 관해서

예수의 어머니와 형제들이 예수께로 왔으나, 무리 때문에 만날 수 없었다. 그래서 사람들이 예수께 전하였다. "선생님의 어머니와 형제들이 밖에 서서, 선생님을 만나고 싶어합니다." 예수께서 그들에게 말씀하셨다. "하나님의 말씀을 듣고 행하는 이 사람들이 나의 어머니요, 나의 형제들이다."(누가 8:19-21)

성경 안에서 이 본문보다 더 급진적이거나 대항문화적인 본문은 찾아보기 어렵다. 가부장적인 가족이 일차적인 사회적 단위로서 개인의 정체성과 물질적 안전의 중심이었던 시대에, 이 가르침은 가족과 "가족의 가치들"을 정면으로 맞받아친다. '좋은' 가족은 하나님의 일차적인 축복의 하나로 간주되었지만, 예수님은 가족을 떠나라고, 심지어 가족을 '미워하라'고 가르쳤다. 마커스 보그는 이렇게 말했다. "사실상 '지상의 어느 누구도 너희의 아버지라고 부르지 말라. 너희의 아버지는 하늘에 계시기 때문이다'라는 예수님의 말씀은 가부장적 가족을 직접 겨냥한 것인데, 가족은 당시 세상에서 일차적인 사회적 단위로서 위계적인 체계의 축소판이었다. 그렇다면 이 말씀은 예수님이 하나님을 가부장제를 뒤엎는 방식으로 아버지의 이미지를 사용한 놀라운 사례다."[10]

분명히 예수님은 가족을 사랑하는 것을 좋게 보셨다. 원수까지도 사랑하라고 가르치셨으니까 말이다. 그러나 가족에 대한 예수님의 태도는 맹목적으로 긍정하는 것이 아니다. 예수님 자신의 가족

---

10) Marcus Borg, *Meeting Jesus Again for the First Time* (San Francisco: HarperSan Francisco, 1994), 81-82.

들과의 긴장 관계가 보여주듯이, 가족 자체가 실제로 문제가 될 수 있기 때문이다. 그의 가족들은 그가 미쳤다고 생각해서 그를 찾아왔으며, 또한 그의 가족들 가운데 일부가 그 운동의 일부가 된 것은 부활절 이후였다. 예수님이 우리에게 요청하신 것은 가족이 혈연의 문제가 아니라 영의 문제인 세상을 창조하라는 것이다. 이처럼 가족에 대해 보다 **확장된** 견해는 이론적으로 멋있게 보이지만, 실천에서는 절대적으로 급진적인 것이다.

언더그라운드 교회의 특징 가운데 하나는 사람들의 이름 뒤에 '형제님' 혹은 '자매님'이라고 부르는 것이다. 그렇게 함으로써 우리는 우리가 사실상 우리의 성씨(가부장제가 지속되는)와는 상관이 없는 새로운 가족을 만들었음을 입증하게 된다. 직함은 리더십의 자격과 존경을 표시하는 데 적합할 것이지만, '목사님,' '교수님' 혹은 '~ 씨'라고 부르는 대신에 그냥 '형제님' '자매님'이라고 부를 수도 있을 것이다. 이것을 교회에서 시도해 보면, 그런 직함을 필요로 하는 이들은 좋아하지 않을 것이다. 그러나 그런 직위가 없는 사람들은 좋아할 것이다. "나는 참으로, 하나님께서는 사람을 외모로 가리지 아니하시는 분이시라는 것을 깨달았습니다"(사도행전 10:34).

많은 교회들에서는 특정한 핵심 가족들이 교인들을 지배한다. 그들은 권력, 재력, 지위를 갖고 있을 뿐만 아니라 남을 통제하려는 깊은 욕구도 갖고 있을 것이다. 그러나 언더그라운드 교회에서는 예수님의 처음 따르미들이 로마제국의 사회적 계층구조를 평평하게 만들었던 것처럼 우리의 목표 역시 사회적 계층구조를 평평하게 만드는 것이다. 여기에는 누구나 섬기며 동시에 섬김을 받을 방법을 찾는 것이 포함되는데, 이 일은 시간이 걸리며 때로는 일부 교인들이 불쾌감을 느낄 수도 있다.

우리 교회에는 자폐증이 있는 40대 남자가 있는데 그는 교회에 고착된 사람이다. 그의 부모는 모두 죽었으며, 그의 일상 가운데 하나는 예배를 드리고 우리 모두를 미치게 만드는 일이다. 그의 자폐증 때문에 그는 매주일 마다 누구에게나 똑같은 질문을 한다. 그가 좋아하는 여배우는 줄리 앤드류스로서 자신의 초등학교 2학년 담임 선생을 상기시켜주는 배우라고 한다. 최근에는 그가 47주 동안 매주일 계속해서 나에게, 이스트 세인트 루이스의 어린이들이 크리스마스 캐럴을 부르도록 법으로 정해야 하는지에 대해 물었다. 그는 보통 내가 (성가대와 함께) 예배당에 들어가기 위해 줄을 서 있을 때 나에게 묻는다. 나는 아니라고 마흔일곱 번 대답을 했지만, 그는 다음 주일 아침에도 또 다시 물을 것이다. 그는 예배 시작 전에 또 후에 교회 안을 이리저리 돌아다니는데 머리는 헝클어진 채, 셔츠에는 음식 먹다 흘린 자국이 있고, 흔히 바지의 지퍼가 반쯤 내려간 것도 모르고 돌아다닌다. 특히 그는 교인들 가운데 가장 매력적인 여인들과 이야기하는 걸 좋아하는데, 그들에게도 똑같은 질문을 반복하지만, 그들은 등을 돌리지 않는다. 그들은 참을성 있게 대답하며 똑같은 대답을 매번 반복한다. 그가 정신병으로 인해 두렵고 성가시기보다는 인간으로서 더욱 귀하다는 것을 믿기 때문이다.

내가 25년 동안 함께 지냈던 교인들 가운데 많은 사람들은 성공한 사람들이며, 그들이 그에게 등을 돌린다고 해서 비난을 받지도 않을 것이지만, 오래 참는 모습을 보면 내 마음이 참 기쁘다. 그는 사랑받는 공동체의 가족의 일부가 된 것이다. 우리는 그의 유일한 가족이다. 한 번은 그가 교인 중 오클라호마 주 대법원 판사 한 사람과 진지하게 토론하는 모습을 보았는데, 틀림없이 크리스마스 캐럴을 법으로 정하라고 요구했을 것이다. 아름다운 모습이었다.

환경에 관해서

공인된 기독교인들 역시 다른 사람들과 마찬가지로 피조물들을 살해하는 군산복합체의 음모에 똑같이 가담하는 것으로 보인다.(웬델 베리)

우리가 피조물의 운명에 관해 마지막으로 말하는 것은 우연이 아니다. 창세기의 시로 된 부분에서, 하나님의 입에서 나온 첫 단어는 만물이다. 만물은 하나님의 혀를 나사모양의 성운 형태로 꼬부리게 했다. 태초에는 끝이 없고 숨도 쉬지 않는 무(Nothing)만 있었다. 이제는 생명이 약동하며 놀랍고도 이해할 수 없는 무엇인가(Something)가 있다. 인간으로서의 우리의 질문은 단순하며 절박하다. 즉 도대체 왜 사물이 존재하는가? 왜 물질이 있으며, 또한 그 사실이 중요한가?

분명히 이런 질문은 예를 들어 앨 고어가 그의 영화 〈불편한 진실〉에서 제기한 질문보다 큰 질문이다. 그린 논쟁들은 시대정신에서 당신은 어느 편에 속하는가 하는 것과 관련된 논쟁이지만, 정말로 우리가 먼저 교회 안에서 벌여야만 하는 논쟁을 막고 있다. 도대체 왜 우리는 보물처럼 간직해야 할 자연의 선물들을 약탈해도 된다고 생각해왔는가? 도대체 왜 어떤 사람들은 산을 바라보며 하나님의 도움의 손길을 보았던(시 121) 반면에, 다른 사람들은 산을 폭파하고 팔아야 할 필요가 있으며 그 나머지는 강에 버릴 생각을 하는가? "산 정상의 제거"라는 말보다 더 비종교적인 말이 있을 수 있는가?

기독교의 생존과 피조물의 생존은 분리시킬 수 없다. 왜냐하면 우리는 지난 몇 세기 동안에 마치 우리가 세계를 소유한 것처럼, 혹은 최소한 세계의 어떤 부분들을 소유한 것처럼 행동해왔기 때문이다. 그러나 이것은 성경적인 태도가 아니다. "땅과 그 안에 가득 찬 것이 모두 다 주님의 것, 온 누리와 그 안에 살고 있는 모든 것도 주님의 것이다"(시 24:1). 우리가 계속해서 혼동하고 있는 것은 실제적 문제로서의 '토지 소유권'과 우리가 땅을 소유하고 있다는 우상숭배적인 생각 사이를 혼동하는 것이다.

부자들이 더욱 많은 토지를 구입하여 개인적인 왕국을 눈으로 다 바라볼 수 없을 정도로 확장하는 것이 한가한 스포츠처럼 되어버렸지만, 그런 일은 정확히 레위기 25장에 금지되어 있는 일이다. "땅을 아주 팔지는 못한다. 땅은 나의 것이다. 너희는 다만 나그네이며, 나에게 와서 사는 임시 거주자일 뿐이다"(25:23).

만일 이것이 우리의 노래라면, 우리는 그 단어들에 주의하지 않으면서 노래를 부르고 있음에 틀림없다. 신앙인들은 창조를 의도적인 행동일 뿐만 아니라 가치를 지닌 피조물로 간주한다. 피조물은 하나님 보시기에 "매우 좋았다." 하늘과 땅은 서로 다른 종착지점들이 아니라 똑같이 장엄한 신비의 부분이다. 웬델 베리는 이렇게 말했다. "요한복음 3:16을 천국에 가기 위한 간편한 요절로 인용하는 사람들은 그리스도의 강림이 가능했던 것은 세상에 대한 하나님의 사랑 때문이었다는 진술, 즉 천국에 대한 하나님의 사랑이나 세상의 가능성에 대한 하나님의 사랑 때문이 아니라, 과거와 현재의 세상 자체에 대한 하나님의 사랑 때문이었다는 진술 속에 함축된 위대한 신비를 간과하는 것이다."[11]

---

11) Wendell Berry, *Sex, Economy, Freedom & Community* (New York: Pantheon Books, 1992), 97.

그러므로 우리의 정치적 혹은 신학적 노선과는 무관하게, 우리가 지구 행성이라는 창조의 선물을 파괴시키고 있다는 사실에 대한 압도적인 증거를 피할 수 없다. 이것은 단지 어리석은 경제학이나 불량한 청지기직의 문제가 아니다. 이것은 신성모독이다. 웬델 베리가 지적한 것처럼, "이것은 하나님의 선물들을 하나님의 얼굴에 내팽개치는 것이다. 마치 그 선물들은 우리가 파괴시키는 것 이상의 가치가 없다는 듯이 말이다... 성경에 따르면, 우리는 땅에 있는 모든 것이나 하늘에 있는 모든 것이나 물속에 있는 모든 것을 멸절시키거나 영원히 파괴하거나 멸시할 권한이 없다. 우리는 자연의 선물들을 이용할 권리는 있지만 파괴하거나 낭비할 권리는 없다... 하나님의 작품이 그토록 많이 파괴되어 왔는데, 도대체 어떻게 현대 기독교는 그처럼 엄숙하게 팔짱을 끼고 지낼 수 있었는가?"12)

이 책의 원고를 쓰던 해에 지구는 인간이 기후에 관한 기록을 시작한 이래로 가장 극심한 기후를 경험했다. 기록상 최고로 더운 해였다. 극지방의 빙상이 녹아내리고 있으며, 영구동토층이 뒤틀어지고 있으며, 가뭄과 홍수는 이제 우리와 항상 함께하는 치명적인 동반자가 되었다. 모든 생명체가 생겨난 바다는 열병을 앓고 있으며, 해수면은 높아가고 산호초들이 하얗게 죽어간다. 이런 사실들은 자유주의자들의 음모도 아니며, 음모이론들이나 반정부 강경파들의 선동도 아니다. 그것은 우리가 읽어야만 하는 시대의 표징들이다. 그것은 우리가 지구를 사랑하는 대신에 이용만 하기 때문에, 우리가 지구에게 무슨 짓을 하고 있는가에 관해 경고하는 것이다.

언더그라운드 교회에서는 환경에 대한 관심이 신학적 노선을

---

12) Ibid., 98-99.

초월하는 궁극적 이슈가 되어야 한다. 왜냐하면 환경이 파괴되면 자유주의자이든 보수주의자이든 똑같이 비명횡사할 것이 틀림없기 때문이다. 자녀들과 미래에 관한 우리의 모든 거창한 수사학들은 우리의 입 속에 모래처럼 부서질 것이다. 우리를 지속시켜주는 것에 대해 지속 불가능한 방식으로 사는 것보다 더욱 큰 죄가 되는 일이 어디 또 있겠는가?

언더그라운드 교회 운동에 가담하기 위해서는 환경론자가 되어야 하며, 그것에 대해 결코 변명하지 말아야 한다. 보수주의자들로서는 이것이 보수주의의 본질을 회복할 기회가 될 것이다. 보수주의(conservatives)의 본질은 보존하는(conserve) 것이기 때문이다. 자유주의자들로서는 이것이 재활용에 관한 정치적 논의는 하면서 거대한 탄소 발자국을 남기는 것 이상을 할 기회가 될 것이다. 보편적 교회를 위해서는 이것이 우리가 실패해서는 절대로 안 되는 시험이 될 것이다. 우리의 예배 공간은 자연과 조화를 이루는 곳에 자리잡아야만 한다. 우리는 식사, 소비, 심지어 잔디마당을 돌보는 일에서도 지속가능한 방법을 실천해야만 한다. 화공약품을 실은 트럭들에서 방독면을 쓴 인부들이 "완벽한 잔디"라는 것을 뿌리는 것은 우리의 우선순위에 관해 무엇을 말해주는가? 우리가 미쳐버린 것인가?

지적인 정직성이 언더그라운드 교회의 특징이라면, 교회는 환경파괴와 바빌론의 창녀인 탐욕 사이의 연관성에 관한 진실을 말할 수 있는 안전한 곳이어야만 한다. 우리가 교회 안에서 기후변화에 관해 말하기를 원치 않는 이유는 그것이 우리 모두에게 희생을 요구하며, 또한 우리가 익숙해 있을 뿐만 아니라 하나님께서 허락하셨다고 믿는 생활방식을 정말로 바꿀 것을 요구하기 때문이다. 교회가 환경파괴를 통해 이득을 얻는 자들(석유, 석탄, 자동차제조업, 핵발

전소 등 - 옮긴이)을 한목소리로 단죄하는 것보다 더욱 체제전복적인 것은 없으며 또한 인류의 생존을 위해 더욱 절박한 것은 없다. 기독교인들이 실제로 피조물의 보존을 위해 목소리를 높인다면 놀라운 일이 아니겠는가?

언더그라운드 교회에서는 교회 자체가 거룩함의 장소가 아니라 오히려 우리가 모여서 우리의 가정과 농장과 가게들, 심지어 우리의 뒷마당이 거룩한 곳이라는 점을 우리에게 상기시키는 곳이다. 우리가 쓰레기 매립지에 무엇을 묻는가, 그리고 강 속에 무엇을 처넣는가 하는 문제는 매우 중요하다. 성스러운 것과 속된 것을 분리시키는 것은 피조물에게 재앙이 되어왔다. 언더그라운드 교회에서는 우리가 만물을 우주적 그리스도(Cosmic Christ)로 볼 것이다.

우리는 교회 중심으로 생각하지만, 우리가 정말로 성경적이기를 원한다면, 보다 많은 종교는 **교회 바깥**에서 일어날 필요가 있다. 베리는 이렇게 말했다. "아브라함부터 예수님에 이르기까지, 가장 중요한 사람들은 사제들이 아니라 목자들, 군인들, 땅 주인들, 노동자들, 주부들, 여왕들과 왕들, 하인들, 어부들, 죄수들, 창녀들, 심지어 관료들이다. 위대한 환상을 보게 된 것은 성전 안에서가 아니라 목초지, 광야, 산, 강가, 바닷가, 바다 한가운데, 감옥에서였다."[13]

모든 생명의 형태들 속에 들어 있는 영의 존재와 가치를 부정하지 말자. 또한 피조물 가운데 어느 것도 존경하는 마음 없이는 결코 사용하지 말자. 우리의 손으로 유용하며 아름답게 만들 수 있는 것만 만들고, 아무것도 낭비하지 말자. 만일에 우리의 쾌락이 다음 세대를 희생시키는 것이라면, 우리가 어떻게 진정으로 즐길 수 있겠

---

13) Ibid, 102.

는가? 육체와 영혼을 분리시킬 수 없다면, 어느 피조물도 창조주로부터 분리시킬 수 없다. 노동을 예술과 분리시킬 수 없다. 우리가 "흙에서 와서 흙으로 돌아갈 것이다"라는 사실은 우리로 하여금 흙에 대해 더욱 경의를 표하도록 만들어야 하는 것이 아닌가!

언더그라운드 교회에서는 우리에게 주어진 정원에서 우리가 어떻게 일할 것인지에 관해 더욱 조심하자. 빵에 누룩을 넣어 굽고 그것으로 굶주린 세상을 대접하자. 어느 생명에게도 피해를 주지 않도록 하며, 낯선 이들에게 자리를 만들어주고, 우리의 풍요함으로 관대하며, 길을 잃고 집을 찾는 이들을 격려하자. 우리의 머릿속에 어떤 노선을 채워 다른 사람들과 안전한 거리를 유지하든 간에, 제단 앞에서는 모두 내려놓자. 서로를 형제자매라고 부름으로써, 한없이 어리석으면서도 한없이 위대한 피조물인 우리 자신들을 노래하며 기도하고 웃어야 한다. 우리의 모든 설교들은 매주일 똑같은 진리, 즉 이처럼 아름답고 끔찍하며 놀라운 세상에서 가장 귀한 것은 사랑이라는 진리를 새롭게 표현하는 방식을 찾아야 한다.

우리가 창조하지는 않았지만 그것들 없이는 우리가 살 수 없는 것들에 대해 감사하고 축복하며 떼어서 나눈 후에는, 이 세상이 언더그라운드 교회에 속한다는 것이 무슨 뜻인지를 이해하기 시작할 것이다. 당신이 창문 곁을 지나갈 때, 당신은 우리가 논쟁하는 소리보다는 더욱 많이 노래하는 소리를 듣게 될 것이다. 만일 당신이 안으로 들어와 둘러본다면, 우리가 결코 특별한 사람들이 아니라는 것을 알아차릴 것이다. 그러나 동시에 신비하게도 당신은 우리가 성도들, 즉 오래 전에 다른 사람들을 돕기 위해 우리 자신을 극복한 참으로 신비하며 아름답고 무한히 귀한 사람들이라는 것을 느끼게 될 것이다.

당신이 듣게 될 콧노래는 사랑받는 공동체가 지금 이곳에서 하나님과 이웃을 사랑하는 방식들을 찾기 위한 서툴고 혼잡하지만 체제전복적인 에너지일 것이다. 우리는 서로 다른 경험들과 노선들과 전통들을 지닌 사람들이지만, 조용히 귀를 기울이는 것이 성사(성례전)의 하나라는 것을 믿고 우리의 이야기를 서로 나누기 위해 함께 모일 것이다. 우리가 단 한 가지 공유하고 있는 것은 예수님을 따르려는 열심과 우리를 구원하시는 은총의 능력에 대한 신뢰뿐이다. 그분의 영이 인도하시는 곳이면 우리는 어디나 따라갈 것이며, 그 길이 사랑을 위해 체제전복적인 일을 하는 것이라면, 우리는 순종할 것이다. 그 길이 정의와 평화를 위해 위험을 무릅쓰는 길이라면, 우리는 순종할 것이다. 그 길이 다윗처럼 공포와 증오인 골리앗을 향해 돌을 던지는 일이라면, 우리는 순종할 것이다. 우리는 성공의 가능성을 계산해서 결정하라고 요청받았던 적이 없다. 우리는 단지 자비로운 일, 정의로운 일, 옳은 일을 행하도록 요청받았을 뿐이다.

당신은 우리와 함께 가겠는가? 첫걸음을 시작하겠는가? 어느 주일날 아침에 교회에서 혹은 친구들과 함께 있는 커피숍에서 혹은 당신이 사랑하는 가정에서 일어나 잠시 조용하라고 말하고, 웬델 베리의 다음 시를 읽을 것에 당신은 동의하는가? 그 시는 "매니페스토: 미친 농부의 해방 전선"[14]이다.

큰 소리로 느끼면서 읽어보라. 그 말들을 신뢰하라. 당신 자신을 신뢰하라. 예수님의 우울한 분노를 전해주는 영의 힘을 신뢰하라. 그 말들이 허공에 흩어지지 않도록 신뢰하라. 여기에 혁명이 있기 때문이다. 언더그라운드 교회 운동은 이미 시작되었고, 멈출 수

---

14) Weldell Berry, "Manifesto: The Mad Farmer Liberation Front," in *The Country of Marriage* (New York: Harcourt Brace Jovanovich, 1973).

없다. 잘 들어보라.

즉각적인 이윤, 연봉 상승, 유급 휴가를 사랑하라.
더욱 많은 기성품을 원하라.
당신의 이웃을 아는 것과 죽는 것을 두려워하라.
그러면 당신의 머리에 창문이 생길 것이다.
당신의 미래조차 더 이상 신비가 아니게 될 것이다.
당신의 정신은 카드에 구멍이 뚫려
작은 서랍 속에 갇혀질 것이다.
당신이 무엇인가를 사기를 그들이 원할 때
그들은 당신을 부를 것이다.
당신이 이윤 때문에 죽기를 그들이 원할 때
그들은 당신에게 알려줄 것이다.

그러므로 친구들이여, 계산하지 않는 무엇인가를
매일 행하라. 주님을 사랑하라.
세상을 사랑하라. 아무것도 바라지 말고 일하라.
당신이 가진 모든 것을 갖고 가난해져라.
사랑받을 자격이 없는 이를 사랑하라.
정부를 비난하고 깃발을 품으라.
그 깃발이 뜻하는 자유로운 공화국에서 살기를 희망하라.
당신이 이해할 수 없는 모든 것을 승인하라.
무지를 찬양하라. 인간이 마주치지 않은 것은
파괴하지 않았기 때문이다.

대답이 없는 질문을 하라.
천 년에 투자하라. 삼나무를 심어라.
당신의 중심 작물은 당신이 심지 않고
당신이 살아서 수확할 수 없는 숲이라고 말하라.
잎들이 썩어 곰팡이가 될 때
그 잎들을 수확한다고 말하라.
그것을 이윤이라고 불러라. 그런 예언은 돌아온다.

나무들 밑에서 천년마다 생기는
5 센티미터의 썩은 흙을 신뢰하라.
그 썩은 흙에 귀를 기울이고
그 속에서 들리는 세미한 노래를 들어라.

세상의 종말을 예상하라. 웃어라.
웃음은 측정할 수 없는 것.
비록 당신이 모든 사실들을 고려했어도 기뻐하라.
여인들이 권력 앞에서 싸구려가 되지 않는 한
남자들보다는 여인들을 기쁘게 하라.
당신 스스로에게 물어보라. 이것이 아기를 배어 만족한
여인을 만족시킬 것인가?
이것이 출산을 앞둔 여인의 잠을 방해할 것인가?

당신의 사랑과 더불어 들판으로 가라.
그늘에 누워 그녀의 무릎에 당신의 머리를 쉬게 하라.
당신의 생각에 가장 가까운 것에 충성을 맹세하라.

장군들과 정치인들이 당신의 마음의 움직임을 예언하자마자
그것을 잊어버려라. 그것을 잘못된 오솔길,
당신이 가지 않은 길의 표시로 남겨두어라.
필요한 것보다 더 많은 통로를 만들며
어떤 통로는 엉뚱한 방향으로 만드는 여우처럼 되어라.
부활을 살아내라.

에필로그

믿음을 넘어서

언더그라운드 교회의 선언문

언더그라운드 교회는 영(the spirit)의 운동이지, 그 자체를 영속화하려는 기관이 아니며, 사람들을 특정한 믿음체계에 헌신하도록 만들거나 인간의 계산에 입각하여 우주적인 약속을 남발하는 기관도 아니다. 이런 점에서 그것은 전혀 교회가 아니다. 그것은 언약(a covenant)이다. 그 안에는 다양한 집단의 기독교인들, 예전에 기독교인이었던 사람들, 그리고 영적인 탐색자들로서 우리가 일고 있던 교회에 새로운 변화의 바람이 불고 있으며 그 장소에 새로운 것, 즉 사랑받는 공동체라고 부르면 가장 좋은 것을 일으켜 세우고 있다는 것을 알고 있는 사람들이 자유롭게 들어간다.

언더그라운드 교회 운동은 변화에 저항하는 사람들이나 전통을 거스를 수 없는 것으로 집착하는 사람들을 위한 운동은 아니다. 신학적인 혹은 예전적인 순수론자들을 위한 운동도 아니다. 전적으로 개인적인 경건, 개인적인 윤리, 혹은 영혼구원에만 초점을 맞추려는 사람들을 위한 운동이 아니라, 신앙이 완전한 동의를 요구하는 교리나 신조들의 세트가 아니라 생활방식으로 이해하여, 신앙을 두 번째 기회로 삼는 이들에게 주어지는 운동이다.

이런 이유 때문에 언더그라운드 교회 운동에 헌신하는 사람들이 실제로 세상 속에서 무슨 일을 하는가를 먼저 이해하지 않고는 그 운동을 인식하기 어렵다. 당신은 건물의 구조적 특징이나 예배 방식에 입각해서 그 운동을 알 수는 없다. 그러나 그 교인들이 사랑을 위해 체제전복적인 방식으로 사는 일에 분명히 헌신하고 있다는 사실을 통해서 그 교인들을 알 수 있을 것이다.

오늘날 교회에 다니는 많은 기독교인들과 비교할 때, 언더그라운드 교회의 교인들은 독특하게 보일 것이다. 그들은 진실로 "세상 속에" 살지만, "세상의 방식으로" 살지는 않는다. 그들은 제국의 가치들과 우선순위와는 다른 대안적인 가치들과 우선순위들을 창조하려는 사람들이다. 그들은 물론 오해를 받고 박해를 당할 것이다. 제국에 협조하지 않는 사람들은 제국의 미래에 위협이 되기 때문이다. 그러나 모든 사회적 변화는 비폭력에 근거해야 한다. 그 운동은 개인주의적이라기보다는 공동체적이다. 그 운동의 특징은 이 세상의 상식과는 정반대로 배려, 공감, 자기희생이다.

언더그라운드 교회가 모이는 장소는 전통적인 교회 건물일 수도 있으며 피정센터일 수도 있다. 가정집일 수도 있고 커피숍일 수도 있다. 그 교회는 고전적인 기독교 예전과 음악의 깃발 아래 행진할 수도 있으며, 완전히 다른 북소리에 맞추어 행진할 수도 있다. 안수받은 목사를 초빙할 수도 있으며, 하나님과 이웃을 사랑한다는 것이 무엇을 뜻하는지에 대한 확실한 비전을 가진 헌신적인 평신도들이 이끌어갈 수도 있다. 그러나 그 교회는 계급간 적대감과 이념논쟁이 극심한 세상 속에서 조용히 사랑에서 잉태되고 사랑으로 행동하는 것은 언제나 인간의 관념들과 순수성에 의해 분열된 것을 하나

되게 만든다는 것을 입증함으로써 두드러진 교회로 설 것이다. 보수주의자들과 자유주의자들이 똑같이 자신들의 신학적 및 정치적인 노선을 뒷전으로 밀어놓은 채, 이 세상을 사랑하고 이 세상을 치유하고, 하나의 인간 가족의 자비로운 구성원들로서 살려는 열망으로 나아갈 것이다.

언더그라운드 교회는 건물이 아니라, 우리가 모르는 것이 얼마나 많은지를 알고 있는 영혼들, 그러나 사랑의 구원하는 힘에 관해서는 충분히 알고 있어서 모두를 대화 속에 초대하는 감사하는 영혼들이 기쁘게 모이는 자리다. 우리는 똑같은 방식으로 기도하지도 않을 수 있으며, 똑같은 찬양을 부르거나 '위대한' 설교가 어떤 것인지에 대해 동의하지 않을 수도 있다. 그러나 우리가 아는 것은 하나님께서 모든 피조물들을 위해 정의를 요구하시며, 환대는 아무나 참석하는 개방된 식탁으로서 모두를 위해 넉넉한 식탁이지만 특별히 예약된 좌석은 없다는 것이다.

언더그라운드 교회 운동에 참여하도록 초대받은 것을 수락하기 원하는 사람들은 자신들의 시간과 공간 속에서 사랑받는 공동체를 세우는 방식들을 찾을 수 있지만, 특별히 참으로 철저하다는 것이 무엇을 뜻하는지에 관해 다음 일곱 가지 전부 혹은 일부를 고려하기를 촉구한다.

1. 언더그라운드 교회는 가능한 한 자주 예배 전이나 후에 실제 식사를 대접함으로써 성만찬을 축하할 것이다. 그 식사는 공동체 회원들이 각자 집에서 음식을 만들어서 가져와 모든 참석자들 특히 가난한 사람들과 나누도록 대접한다.
2. 언더그라운드 교회의 멤버십은 "신앙의 고백"을 통해서가 아니

라 무제한적인 사랑의 구원하는 능력에 대한 신뢰의 고백을 통해서인데, 그 구원하는 능력은 전적인 동의를 요구하는 교리나 신조에 의해 드러나는 것이 아니라, 성육신의 신비를 통해 공동체에게 드러나며 그 사랑을 통해 유지되는 능력이다.

3. 언더그라운드 교회의 예배 스타일과 음악은 의도적으로 다양하며 기쁨이 넘치는 것으로서 예배자들로 하여금 하나님에 대해 경험하도록 이끄는 것이어야 한다. 개별적 공동체들은 자신들에게 가장 의미 있는 음악과 예배형태를 결정할 것이며, 예배에 대해 보다 전통적이며 또한 덜 전통적인 방식 모두를 반영하는 예배를 만들어내야 할 것이다. 음악적인 아첨은 사양한다.

4. 언더그라운드 교회의 교인들은 대항문화적이며 반제국주의적인 공동체임을 드러내는 선교사업들에 헌신할 것이다. 우리는 비폭력, 철저한 환대, 집단적인 관용, 그리고 격려의 목회에 헌신할 것이다.

5. 언더그라운드 교회는 낯선 이들, 사회에서 잊혀지고 약하고 박탈당한 이들에게 특별한 주의를 기울일 것이다. 제국이 특정한 집단의 사람들을 희생양으로 삼거나 '적들'로 차별할 때,[15] 우리

---

[15] 제1차 세계대전 후에 독일에서는 실업률이 높아지고 경제상황이 악화되자 계급 갈등과 이념 대결이 치열해졌다. 유대인들은 전체 인구의 1%도 되지 않았지만 나치는 유대인들을 "모든 악의 뿌리"라고 규정하고 박해했다. 유대인들은 자신들의 권리를 지키기 위해 조직적으로 선거 운동, 법적 행동, 교육활동을 전개했지만, 희생양을 만들기 위한 나치의 선동이 강화될수록, 독일인 대다수는 유대인들의 권리가 유린되는 것에 대해 방관했다. 특히 개신교 목사들의 40% 이상이 나치를 적극 지지했다. 결과적으로 히틀러가 통치한 12년 동안에 모두 3천8백만 명이 비명횡사했다. 이런 비극적 역사는 소수자들의 권리를 다수가 보호하지 않을 때 그 부메랑은 다수자들에게도 돌아온다는 사실을 분명히 보여준다.

특히 세계적인 경제 불황이 기후붕괴와 맞물려 식량 부족 사태가 발생하면, 비기독교인들에 대한 경멸과 적대감을 통해 자신의 우월감과 정체성을 드러내려는 기독교 근본주의자들은 파시즘의 선봉에 서서 "선제공격"과 "전쟁불사"를

는 그들이 식탁에 참여할 자리가 있다는 것을 분명히 할 것이며, 필요하다면 그들을 박해로부터 보호할 것이다.

6. 언더그라운드 교회는 그 공동체 안에서 자체의 경제적 체계를 창조하여, 모든 회원들에게 교회의 운영비를 재정적으로 지원하도록 서약할 것을 요구할 뿐 아니라, 그에 덧붙여 교인들이 특별히 열정을 갖고 있는 선교사업들에도 기금을 대도록 격려할 것이다. 우리는 베드로를 털어서 바울에게 지불하지 않을 것이며, 우리는 먼저 베드로에게 지불하여 진정으로 중요한 일을 하도록 하며 또한 바울을 위해서도 충분히 기금을 마련할 것이다. 우리는 이자를 받지 않고 돈을 빌려주며 서로의 짐을 함께 나누어 질 것이다.

7. 언더그라운드 교회는 옳은 것보다는 사랑하는 것이 더욱 중요하다고 확신하는 모든 사람들과 함께 일할 것이다. 우리는 모든 신학적인 문제들에서 다른 사람들도 우리에게 동의할 것을 주장하지 않을 것이다. 단지 우리는 서로에게 의심이 가져다주는 유익, 서로 간에 존경하는 일, 그리고 가장 희귀하며 가장 소중한 것, 즉 카이사르에게 충성하는 것이 아니라 사랑을 구체적으로 성육하는 일에만 충성하기로 선언한 공동체가 되는 일의 아름다움을 나눌 것이다.

외치며 동시에 사회적인 약자들, 특히 장애인들과 동성애자들과 외국인 노동자들을 희생양으로 삼기 쉽다. 크레인 브렌튼이 『혁명의 해부』에서 밝힌 것처럼, "공산주의, 나찌즘, 파시스트들이 온건파들을 이기고 성공한 것은 많은 사람들이 참여해서 이룬 것이 아니다. 그 모두는 소수의 훈련받은 광신자들에 의해 이루어졌다." 이런 점에서 민주주의를 지키는 일은 비극적 재앙을 막는 지름길이다. 최근 국가정보원과 경찰의 선거 개입과 검찰과 경찰의 축소 수사처럼 민주주의의 가장 기본이 되는 요소들이 파괴되는 것에 대해 규탄하는 천주교 정의구현전국연합과 여자수도회 장상연합회 등 수도자 단체들의 시국선언과 개신교 목회자들의 침묵시위는 매우 중요한 일이다. - 옮긴이.

아름다운 상상

- 침례교인과 가톨릭교인, 오순절교인과 유니테리안, 장로교인과 퀘이커 교도 등 모두가 함께 모여 가난한 사람들을 먹이고 적어도 모두가 배불리 먹기 전에는 서로 논쟁을 하지 않는 교회.
- 여자들이 진정으로 남자들과 평등하면서 결코 여자들에게 선심을 쓰지 않는 교회.
- 이성애자들과 동성애자들이 하나님의 자녀들로서 함께 예배드리는 교회.
- 선교비가 운영비만큼 많은 교회.
- 어린이들이 단지 이론상으로 만이 아니라 실제로 귀하게 대접받는 교회.
- 양심적 병역 거부자들이 군인들처럼 영웅으로 간주되는 교회.
- 예수님을 따르는 일이 예수님을 예배하는 일만큼 중요한 교회.
- 교회가 예수님에 관해 우리에게 가르쳤던 것을 놓고 논쟁하는 것보다는 예수님께서 하나님에 관해 우리에게 가르쳐주신 것을 분별하는 일을 더욱 중요하게 생각하는 교회.
- 성직자를 떠받들어 모시는 것도 아니지만 장작을 패듯이 물어뜯지도 않는 교회.
- 음악이 사람들처럼 다양하며 그 음악이 찬양하는 삼라만상처럼 아름다운 교회.
- 사람들로 하여금 서로 간에 진정한 우애를 나누도록 우리가 섬기는 공동체에 공간을 되돌려줌으로써 면세 특권을 얻는 교회.
- 배움이 위험한 일이 아니며 과학이 신앙의 적이 아닌 교회.
- 공포심이 결코 종교적 회심이나 대화의 도구가 아닌 교회.

— 원수는 죽음이 아니라 우리가 참되게 살지 못한 것이라고 믿는 교회.
— 세례식을 어떤 방식으로 거행하든 간에, 하나님께서 우리의 삶에 대해 취소할 수 없는 권리를 주장하신 것으로서 우리 모두를 단단히 하나로 묶어놓는 교회.
— 모든 아이들에게 최상의 교육을 시키는 것이 도덕적인 명령으로서, "가장 작은이들"을 향한 주님의 명령에 우리가 실패하지 않도록 문제투성이 학교들을 돕는 세력에 가담할 것을 요구하는 교회.
— 우리에게 주어진 작은 정원을 돌보면서 결코 피조물을 살해하는 데 참여하지 않는 교회.
— 모두가 서로에게 힘을 북돋아주며, 누군가가 자기는 "그냥 잘 지낸다"고 말할 때 그 말을 액면 그대로 받아들이지 않는 교회.
— 내적 평화가 무심코 드러나는 것을 아름다움으로 여기는 교회.
— 부자라는 것이 당신이 원하는 모든 것을 가졌다는 의미가 아니라 당신이 필요로 하는 모든 것을 가졌다는 것을 뜻하는 교회.
— 희망을 대신할 수 있는 것은 없으며, 기쁨을 대체할 것도 없으며, 우리에게 아낌없이 주어졌던 무제한적인 사랑을 똑같이 다른 사람들에게도 나누어주지 않는 것에 대해 결코 변명할 수 없다는 것을 아는 교회.

이것이 언더그라운드 교회다.
당신은 참여할 준비가 되어 있는가?
이번 주일은 어떤가?
당신 모습 그대로 오라.